Género en transición

Sociología política para los desafíos del siglo XXI

Daniel Vázquez and Karina Ansolabehere

Series Editors

Vol. 4

The Sociología política para los desafíos del siglo XXI series
is part of the Peter Lang Regional Studies list.
Every volume is peer reviewed and meets
the highest quality standards for content and production.

PETER LANG
New York • Bern • Berlin
Brussels • Vienna • Oxford • Warsaw

Género en transición

Estudios sobre el papel del derecho en la distribución de recursos para y en el posconflicto colombiano

Editado por
Isabel Cristina Jaramillo Sierra

PETER LANG
New York • Bern • Berlin
Brussels • Vienna • Oxford • Warsaw

Library of Congress Cataloging-in-Publication Data

Names: Jaramillo Sierra, Isabel Cristina, editor.
Title: Género en transición : estudios sobre el papel del derecho
en la distribución de recursos para y en el posconflicto colombiano /
editado por Isabel Cristina Jaramillo Sierra.
Description: 1st. | New York: Peter Lang Publishing, Inc., 2020.
Series: Sociología política para los desafíos del siglo XXI; vol. 4 | 2297-9115
Includes bibliographical references.
Identifiers: LCCN 2019045803 | ISBN 978-1-4331-7402-5 (hardback: alk. paper)
ISBN 978-1-4331-7403-2 (paperback: alk. paper) |
ISBN 978-1-4331-7404-9 (ebook pdf) |
ISBN 978-1-4331-7405-6 (epub) | ISBN 978-1-4331-7406-3 (mobi)
Subjects: LCSH: Fuerzas Armadas Revolucionarias de Colombia. |
Transitional justice—
Colombia. | Peace-building—Law and legislation—Colombia. |
War reparations—Colombia. |
Feminist jurisprudence—Colombia. | Women—Legal status, laws, etc.—Colombia. |
Colombia—Politics and government—1974–.
Classification: LCC KHH1011 .G46 2020 | DDC 340/.115—dc23
LC record available at https://lccn.loc.gov/2019045803
DOI 10.3726/b16140

Bibliographic information published by **Die Deutsche Nationalbibliothek**.
Die Deutsche Nationalbibliothek lists this publication in the "Deutsche
Nationalbibliografie"; detailed bibliographic data are available
on the Internet at http://dnb.d-nb.de/.

The paper in this book meets the guidelines for permanence and durability
of the Committee on Production Guidelines for Book Longevity
of the Council of Library Resources.

29 Broadway, 18th floor, New York, NY 10006
www.peterlang.com

Printed in the United States of America

Tabla de contenido

Tablas y gráficas

Introducción: aportes a los debates feministas de la transición

Isabel Cristina Jaramillo Sierra

El acuerdo de paz suscrito por el gobierno colombiano y las FARC en diciembre de 2016, materializa los esfuerzos locales y transnacionales porque el "género cuente" en la transición. Este libro enriquece el panorama académico reconstruyendo y reflexionando sobre lo que el género ha significado para la construcción de la transición y sobre lo que la transición ha significado para la construcción del feminismo colombiano.

Feminismo y transición en Colombia

El campo de la justicia transicional es prolífico y ha recibido bien los argumentos de las mujeres. Siguiendo a Ruti Teitel, puede ubicarse su surgimiento en los estudios sobre las transiciones en el Cono Sur[1] y con Christine Bell y Catherine O'Rourke puede rastrearse el problema "de las mujeres" desde muy temprano en esa trayectoria.[2] Qué es exactamente una transición y a qué deben aspirar las mujeres ha sido intensamente debatido prácticamente por el mismo tiempo. Así, dentro de la academia colombiana pueden identificarse al menos tres posturas distintas sobre la transición: una liberal, una revisionista y una crítica. La primera sería la dominante en la transición actual y demandaría una comprensión del conflicto armado como una ocurrencia aislada, "anormal," en medio de una cotidianidad marcada por el respeto de los derechos humanos y la seguridad ciudadana. En esta versión, los derechos fundamentales proveen el vocabulario para discutir la transición y si bien hay lugar a reparaciones e indemnizaciones, no se prevé el cambio estructural. La visión revisionista, por su parte, niega la existencia de un conflicto armado y señala que los grupos armados no son más que criminales con intereses económicos que quieren disfrazar para un mayor provecho. Finalmente, la visión crítica de las transiciones ve la violencia como parte de procesos estructurales que no pueden remediarse con reparaciones e indemnizaciones sino que exigen cambios profundos, incluso culturales, y de largo plazo. Esta visión de la transición dominó entre 1980 y 2000. Sigue siendo importante en el trabajo de grupos como el de Memoria Histórica y el Programa de Aproximaciones Críticas a las Transiciones (Universidad de los Andes).[3]

Las feministas colombianas, así mismo, han tenido profundos desacuerdos sobre su lugar en las transiciones y su mirada de las transiciones. De un lado se encuentran grupos e individuos con una posición liberal, empeñados en encontrar el "principal" daño causado a las mujeres y enfáticos en que la violencia sexual es la manera "especial" en la que se daña a las mujeres en los enfrentamientos armados.[4] Aquí el énfasis es en el daño individual y en la justicia correctiva: encontrar al culpable, probar los hechos, asignar un castigo y lograr la reparación de la víctima son las principales tareas que asumen en relación con las mujeres que se han visto involucradas en el conflicto armado. Entre las académicas liberales, el trabajo más importante ha sido articular una doctrina de la violencia sexual en el conflicto armado que responda a los criterios más estrictos de derechos humanos y sea coherente con toda la legislación internacional sobre la materia.[5]

En paralelo a estas feministas es posible discernir una postura liberal "táctica" que, al tiempo que cuestiona el paradigma liberal por su individualismo y por su énfasis en el pasado, acepta que las transiciones generan oportunidades políticas y posibilidades de redistribución de recursos que no deben ser desaprovechadas por las mujeres. En este grupo se podría incluir el trabajo de la Casa de la Mujer, que se empeñó por mucho tiempo en cuestionar y rechazar cualquier participación en el proceso de paz que adelantó el gobierno de Uribe con los grupos de paramilitares.[6] Pero apoyaron a las mujeres que buscaron denunciar el sesgo judicial y administrativo en el tratamiento de las mujeres víctimas del conflicto armado.[7] También han buscado recuperar las voces de las mujeres sobre la paz y lo que está involucrado en la superación del conflicto.[8] En el trabajo académico destacan las posturas de Lina Céspedes y María Victoria Uribe. Estas autoras han tejido, con filigrana, críticas a la simplificación de las violencias, sin renunciar al reclamo de que sean atendidas y superadas como eventos "excepcionales." El trabajo de Lina Céspedes se ha centrado en mostrar la importancia de la propiedad en la comprensión del "daño" que se les causa a las mujeres y en ampliar el concepto de "conflicto" para que cubra más allá de los ataques concretos a todo el tiempo de la ocupación. María Victoria Uribe, por su parte, ha delineado la continuidad de la experiencia de las mujeres, enfatizando cómo la violencia sexual no es "aparte" o "excepcional" sino "normal" en la vida de las mujeres, pero atroz e irredimible.[9]

Helena Alviar y yo misma hemos defendido una postura crítica frente a la transición. En nuestro libro *Feminismo y Crítica Jurídica*, mostramos que el énfasis en la violencia sexual como principal daño de las mujeres no es solamente problemático porque no deja ver los otros daños que sufren las mujeres, sino porque distorsiona la comprensión que el feminismo tiene sobre la violencia sexual.[10] En efecto, en lugar de la mirada estructural sobre la violencia sexual y la batalla por visibilizar la sexualización de la cotidianidad y las agresiones de los conocidos, la violencia sexual como excepcional en la transición reinstala la idea de que la violencia sexual es un hecho marginal en la vida de las mujeres. En un escrito más reciente, explico cómo esta postura ha sido abandonada a favor de una en la que se acepta que la victimización de las mujeres en el conflicto es compleja e incluye el destierro, la persecución política y el homicidio, además de muchas formas de violencia de género y violencia sexual.[11] La nueva visión, sin embargo, sigue insistiendo que la guerra es lo "peor" que les puede pasar a las mujeres y que a las mujeres les va "peor." Ambas ideas pueden criticarse fácilmente con cifras de victimización. Es problemático no "tomarse un descanso" del feminismo cuando se trata de discutir el conflicto armado, concluyo.

Aportes feministas a la transición

Este libro enriquece el debate feminista de la transición de varias maneras. Un primer aporte del libro es que proporciona datos recientes de lo que "les ha pasado de verdad" a las mujeres en los procesos de investigación, reparación y judicialización de los crímenes de los que fueron víctimas. Una parte de lo que los capítulos muestran en este sentido es que ha habido innovación institucional y mucha "productividad" e imaginación en la formulación de soluciones. El capítulo de Carolina Vergel, por ejemplo, muestra que el Estado ha respondido a la situación de indefensión de los líderes sociales con una "cascada normativa" y la creación de organismos y grupos con encargos especiales. Las mujeres y sus organizaciones, igualmente, han formulado propuestas para una protección integral. El capítulo de Suayan Barón y Laura Castro, por su parte, muestran cómo la judicialización de los casos de violencia sexual ha implicado trabajar en la elaboración de complejos "contextos" que expliquen cómo ocurrió y cómo fue posible la victimización de las mujeres. El capítulo de Lina Mosquera sobre los alabaos de las cantadoras de Pogue, nos muestra cómo la comunidad entra en conversación con el estado a través de mecanismos modernos y tradicionales para hacerle "saber" las restricciones de las lógicas indemnizatorias con las que viene operando. El capítulo de Lina Buchely, por su parte, revela cómo las mujeres de Bojayá se han organizado para distribuir los escasísimos recursos asignados por el estado a través de juegos que no solamente las entretienen, sino que les permiten reconstruir el tejido social destrozado por la práctica "reparatoria" del estado. Finalmente, el capítulo de Carolina Olarte revela la manera en la que el estado colombiano ha acudido a los microcréditos como forma de reparación de las víctimas, y de las víctimas mujeres en particular. Los capítulos también muestran, sin embargo, que las mujeres siguen obteniendo poco de estos arreglos e innovaciones: los programas propuestos por las mujeres no se adoptan nunca, los fiscales deciden no incluir la violencia sexual dentro de los delitos priorizados, las cantaoras no logran cambiar la lógica indemnizatoria del estado, los recursos de Bojayá nunca son suficientes para que todas las mujeres superen sus necesidades de subsistencia y puedan hacer comunidad, los microcréditos terminan empobreciendo más a las mujeres.

En este mismo sentido de evidenciar lo que ha pasado, también es relevante el llamado de atención de Vergel sobre las dificultades y tensiones en la producción de datos. Esta misma autora muestra cómo distintas organizaciones y conjuntos de organizaciones mapean las muertes de líderes sociales, las diferencias en las cifras de varias organizaciones, pero también los costos políticos de estas diferencias e indeterminaciones. La autora también muestra que a pesar de todas las cifras que existen, tantas que hay incluso contradicciones entre ellas, hay muchas cifras que no existen: el lugar específico de la persona dentro de la organización, sus tareas, las razones de las amenazas, entre otras.

Un segundo aporte del libro es que apunta a proporcionar herramientas para entender estos fracasos o disonancias. Hay cuatro hipótesis importantes, en mi opinión. La primera, es que la manera en la que se imagina la equidad de género determina las posibilidades de transformación implícitas en una política, ley o programa. En este sentido el texto de Alviar sobre los Acuerdos de Paz con las FARC muestra cómo la idea de la mujer como reproductora, cuidadora y madre subyace a buena parte de las cláusulas de género y limita sus posibilidades emancipatorias. El texto de Isabel Cristina Jaramillo, por su parte, refiriéndose también a los Acuerdos de Paz con las FARC, muestra concretamente cuáles y cuántas medidas se limitaron a usar lenguaje incluyente, cuáles implicaron "añadir a las mujeres" a medidas pensadas para los hombres y cuáles podrían ser reivindicadas como propiamente feministas. El texto de Vergel explica que las dimensiones propias del liderazgo femenino han estado ausentes en la respuesta estatal a las amenazas y atentados que sufren las mujeres. El texto de Mosquera insiste en que la mirada de los burócratas "blancos" reiteradamente construye mal y entiende mal el punto de vista de las comunidades afro con las que interactúa al reducir sus formas de comunicación a "folclor." El texto de Olarte, finalmente, sugiere que la idea de que las mujeres son buenas ahorrando y pagando termina resultando muy costosa para las víctimas, a quienes finalmente se les prometen pagos, pero solamente se les dan créditos.

La segunda hipótesis es que las innovaciones institucionales necesitan leerse en el contexto de otras normas, políticas y programas con objetivos políticos distintos. Así, en el caso de la violencia sexual, por ejemplo, la promesa de la judicialización de los casos de la violencia sexual a la que muchos invirtieron mucho tiempo y recursos, como lo muestran Barón y Castro, termina derrotada por la imperiosa necesidad de "priorizar" los delitos con penas más graves. El texto de Lina Céspedes y Clara Cardozo, por su parte, ponen en evidencia el papel de las normas del derecho de familia, y en particular las relacionadas con la informalidad marital, juega en la estructuración de la propiedad en el conflicto y el posconflicto. El texto de Mosquera enfatiza cómo se entrelazan el contexto de racismo y el pasado de sometimiento esclavo con las narrativas del posconflicto y cómo no es posible entender estas últimas sin tener en cuenta los primeros. Olarte también presta atención al asunto de las reglas de fondo al resaltar los efectos que tienen sobre las políticas de microcrédito para las mujeres en el posconflicto las políticas sobre uso y explotación de recursos naturales y sobre violencia contra las mujeres. La continuada expropiación del campesinado y la indefensión de las mujeres son relevantes para predecir las posibilidades de "empoderamiento" de las mujeres que están recibiendo ayudas financieras en estos momentos.

La tercera hipótesis es que, a pesar de la insistencia en la transición, las continuidades parecen ser más que las anunciadas. Una manera importante en la que esta continuidad ocurre, sugieren varios de los artículos, es en la indefinición entre "transiciones." Es decir, el posconflicto urdido en relación con los grupos paramilitares sigue en curso mientras imaginamos e implementamos el posconflicto que pertenece a las negociaciones con las FARC. Las mujeres de Bojayá, afectadas por un atentado de las FARC, empezaron su proceso antes de que la negociación misma hubiera terminado. Las cantaoras tejen el presente de exclusión y muerte con el pasado de esclavitud y sometimiento. Las organizaciones de mujeres insisten en que la violencia sexual no es "nueva" y que es urgente priorizarla. Otra manera en la que se inscribe la continuidad es a través del "recicle" de ideas de transiciones pasadas en las negociaciones con las FARC. Como lo indica Alviar, no se superan en las propuestas los puntos de vida desgastados de reformas intentadas en décadas anteriores. Jaramillo, aunque más optimista, muestra también que el nuevo género es casi siempre una reiteración de estrategias fracasadas en proyectos de desarrollo.

La cuarta y última hipótesis es que no se escucha suficiente a las mujeres. En esta dirección, el texto de Vergel muestra que las organizaciones de mujeres han dedicado tiempo y recursos a diseñar estrategias que consideran ajustadas a sus necesidades y restricciones, pero no han sido tenidas en cuenta por las autoridades competentes. El texto de Jaramillo también revela que varias de las propuestas de las mujeres se perdieron entre el primer y segundo acuerdo o acuerdo definitivo con las FARC. El texto de Barón y Castro muestra que los ejercicios elaborados por las organizaciones de mujeres, si bien fueron recogidos en un primer momento, fueron dejados de lado ante la necesidad de priorizar.

El tercer aporte que hacemos es el de recuperar la voz de las mujeres en estos procesos, tanto en cuanto constructoras de las negociaciones, como en cuanto contradictoras, narradoras y productoras. Una cosa es el fracaso de esquemas que finalmente no podemos reivindicar completamente como propios pues siempre representan compromisos entre distintos puntos de vista. Otra cosa distinta es que no estemos intentando transformar las realidades en las que vivimos. Así, el artículo de Olga Velásquez muestra que en las negociaciones de la Habana la preocupación por el género estuvo presente desde muy temprano en los esfuerzos de Elena Ambrosi y Lucia Jaramillo, y recibió el apoyo entusiasta de expertas y organizaciones de mujeres que viajaron varias veces a la Habana. Mosquera relata cómo las cantaoras han insertado en el proceso de posconflicto las posibilidades del duelo cultural, haciendo con sus alabaos que sea posible imaginarse otra vez el *vivir sabroso.* Barón y Castro relatan cómo las organizaciones de mujeres han aprendido rápidamente a trabajar dentro de los nuevos esquemas de investigación y acusación, produciendo información y narraciones que la hacen comprensible. Jaramillo explica las maneras en las que distintas posiciones feministas y comprensiones sobre el conflicto se tejieron en el Acuerdo de Paz de la Habana.

Este mismo libro es testimonio de las voces de las mujeres en la academia colombiana. Los equipos de violentólogos colombianos han tenido pocas mujeres en sus filas hasta ahora. Este es un libro escrito en su totalidad por mujeres académicas, profesoras de tiempo completo, trabajando en red para resignificar los relatos masculinos y poner en circulación ideas que de muchas maneras ya estaban presentes en los trabajos de quienes nos precedieron, en la academia y en el activismo, pero que necesitaban ser presentadas con el énfasis y la dignidad de las ideas nuevas y la corroboración metodológica y teórica que nos da pertenecer a comunidades epistémicas institucionalizadas en las universidades.

Conclusiones

Si bien este libro ya muestra un campo de investigación y reflexión consolidado, también delinea proyectos por materializar e investigaciones por hacer. En un sentido general, el libro apuesta a una mirada feminista que es estratégica y que se hace consciente de sus propios límites. De esta manera, constituye una invitación a las feministas a preguntarse por los alcances de sus marcos teóricos, por su confianza en el Estado y su apuesta por la retórica de la transición. En concreto, el libro invita a apoyar las propuestas que han resultado de largos caminos de reflexión de las mujeres y las organizaciones. Así, el libro propone un mapa de ruta para leer el Acuerdo de la Habana en clave de género y para demandar su aplicación, a pesar de todas las opiniones en contra. El libro también explica cómo las mujeres se han organizado para proponer estrategias contra su victimización y sugiere que estas estrategias tengan prioridad en la respuesta institucional. En materia de propiedad y acceso a la justicia, el libro sugiere que se tomen en serio las propuestas de las mujeres sobre cómo establecer la propiedad y cómo investigar los delitos.

La mayoría de los capítulos sugieren también investigaciones que deberíamos abordar para no perderle la pista a algunas de las tensiones anunciadas. En los textos sobre el Acuerdo de la Habana hay una insistencia en monitorear y vigilar lo que quedo escrito para presionar la materialización de las promesas anunciadas, así como para entender las limitaciones de este tipo de negociaciones. En el capítulo de Vergel, de otro lado, hay una invitación a aclarar y mejorar la calidad de las cifras sobre líderes sociales muertos. La autora enfatiza que sin una caracterización adecuada de los casos los intentos de prevención y protección están destinados a fracasar. El trabajo de Céspedes y Cardozo demanda que miremos los datos de la propiedad de las mujeres en la transición a través del lente de su situación familiar: ¿eran esposas o compañeras? ¿Cuándo y por qué importa esto? Su capítulo ilustra el argumento general sobre el efecto del estado civil sobre la propiedad, pero queda la duda de cuán relevante fue esto en la transición. El trabajo de Olarte, de otro lado, expresa preocupaciones de muchos estilos en relación con la administración de los recursos en el posconflicto y especialmente sobre la bancarización de las mujeres. Estas preocupaciones se basan en la experiencia de otros países, pero definitivamente necesitan corroborarse para el caso colombiano. No solamente es nuestro contexto distinto, sino que hay variaciones en los programas implementados.

Hay menos claridad de las autoras sobre el manejo adecuado o posible de las diferencias de clase, raza y opinión política entre las mujeres, aunque hay consenso en la importancia de elevar estos cuestionamientos así sea para la pausa reflexiva que exige la academia y para tener la humildad de entender que causamos daño con nuestras buenas intenciones. Buchely, en este sentido, trabaja para hacer visible la resistencia de las víctimas de Bojayá frente a las explotaciones y empobrecimientos que las rodean, incluso frente a sus propias parodias de victimización para permanecer como merecedoras de recursos que otros no tienen. Mostrar la humanidad que subyace a estos esfuerzos por arrebatarle su dignidad es clave, pero no necesariamente suficiente. Su capacidad para resistir no puede ser razón y excusa para no hacer más. El capítulo de Mosquera también termina con una reivindicación de la agencia afro en la definición de las reparaciones y fundaciones a las que tienen derecho las poblaciones que han padecido el conflicto, y una celebración de las formas artísticas que acompañan los procesos. Aunque también incluye una cita de Agustín Lao sobre lo que implicaría una reparación en términos afro, con seis puntos que incluyen un reconocimiento del racismo y avances hacia la igualdad racial, no es claro cómo el quehacer de las mujeres en los alabaos y su relación con el dolor y el futuro tiene lugar en la nueva justicia social. El texto de Alviar es igualmente enigmático, aunque inspirador, al revelar la permanencia de las diferencias políticas entre mujeres: ¿por qué insistir en mostrar los desacuerdos, parálisis y estancamientos de las mismas feministas frente al poder? ¿Cuál es la alternativa que nos liberaría de las contradicciones? ¿Deberíamos detenernos más en ellas?

Termino esta breve introducción con agradecimientos a las autoras que se animaron a hacer parte de esta travesía. Este libro empezó como una conversación entre académicas y activistas del movimiento de mujeres en torno a las frustraciones de los conceptos existentes y las ausencias en las literaturas. Algunas no llegaron a escribir sus textos, abrumadas por las urgencias de la cotidianidad, incluyendo las que impone la enfermedad y la inestabilidad laboral. Entre ellas estuvieron Zully Moreno, Lina Moreno, Katherine Romero y Alexandra Quintero. Sus reflexiones fueron fundamentales para el libro que presentamos aquí, tanto como para forjar las amistades y complicidades que nos acompañan cuando pensamos este tema. Personalmente espero que los y las lectoras de este libro lo disfruten tanto como yo he disfrutado las largas horas de reflexión que lo precedieron.

Notas

1. Ruti G. Teitel, *Transitional Justice* (Oxford: Oxford University Press, 2000).
2. Christine Bell y Catherine O'Rourke, "Does feminism need a theory of transitional justice?" *The International Journal of Transitional Justice* 1, no. 1 (Marzo 2007): 23–44, https://doi.org/10.1093/ijtj/ijm002.

3. Una propuesta completa de estas miradas a la transición en Isabel Cristina Jaramillo Sierra, "Finding and Losing Feminism in Transition," en *Governance Feminism: Notes from the Field*, eds. Janet Halley, Prabha Kotiswaran, Hila Shamir y Rachel Rebouché (Minneapolis: University of Minnesota Press, 2019), 434–478.
4. Las ONG *Humanas* y *CISMA* han liderado el trabajo en este ámbito.
5. Por ejemplo, el trabajo de María Camila Correa Flórez, "Violencia sexual contra las mujeres en el conflicto armado: crimen de guerra y arma contraria al DIH," *Derecho Penal Contemporáneo*, no. 49 (Octubre 2014): 165–194.
6. María Eugenia Ibarra Melo, "Mujeres, verdad, justicia y reparación en Colombia," *UniversitasHumanística*,no.72(2011),https://revistas.javeriana.edu.co/index.php/univhumanistica/article/view/2154.
7. Ibarra, "Mujeres."
8. Sus trabajos están disponibles en el sitio web de la organización: https://www.casmujer.com/index.php/publicaciones/.
9. María Victoria Uribe Alarcón, *Hilando Fino* (Bogotá: Universidad del Rosario, 2015).
10. Helena Alviar García e Isabel Cristina Jaramillo Sierra, *Feminismo y Crítica Jurídica* (Bogotá: Universidad de los Andes y Siglo del Hombre, 2013).
11. Jaramillo, "Feminism in Transition."

Referencias

Alviar García, Helena, e Isabel Cristina Jaramillo Sierra. *Feminismo y Crítica Jurídica*. Bogotá: Universidad de los Andes y Siglo del Hombre, 2013.

Bell, Christine, y Catherine O'Rourke. "Does feminism need a theory of transitional justice?" *The International Journal of Transitional Justice* 1, no. 1 (Marzo 2007): 23–44. https://doi.org/10.1093/ijtj/ijm002.

Correa Flórez, María Camila. "Violencia sexual contra las mujeres en el conflicto armado: crimen de guerra y arma contraria al DIH." *Derecho Penal Contemporáneo*, no. 49 (Octubre 2014): 165–194.

Ibarra Melo, María Eugenia. "Mujeres, verdad, justicia y reparación en Colombia." *Universitas Humanística*, no. 72 (2011): 247–273. https://revistas.javeriana.edu.co/index.php/univhumanistica/article/view/2154.

Jaramillo Sierra, Isabel Cristina. "Finding and Losing Feminism in Transition," en *Governance Feminism: Notes from the Field*, editado por Janet Halley, Prabha Kotiswaran, Hila Shamir y Rachel Rebouché, 434–478. Minneapolis: University of Minnesota Press, 2019.

Teitel, Ruti G. *Transitional Justice*. Oxford: Oxford University Press, 2000.

Uribe Alarcón, María Victoria. *Hilando Fino*. Bogotá: Universidad del Rosario, 2015.

Parte I El nuevo posconflicto colombiano: los Acuerdos entre las FARC y el Gobierno Colombiano en 2016

1. *El género en el Acuerdo de Paz de la Habana (APH)*

Isabel Cristina Jaramillo Sierra

El acuerdo de paz suscrito por el gobierno colombiano y las FARC en la Habana en el segundo semestre de 2016 respondió a los 20 años de reclamos feministas sobre la inclusión de las mujeres asumiendo explícitamente el enfoque de género como un enfoque transversal al acuerdo, usando lenguaje incluyente en cien de sus artículos, y adoptando más de cien medidas concretas a favor de las mujeres.[1] Por la manera en la que se dieron las negociaciones y por la forma en la que se estableció la subcomisión de género, sin embargo, una comprensión cabal de la teoría sobre la opresión que subyace al APH, y consecuentemente, de la utopía que nos imaginamos podría derivarse de acoger lo que promete, no es sencilla.

La subcomisión de género de la mesa de negociaciones se creó, de acuerdo con la información oficial del proceso, el 11 de septiembre de 2014.[2] Para ese momento, el gobierno y las FARC ya llevaban un poco más de dos años de negociaciones en los que primó la cautela en las comunicaciones al público, que solamente se enteraba de los avances a través de comunicados oficiales que si bien se publicaban ampliamente, se referían únicamente a los resultados y no hablaban de los procesos.[3] Las personas que nombraron en la subcomisión, por otro lado, ni habían hecho parte de las negociaciones ni acreditaron tener formación en género ni haber participado en ninguno de los esfuerzos de las organizaciones de mujeres en relación con la paz y la transición.[4] De este modo, la subcomisión de género tuvo que trabajar en tres procesos paralelos: aprender sobre enfoque de género, "devolverse" a revisar lo que ya se había pactado y proponer una estrategia de género para los puntos que faltaban por acordarse. De acuerdo con los comunicados oficiales de la mesa de negociaciones, para el 11 de septiembre de 2014, ya se había llegado a acuerdos en materia de tierras (26 de mayo de 2013), participación política (6 de noviembre de 2013) y solución al problema de las drogas ilícitas (16 de mayo de 2014).

La forma en la que quedó plasmado el género en el acuerdo se vio afectada también por el hecho de que uno de los principales argumentos para rechazar las negociaciones en el plebiscito fue la manera en la que se acogió la "ideología de género."[5] De acuerdo con los detractores, el acuerdo modificaba la constitución obligando la equidad de género de maneras que resultaban inadmisibles, como la educación sexual y el matrimonio del mismo sexo. Si bien el gobierno defendió el trabajo de la subcomisión de género haciendo énfasis en la distinción entre enfoque de género e ideología de género, el acuerdo final se modificó en el sentido de reducir el número de veces que la palabra aparecía en el texto y eliminar algunas medidas inicialmente previstas para cambiar los estereotipos y estigmas de género. De otro lado, se incrementaron los mecanismos de vigilancia del enfoque de género en la implementación al preverse la creación de una Instancia Especial de Género que funcionaría en esta etapa.

Pues bien, este capítulo propone una lectura sistemática del género en el acuerdo de paz que, de una parte, le dé al lector herramientas para utilizar el acuerdo en sus propias batallas y, de otra parte, le permita entender cuáles son los límites del acuerdo. Para esto, el capítulo se divide en tres secciones. La primera sección explica cuáles son las medidas relacionadas con el enfoque de género que se encuentran en el texto del acuerdo y cita las más importantes. La segunda sección propone una interpretación del lugar que ocupan las medidas de género dentro del acuerdo y de lo que cabría esperar que se lograra si se diera una implementación cabal del acuerdo. Aquí señalo que la visión que subyace a buena parte de las medidas es la de "añadir a las mujeres," por lo que habrá que esperar a que el Acuerdo se implemente para ir pidiendo caso a caso que se cumpla lo que de aquello corresponde a las mujeres. También sugiero que escoger algunas de estas medidas para focalizar los esfuerzos puede ser útil y doy pistas sobre cuáles podrían ser. La tercera sección, a modo de conclusión, discute algunas de las maneras en las que podría utilizarse el acuerdo para avanzar en la agenda de género, en particular, discute el valor normativo del acuerdo de paz a la luz de los debates que se han dado al interior de la Corte Constitucional. Básicamente este capítulo sugiere que una de las grandes pérdidas del plebiscito fue la de quitarle a la ciudadanía la facultad de reclamar el cumplimiento de lo incluido en el APH al señalar que las autoridades solo deben portarse lo mejor posible, "de buena fe," en relación con lo previsto en el APH. Voy más allá en este punto para indicar dos rutas por las que podría volverse exigible el contenido de género del APH, no sin antes advertir la importancia de resolver los dilemas políticos que cualquier reclamo efectivo ante los jueces presupone.

Medidas incluidas en el APH

Para este ejercicio se tuvieron en cuenta 217 medidas de las que se encuentran en el APH, identificadas por el grupo de trabajo GPAZ.[6] Estas medidas son de muy diverso tipo y se encuentran distribuidas a lo largo de todo el APH, con un número promedio de 31 medidas por capítulo y un predominio del lenguaje incluyente, que representa 100 de las 217 medidas identificadas (véase Tabla 1.1).

Para identificar las medidas se tuvieron en cuenta dos criterios básicos. El primero es que una medida de género puede concretarse en una fracción de un enunciado del acuerdo, sin que la totalidad de la medida sea considerada como una medida de género. Este criterio se relaciona principalmente con el uso del lenguaje incluyente como medida de género, pues más que distribuir recursos para lograr más equidad, el lenguaje se usa la mayoría de las veces para expresar un compromiso de neutralidad y la inclusión de todas las poblaciones afectadas. Un ejemplo de esto sería la afirmación que se hace en la página 13 del acuerdo en relación con la participación como principio en la Reforma Rural Integral: "la planeación, la ejecución y el seguimiento a los planes y programas se adelantarán con la activa participación de las comunidades —hombres y mujeres—." Como puede verse, el enfatizar que las comunidades están formadas por hombres y mujeres aquí se orienta a expresar un compromiso de inclusión más que a materializar una exigencia concreta en relación con la equidad. El segundo criterio es que una medida de género puede expresarse usando la palabra "género," pero también refiriéndose a las mujeres o a la población LGBTI. Así, aunque la palabra género solamente aparece 54 veces en todo el cuerpo del acuerdo, las medidas que se incluyen aquí llegan a 217.

Cien medidas de las identificadas fueron medidas de lenguaje incluyente. Se encuentra más de este lenguaje incluyente en los capítulos 1 y 3 (sobre reforma rural integral y participación política), donde hay 21 y 26 casos, y un uso mínimo en el capítulo 6, donde solamente aparece 5 veces. Este lenguaje incluyente implica no solamente referirse a hombres y mujeres como miembros de comunidades, sino también relevar la diferencia sexual entre trabajadores, campesinos, líderes, etc. A diferencia de otras medidas, estas constituyen ellas mismas la realización del enfoque de género en el acuerdo y por eso no demandan medidas adicionales para producir sus efectos.

Tabla 1.1: Clasificación de las medidas incluidas en el acuerdo. Fuente: elaboración propia a partir de las medidas que se encuentran en el APH, identificadas por el grupo de trabajo GPAZ.

Capítulo	Cantidad de artículos	Lenguaje incluyente	Mujer como población vulnerable	Igualdad en la participación	Enfoque diferencial	Visibilización de la violencia de género	Sensibilización	Investigación académica
1	36	21	12	4	3	0	0	0
2	27	14	10	7	6	0	5	0
3	60	26	4	2	9	5	0	0
4	29	18	6	3	7	0	1	1
5	35	16	9	3	8	2	1	0
6	30	5	2	1	4	0	2	0
TOTAL	**217**	**100**	**43**	**20**	**37**	**7**	**9**	**1**

En relación con el número de veces que se utiliza, las medidas que consideran a las mujeres como especialmente vulnerables y en necesidad de ser priorizadas o preferidas son las segundas en importancia. Incluyen un número total de 43 medidas, con mayor peso en los capítulos 1 (reforma agraria), 2 (drogas ilícitas) y 5 (fin del conflicto). Las principales medidas de priorización se dan en relación con el acceso a la tierra y a los recursos que se pondrán a disposición de campesinos y campesinas para reducir la pobreza y desigualdad. Estas medidas de priorización y preferencia dependen en su materialización de la diligencia y cuidado con los que se formulen los planes generales de reforma en cuanto no suponen ellas mismas una intervención en el mecanismo social de género sino una recompensa o nivelación de las mujeres.

En tercer lugar, se encuentran las medidas sobre enfoque diferenciado que se refieren a las "necesidades especiales de las mujeres." Estas medidas son 37 en el conteo de GPAZ. A diferencia de las medidas de priorización y preferencia, estas medidas no asumen un diagnóstico de desigualdad cuantitativa de las mujeres en relación con los hombres, sino que exigen que dicho diagnóstico se haga cuando vayan a adoptarse las medidas para que en ese momento se decida si lo justo es una priorización o no. Podrían entenderse en sentido estricto como mandatos a quienes van a elaborar planes o programas de tener en cuenta la diferencia de las mujeres en cuanto a su vulnerabilidad.

A continuación, se encuentran las medidas sobre igualdad de participación de las mujeres con un total de 20 casos. Es importante resaltar aquí que esta igualdad de participación, si bien no llegó a formularse como una exigencia de paridad, es bastante ambiciosa pues demanda no sólo que se tenga en cuenta en las instituciones políticas que ya existen, sino que se garantice en las instituciones que van a crearse, introduce una institución para vigilar la implementación del enfoque de género en particular, y se refiere al empoderamiento de las organizaciones de mujeres de la sociedad civil en cuanto actores políticos. Esto es coherente con una mirada que busca no sólo aumentar la presencia de las mujeres en espacios formales, sino también transformar la política para darle espacio a nuevos actores.

Un último conjunto de 17 medidas incluyen las relacionadas con la violencia de género y las dificultades de las mujeres para acceder a la justicia para obtener reparación, la sensibilización de los funcionarios y funcionarias para garantizar dicho acceso y reparación y la investigación académica para comprender la operación del género en las distintas esferas que aborda el acuerdo de paz.

Procedemos al análisis de las medidas agrupadas de esta manera: medidas de protección, medidas de participación y medidas de sensibilización frente a la violencia de género y discriminación de las mujeres. Las de investigación académica son solamente dos medidas, luego no ameritan un capítulo aparte: (1) se menciona un diagnóstico del ejercicio del derecho al voto en las poblaciones más vulnerables, incluyendo las mujeres (p. 51); y (2) una investigación sobre la situación de las mujeres involucradas en cultivos ilícitos (p. 127). El uso de lenguaje incluyente tampoco merece en mi opinión un análisis separado. Es obvio para cualquiera que lee el acuerdo en el uso de lenguaje incluyente no obedeció a ningún criterio sistemático. Refleja una aparente negociación entre la importancia de su uso y los costos que para muchos están involucrados en la única solución sistemática que suponen que existe que es la de duplicar los sustantivos y los artículos para hablar del femenino y el masculino. El que en más de cien ocasiones se hubiera usado lenguaje incluyente no es menos importante por esta falta de sistematicidad. Refleja un interés y una conciencia que lamentablemente no lograron aparejarse de conocimiento experto sobre cómo resolver los problemas de los costos del uso del lenguaje incluyente en español.[7]

Medidas de protección a las mujeres

En línea con la interpretación de las causas históricas del conflicto armado que propuso las FARC, los ejes centrales de redistribución de recursos se articulan en el problema de la reforma rural integral y el fin de los cultivos ilícitos. En los capítulos de mayor interés para el gobierno, fin del conflicto y víctimas, no se prevén medidas especiales para mujeres. Las medidas específicas de protección de las mujeres propuestas por el acuerdo pueden a su vez clasificarse en dos grupos, según lo determinada que aparece la medida en el acuerdo. Así, en un primer grupo podrían incluirse aquellas medidas que ya están definidas en el acuerdo (medidas de realización inmediata), y en un segundo grupo podrían incluirse las que se espera sean incluidas en planes o programas que desarrollen el acuerdo en puntos específicos sin estar aún concretadas (medidas de mandato a los autores de planes y programas) (véase Tabla 1.2)

No es claro si los mandatos de realización inmediata pueden reclamarse independientemente de que se logre la implementación completa del acuerdo tal y como está planteado. Por una parte, la mayoría de estas medidas son del estilo de “agregarle el género” a planes concebidos y pensados desde una perspectiva masculina. En particular son de este estilo las que suponen la priorización de mujeres en programas concebidos para la población “general.” Por otra parte, parecería que las medidas están pensadas para operar como parte de un todo.

Tabla 1.2: Medidas de protección a mujeres. Fuente: elaboración propia a partir de las medidas que se encuentran en el APH, identificadas por el grupo de trabajo GPAZ.

	Medida	**Página**
Medidas de realización inmediata	Priorización de mujeres en acceso a subsidio para compra de tierras.	p. 15
	Priorización de mujeres en planes de adjudicación gratuita y subsidio integral.	p. 15
	Formación legal a las mujeres en temas agrarios.	pp. 17–18
	Promover formación profesional de mujeres rurales en áreas no tradicionales.	p. 27
	Priorización de las mujeres cabeza de familia en planes de vivienda rural.	p. 28
	Priorización de las mujeres cabeza de familia en la asistencia técnica integral agraria.	p. 29
	Guarderías infantiles rurales para promover acceso a oportunidades laborales de mujeres que viven en zonas de cultivos ilícitos.	p. 113
	Medidas de reparación emocional para las víctimas de violencia sexual.	p. 181
Medidas de mandato a autores de planes o programas	Plan de formalización masiva de la propiedad rural debe tener medidas orientadas a las mujeres.	p. 16
	Jurisdicción agraria debe diseñarse para reducir barreras de acceso a la justicia de la mujer rural.	p. 18
	Se deben adoptar medidas específicas para superar la pobreza de las mujeres rurales.	p. 24
	Se debe adoptar un enfoque diferencial en planes de salud para mujeres rurales.	p. 26
	Se deben adoptar medidas para el ingreso y permanencia de las mujeres rurales en el sistema educativo	p. 27
	Plan de comercialización de productos de la economía campesina debe incluir medidas orientadas a mujeres.	p. 31
	El plan de formalización del empleo rural priorizará la vinculación laboral de mujeres a áreas no tradicionales.	p. 32
	Se extenderán los programas de protección en la vejez para campesinos teniendo en cuenta las necesidades de las mujeres adultas mayores.	p. 32
	Se crearán esquemas de protección al embarazo, parto, lactancia y cuidado de recién nacidos.	p. 32

Continued

Tabla 1.2: Continued

Medida	Página
Sistema de garantía del derecho a la alimentación tendrá en cuenta la contribución de las mujeres rurales.	p. 33
Sistema Integral de seguridad incluirá medidas para lograr que se valore positivamente la participación de las mujeres en lo público.	p. 38
Sistema Integral de Seguridad para el Ejercicio de la Política incluirá información desagregada de amenazas a mujeres.	p. 40
Sistema de información y monitoreo de garantías en el ejercicio de la política incluirá información desagregada por sexo.	p. 41
Programa de protección tendrá enfoque de género Reincorporación de FARC tendrá énfasis en derechos de las mujeres.	p. 41
La Comisión nacional de garantías de seguridad pondrá especial atención a la victimización de mujeres en el conflicto.	p. 53
La Unidad Especial de Investigación usará el enfoque multidimensional y planes metodológicos especializados para la victimización de mujeres.	p. 68
El Cuerpo especial de protección recibirá formación en protección de mujeres.	p. 82
Programas de oportunidades laborales para personas dedicadas a cultivos ilícitos tendrán en cuenta diferencia de las mujeres.	p. 84 (86)
El Sistema nacional de Atención al Consumidor de Drogas tendrá enfoque de género.	p. 91
Acciones de reducción de daño orientadas a mujeres consumidoras tendrán en cuenta la relación del consumo con la violencia de género.	p. 113
Medidas afirmativas para mujeres en planes orientados a consumidores.	p. 117
El funcionamiento del componente justicia tendrá en cuenta la manera desproporcionada en la que sufrieron las mujeres en el conflicto.	p. 118
Productos comunicacionales del mecanismo de monitoreo y seguimiento tendrá enfoque de género.	p. 119

En cuanto a los mandatos a autores de planes y programas, parecerían quedar en un nivel aún más incierto, especialmente cuando el acuerdo no especifica quiénes diseñarán el plan o programa.

Medidas de participación política

Como se había indicado ya, las medidas de participación política incluidas en el acuerdo son de cuatro tipos (véase Tabla 1.3). Por una parte, están las medidas que exigen que se dé una representación equilibrada a las mujeres en las instituciones formales existentes. En segundo lugar, se encuentran las medidas que suponen incluir mujeres en las instituciones que van a crearse como parte de la implementación de los acuerdos. En tercer lugar, están las medidas encaminadas a fortalecer las organizaciones de la sociedad civil como actores políticos. Finalmente, existen medidas encaminadas a fortalecer la participación de las mujeres en organizaciones de la sociedad civil o espacios comunitarios sin tener que hacerlo necesariamente como organizaciones de mujeres.

Esta inclusión de las mujeres refleja una visión transformadora de la política, en la que lo político desborda la representación y lo formal, pero también desborda el sexo del representante porque se valora no solamente la presencia de mujeres en diversos espacios, sino los esfuerzos históricos que han hecho las mujeres por agenciar sus intereses.

Como puede verse, solamente un número pequeño de medidas está orientado a mejorar la situación de las mujeres en las instituciones formales ya existentes y, por lo tanto, la efectividad de estas medidas depende de cómo logre implementarse el acuerdo y cuánto de él pueda implementarse. No es despreciable, sin embargo, la invitación a generar nuevos liderazgos a través de procesos de formación de mujeres y jóvenes.

Medidas de sensibilización hacia la violencia de género y discriminación de las mujeres

En línea con la preocupación general de propiciar una cultura de reconciliación en la que no estén estigmatizados quienes abogan por ideas de izquierda, en varios lugares en el acuerdo se establece que se trabajará en sensibilización y contenidos no discriminatorios (véase Tabla 1.4). De manera especial, sin embargo, se menciona el trabajo que debe hacerse en materia de violencia de género y discriminación. Adicionalmente se establece de manera directa que la violencia de género y la violencia sexual deben ser abordadas en distintos planes y programas.

Tabla 1.3: Medidas de participación. Fuente: elaboración propia a partir de las medidas que se encuentran en el APH, identificadas por el grupo de trabajo GPAZ.

	Medida	Página
Representación equitativa en instituciones formales existentes	Promover campañas para aumentar participación electoral de las mujeres.	p. 51 (53)
	Medidas para facilitar acceso de mujeres rurales en planes de cedulación masiva.	p. 51
	Misión electoral tendrá en cuenta obstáculos de las mujeres para la participación en política.	p. 53
	Promover liderazgo de mujeres en partidos y movimientos políticos existentes.	p. 55
	Promover nuevos liderazgos entre mujeres a través de programas de formación en derechos.	p. 55
Representación equitativa en instituciones formales a crearse	Instancia de alto nivel sobre planificación indicativa de uso de la tierra.	p. 18
	Comisión para Estatuto de Oposición incluirá partidos y movimientos que cuenten con la participación de mujeres.	p. 37
	Consejo Nacional para la Reconciliación y la Convivencia incluirá organizaciones de mujeres.	p. 46
	Promover la participación de las mujeres en los Consejos Territoriales.	p. 49
	Circunscripciones especiales para población especialmente afectada por el conflicto incluirá a mujeres.	p. 54
	La Instancia de Alto nivel para las garantías de seguridad en el ejercicio de la política incluirá a organizaciones de mujeres.	p. 88
	Las Asambleas Comunitarias de seguimiento a los PNIS contarán con participación efectiva de mujeres.	p. 109
	Comisión de Verdad incluirá un grupo de trabajo de género.	p. 135
	Comisión de verdad tendrá una participación equitativa de hombres y mujeres.	p. 137

	Medida	Página
	En el componente justicia del SIVJRNR habrá participación equitativa de hombres y mujeres.	p. 167 (168)
Fortalecimiento organizaciones de mujeres.	Estímulos a la economía solidaria deben incluir apoyo especial a las mujeres rurales para promover su capacidad organizativa.	p. 28
	Asistencia técnica y legal extraordinaria para organizaciones de mujeres.	p. 42
	Abrir espacios en medios de comunicación comunitarios, institucionales y regionales para divulgación del trabajo de organizaciones de mujeres.	p. 46
	El Pacto Político nacional incluirá a las organizaciones de mujeres.	p. 80
	En la ejecución de los planes integrales de sustitución de cultivos se priorizará a las organizaciones de mujeres.	p. 110
Fortalecimiento participación de mujeres	Mujeres participarán en espacios de resolución de conflictos sobre uso y tenencia de la tierra	p. 18
	Mujeres participarán en procesos participativos de formulación de los PDET.	p. 18
	Mujeres deben participar en supervisión de la asistencia técnica proporcionada.	p. 29
	Comisión para Estatuto de Oposición escuchará a organizaciones, incluidas organizaciones de mujeres.	p. 39
	Sistema Integral de Seguridad para el Ejercicio de la Política procurará interlocución con mujeres.	p. 37
	En las instancias de participación ciudadana de los niveles local, municipal, departamental y nacional, se garantizará participación equitativa de hombres y mujeres.	p. 43
	Mecanismos de control y veeduría ciudadana contarán con participación efectiva de las mujeres.	p. 48

Continued

Tabla 1.3: Continued

	Medida	Página
	Participación ciudadana en la planeación democrática incluirá a las mujeres y propiciará su participación a pesar de barreras de cuidado	p. 50
	Promover presupuestos participativos en los que hagan parte las mujeres.	p. 50
	Programa Integral de Seguridad y Protección para las comunidades y organizaciones en los territorios contará con participación de mujeres	p. 93
	Las mujeres participarán en la formulación de planes de protección para territorios rurales.	p. 93
	Participación de las mujeres en la planeación, seguimiento y evaluación de planes integrales de sustitución de cultivos.	p. 106

Tabla 1.4: Medidas de cambio cultural. Fuente: elaboración propia a partir de las medidas que se encuentran en el APH, identificadas por el grupo de trabajo GPAZ.

Medida		Página
Medidas de sensibilización	Medios de comunicación comunitarios, institucionales y regionales incorporarán en sus contenidos valores no discriminatorios y de respeto al derecho de las mujeres a una vida libre de violencias.	p. 47
	Se promoverá la no estigmatización de grupos en condiciones de vulnerabilidad o discriminados como las mujeres.	p. 47
	Promover la reconciliación, la convivencia y la tolerancia, especialmente en las poblaciones más afectadas por el conflicto, teniendo en cuenta el impacto desproporcionado del conflicto sobre las mujeres.	p. 47
	Creación de un canal institucional para partidos y movimientos que contribuya a la promoción de una cultura democrática de paz y reconciliación y de valores no discriminatorios y de respeto al derecho de las mujeres a una vida libre de violencias, así como la divulgación de los avances en la implementación de los planes y programas acordados en el marco de este Acuerdo.	p. 55
	Se adoptarán acciones para sensibilizar y guiar a la comunidad y a las instituciones para prevenir la estigmatización de los consumidores y las consumidoras, que tengan en cuenta de manera particular el impacto diferenciado en las mujeres y población LGBTI.	p. 119

Continued

Tabla 1.4: Continued

Medida		Página
Medidas de visibilización	Comisión para el Esclarecimiento de la Verdad, la Convivencia y la No Repetición En primer lugar, la Comisión deberá contribuir al esclarecimiento de lo ocurrido, de acuerdo con los elementos del mandato que se describen más adelante, y ofrecer una explicación amplia de la complejidad del conflicto, de tal forma que se promueva un entendimiento compartido en la sociedad, en especial de los aspectos menos conocidos del conflicto, como el impacto del conflicto en los niños, niñas y adolescentes y la violencia basada en género, entre otros.	p. 131
	No serán objeto de amnistía ni indulto ni de beneficios equivalentes… el acceso carnal violento.	p. 151
	La Unidad ***contará con de un equipo de investigación especial para casos de violencia sexual***, y estipula que para la investigación de estos crímenes, se atenderán las disposiciones especiales sobre práctica de pruebas en la materia incluidas en el Estatuto de Roma. La Unidad de Investigación y Acusación podrá solicitar a otros órganos competentes del Estado o a organizaciones de derechos humanos y de víctimas, que informen respecto de hechos sobre los cuales no se cuente con información suficiente. En el marco de sus funciones y competencias, podrá solicitar la colaboración que entienda necesaria a la Fiscalía General de la Nación, así como establecer acuerdos de cooperación con esta.	p. 168
	El Gobierno Nacional y las FARC-EP se comprometen a NO realizar en virtud del presente Acuerdo las siguientes acciones: Ejecutar actos de violencia o cualquier amenaza que ponga en riesgo la vida e integridad personal contra la población civil, especialmente aquellos por razón de género.	p. 224

En este tercer tipo de medidas es importante que la violencia de género hubiese sido incluida como una forma de discriminación histórica y que se entendiera que es parte fundamental de los cambios que se esperan en la cultura.

El impacto en el mediano y largo plazo

Para pensar el impacto del APH en el mediano y largo plazo es crucial entender su diseño. Aquí se propone que el diseño básico de la aproximación al género es del tipo de "mujer y desarrollo," pero esto se combina con una visión de la violencia contra las mujeres como fenómeno cultural más amplio y ligado a la violencia política, que debe ser abordado a través de campañas culturales y judicialización.

Mujer y desarrollo en el APH

La aproximación de Mujer y Desarrollo surgió inicialmente como respuesta a la pregunta por los resultados que las mujeres habían obtenido de los programas de desarrollo desplegados por las agencias de cooperación de los países del norte global. Se le adjudica a Ester Boserup el haber puesto sobre la mesa que el rol de las mujeres en el desarrollo había venido siendo invisibilizado y necesitaba ser tenido en cuenta al momento de asignar recursos.[8] La aproximación se fortaleció con la creación de divisiones y subdivisiones de Mujer y Desarrollo y la asignación de recursos específicamente para las mujeres. Esta aproximación ha sido criticada por su mirada integracionista y poco crítica de los discursos del desarrollo. Por una parte, ha supuesto que el ideal es que las mujeres se dediquen a hacer lo mismo que los hombres para tener los mismos recursos que estos. Por otra parte, ha partido de una mirada neoclásica o neoliberal del desarrollo en el que se privilegia el modelo de modernización y se marginan las cuestiones de economía política global e interna. También se le ha denunciado por no hacer a las mujeres del tercer mundo partícipes de las políticas y programas que terminan afectándolas.

En el caso del APH no nos encontramos frente a una agencia de cooperación ni se utiliza la expresión del desarrollo. No obstante, el esquema utilizado es claramente uno de "agregar a las mujeres y revolver" en cuanto ninguna de las propuestas aborda una visión de desarrollo en la que se interrogue el género como motor del subdesarrollo, ni se espera ir más allá de una mirada neoliberal del desarrollo agrario. En efecto, el APH está estructurado en torno a una visión de acceso y productividad a la tierra que no se distingue fácilmente del modelo de distribución de tierras actualmente existente. Exige la formalización y la asignación de baldíos, y aunque establece cuotas precisas y exige unos apoyos que en el pasado se han demorado en llegar o no han llegado nunca, sigue suponiendo que la propiedad y explotación de la tierra es lo que puede mejorar la calidad de vida de las personas que viven en el campo. En esta línea, invita a que se priorice a las mujeres y madres cabeza de familia por su vulnerabilidad frente a la pobreza, pero no transforma la mirada hacia el campo. De la misma manera, en temas de educación, seguridad social y protección, indica que se tenga en cuenta a las mujeres para que tengan el mismo acceso que los hombres, pero no va más allá del esquema actualmente existente para la integración no sólo de las mujeres sino de los trabajadores del campo.

En materia de participación política, el APH también parecería esperar que se adicione a las mujeres a las fórmulas preparadas por los expertos, misiones, ejecutivo y Congreso. Aunque la visión de la participación política, como se dijo antes, es transformadora y no se limita a las instituciones formales, sino que demanda que los hombres y mujeres en el campo participen en los procesos, la insistencia en que se "agregue" a las mujeres a estos espacios sin transformarlos desde una perspectiva de género es notoria. En la mayoría de las medidas, de hecho, no se va más allá de una formulación vaga de promover la representación o participación equitativa de hombres y mujeres. Algunas de las medidas transformadoras de la política desde una visión de género incluyen el establecer reglas sobre horarios de trabajo y financiación de campañas, así como transparencia en elección de candidatos y asignación de recursos. Ninguna de estas medidas se vislumbra como posible en el marco de lo propuesto. La instancia especial de género ya replica la idea de que las expertas de género verán lo "marginal" o "especial" que tiene que ver con las mujeres y no que tendrán a su cargo la traducción general de los acuerdos siguiendo una perspectiva de género. Si fuera lo segundo, su poder y cantidad de trabajo serían verdaderamente desmesuradas.

Ahora bien, no habría que subestimar el efecto de las medidas relacionadas con educación de las mujeres rurales, asignación a las mujeres rurales de recursos relacionados con el cuidado de los niños y asignación de recursos para fortalecer a las organizaciones de mujeres en el campo. Aunque el esquema en el que esto aparece es integracionista, estas medidas podrían empezar a sesgar la tendencia y generar posibilidades de transformación desde las mismas mujeres en un futuro. Una verdadera propuesta feminista podría apostarle a estos aspectos en relación con el empoderamiento de la mujer rural, confiando en que si los hombres logran sacar adelante sus reformas agrarias, en todo caso arrastrarán a las mujeres con ellos pero sabiendo que las posibilidades de éxito de este tipo de reformas es muy baja. Es decir, en lugar de esperar a que se logren las reformas relacionadas con la propiedad, las feministas podrían potenciar estas medidas de transformación del campo para que las mujeres logren una asignación de recursos independiente de lo que ocurra finalmente con la tierra.

La violencia contra la mujer como fenómeno cultural vinculado a la violencia política

El énfasis que hace el acuerdo en la sensibilización y formación en relación con la violencia de género, así como los mandatos que se hacen a los medios de comunicación en este sentido, revelan una creencia en que la violencia contra la mujer es un fenómeno principalmente cultural y vinculado a la violencia política. En este caso, interesantemente, se involucra a toda la sociedad colombiana en los planes y programas propuestos, no solamente a las víctimas ni solamente a las mujeres más vulnerables, y se confía en que los esfuerzos relacionados con la transformación social propuesta se lograrán principalmente con mensajes televisivos y radiales y con la judicialización de los perpetradores.

De esta manera, la visibilización de la violencia de género en el trabajo de los distintos componentes del SIVJRR, la prohibición de conceder amnistías e indultos por delitos relacionados con el sexo, la prohibición explícita de incurrir en actos de violencia de género en el proceso de dejación de armas y la obligación de utilizar metodologías de investigación especiales para la violencia sexual, se pueden ver como medidas encaminadas a lograr el gran cambio cultural de advertir a potenciales perpetradores de la importancia que culturalmente se le asigna a la violencia de género y, particularmente, a la violencia sexual.

No existe evidencia de que el impacto de estas dos estrategias, de medios y de judicialización, haya sido positivo y significativo. El caso de los Estados Unidos, donde más recursos se han invertido en la judicialización, es evidencia exactamente de lo contrario. En parte esto se ha atribuido a que estas miradas de la violencia como un fenómeno cultural dejan de lado las conexiones de la violencia con la economía política de los hogares, el funcionamiento del derecho de familia y la producción de la erotización de la dominación por los medios de manera constante.

Desde un punto de vista feminista, no obstante, parece una gran oportunidad el que se exija entregar tiempo al aire a las organizaciones de mujeres y que se demande tener aproximaciones a la violencia de género como vinculada a la violencia política. Estos espacios podrían ser aprovechados para empezar a trabajar en los patrones de erotización de la dominación (la objetualización de la mujer) y para transmitir mensajes sobre el derecho de familia que sirvan para empoderar a las mujeres en sus relaciones.

El valor normativo del Acuerdo de la Habana: perspectivas feministas

En este capítulo he propuesto valorar la manera en la que el Acuerdo de Paz de la Habana introdujo el enfoque de género como enfoque transversal, como lenguaje incluyente y como medidas concretas a aplicar en la fase de implementación. He explicado que el compromiso político del gobierno colombiano y de la guerrilla de las FARC quedó plasmado en el principio de equidad de género, y en su renuencia a renunciar a este principio frente a los ataques de los grupos fundamentalistas. La versión definitiva del APH que fue aprobada por el Congreso colombiano en 2016 incluye 217 medidas que están lejos de ser mera poesía. Al menos 100 de estas medidas son exigencias concretas de protección a las mujeres, de participación política y de sensibilización y visibilización de la violencia de género. Y aunque en general no son medidas que hagan una apuesta transformadora de la equidad de género, si pueden ser apropiadas para lograr resultados valiosos para las mujeres. Esta apropiación, no obstante, tiene dos dimensiones. La primera es la política. Supone no solamente un compromiso de las organizaciones de mujeres con el proceso de paz sino su capacidad de llegar a acuerdos sobre lo fundamental. Por ahora esos acuerdos no parecen ser explícitos y el compromiso con el proceso de paz tampoco. La debilidad misma de las organizaciones y la importancia de otros temas en su agenda son dos elementos que definitivamente hay que tener en cuenta.

La segunda dimensión es la jurídica. Aquí lo que está en juego es la pregunta por el valor normativo del Acuerdo mismo, es decir, la pregunta por el carácter vinculante del Acuerdo para las partes y en particular para el gobierno colombiano. Este fue también uno de los puntos de discordia en relación con su aprobación popular. Para muchos de los líderes del "no" en el plebiscito, el que el Acuerdo se considerara vinculante para el gobierno colombiano era problemático porque equivalía a haberle concedido a la guerrilla de las FARC capacidad de constituyente. El artículo 4 del acto legislativo 01 de 2016,[9] decía efectivamente que el Acuerdo se consideraría un Acuerdo Especial a la luz de los Convenios de Ginebra y que haría parte del bloque de constitucionalidad, imponiéndose como parámetro de interpretación en la fase del desarrollo normativo e implementación del mismo. Este artículo fue derogado por el acto legislativo 02 de 2017,[10] que ya no menciona el bloque de constitucionalidad ni los Convenios de Ginebra y se limita a señalar que aquellas normas del acuerdo que corresponden a desarrollos del derecho internacional humanitario o a derechos fundamentales serán parámetro de interpretación y referente de validez para las normas que se dicten en desarrollo del Acuerdo. Dada la manera en la que está formulada, no parecería haber dudas que lo que se dice en relación con el enfoque de género y los derechos de mujeres y población LGBTI es de carácter vinculante en cuanto parámetro de interpretación y validez por tratarse estos de derechos fundamentales. En este sentido, no cabría dudas que en el examen de constitucionalidad que realice la Corte Constitucional de las medidas expedidas en desarrollo del acuerdo, debe tener especial cuidado de verificar que se materializan los compromisos que aparecen en el Acuerdo.

La pregunta más difícil en relación con las obligaciones derivadas del Acuerdo es la de las omisiones: ¿está el gobierno obligado por el Acuerdo a expedir ciertas normas o apropiar ciertos recursos? ¿Cuáles consecuencias se seguirían de no llevar a cabo estas acciones? En el caso de las medidas identificadas aquí, por ejemplo, ¿qué pasaría si no se crean las guarderías rurales, no se afilia a las trabajadoras campesinas a la seguridad social o se deja de dar becas a las jóvenes en zonas rurales? El acto legislativo 02 de 2017 contiene la siguiente afirmación:

> Las instituciones y autoridades del Estado tienen la obligación de cumplir de buena fe con lo establecido en el Acuerdo Final. En consecuencia, las actuaciones de todos los órganos y autoridades del Estado, los desarrollos normativos del Acuerdo Final y su interpretación y aplicación deberán guardar coherencia e integralidad con lo acordado, preservando los contenidos, los compromisos, el espíritu y los principios del Acuerdo Final.[11]

La elección de palabras en este parágrafo es diciente. Parecería que al expresar que la obligación es de "buena fe" se estuviera enfatizando que no es una obligación legal. En este punto habría que recordar, sin embargo, que lo opuesto de lo vinculante no es aquello que se debe cumplir de buena fe, ya que la buena fe es característica que debe poderse atribuir a cualquier actuación, sobre todo del Estado.[12] De otro lado, sin embargo, pareciera que el Acuerdo excede en parte lo que el gobierno estaba autorizado para negociar. En tal caso podríamos estar más cerca de lo que en la doctrina colombiana se ha interpretado como obligaciones "naturales."

En efecto, el gobierno se basó en dos tipos de autorizaciones para negociar con las FARC su desmovilización y reintegro a la vida civil. En primer lugar, la autorización general que se deriva de la calidad del Presidente como comandante en jefe de las fuerzas armadas y su deber de mantener el orden público en el territorio nacional y restablecerlo cuando se encontrara turbado.[13] En segundo lugar, las autorizaciones especiales contenidas en el acto legislativo 01 de 2012[14] (también conocido como Marco Jurídico para la Paz) y en las leyes 418 de 1997[15] y la ley 1779 de 2016.[16] El primero, establece la posibilidad de que mediante leyes estatutarias se cree un procedimiento especial y sanciones especiales para el juzgamiento de delitos relacionados con el conflicto armado. Las segundas, determinan las posibilidades concretas de movilizar o retirar tropas y suspender órdenes de captura durante el período de negociación. Como puede verse, ninguna de estas autorizaciones tiene que ver explícitamente con tres de los seis puntos en torno a los cuales se organiza el Acuerdo y que son centrales para la agenda de género: Reforma Agraria, Erradicación de Cultivos Ilícitos y Participación Política. Así que una interpretación sería que al referirse a la obligación de cumplir de buena fe con lo acordado se quería hacer mención del hecho de que no sería vinculante, pero si deseable desde un punto de vista moral cumplir con lo consignado allí. Siguiendo con el punto de vista de la mayoría de la doctrina colombiana, de otra parte, una vez cumplidas las obligaciones contenidas en el Acuerdo no podría repetirse lo pagado o demandarse una devolución. La obligación entendida inicialmente como moral se habría convertido en estrictamente civil para todos los efectos relevantes.

Esta interpretación podría sustentar en parte el trabajo de las mujeres por lograr la implementación del Acuerdo, pero sería problemática por varias razones. La primera razón es que deja en manos de las autoridades, y del gobierno en particular, decidir cuánto trabajo quiere hacer en el tema de género. Por ahora, no ha sido claro que quiera hacer mucho y probablemente los gobiernos posteriores quieran hacer menos. De lo que se ha hecho en el primer año poco ha mostrado un efectivo interés y compromiso en materia de género. Poco de lo que ya se ha hecho sería susceptible de ser reclamado como algo que no puede devolverse. Más allá de esta razón práctica o de equilibrio de fuerzas políticas, la solución es problemática por razones lógicas: si lo que la Constitución se propone es su propia supervivencia, limitar así las autorizaciones en materia de negociación de paz equivale prácticamente a buscar su destrucción. Si el gobierno está autorizado para negociar, parecería demasiado limitado que lo único que pudiera hacer fuera mover tropas o prometer procesos o sanciones especiales. Esta sería una versión del conflicto que supone que lo único en juego es la capacidad militar o estratégica, o que cualquier negociación de otros elementos debe seguir el cauce de la “refundación” del Estado. Estas restricciones parecen dejar pocas herramientas efectivas para la superación del enfrentamiento dentro del marco institucional y ponernos en la situación de no reconocer el enfrentamiento como meramente político u obligarnos a renunciar al marco institucional existente para abordarlo.

Una manera de superar esta paradoja de las autorizaciones, la paradoja de la institucionalidad que aboga por su propia destrucción, sería integrar en el debate las autorizaciones que para el gobierno derivarían de la calidad de suprema autoridad administrativa que tiene el Presidente de la República. Si el Acuerdo tuviese carácter vinculante para el gobierno en calidad de acto administrativo, podría exigirse su cumplimiento mediante la acción prevista en el artículo 87 de la Constitución y regulada por la ley 393 de 1997.[17] En este caso, de acuerdo con la ley, habría que solicitar el cumplimiento y luego acudir al juez si frente a la insistencia la administración no avanza. Demostrar esta renuencia de la administración, sin embargo, ha resultado muy difícil para los particulares hasta ahora. El caso más patente fue el de la ley 581 de 2000[18] que establecía cuotas para mujeres en los altos cargos de la administración y que el Consejo de Estado decidió no imponía verdaderas obligaciones a sus destinatarios. La ley 393 de 1997 en su artículo 18 además limita la acción a casos en los que no se afecta el gasto. Aquí podría decirse que ello no ocurre porque la afectación del gasto para el posconflicto ya fue decidida por el legislador ordinario pero la interpretación particular de la restricción estaría por verse.

En suma, a la luz de la determinación de derogar el artículo que preveía que el Acuerdo tendría carácter vinculante y reemplazarlo por uno que establece que será un parámetro de interpretación y validez, se restaron posibilidades de exigir que las medidas de género incluidas en el Acuerdo se materialicen. En la actualidad tendríamos dos rutas para interpelar a la administración en este punto: (1) alegar que una vez realizada la acción requerida un nuevo gobierno no puede arrepentirse; y (2) usar la acción de cumplimiento para exigir que el gobierno haga lo que debe hacer en términos de género en virtud de que el Acuerdo tiene carácter de acto administrativo —si bien sui generis. Claro, siempre podemos renunciar a que el Acuerdo sea jurídicamente vinculante y volver al marco jurídico de la normalidad donde muchas cosas están garantizadas ya a las mujeres.

Notas

1. Las dos principales redes de individuos y organizaciones de trabajo e incidencia en materia de conflicto armado son la Ruta Pacífica de Mujeres y la Iniciativa Mujeres por la Paz. Un excelente recuento de su trabajo y sus logros en materia de incidencia pueden encontrarse en: María Eugenia Ibarra Melo, "Mujeres, verdad, justicia y reparación en Colombia," *Universitas Humanística* 72, no. 72 (2011): 247–273, https://revistas.javeriana.edu.co/index.php/univhumanistica/article/view/2154. Sobre la movilización feminista en materia de conflicto armado ver también: Helena Alviar García e Isabel Cristina Jaramillo Sierra, *Feminismo y Crítica Jurídica*

(Bogotá: Universidad de los Andes y Siglo del Hombre, 2013), capítulo 5; Isabel Cristina Jaramillo Sierra, "Finding and Losing Feminism in Transition: The Costs of the Continuum Hypothesis for Women," en *Governance Feminism: Notes from the Field*, eds. Janet Halley, Prabha Kotiswaran, Hila Shamir y Rachel Rebouché (Michigan: University of Minnesota Press, 2019).

2. "Comunicado conjunto 82. Enfoque de género en acuerdos de paz de la Habana," *Equipo Paz Gobierno*, 24 de julio de 2016, http://equipopazgobierno.presidencia.gov.co/prensa/Paginas/comunicado-conjunto-82-enfoque-genero-acuerdos-paz-habana-cololmbia.aspx.
3. Los comunicados conjuntos pueden consultarse en: http://equipopazgobierno.presidencia.gov.co/prensa/Paginas/comunicados-conjuntos-gobierno-farc-ep.aspx.
4. De parte del gobierno participaron María Paulina Riveros, Mónica Cifuentes y Nigeria Rentería. Aunque las tres mujeres tenían una trayectoria en el gobierno y en temas de paz y derechos humanos, ninguna tenía entrenamiento en género. Ver: https://lasillavacia.com/.
5. "¿Por qué se confunde ideología de género con equidad de género?" *El Tiempo*, 11 de noviembre de 2016, http://www.eltiempo.com/politica/proceso-de-paz/equidad-e-ideologia-de-genero-en-el-acuerdo-de-paz-34069.
6. GPAZ se formó el 3 de octubre de 2016 para articular esfuerzos tendientes a "salvar" el enfoque de género en los Acuerdos de Paz. Participan en esta iniciativa organizaciones de mujeres, organizaciones LGBTI, defensoras de derechos humanos y académicas. La autora de este capítulo ha trabajado en GPAZ desde la fecha de su creación.
7. Pueden consultarse, entre muchos, los manuales producidos por el Consejo Nacional Contra la Discriminación y el Instituto de Mujeres de México: CONAPRED, *10 recomendaciones para el uso no sexista del lenguaje* (México: Textos del Caracol, 2009), http://www.conapred.org.mx/userfiles/files/11.2_Diez_recomendaciones_para_el_uso_no_sexista_del_lenguaje__2009.pdf; Claudia Guichard Bello, *Manual de comunicación no sexista. Hacia un lenguaje incluyente* (México: Instituto Nacional de las Mujeres, 2015), http://cedoc.inmujeres.gob.mx/documentos_download/101265.pdf.
8. Ester Boserup, *Women's Role in Economic Development* (London: Earthscan, 1989). Un buen recuento de los debates sobre la mujer y el desarrollo económico en América Latina puede encontrarse en: Helena Alviar, *Derecho, desarrollo y feminismo* (Bogotá: Universidad de los Andes, 2012).
9. Acto legislativo 01 de 2016, 7 de julio de 2016. Por medio del cual se establecen instrumentos jurídicos para facilitar y asegurar la implementación y el desarrollo normativo del acuerdo final para la terminación del conflicto y la construcción de una paz estable y duradera. *Diario Oficial 49927.*
10. Acto legislativo 02 de 2017, 2 de mayo de 2017. Por medio del cual se adiciona un artículo transitorio a la Constitución con el propósito de dar estabilidad y seguridad jurídica al acuerdo final para la terminación del conflicto y la construcción de una paz estable y duradera. *Diario Oficial 50230.*
11. Acto Legislativo 02 de 2017, artículo 1, inciso 2.
12. Constitución Política de Colombia, artículo 83.
13. Constitución Política de Colombia, artículo 189.

14. Acto legislativo 01 de 2012, 31 de julio de 2012. Por medio del cual se establecen instrumentos jurídicos de justicia transicional en el marco del artículo 22 de la Constitución Política y se dictan otras disposiciones. *Diario Oficial 48508.*
15. Ley 418 de 1997, 26 de diciembre de 1997. Por la cual se consagran unos instrumentos para la búsqueda de la convivencia, la eficacia de la justicia y se dictan otras disposiciones. *Diario Oficial 43201.*
16. Ley 1779 de 2016, 11 de abril de 2016. Por medio de la cual se modifica el artículo 8° de la Ley 418 de 1997, prorrogada y modificada por las Leyes 548 de 1999, 782 de 2002, 1106 de 2006, 1421 de 2010 y 1738 de 2014. *Diario Oficial 49841.*
17. Ley 393 de 1997, 30 de julio de 1997. Por la cual se desarrolla el artículo 87 de la Constitución Política. *Diario Oficial 43096.*
18. Ley 581 de 2000, 31 de mayo de 2000. Por la cual se reglamenta la adecuada y efectiva participación de la mujer en los niveles decisorios de las diferentes ramas y órganos del poder público, de conformidad con los artículos 13, 40 y 43 de la Constitución Nacional y se dictan otras disposiciones. *Diario Oficial 44026.*

Referencias

Acto legislativo 01 de 2012. 31 de julio de 2012. Por medio del cual se establecen instrumentos jurídicos de justicia transicional en el marco del artículo 22 de la Constitución Política y se dictan otras disposiciones. *Diario Oficial 48508.*

Acto legislativo 01 de 2016. 7 de julio de 2016. Por medio del cual se establecen instrumentos jurídicos para facilitar y asegurar la implementación y el desarrollo normativo del acuerdo final para la terminación del conflicto y la construcción de una paz estable y duradera. *Diario Oficial 49927.*

Acto legislativo 02 de 2017. 2 de mayo de 2017. Por medio del cual se adiciona un artículo transitorio a la Constitución con el propósito de dar estabilidad y seguridad jurídica al acuerdo final para la terminación del conflicto y la construcción de una paz estable y duradera. *Diario Oficial 50230.*

Alviar García, Helena. *Derecho, desarrollo y feminismo.* Bogotá: Universidad de los Andes, 2012.

Alviar García, Helena, e Isabel Cristina Jaramillo Sierra. *Feminismo y Crítica Jurídica.* Bogotá: Universidad de los Andes y Siglo del Hombre, 2013. Capítulo 5.

Boserup, Ester. *Women's Role in Economic Development.* London: Earthscan, 1989.

Conapred. *10 recomendaciones para el uso no sexista del lenguaje.* México: Textos del Caracol, 2009. http://www.conapred.org.mx/userfiles/files/11.2_Diez_recomendaciones_para_el_uso_no_sexista_del_lenguaje__2009.pdf.

Constitución Política de Colombia. 1991.

El Tiempo. "¿Por qué se confunde ideología de género con equidad de género?" 11 de noviembre de 2016. http://www.eltiempo.com/politica/proceso-de-paz/equidad-e-ideologia-de-genero-en-el-acuerdo-de-paz-34069.

Equipo Paz Gobierno. "Comunicado conjunto 82. Enfoque de género en acuerdos de paz de la Habana." 24 de julio de 2016. http://equipopazgobierno.presidencia.gov.

co/prensa/Paginas/comunicado-conjunto-82-enfoque-genero-acuerdos-paz-habana-cololmbia.aspx.

Guichard Bello, Claudia. *Manual de comunicación no sexista. Hacia un lenguaje incluyente*. México: Instituto Nacional de las Mujeres, 2015. http://cedoc.inmujeres.gob.mx/documentos_download/101265.pdf.

Ibarra Melo, María Eugenia. "Mujeres, verdad, justicia y reparación en Colombia." *Universitas Humanística* 72, no. 72 (2011): 247–273. https://revistas.javeriana.edu.co/index.php/univhumanistica/article/view/2154.

Jaramillo Sierra, Isabel Cristina. "Finding and Losing Feminism in Transition," en *Governance Feminism: Notes from the Field*, editado por Janet Halley, Prabha Kotiswaran, Hila Shamir y Rachel Rebouché, 434–478. Minneapolis: University of Minnesota Press, 2019.

Ley 393 de 1997. 30 de julio de 1997. Por la cual se desarrolla el artículo 87 de la Constitución Política. *Diario Oficial 43096.*

Ley 418 de 1997. 26 de diciembre de 1997. Por la cual se consagran unos instrumentos para la búsqueda de la convivencia, la eficacia de la justicia y se dictan otras disposiciones. *Diario Oficial 43201.*

Ley 581 de 2000. 31 de mayo de 2000. Por la cual se reglamenta la adecuada y efectiva participación de la mujer en los niveles decisorios de las diferentes ramas y órganos del poder público, de conformidad con los artículos 13, 40 y 43 de la Constitución Nacional y se dictan otras disposiciones. *Diario Oficial 44026.*

Ley 1779 de 2016. 11 de abril de 2016. Por medio de la cual se modifica el artículo 8° de la Ley 418 de 1997, prorrogada y modificada por las Leyes 548 de 1999, 782 de 2002, 1106 de 2006, 1421 de 2010 y 1738 de 2014. *Diario Oficial 49841.*

2. *La lucha por el género en la paz*

HELENA ALVIAR GARCÍA

Uno de los temas que logró movilizar a la oposición al acuerdo de paz en Colombia, fue el de la equidad de género. Para la derecha, el tratado iba a imponerle a la sociedad colombiana la mal llamada *ideología de género*, un concepto maleable que incluía todo lo que fuera en contra del papel tradicional de las mujeres en la sociedad, a entender las diferencias entre hombres y mujeres como una construcción social y a aceptar las familias no heterosexuales. Uno de los opositores más vocales, el ex procurador Alejandro Ordoñez resumió sus ideas en una entrevista a la Revista Semana días antes del plebiscito diseñado para refrendar los acuerdos:

> Ordóñez aseguró que tenía razones morales para votar que No en el plebiscito, pues "desde la Habana se están diseñando políticas públicas basadas en esa concepción para rediseñar en nuestro ordenamiento jurídico, la familia, el matrimonio, el derecho a la vida y la libertad religiosa. Están utilizando la misma metodología que tenían con la cartilla de educación sexual del Ministerio de Educación que pensaron que podría pasar de contrabando."[1]

Poco después de sus declaraciones, académicos, medios de comunicación y negociadores negaron esta afirmación.[2] Sin embargo, el daño estaba hecho y a los pocos días, por un pequeño margen el NO ganó el plebiscito.[3]

Este artículo hace un balance del tratado de paz con las FARC, específicamente en relación con el género. Mi argumento principal es que en la batalla por la redistribución de recursos y poder en la transición, ganó la visión más conservadora de entender la inequidad de género. Esta visión conservadora solo entiende a las mujeres como reproductoras, madres y cuidadoras; está aferrada a las características biológicas como constitutivas de la diferencia, y promueve una visión superficial de la igualdad formal. Independientemente de su origen conservador, cuando esta perspectiva irradia el diseño de leyes y políticas públicas, las mujeres tienen menos acceso a los recursos si no quieren ser reproductoras, madres o cuidadoras; la población LGBTI pierde pues queda por fuera del binario biológico y la distribución de recursos sigue más o menos intacta pues la igualdad formal no transforma el acceso a los recursos materiales.

Para adelantar este objetivo, el texto tendrá la siguiente estructura. La primera parte describe brevemente las divisiones ideológicas al interior del liberalismo y conservatismo en Colombia. Luego, se presenta una crítica a la idea de que el acuerdo marcaba un quiebre fundamental específicamente en relación con la incorporación del género a la política pública. La tercera parte expondrá los temas generales que contenía el acuerdo en relación al género. Esta sección terminará exponiendo los cambios que fueron exigidos por la oposición y que fueron finalmente incorporados. El capítulo termina con un balance acerca de lo que se perdió en términos de distribución de recursos en relación con el género.

Breve mapa de las divisiones políticas

La reacción contra el proceso de paz fue el producto de un proceso que llevaba más de 10 años. Las victorias que alcanzaron los grupos de centro, así como el ala más progresista del partido liberal, en relación con el otorgamiento de derechos a las víctimas, las reparaciones, así como la inclusión de la perspectiva de género se percibían con horror por los conservadores. En esta sección se describen a grandes rasgos las diferencias ideológicas entre liberales y conservadores, así como sus divisiones interiores.

En general, los liberales colombianos se dividen en dos grupos. En el centro, están aquellos profundamente arraigados en el neoliberalismo. Teóricamente, el neoliberalismo defiende la idea de que los individuos deben ser los principales agentes económicos y que el motor de distribución de recursos debe ser el mercado. Por lo tanto, para los neoliberales, la meta de la política social debe ser ayudar a los individuos a entrar a este.[4] Como consecuencia, los servicios sociales son diseñados de acuerdo con la verificación de características individuales y particulares, en oposición a diseñar políticas públicas para la clase trabajadora. Un ejemplo concreto de un instrumento para el diseño de políticas públicas neoliberales es el Sistema de Identificación de Potenciales Beneficiarios de Programas Sociales colombiano (el Sisbén), que clasifica a la población a través de un puntaje de acuerdo con sus condiciones socioeconómicas. Este puntaje sirve al estado para identificar "de manera rápida y objetiva a la población en situación de pobreza y vulnerabilidad, para focalizar la inversión social y garantizar que esta sea asignada a quienes más lo necesitan."[5] Para acceder al Sisbén, se debe realizar una aplicación a una encuesta y un encuestador encargado va a la vivienda de la persona solicitante para verificar que ésta cumpla con los requisitos para acceder a los beneficios.[6] De acuerdo a un documento de política pública del gobierno colombiano, "Como índice de estándar de vida, el Sisbén III especifica un conjunto de bienes, servicios y características del hogar que son considerados valiosos por la sociedad."[7]

Para efectos de este texto me concentraré en los efectos que esta manera de aproximarse a la política social tuvo sobre la prestación de servicios a las víctimas. Esta descripción es relevante por dos razones. En primer lugar, pues entiende a los individuos como los agentes responsables de poner en marcha la prestación de servicios esenciales como salud, servicios públicos, saneamiento básico, educación y vivienda entre otros. En segundo lugar, pues lo que se incluye y excluye dentro de la definición de víctima no solo es artificial, sino que estar incluido o no dentro del registro de víctimas distribuye importantes recursos.

De esta forma, el Registro Único de Víctimas incluye a las victimas individuales a las que se refiere el artículo 3° de la Ley 1448 de 2011.[8] Una víctima, de acuerdo con esta ley, es quien "haya sufrido un daño por hechos ocurridos a partir de enero de 1985 como consecuencias de infracciones al Derecho Internacional Humanitario o de violaciones graves y manifiestas a las normas internacionales de Derechos Humanos, ocurridas con ocasión del conflicto armado interno,"[9] el cónyuge o familiar en primer grado de víctimas mortales o personas que hayan sufrido daños al intervenir para auxiliar a una víctima en peligro. La norma excluye, sin embargo, a los miembros de los grupos armados organizados al margen de la ley, salvo cuando se hayan desvinculado del grupo siendo menores de edad (excluyéndolos de ser víctimas, incluso, por los daños que sufrieron estando vinculados y siendo menores), excluye a los familiares de los miembros de grupos armados organizados por daños sufridos por los miembros de mismo grupo (pero no por el daño sufrido en sus derechos directamente); y excluye también a quienes sean víctimas de actos de delincuencia común. Por último, la norma aclara que quienes hayan sido víctimas por hechos ocurridos antes de 1985 no tiene derecho a medidas de reparación individualizadas, aunque si como parte del "conglomerado social."[10]

El nivel de particularización incluye registrarse en una base de datos pública, el *Registro Único de Víctimas.* Para ser elegible para entrar a esta base de datos deben someterse a una entrevista y presentar pruebas de haber sufrido una grave violación de derechos humanos. Hacer parte de la base de datos es obligatorio para poder acceder a los subsidios de vivienda o salud, oportunidades de empleo, capacitaciones laborales, y acceso privilegiado a escuelas públicas, dentro de otras provisiones de seguridad social. El proceso para acceder al Registro y a los beneficios opera en dos fases separadas. Primero, las personas víctimas en los términos de la ley deben dirigirse ante una oficina del Ministerio Público y "(...) declarar los hechos victimizantes por los cuales haya pasado junto a su núcleo familiar."[11] Segundo, la declaración es valorada por la Unidad para las Víctimas durante 60 días hábiles y la información provisionada por los solicitantes es comparada con la información que tenga la entidad sobre hechos violentos. Finalmente, la entidad toma una decisión y la entidad genera una resolución de inclusión o no inclusión.[12]

Dentro de los liberales también se encuentran los progresistas de centro/izquierda, a quienes llamaré intervencionistas. Para los intervencionistas, entrar al mercado es importante, claro, pero lo más importante es corregir la exclusión histórica de quienes se encuentran en los márgenes y crear los instrumentos legales que promuevan la igualdad, entre ellos la acción afirmativa o las leyes de cuotas, entre otros. La ley de víctimas es un ejemplo perfecto que incluye tanto la visión neoliberal de diseñar política social (como lo describí anteriormente) y los objetivos de los intervencionistas de corregir las exclusiones que habían sufrido las víctimas en general y las mujeres entre ellas. Esta intervención era especialmente importante en el 2010, luego de 8 años de un gobierno de derecha que había silenciado el sufrimiento y la crueldad de la guerra, argumentando que en Colombia no había un conflicto armado sino terrorismo contra el estado.

La derecha se ha opuesto a cada uno de estos proyectos. Al comienzo, esta oposición no fue tan fuerte y estructurada, pero en los últimos años parece haber tomado a los liberales de centro, así como los intervencionistas por sorpresa y, en mi opinión, desprevenidos.

La fuerza de la oposición puede rastrearse a dos diferentes ramas del conservatismo. La primera, que llamaré conservatismo moral, es progresista en términos de distribución de recursos y extremadamente rígida en términos de la definición de la familia, su rol en la sociedad y la forma como debería estructurarse. Esta particular combinación es un producto de las ideas de la Iglesia Católica en términos de solidaridad (en relación con la distribución de recursos) alineada a su firme defensa del matrimonio heterosexual, así como el lugar y el rol de la mujer en el hogar.

La segunda rama, que llamaré derecha radical, es conservadora tanto en términos económicos como morales. Su agenda es impedir la distribución económica y social a toda costa y preservar los valores cristianos tanto en la sociedad como en la familia. Una manifestación legal de este tipo de conservatismo fue la expedición de la Ley 790 de 2009 al inicio del gobierno de Álvaro Uribe. Esta ley consagraba un llamado retén social, que consistía en otorgar una protección acentuada a las madres cabeza de familia sin alternativa económica; a personas en situación de discapacidad, y a personas próximas a retirarse en situaciones en las que por reformas institucionales quedaban "desprotegidas y cesantes laboralmente,"[13] uniendo inexorablemente, la protección laboral a las mujeres a la maternidad.

Un ejemplo relacionado con la ley de víctimas fue la defendida por la bancada de la U, entonces liderada por el ex presidente Uribe, durante la discusión de la Ley de víctimas en el Congreso. El ex presidente sostenía que "estaba a favor de la reparación de víctimas" siempre y cuando "no se le abra espacio de legitimación al terrorismo; no se den herramientas de agitación para invasiones ilegales de tierras, y no se nivele a los miembros de las Fuerzas Armadas con los terroristas."[14] Para el ex presidente las provisiones que causarían esos efectos eran el reconocimiento explícito del conflicto armado y que los procesos de restitución violaran la seguridad jurídica y el derecho a la defensa de los tenedores de buena fe.[15] Los reparos a la ley venían, sin embargo, también del interior del gobierno: el entonces ministro de Hacienda Juan Carlos Echeverry "insistía en que era imposible hacer un cálculo exacto del costo de la ley y rogaba a los congresistas mantenerse en un marco de sostenibilidad fiscal. Y, en segundo lugar, apretar tuercas de algunos artículos para evitar que se le abrieran cráteres al fisco."[16]

Incluyendo a las mujeres: de la igualdad a la perspectiva de género

En Colombia existe una larga tradición feminista liberal. El artículo 43 de la Constitución colombiana establece la igualdad entre hombres y mujeres y en desarrollo de esta disposición, se han pasado una cantidad de leyes que van desde el acceso equitativo a la propiedad rural, la igualdad salarial, la criminalización del acoso sexual, la eliminación de todas las formas de violencia contra las mujeres, una ley de cuotas para altos cargos públicos entre muchas otras. Adicionalmente, las cortes del país han decidido un gran número de casos relacionados con diversas formas de discriminación que las mujeres enfrentan en el lugar de trabajo y en sus hogares.[17] Tanto la cláusula que exige la igualdad como las leyes y fallos que la desarrollan, tienden a ver la diferencia en términos biológicos, no como una construcción social y como consecuencia la solución a la inequidad en términos de derechos y no inclusión.

Sin embargo, en relación con los antecedentes de la transición, tanto el fallo emblemático sobre la población desplazada de la Corte Constitucional como la Ley 1448 de 2011 definen los términos de la inclusión como políticas de *trato diferencial.* El término *trato diferencial*[18] fue creado no solo para acoger el género en vez del sexo, sino también como un medio para tomar en cuenta otras circunstancias, tales como raza, etnicidad y edad, que necesitaban ser tenidas en cuenta al diseñar políticas públicas para las víctimas de la guerra. Así, por ejemplo, en la sentencia T- 602 de 2003, la Corte estableció que:

> la atención a la población desplazada debe basarse en acciones afirmativas y en enfoques diferenciales sensibles al género, la generación, la etnia, la discapacidad y la opción sexual. Las medidas positivas, entonces, deben estar orientadas a la satisfacción de las necesidades de los grupos más vulnerables, tales como los niños, los adultos mayores o las personas discapacitadas.[19]

De la misma forma, el artículo 13 de la Ley 1448 de 2011 establece el principio de enfoque diferencial que "reconoce que hay poblaciones con características particulares en razón de su edad, género, orientación sexual y situación de discapacidad," y, de manera similar, en el capítulo medidas de rehabilitación establece que el acompañamiento psicosocial debe hacerse teniendo en cuenta la perspectiva de género.[20] En efecto, la exposición de motivos de la Ley de Víctimas cuando todavía era proyecto de ley señala:

> Para el Gobierno Nacional es claro que, si bien es cierto que los derechos de todas las víctimas deben ser reconocidos y garantizados con criterios de igualdad, también es importante reconocer que en el contexto colombiano no puede predicarse una igualdad lineal, pues existen particulares realidades que fundamentan la gestación de regulaciones tendientes a hacer efectiva la igualdad real, en virtud del cual debe tratarse de la misma manera a los iguales, así como debe darse trato diferente a los desiguales.[21]

Por otra parte, y en relación con el género en la transición, los liberales intervencionistas empiezan argumentando a favor de la inclusión de las mujeres para corregir la discriminación histórica y prevenirla en el futuro. Sin embargo, a medida que el proceso de negociación avanza el discurso se aleja del feminismo liberal y se estructura como inclusión de género. Por ejemplo, la ONG Dejusticia un par de años antes de las negociaciones produjo un documento que ilustra esta posición:

> A pesar de que los estándares jurídicos que inspiran y orientan la justicia transicional invocan a las víctimas, no siempre toman en consideración sus realidades, expectativas y menos aún los aportes que pueden realizar. Esto ocurre, por ejemplo, con las mujeres víctimas de violaciones a los derechos humanos que se encuentran en las regiones, y se ven alejadas de la construcción de los procesos que pretenden lidiar con las atrocidades ocurridas en el pasado. (...) se propone enriquecer el enfoque dominante de la justicia transicional, con el fin de: incorporar perspectivas sensibles a los efectos diferenciados de la violencia en la vida de las víctimas, como el enfoque de género, y lograr una mejor articulación entre los procesos jalonados desde arriba y las realidades e iniciativas locales.[22]

Junto con el énfasis en el enfoque diferencial, en los años anteriores a la negociación, se produjeron investigaciones que mostraban que la violencia y discriminación no estaba dirigida ni afectaba exclusivamente a las mujeres sino, que afectaba más aún, a la población LGBT.[23]

El trato diferencial también abrió la puerta para que Dejusticia defendiera, unos años después del documento citado arriba, que el género y no los derechos de las mujeres deberían ser el foco del programa de restitución de tierras:

> el género puede ser relevante, en primer lugar, para entender la forma como las personas son afectadas de manera diferenciada por el conflicto, el desplazamiento forzado y el despojo; en segundo lugar, para dimensionar los obstáculos específicos o diferenciados que enfrentan las personas para acceder a la restitución.[24]

La batalla por el enfoque de género no fue, sin embargo, fácil. En agosto de 2016, por ejemplo, la ministra de educación Gina Parody, fue citada a un control político en el Congreso y eventualmente abandonó su cargo por un borrador de documento del Ministerio de Educación titulado "Ambientes escolares libres de discriminación." El documento abordaba temas como identidad de género, orientaciones sexuales, familias homoparentales e identidades de género no hegemónicas.[25] Su objetivo era acatar un mandato de la Corte Constitucional que había ordenado tomar medidas para que los colegios estuvieran libres de discriminación hacia los niños e incluía recomendaciones para propiciar ambientes incluyentes. El texto había sido desarrollado con la colaboración de Naciones Unidas e incluía recomendaciones crear ambientes incluyentes, tales como referencias a lenguaje. Acorde a un reportaje de CNN, el documento establecía que "no se nace siendo mujer u hombre, sino que se aprende a serlo, de acuerdo a la sociedad y época en la que se crezca."[26] Esto fue, lo que más adelante se conoció como "la ideología de género." Un medio conservador describe "la doctrina ideológica del manual oficial del Ministerio" de la siguiente manera:

> El contenido del documento denominado "Ambientes escolares libres de discriminación. 1. Orientaciones sexuales e identidades de género no hegemónicas en la escuela," a pesar de las declaraciones de la ministra, contiene numerosas afirmaciones de ideología de género de adultos, y explicitas sugerencias para incorporar temáticas de sexualización en niños.
>
> Adicionalmente, el documento del ministerio asigna expresamente la eliminación de valores sociales básicos, muchos de los cuales tienen relación con la formación privada de los padres en los niños. En su página 40, el "Instructivo" del Ministerio expresamente manifiesta que se deben eliminar de los manuales frases como conservar en el estudiantado *"la preservación de la moral y/o las buenas costumbres"* debido a que *"este tipo de expresiones dan lugar a interpretaciones*

> *y acciones que pueden llevar a la vulneración de derechos en el marco de construcciones socioculturales que han considerado un atentado contra las 'buenas costumbres', las {O.S} Orientaciones Sexuales e {I.S} Identidades de Género."*
>
> El documento, además, sugiere como normal los fenómenos de sexualización de niños, afirmando que, a pesar de la edad, los espacios educativos, no deben "aplicar barreras" a estudiantes que "viven y ejercen su sexualidad," independientemente de la edad.
>
> De esta misma forma, el manual abiertamente afirma, que existe una *"hegemonía"* de género, distinta a *"quienes construyen identidades de género trans u orientaciones sexuales no heterosexuales,"* lo que indicaría efectivamente que las relaciones LGTBI sí hacen parte de doctrinas o ideologías entre adultos.
>
> El manual incluye expresiones directas a fenómenos de sexualización de niños independientemente de su edad, invitando a que, en los colegios, *"es importante que en la escuela se entienda qué son las orientaciones sexuales (O.S.) y las identidades de género (I.G.) no hegemónicas, ya que al abordarlas se está permitiendo que las personas que las vivencian las puedan incluir en su proyecto de vida de una manera no culposa."* Hasta la fecha, sin embargo, se desconocen las razones por las cuales el Ministerio habría optado individualmente en imponer tales prácticas en los colegios, independientemente de los intereses y posiciones de los padres de familia de los niños que asisten a las instituciones de educación.[27]

Respecto a las cartillas, y luego de que el presidente Santos dijera que el Gobierno no promovía la ideología de género, el entonces Procurador General, Alejandro Ordóñez, declaraba que el Gobierno estaba "amenazando el ejercicio de los derechos que están en la naturaleza."[28] Al mismo tiempo, la Conferencia Episcopal Colombiana expresó en un comunicado lo siguiente:

> Hacemos un llamado a las instituciones del gobierno colombiano para que oigan la voz de millones de personas, sin distinción de credo, que se están manifestando públicamente por todo el país, rechazando la imposición de una ideología. La Colombia que queremos construir debe acogernos a todos en armonía. No se debe permitir que una ideología en particular resulte determinando las reglas de convivencia de toda una sociedad.[29]

El proceso de paz

Marco general. Las negociaciones formales empezaron en La Habana, Cuba, en noviembre 15 del 2012. Las partes organizaron la agenda de discusión alrededor de seis temas: participación política, drogas ilegales, desarrollo agrario, derechos de las víctimas, fin del conflicto e implementación y verificación y firmas de los acuerdos. En junio de 2014, los términos de la reforma agraria fueron alcanzados y casi un año después, en septiembre de 2015, el acuerdo respecto a los derechos de las víctimas fue finalizado. Esta parte del acuerdo incluye las reparaciones y los términos del perdón por los crímenes cometidos tanto por los miembros de las FARC y por el ejército colombiano. El acuerdo final fue firmado el 26 de septiembre de 2016. Anteriormente, en junio, ambas partes habían decidido que se aprobaría por voto popular a través de un referendo.

Como lo señalé en la introducción a este texto, el referendo para validar el acuerdo de paz fue derrotado por un pequeño margen por aquellos que se oponían a él. Muchos partidarios del NO, como los llamó la prensa, representan la esencia de la derecha radical en el país. Se oponían ferozmente al contenido económico del acuerdo y a la inclusión de lo que vino a conocerse como ideología de género. También había obviamente otros reparos, relativos a la impunidad y la participación de las FARC en política, pero para efectos de este artículo me concentraré en lo que se acordó en términos de género, así como en los argumentos centrales de la derecha radical en su contra.

Género y Paz. Es un hecho que los negociadores fueron influenciados por las teorías de la construcción social de la identidad de género. Una ilustración perfecta es el Comunicado Conjunto 82 de la Mesa de Conversaciones, publicado en julio de 2016:

> La inclusión de un enfoque de género en un proceso de paz como éste no tiene antecedentes en el mundo y busca fundamentalmente crear condiciones para que mujeres, y personas con identidad sexual diversa puedan acceder en igualdad de condiciones a los beneficios de vivir en un país sin conflicto armado. En la Mesa de Conversaciones somos conscientes que las transformaciones que necesita el país para construir la paz, no podrán ser posibles sin una sociedad que reconozca y respete las diferencias y en donde queden en el pasado las estigmatizaciones y discriminaciones en razón del género.[30]

Ningún capítulo específico del acuerdo original abordaba directamente el género. Éste estaba más bien integrado en todo el documento y se incluye como uno de los conceptos que debería guiar su interpretación. El enfoque de género pretendía visibilizar la forma como diferentes normas o medidas afectan de manera diferenciada a personas de diferentes sexos y "permite reconocer y visibilizar las diferencias entre hombres y mujeres que se convierten en desigualdades y desventajas para las personas y que les limitan el ejercicio de los derechos humanos fundamentales."[31] Humberto de la Calle, el jefe del equipo negociador del gobierno, resaltó en una declaración en julio de 2016 que la Delegación del Gobierno había procurado que las discusiones fueran más allá de la concepción de género tradicional. Género, aclaró:

> no hace alusión solamente a la mujer, pero si al impacto diferenciado de situaciones concretas sobre hombres y mujeres y personas LGTBI. Género es el respeto a la diferencia y a la particular condición en la individualidad. Es la posibilidad de convivir en armonía con la diferencia. Así lo refleja el acuerdo alcanzado

> en esta materia. Y es en tal sentido que entendemos que la vinculación del enfoque de género con la consecución de una paz firme en Colombia, tiene pleno sentido.[32]

De esta forma, la introducción del acuerdo que se votó el 2 de octubre de 2016 decía lo siguiente:

> El Acuerdo está compuesto de una serie de acuerdos, que sin embargo constituyen un todo indisoluble porque están permeados por un mismo enfoque de derechos, para que las medidas aquí acordadas contribuyan a la materialización de los derechos constitucionales de los colombianos; por un mismo enfoque diferencial y de género, para asegurar que la implementación se haga teniendo en cuenta la diversidad de género, étnica y cultural, y que se adopten medidas para las poblaciones y los colectivos más humildes y más vulnerables, en especial los niños y las niñas, las mujeres, las personas en condición de discapacidad y las víctimas; (…).[33]

El punto primero, relacionado con la Reforma Rural Integral contenía varias medidas orientadas a aliviar la pobreza y la desigualdad estructural, y facilitar la inclusión de estos grupos. El acuerdo decía:

> el objetivo final es la erradicación de la pobreza y la satisfacción plena de las necesidades de la ciudadanía de las zonas rurales, de manera que se logre en el menor plazo posible que los campesinos, las campesinas y las comunidades, incluidas las afro descendientes e indígenas, ejerzan plenamente sus derechos y se alcance la convergencia entre la calidad de vida urbana y la calidad de vida rural, respetando el enfoque territorial, el enfoque de género y la diversidad étnica y cultural de las comunidades.[34]

Por otra parte, el acuerdo creaba un Sistema General de Información Catastral, integral y multipropósito que tendría "información desagregada por sexo/ género y etnia, que permita, entre otros, contar con información sobre el tamaño y las características de los predios en manos de mujeres, su relación con la tierra y las formas de titulación."[35]

A pesar del énfasis que se ha hecho hasta este momento en el enfoque diferencial, el acuerdo contenía medidas típicas del feminismo liberal. Por ejemplo, incluía el acceso privilegiado a subsidios y créditos por parte de las mujeres.[36] Adicionalmente, se contemplaba la creación de una instancia que se encargaría de la "formulación de lineamientos generales de uso de la tierra, (…) construidos en el marco de las instancias de participación que contarán con representación equilibrada de hombres y mujeres."[37]

De la misma forma, el punto de participación política contemplaba por ejemplo que "para fortalecer la participación ciudadana de las mujeres es necesario valorar sus agendas sociales y reconocer su aporte como sujetos políticos en la vida pública, en especial cuando se trata de la promoción y defensa de sus derechos;"[38] y contemplaba, que para promover una cultura democrática se promocionarían los

> valores democráticos, de la participación política y de sus mecanismos, para garantizar y fomentar su conocimiento y uso efectivo y así fortalecer el ejercicio de los derechos consagrados constitucionalmente, a través de campañas en medios de comunicación y talleres de capacitación. Se hará especial énfasis en las poblaciones más vulnerables, así como en la población campesina, en las mujeres, las comunidades indígenas y afrodescendientes y la población LGBTI.[39]

La campaña por el NO. Como se ha vuelto la regla y no la excepción en los debates políticos contemporáneos, los proponentes del NO basaron su campaña en claras mentiras. Estas mentiras iban desde afirmar que se iba a cambiar el himno nacional, a las más peligrosas afirmaciones según las cuales Colombia se convertiría en un satélite castro-chavista, los guerrilleros desmovilizados recibirían un salario de 1.800,000.00 pesos colombianos (alrededor de 600 dólares) o la eliminación de la propiedad privada. Una parte importante de la campaña consistió en una oposición frontal a lo que la derecha radical llamó la "ideología de género."

La ideología de género vino a representar todo lo que iba en contra de las definiciones tradicionales católicas y cristianas de familia. Desde re-centrar las diferencias biológicas como las únicas aceptables entre hombres y mujeres, así como los roles tradicionales de hombres y mujeres en el hogar, hasta atacar el ejercicio de derechos sexuales y reproductivos. Las siguientes citas de artículos en la Revista Semana, dan un sentido del ataque frontal e integral al término "género."

> ...organizaciones religiosas y civiles que "defienden los derechos de la familia tradicional" aseguran que si los colombianos aprueban el acuerdo para le terminación del conflicto se impondría de forma "camuflada," la llamada "ideología de género."
>
> (...)
>
> "No hay derecho que un asunto tan importante como la terminación del conflicto lo mezclen con la ideología de género. En esas condiciones, y aun queriendo la paz para mi país, yo me siento moralmente impedida para votar por el Sí," aseguró Ángela Hernández, diputada de Santander por el partido de la U.
>
> (...) la procuradora delegada para la defensa de los derechos de la infancia, (...) asegura que tras un detallado análisis de los comunicados de prensa conjuntos firmados en La Habana, de las declaraciones de los negociadores y de los documentos oficiales, la "ideología de género podría estar encriptada en el Acuerdo Final; no se advierte fácilmente, pero puede desvelarse."
>
> (...) la expresión enfoque de género en el acuerdo de paz tiene dos pretensiones. Por un lado, reivindicar los derechos de las mujeres y por el otro,

> promover "el reconocimiento de la población LGTBI como artífice y beneficiaria de políticas públicas." Según ella, esto último implicará modificar "instituciones tan esenciales para la sociedad como el matrimonio, la familia, la adopción, el estado civil."
>
> (...) asegura que el enfoque de género de los acuerdos, busca "minimizar las creencias morales y religiosas" y además "restringir los derechos de libertad de conciencia y de libertad religiosa." También toca un tema muy sensible: la educación. La procuradora delegada concluye que se promoverá entre los niños la idea de que "sean incluyentes y aprendan a ver en la diferencia que no se nace siendo hombre o mujer, sino que a través del ejercicio de la libertad cada quien construye su identidad de género y determina su orientación sexual."
>
> (...) En este punto la procuradora se pregunta si las medidas de salud sexual y reproductiva contemplarán temas como "la planificación familiar, el aborto, las técnicas de reproducción asistida, la esterilización y el cambio de sexo."[40]

De manera similar, luego del referendo varios grupos conservadores radicaron en Presidencia peticiones de cambios en el Acuerdo. El "Grupo Significativo de Ciudadanos LIBRES, comité promotor inscrito por la opción NO" radicó un documento enfatizando la necesidad de centralizar a la familia en los acuerdos:

> La familia debe ser reconocida como la primer víctima del conflicto nacional y como institución fundamental en la construcción de la paz (...) Un inmenso destrozo del núcleo principal de nuestra sociedad, registra Colombia hoy después de medio siglo de conflicto, y si ahora este va a ser superado entonces el ESTADO tiene el deber y la obligación de recomponer y reedificar LA FAMILIA como núcleo fundamental de la sociedad (...) Al establecer el enfoque transversal en FAMILIA, en reemplazo del enfoque de género propuesto en los acuerdos, se garantiza la inclusión efectiva e indiscutible de todos los colombianos y se ofrece un marco más amplio de encuentro y reconciliación, favorable y necesario en la posterior etapa del postconflicto nacional.[41]

Por otra parte, el Pacto Cristino radicó un documento de 85 páginas, titulado "Propuesta de Modificación, Acuerdo final para la terminación del conflicto y la construcción de una paz estable y duradera" en la que sugirió en cada una de las apariciones de las palabras "enfoque de género" o LGBTI modificaciones al texto repitiendo varias veces como justificación que no había necesidad de reiterar el enfoque de género en el texto del acuerdo y sugiriendo que el acuerdo podría estar, con ellos, sustituyendo la Constitución:

> Proponemos la modificación por considerar que el enfoque diferencial en términos de población está integrado en la primera parte del texto, y dado que ya se integra la Población LGBTI en este enfoque inicial, no sería lógico volver a referenciar posteriormente en el texto. Por otra parte, y teniendo en cuenta que será integrado como Constitución misma se debe tener presente no desbordar

> la orden Constitucional presente a tal punto que se surta una sustitución de la Constitución (…).[42]

Así mismo, el Consejo Evangélico Colombiano radicó un documento en el que argumentó lo siguiente:

> Concluimos que sí existe "Ideología de Género" en el Acuerdo de la Habana entre el Gobierno Nacional y las FARC, porque: i. La definición del "Enfoque de Género" en los textos del Acuerdo está proyectando una relación de hombre-mujer; en garantía de los derechos de las mujeres. Sin embargo, en la transversalización de dicho enfoque se evidencia un nivel conceptual adicional que incluye y emplea términos como: "diversidad de género, orientación sexual diversa, identidad de género, entre otros;" desbordando así su aplicación garantista al derecho de la mujer y generando ambigüedad y confusión. ii. (…) En consecuencia, el enfoque y la perspectiva de género entre otros términos, vienen siendo utilizados como herramientas por las cuales se pretende modificar la idiosincrasia y la institucionalidad colombiana, distorsionando el propósito original de la defensa y la promoción de los derechos humanos de las mujeres, y poniendo en riesgo la familia, respetando el derecho del libre desarrollo de la personalidad de las personas LGBTI.[43]

Un artículo de la BBC, publicado a los pocos días del triunfo del No, señala que, de acuerdo a Edgar Castaño, presidente de la Confederación Evangélica "El acuerdo vulnera algunos principios de los evangélicos (…) La familia, por ejemplo, cuando se habla de equilibrar los valores de la mujer con los de los grupos LGBTI. (…) Castaño fue uno de 14 representantes de iglesias cristianas recibido este martes por el presidente Juan Manuel Santos (…) Al salir, explicó que específicamente se habló del tema del 'enfoque de género' en el acuerdo. (El presidente) muy abiertamente nos ha dicho: 'Vamos a revisar eso, vamos a sacar todo aquello que amenace a la familia, que amenace a la iglesia y vamos a buscar una frase, una palabra, que no les dé temor a los creyentes'."[44]

El mismo artículo señala el tipo de frases y expresiones que preocupaban a los grupos evangélicos. Estas eran, por ejemplo, expresiones como "que la implementación se haga teniendo en cuenta la diversidad de género," "que se promueva la equidad de género mediante la adopción de medidas específicas para garantizar que mujeres y hombres participen y se beneficien en pie de igualdad de la implementación de este acuerdo," o "Reconocer y tener en cuenta las necesidades, características y particularidades económicas (…) incluyendo personas con orientación sexual e identidad de género diversa."[45]

Todos estos ataques se tradujeron en una transformación del acuerdo. De acuerdo al jefe negociador de las FARC, Iván Márquez, en lo referente al género se incorporaron más del 90% de las propuestas del "No".[46]

Del enfoque de género se pasó a una concepción binaria y biológica del género: hombre y mujer. Varios de estos cambios afectaron la participación plena de las mujeres y las personas LGBTI en el modelo económico. Se eliminaron así las expresiones "enfoque diferencial y de género" y "diversidad de género" en el mismo apartado de la introducción que se presentó antes, sustituyéndolas por el reconocimiento de la primacía de los derechos inalienables de la persona, y el reconocimiento de la familia como núcleo fundamental de la sociedad. Se mantuvo, sin embargo, su mención en la implementación:

> El Acuerdo está compuesto de una serie de acuerdos, que sin embargo constituyen un todo indisoluble, porque están permeados por un mismo enfoque de derechos, para que las medidas aquí acordadas contribuyan a la materialización de los derechos constitucionales de los colombianos *y colombianas*. El Acuerdo Final reconoce, sin discriminación alguna, *la primacía de los derechos inalienables de la persona como fundamento para la convivencia en el ámbito público y privado, y a la familia como núcleo fundamental de la sociedad y los derechos de sus integrantes*. La implementación del Acuerdo deberá regirse por el reconocimiento de la igualdad y protección del pluralismo de la sociedad colombiana, sin ninguna discriminación. En la implementación se garantizarán las condiciones para que la igualdad sea real y efectiva y se adoptarán medidas afirmativas en favor de grupos discriminados o marginados, teniendo en cuenta el enfoque territorial, diferencial y de género.[47] (Cursivas fuera del texto original)

Lejos de ser el único caso, según el periódico El Tiempo, fueron 56 los cambios en el acuerdo renegociado, casi todos "eliminado el fantasma de la ideología de género y expropiación."[48] Así, en varias secciones que se hacía referencia a la igualdad de género o enfoque diferencial, se alteró el texto para referirse a "las necesidades de las mujeres" o la "igualdad entre hombres y mujeres."[49] El apartado relativo a la Participación ciudadana a través de medios de comunicación comunitarios pasó de decir, por ejemplo, que "los medios de comunicación comunitarios, institucionales y regionales, deben contribuir a la participación ciudadana y en especial a promover (...) el reconocimiento de las diferentes identidades étnicas y culturales, la *igualdad de género*, la inclusión política y social, la integración nacional y en general el fortalecimiento de la democracia,"[50] a decir "el reconocimiento de las diferentes identidades étnicas y culturales, *la igualdad de oportunidades entre hombres y mujeres*, la inclusión política y social..."[51] (cursivas fuera del texto original).

Por otra parte, en el apartado relativo a las funciones de la Comisión para el Esclarecimiento de la Verdad, la Convivencia y la No Repetición el apartado que determinaba que "la Comisión (...) promoverá un ambiente de diálogo y creará espacios en los que las víctimas se vean dignificadas, se hagan reconocimientos individuales y colectivos de responsabilidad, y en general se consoliden el respeto y la confianza ciudadana en el otro, la cooperación y la solidaridad, la justicia social, *la equidad de género*, y una cultura democrática que cultive la tolerancia, promueva el buen vivir (…)"[52] a "(…) y en general se consoliden el respeto y la confianza ciudadana en el otro, la cooperación y la solidaridad, la justicia social, la *igualdad de oportunidades entre hombres y mujeres*, y una cultura democrática (…)"[53]

En el capítulo de Reforma Rural Integral también se eliminó del todo la expresión "enfoque de género" así como en los considerandos del Acuerdo que hacen referencia a este apartado. Se pasó entonces, de aclarar que la Reforma Rural Integral "debe lograr la gran transformación de la realidad rural colombiana, que (…) asegure el pleno disfrute de los derechos de la ciudadanía con un enfoque de género y como consecuencia garantice la no repetición del conflicto (…)"[54] a que ésta debe asegurar "el pleno disfrute de los derechos de la ciudadanía y como consecuencia garantice la no repetición del conflicto."[55] Adicionalmente, se excluyó el género como uno de los parámetros para desagregar la información del Sistema General de Información Catastral; se sustituyen "género" y "orientación sexual e identidad de género diversa" por "pertenencia a grupos en condiciones de vulnerabilidad" en los apartados relativos a las medidas diferenciadas del enfoque territorial y de promover medidas para la superación de la pobreza que "deberán tener enfoque de género para hacer frente a las necesidades de las mujeres en el campo," se pasó a promover medidas "específicas y diferenciadas para hacer frente a las necesidades particulares de las mujeres en el campo y lograr la igualdad efectiva de oportunidades entre hombres y mujeres." En relación con la oferta de servicios de salud se reemplazó "personas con orientación sexual e identidad de género diversa" por "grupos y personas en condiciones de vulnerabilidad;" se eliminó el término "perspectiva de género" en el parágrafo relativo a subsidios, generación de ingresos y en el parágrafo que relativo al Plan Nacional para la promoción de la comercialización de la producción campesina se cambió "perspectiva de género" por "medidas afirmativas" para empoderar mujeres rurales.[56]

Reflexiones finales

Este capítulo es un intento por recontar la historia del proceso de paz con las FARC enfatizando menos su aspecto fundacional y más su relación con las luchas por el poder y los recursos entre las élites gobernantes de Colombia. Esta narración alternativa busca entender tanto las diferencias entre el centro y la derecha, así como la vida inesperada que tomaron ideas progresistas del acuerdo. Por otra parte, el texto es un llamado a entender las consecuencias distributivas de la renegociación después del triunfo del NO. Cuando se enfoca la política pública como un asunto de derechos entre hombres y mujeres biológicamente diferenciados, los recursos se distribuyen a favor de quienes ejercen su sexualidad de la manera más tradicional, quienes forman una familia clásica y quienes ven la producción económica y la participación política en sus dimensiones más conservadoras.

Notas

1. "El polémico video de Alejandro Ordóñez sobre la ideología de género y la paz," *Semana*, 25 de septiembre de 2016, https://www.semana.com/nacion/articulo/alejandro-ordonez-habla-sobre-la-ideologia-de-genero-y-el-proceso-de-paz/495392.
2. Véase por ejemplo Mauricio Albarracín, "La maquinaria homofóbica," *Dejusticia*, 5 de octubre de 2016, https://www.dejusticia.org/column/la-maquinaria-homofobica y "Las mentiras sobre la ideología de género y el acuerdo de La Habana," *Caracol Radio*, 30 de septiembre de 2016, http://caracol.com.co/radio/2016/09/30/nacional/1475252951_589578.html.
3. "Colombia: ganó el 'No' en el plebiscito por los acuerdos de paz con las FARC," *BBC*, 2 de octubre de 2016, https://www.bbc.com/mundo/noticias-america-latina-37537187.
4. Véase: Helena Alviar García e Isabel Cristina Jaramillo Sierra, *Feminismo y Crítica Jurídica* (Bogotá: Universidad de los Andes y Siglo del Hombre, 2013), 86.
5. "¿Qué es el Sisbén?" *Departamento Nacional de Planeación*, consultado el 25 de abril de 2018, https://www.sisben.gov.co/sisben/Paginas/Que-es.aspx.
6. "¿Qué es el Sisbén?"
7. "Documento Conpes Social 117," *Departamento Nacional de Planeación*, 25 de agosto de 2008, https://colaboracion.dnp.gov.co/CDT/Conpes/Social/117.pdf.
8. Decreto 1084 de 2015, 26 de mayo de 2015. Por medio del cual se expide el Decreto Único Reglamentario del Sector de Inclusión Social y Reconciliación. *Diario Oficial 49523*, artículo 2.2.2.1.1.
9. Ley 1448 de 2011, 10 de junio de 2011. Por la cual se dictan medidas de atención, asistencia y reparación integral a las víctimas del conflicto armado interno y se dictan otras disposiciones. *Diario Oficial 48096*, artículo 32.
10. "Ley 1448 de 2011," Artículo 3.
11. "Paso a paso para el registro," *Unidad para la Atención y Reparación Integral a las Víctimas*, consultado el 25 de abril de 2018, https://www.unidadvictimas.gov.co/es/paso-paso-para-el-registro/13401.
12. "Paso a paso para el registro."
13. Corte Constitucional de Colombia. Sentencia T-460 del 18 de julio de 2017. M.P. Alberto Rojas Ríos.
14. "Las tres tesis de Uribe derrotadas en la ley de víctimas," *Semana*, 5 de noviembre de 2011, https://www.semana.com/politica/articulo/las-tres-tesis-uribe-derrotadas-ley-victimas/239645-3.
15. Semana, "Las tres tesis de Uribe."
16. "¿Cuánto vale la ley?" *Semana*, 28 de mayo de 2011, https://www.semana.com/nacion/articulo/cuanto-vale-ley/240502-3.

17. Véase: Helena Alviar García, "El derecho a la igualdad en la Constitución del 91," *El Tiempo*, 30 de junio de 2011, https://www.eltiempo.com/archivo/documento/CMS-9768825.
18. "Ley 1448 de 2011," artículo 13.
19. Corte Constitucional de Colombia. Sentencia T-602 del 23 de julio de 2003. M.P. Jaime Araújo Rentería.
20. "Ley 1148 de 2011," artículo 136.
21. Efraín Torres Monsalvo y otros, "Proyecto de ley número 107 de 2010 Cámara (ACUM. PL 85/10 – Cámara)," *Comisión Primera Cámara de Representantes*, 2 de noviembre de 2010.
22. Diana Esther Guzmán Rodríguez y Rodrigo Uprimny Yepes, "Justicia transicional desde abajo y con perspectiva de género," *Dejusticia*, 15 de marzo de 2010, 2, https://www.dejusticia.org/wp-content/uploads/2017/04/fi_name_recurso_183.pdf.
23. Véase, por ejemplo: "Desplazamiento Forzado contra las Personas LGBT: Reflexiones para la Investigación e Implementación de Políticas Públicas," *Colombia Diversa*, 2010, 140; en el mismo sentido un informe elaborado por la Comisión Colombiana de Juristas estableció entre el 2002 y el 2006, cerca de 400 personas con identidad de género y preferencias sexuales diversas fueron asesinadas o desaparecidas por miembros de grupos guerrilleros. "Colombia 2002–2006: Situación de Derechos Humanos y Derecho Humanitario," *Comisión Colombiana de Juristas*, enero de 2007.
24. Diana Esther Guzmán y Nina Chaparro González, "Restitución de tierras y enfoque de género," *Dejusticia*, no. 12 (2013): 14.
25. "Gina Parody irá a debate en el Congreso por polémica de las cartillas," *El Tiempo*, 16 de agosto de 2016, http://www.eltiempo.com/vida/educacion/debate-a-gina-parody-en-el-congreso-por-cartillas-48361.
26. "Iglesia colombiana convoca a marcha contra ideología de género que 'destruye a la sociedad'," *CNN Español*, 10 de agosto de 2016, https://cnnespanol.cnn.com/2016/08/10/iglesia-colombiana-convoca-a-marcha-contra-ideologia-de-genero-pues-asegura-que-destruye-a-la-sociedad/.
27. "Revelan cartilla oficial de ideología de género que Ministra Parody buscaría ocultar acusando a la Procuraduría," *El Nodo*, 9 de agosto de 2016, http://elnodo.co/parodymanual.
28. "'Niegan lo evidente': Ordóñez a Santos sobre supuesta cartilla de ideología de género," *Noticias RCN*, 11 de agosto de 2016, https://www.noticiasrcn.com/nacional-pais/niegan-lo-evidente-ordonez-santos-cartilla-orientacion-sexual.
29. "Iglesia colombiana convoca a marcha contra ideología de género que 'destruye a la sociedad'," *CNN Español*, 10 de agosto de 2016, https://cnnespanol.cnn.com/2016/08/10/iglesia-colombiana-convoca-a-marcha-contra-ideologia-de-genero-pues-asegura-que-destruye-a-la-sociedad/.
30. "Comunicado Conjunto 82. Enfoque de género en acuerdos de paz de La Habana," *Equipo Paz Gobierno*, 24 de julio de 2016, http://equipopazgobierno.presidencia.gov.co/prensa/Paginas/comunicado-conjunto-82-enfoque-genero-acuerdos-paz-habana-cololmbia.aspx.
31. Elvia Vargas Trujillo e Hilda Gambara D'errico, *Evaluación de programas y proyectos de intervención. Una guía con enfoque de género* (Bogotá: Universidad de Los Andes, Facultad de Ciencias Sociales, Departamento de Psicología, CESO, Ediciones

Uniandes, 2008), 1; Isabel Cristina Jaramillo, et al., "El acuerdo de paz desde el derecho a la igualdad y no discriminación en razón de ser mujer o ser persona LGBTI," 26 de octubre de 2016, 2.
32. "Humberto de la Calle habla sobre la inclusión del enfoque de género en los acuerdos de paz," *Equipo Paz Gobierno*, 24 de julio de 2016, http://equipopazgobierno.presidencia.gov.co/prensa/declaraciones/Paginas/humberto-calle-habla-sobre-inclusion-enfoque-genero-acuerdos-paz.aspx.
33. "Acuerdo de Paz con las FARC," *Presidencia de Colombia*, 24 de agosto de 2016, 4.
34. "Acuerdo de Paz," 10.
35. "Acuerdo de Paz," 15.
36. "Acuerdo de Paz," 12.
37. "Acuerdo de Paz," 15.
38. "Acuerdo de Paz," 31.
39. "Acuerdo de Paz," 47.
40. "Ideología de género, el caballo de batalla del No al plebiscito," *Semana*, 9 de Septiembre de 2016, https://www.semana.com/nacion/articulo/ideologia-de-genero-el-caballo-de-batalla-del-no-al-plebiscito/493093.
41. "Propuesta de enmienda al texto del documento: 'Acuerdo final para la terminación del conflicto y la construcción de una paz estable y duradera'," *Grupo Significativo de Ciudadanos LIBRES, comité promotor inscrito por la opción NO*, 11 de octubre de 2016.
42. "Propuesta de modificación, Acuerdo final para la terminación del conflicto y la construcción de una paz estable y duradera," *Pacto Cristiano.*
43. "Propuesta de ajuste de los Acuerdos de Paz entre el Gobierno Nacional y las FARC-EP," *Consejo Evangélico Colombiano.*
44. Natalio Cosoy, "El rol de las iglesias evangélicas en la victoria del 'No' en el plebiscito de Colombia," *BBC Mundo*, 5 de octubre de 2016, https://www.bbc.com/mundo/noticias-america-latina-37560320.
45. Cosoy, "El rol de las iglesias."
46. Natalio Cosoy, "Colombia: el gobierno y las FARC firman un nuevo acuerdo de paz," *BBC Mundo*, 13 de noviembre de 2016, http://www.bbc.com/mundo/noticias-america-latina-37965381.
47. "Acuerdo de Paz," 4.
48. "Nuevo texto elimina fantasmas de la ideología de género y expropiación," *El Tiempo*, 13 de noviembre de 2016, http://www.eltiempo.com/politica/proceso-de-paz/enfoque-de-genero-y-expropiacion-en-el-nuevo-acuerdo-de-paz-47032.
49. "Enfoque de género: ¿Al final que quedó en el nuevo acuerdo?" *Semana*, 27 de noviembre de 2016, http://www.semana.com/nacion/articulo/la-formula-del-nuevo-acuerdo-para-el-enfoque-de-genero/507070.
50. "Acuerdo de Paz," 45.
51. "Acuerdo de Paz," 41.
52. "Acuerdo de Paz," 119.
53. "Acuerdo de Paz," 4.
54. "Acuerdo de Paz," 8.
55. "Acuerdo de Paz," 10.
56. Semana, "¿Al final que quedó en el nuevo acuerdo?"

Referencias

Albarracín, Mauricio. "La maquinaria homofóbica." *Dejusticia*, 5 de octubre de 2016. https://www.dejusticia.org/column/la-maquinaria-homofobica.

Alviar García, Helena. "El derecho a la igualdad en la Constitución del 91." *El Tiempo*, 30 de junio de 2011. https://www.eltiempo.com/archivo/documento/CMS-9768825.

Alviar García, Helena, e Isabel Cristina Jaramillo Sierra. *Feminismo y Crítica Jurídica*. Bogotá: Universidad de los Andes y Siglo del Hombre, 2013.

BBC. "Colombia: ganó el 'No' en el plebiscito por los acuerdos de paz con las FARC." 2 de octubre de 2016. https://www.bbc.com/mundo/noticias-america-latina-37537187.

Caracol Radio. "Las mentiras sobre la ideología de género y el acuerdo de La Habana." 30 de septiembre de 2016. http://caracol.com.co/radio/2016/09/30/nacional/1475252951_589578.html.

CNN Español. "Iglesia colombiana convoca a marcha contra ideología de género que 'destruye a la sociedad'." 10 de agosto de 2016. https://cnnespanol.cnn.com/2016/08/10/iglesia-colombiana-convoca-a-marcha-contra-ideologia-de-genero-pues-asegura-que-destruye-a-la-sociedad/.

Colombia Diversa. "Desplazamiento Forzado contra las Personas LGBT: Reflexiones para la Investigación e Implementación de Políticas Públicas." 2010.

Comisión Colombiana de Juristas. "Colombia 2002–2006: Situación de Derechos Humanos y Derecho Humanitario." Enero de 2007.

Consejo Evangélico Colombiano. "Propuesta de ajuste de los Acuerdos de Paz entre el Gobierno Nacional y las FARC-EP."

Corte Constitucional de Colombia. Sentencia T-602 del 23 de julio de 2003. M.P. Jaime Araújo Rentería.

Corte Constitucional de Colombia. Sentencia T-460 del 18 de julio de 2017. M.P. Alberto Rojas Ríos.

Cosoy, Natalio. "Colombia: el gobierno y las FARC firman un nuevo acuerdo de paz." *BBC Mundo*, 13 de noviembre de 2016. http://www.bbc.com/mundo/noticias-america-latina-37965381.

Cosoy, Natalio. "El rol de las iglesias evangélicas en la victoria del 'No' en el plebiscito de Colombia." *BBC Mundo*, 5 de octubre de 2016. https://www.bbc.com/mundo/noticias-america-latina-37560320.

Decreto 1084 de 2015. 26 de mayo de 2015. Por medio del cual se expide el Decreto Único Reglamentario del Sector de Inclusión Social y Reconciliación. *Diario Oficial 49523*.

Departamento Nacional de Planeación. "¿Qué es el Sisbén?". Consultado el 25 de abril de 2018. https://www.sisben.gov.co/sisben/Paginas/Que-es.aspx.

Departamento Nacional de Planeación. "Documento Conpes Social 117." 25 de agosto de 2008. https://colaboracion.dnp.gov.co/CDT/Conpes/Social/117.pdf.

El Nodo. "Revelan cartilla oficial de ideología de género que Ministra Parody buscaría ocultar acusando a la Procuraduría." 9 de agosto de 2016. http://elnodo.co/parodymanual.

El Tiempo. "Gina Parody irá a debate en el Congreso por polémica de las cartillas." 16 de agosto de 2016. http://www.eltiempo.com/vida/educacion/debate-a-gina-parody-en-el-congreso-por-cartillas-48361.

El Tiempo. "Nuevo texto elimina fantasmas de la ideología de género y expropiación." 13 de noviembre de 2016. http://www.eltiempo.com/politica/proceso-de-paz/enfoque-de-genero-y-expropiacion-en-el-nuevo-acuerdo-de-paz-47032.

Equipo Paz Gobierno. "Comunicado Conjunto 82. Enfoque de género en acuerdos de paz de La Habana." 24 de julio de 2016. http://equipopazgobierno.presidencia.gov.co/prensa/Paginas/comunicado-conjunto-82-enfoque-genero-acuerdos-paz-habana-cololmbia.aspx.

Equipo Paz Gobierno. "Humberto de la Calle habla sobre la inclusión del enfoque de género en los acuerdos de paz." 24 de julio de 2016. http://equipopazgobierno.presidencia.gov.co/prensa/declaraciones/Paginas/humberto-calle-habla-sobre-inclusion-enfoque-genero-acuerdos-paz.aspx.

Grupo Significativo de Ciudadanos LIBRES, comité promotor inscrito por la opción NO. "Propuesta de enmienda al texto del documento: 'Acuerdo final para la terminación del conflicto y la construcción de una paz estable y duradera'." 11 de octubre de 2016.

Guzmán Rodríguez, Diana Esther, y Nina Chaparro González. "Restitución de tierras y enfoque de género." *Dejusticia*, no. 12 (2013): 14.

Guzmán Rodríguez, Diana Esther, y Rodrigo Uprimny Yepes. "Justicia transicional desde abajo y con perspectiva de género." *Dejusticia*, 15 de marzo de 2010. https://www.dejusticia.org/wp-content/uploads/2017/04/fi_name_recurso_183.pdf.

Jaramillo Sierra, Isabel Cristina, et al. "El acuerdo de paz desde el derecho a la igualdad y no discriminación en razón de ser mujer o ser persona LGBTI." 26 de octubre de 2016.

Ley 1448 de 2011. 10 de junio de 2011. Por la cual se dictan medidas de atención, asistencia y reparación integral a las víctimas del conflicto armado interno y se dictan otras disposiciones. *Diario Oficial 48096.*

Noticias RCN. " 'Niegan lo evidente': Ordóñez a Santos sobre supuesta cartilla de ideología de género." 11 de agosto de 2016. https://www.noticiasrcn.com/nacional-pais/niegan-lo-evidente-ordonez-santos-cartilla-orientacion-sexual.

Pacto Cristiano. "Propuesta de modificación, Acuerdo final para la terminación del conflicto y la construcción de una paz estable y duradera."

Presidencia de Colombia. "Acuerdo de Paz con las FARC." 24 de agosto de 2016.

Semana. "¿Cuánto vale la ley?" 28 de mayo de 2011. https://www.semana.com/nacion/articulo/cuanto-vale-ley/240502-3.

Semana. "El polémico video de Alejandro Ordóñez sobre la ideología de género y la paz." 25 de septiembre de 2016. https://www.semana.com/nacion/articulo/alejandro-ordonez-habla-sobre-la-ideologia-de-genero-y-el-proceso-de-paz/495392.

Semana. "Enfoque de género: ¿Al final que quedó en el nuevo acuerdo?" 27 de noviembre de 2016. http://www.semana.com/nacion/articulo/la-formula-del-nuevo-acuerdo-para-el-enfoque-de-genero/507070.

Semana. "Ideología de género, el caballo de batalla del No al plebiscito." 9 de Septiembre de 2016. https://www.semana.com/nacion/articulo/ideologia-de-genero-el-caballo-de-batalla-del-no-al-plebiscito/493093.

Semana. "Las tres tesis de Uribe derrotadas en la ley de víctimas." 5 de noviembre de 2011. https://www.semana.com/politica/articulo/las-tres-tesis-uribe-derrotadas-ley-victimas/239645-3.

Torres Monsalvo, Efraín, et al. "Proyecto de ley número 107 de 2010 Cámara (ACUM. PL 85/10 – Cámara)." *Comisión Primera Cámara de Representantes*, 2 de noviembre de 2010.

Unidad para la Atención y Reparación Integral a las Víctimas. "Paso a paso para el registro." Consultado el 25 de abril de 2018. https://www.unidadvictimas.gov.co/es/paso-paso-para-el-registro/13401.

3. *Pactantes y no pactadas: mujeres en el proceso de paz entre el Gobierno de Colombia y las FARC-EP (2012–2016)*

Olga Patricia Velásquez Ocampo

Introducción

La pregunta sobre dónde están las mujeres en el marco de las negociaciones de paz en los conflictos, es frecuente en las últimas décadas.[1] El conocimiento y aplicación del marco jurídico internacional permiten que este tipo de cuestiones sean tenidas en cuenta, y que la presencia de las mujeres sea indispensable para entablar puentes de dialogo que se traduzcan en acuerdos de paz.[2]

Hablar acerca de la participación de las mujeres en el Proceso de Paz entre el Gobierno Colombiano y la guerrilla de las FARC-EP supone adentrarse a una historia no contada.[3] El anuncio del inicio de las negociaciones y el respaldo colectivo a la paz borró momentáneamente a las mujeres, y fue cuando estás empezaron a hacer ruido que fue posible escucharlas e incorporarlas. La inclusión de las mujeres no solo buscaba avanzar en la agenda de los derechos de las mujeres, sino que su presencia en la etapa de negociación, en general, tiene una repercusión directa en las posibilidades de éxito de un proceso de paz. Este texto se compone de tres partes: contexto del Proceso de Paz entre el Gobierno de Colombia y las FARC-EP, clasificación de las categorías de mujeres que participaron del Acuerdo, y finalmente, los desafíos de su participación y logros cristalizados en el Acuerdo Final.

Christine Bell entiende el desarrollo de las negociaciones de paz en tres etapas, señalando que las mujeres afrontan desafíos y dificultades particulares para acceder a estos espacios, y los obstáculos que deben sortear para cambiar las agendas pre-acordadas en cada una de ellas. Es a partir de dicha categorización que propongo una cronología por etapas para el caso colombiano, la cual permitirá realizar los cortes necesarios para el análisis de las dinámicas presentes en los diferentes momentos de la negociación.[4] A cada etapa corresponde un conjunto de estrategias desplegadas por los diferentes grupos de mujeres.

Cronología por etapas[5]

Fase 1: Encuentro Exploratorio sucedido en La Habana, Cuba entre el día 23 de febrero y el día 26 de agosto de 2012, culmina con el anuncio de la instalación de la Mesa de Conversaciones.

Fase 2: Anuncio de la instalación de la Mesa de Conversaciones el día 18 de octubre de 2012 en la ciudad de Oslo, Noruega, para luego continuar actividades en la capital cubana, culmina con el Plebiscito celebrado el 2 de octubre de 2016.

Fase 3: Plebiscito-Renegociación-Implementación. Inicio de la "transición" y la posterior implementación del Acuerdo.[6]

En este texto me concentraré en dos etapas, la primera de pre-negociación y en un segundo momento, la etapa sustantiva/implementación, entendiendo la pre-negociación, en el caso colombiano, como los acercamientos entre las partes para buscar una salida negociada al conflicto; y la etapa sustantiva y de implementación, abarca los múltiples acuerdos que se dan dentro del proceso, desde el Acuerdo Marco hasta el Acuerdo Final.

Contexto

En este apartado propongo una construcción de los hechos empleando los relatos de las integrantes de la Subcomisión de Género, entrevistas, informes, noticias y comunicados sobre los diálogos de paz emitidos de manera conjunta por el Gobierno de Colombia y las Fuerzas Armadas Revolucionarias de Colombia-Ejército del Pueblo, en adelante FARC-EP, y comunicados de las organizaciones de mujeres, a partir de estas fuentes busco narrar el proceso de paz desde la presencia (o ausencia) de las mujeres en el mismo. Es necesario acudir a una construcción propia que indague por las mujeres, cuestionando los silencios de las partes involucradas en la negociación y las voces no escuchadas que reclamaban un espacio de participación.[7]

Para construir el contexto debo advertir que emplearé el término proceso de paz, diálogos de paz, negociación de paz de manera indistinta. Entendiendo el *Proceso de paz*[8] como "el intento de acercar a las elites políticas y/o militares envueltas en un conflicto para alcanzar un acuerdo mutuo sobre cómo terminar el conflicto a través de medios no violentos (la palabra, el diálogo,

Tabla 3.1: Cronología etapas proceso de paz en Colombia. Fuente: elaboración propia con base en información recolectada.

Etapas*	Fases	Caso colombiano	Estrategia
Etapa de pre-negociación	**Fase 1**	Tres mujeres participaron en esta etapa: Elena Ambrosi, Lucía Jaramillo Ayerbe (Gobierno de Colombia) y Sandra Ramírez (FARC-EP).	Diferentes organizaciones de mujeres se han movilizado para solicitar al gobierno el inicio de procesos de paz con los diferentes actores del conflicto armado en Colombia. Un esfuerzo de años, iniciado mucho antes de la fase exploratoria de negociación con las FARC-EP.
Etapa sustantiva e implementación (PEACE MAKING)	**Fase 2**	Anuncio de la instalación de la Mesa de Conversaciones. Presencia limitada de mujeres en el equipo negociador previo a la movilización de las organizaciones. En el caso de las FARC-EP su equipo negociador contaba con la presencia de una mujer, Tanja Nijmeijer, desde el inicio de los diálogos y Sandra Ramírez en la etapa exploratoria.† En 2012 se crea el grupo Mujeres por la Paz, coalición conformada por 40 organizaciones de mujeres, planteando como objetivos: 1. Continuar tejiendo acciones que contribuyan al logro de la paz con justicia social. 2. Ganar una voz y legitimada como actoras e interlocutoras políticas en el proceso de diálogo para terminar el conflicto y de construcción de la paz.	Las mujeres se movilizan en esta etapa con tres objetivos específicos, trazados desde la Primera Cumbre Nacional de Mujeres y Paz.¶ Respaldo al proceso de paz, y exigencia a las partes de no levantarse de la mesa hasta no llegar a un acuerdo. Insistir en que el proceso debe contar con la presencia y participación de las mujeres en todas sus etapas, incluyendo la Mesa de Conversaciones: "Las mujeres no queremos ser pactadas sino ser pactantes."

Continued

Tabla 3.1: Continued

Etapas*	Fases	Caso colombiano	Estrategia
		3. Contribuir a elevar el nivel de argumentación de las mujeres en temas como marco jurídico para la paz y justicia transicional. 4. Realizar control político a la agenda pactada entre la insurgencia y el gobierno para que se incluyan los intereses y necesidades de las mujeres. 5. Diseñar e implementar mecanismos para fortalecer y/o construir alianzas estratégicas con sectores sociales y políticos. 6. Elaborar y fortalecer las agendas de las mujeres para incidir en la agenda general pactada entre el gobierno y la insurgencia. 7. Ampliar y fortalecer Mujeres por la paz en el ámbito nacional y regional.‡	La inclusión, en la agenda de las conversaciones, de las necesidades, intereses y afectaciones del conflicto en la vida de las mujeres.§ Ya instaladas en La Habana, y debido a la creación de la subcomisión de género, las mujeres ganan un espacio que es novedoso en las negociaciones de paz, una subcomisión formal, con el fin de garantizar la inclusión de una perspectiva de género en el Acuerdo Final.‖

Notas

* Etapas diseñadas a partir del modelo de análisis propuesto por Christine Bell, "Women, Peace Negotiations, and Peace Agreements: Opportunities and Challenges," en *The Oxford Handbook of Gender and Conflict*, eds. Fionnuala Ní Aoláin, Naomi Cahn, Dina Francesca Haynes, y Nahla Valji (United States of America: Oxford University Press, 2018).

† Angie Palacio Sánchez, "Las mujeres en el Proceso de Paz," *Generación Paz.co*, 8 de marzo de 2016, http://generacionpaz.co/content/las-mujeres-en-el-proceso-de-paz.

‡ "Acta de conformación Mujeres por la Paz," *Mujeres por la Paz*, octubre de 2012, https://www.humanas.org.co/archivos/81.pdf.

¶ La Cumbre contó con el apoyo técnico y financiero de ONU Mujeres, además de la ayuda financiera de la Embajada de Suecia, la Embajada de Noruega, la 18° Cumbre Nacional de Mujeres y Paz Embajada de Suiza, IDEA Internacional, la Agencia Española para la Cooperación Internacional —AECID—, e Intermon Oxfam y el respaldo de la Mesa de Género de la Cooperación Internacional en Colombia. Véase "Cumbre Nacional de Mujeres y Paz: Bogotá, Colombia – octubre 23 al 25 de 2013," *Ceipaz*, http://www.ceipaz.org/images/contenido/sistematizacioncumbrenacional.pdf

§ "Cumbre Nacional de Mujeres y Paz," 10.

|| "Acordamos crear una subcomisión de género, compuesta por integrantes de las delegaciones, para revisar y garantizar, con el apoyo de expertos y expertas nacionales e internacionales, que los acuerdos alcanzados y un eventual acuerdo final tengan un adecuado enfoque de género." "Declaración de principios para la discusión del punto 5 de la agenda: 'Víctimas' Comunicado Conjunto No. 35," *Diálogos de Paz*, 7 de junio de 2014, http://www.pazfarc-ep.org/comunicadosconjuntosfarcsantoscuba/item/1942-declaraci%C3%B3n-de-principios-para-la-discusi%C3%B3n-comunicado-conjunto-no-37.html.

la política) y de construir una paz estable y duradera, construcción que compromete a la sociedad en su conjunto." y *Acuerdo de paz* como el documento final que se publica como producto final de un *Proceso de paz*.[9]

La exigencia de las mujeres de contar con un lugar en el proceso de paz era una demanda social con amparo jurídico,[10] respaldada por el marco normativo internacional, de manera particular el cumplimiento de la CEDAW en lo que versa sobre la inclusión de las mujeres en los procesos de paz.[11] El uso de la regulación internacional, tradicionalmente ha sido vista como una de las múltiples formas en que las mujeres buscan espacios de participación en procesos de paz en los que no han sido convocadas. Como afirma Anderson, las dinámicas transnacionales empleadas por las mujeres para entrar en la mesa de negociación se apoyan de herramientas de derecho internacional para reclamar un espacio en las negociaciones de paz.[12] En Colombia, el reclamo no solo se fundamentaba en dichas normas sino en el marco jurídico interno el cual ya había adoptado las medidas internacionales. El uso del discurso de los derechos humanos, específicamente los derechos de las mujeres, se circunscribe a la literatura sobre mujeres y derechos humanos, y mujeres y procesos de paz.

La agenda internacional trazada en la resolución 1325 de 2000 del Consejo de Seguridad de las Naciones Unidas[13] y desarrollada a través de posteriores resoluciones del mismo órgano, establecen la vocación que debe orientar las políticas públicas diseñadas para garantizar los objetivos fijados por la comunidad internacional. El marco conceptual conocido como "Women, Peace and Security" (WPS), la agenda WPS, está compuesta por las resoluciones 1820 (2008), 1888 (2009), 1889 (2009), 1960 (2010), 2106 (2013), 2122 (2013), 2242 (2015), y el Comité para la Eliminación de la Discriminación contra la Mujer de la CEDAW adoptó la Recomendación General No. 30 sobre las mujeres en la prevención de conflictos y en situaciones de conflicto y posteriores a conflictos. Dicho esquema reconoce que el conflicto ocasiona impactos significativos y *gendered*,[14] haciendo énfasis en el impacto diferenciado que tienen las guerras en las vidas de hombres y mujeres, y son estas últimas, quienes están llamadas a ejercer un rol significativo en los procesos de paz y seguridad, al igual que en las instituciones, pero dicha participación debe ser integral, transversal y establecer a las mujeres como sujetos políticos, donde ellas son pactantes y no objetos del pacto de paz.

La agenda internacional exige la participación de las mujeres en todos los niveles de decisión donde se traten temas relacionados con la prevención o el fin de los conflictos, en las labores de construcción y sostenimiento de la paz. La agenda WPS reconoce que la ausencia del enfoque de género al buscar la terminación de un conflicto afecta los esfuerzos de la comunidad internacional para garantizar la paz y la seguridad.[15] El fin último que buscan las mujeres cuando demandan un lugar en la mesa de negociación es concertar un acuerdo donde las dinámicas de género que dominaron el conflicto sean cuestionadas, y sea posible materializar cambios sociales orientados a conseguir la equidad de género.[16] Las mujeres no son meras invitadas a la mesa, sus voces moldean un acuerdo de paz que apuesta por la creación de espacios y oportunidades para las mujeres. La participación de las mujeres en las negociaciones de paz tiene como resultado acuerdos exitosos:

> los procesos de paz en los que participaban mujeres en calidad de testigos, firmantes, mediadoras y/o negociadoras registraban un incremento del 20% en la probabilidad de alcanzar un acuerdo de paz que perdurase, como mínimo, dos años. Este porcentaje aumenta a lo largo del tiempo, ya que la probabilidad de lograr un acuerdo de paz que dure 15 años crece un 35%.[17]

No obstante, el reconocimiento de la necesidad de incluir mujeres en los procesos de negociación de paz y las disposiciones internacionales sobre el tema, uno de los mayores desafíos es su participación efectiva en estos procesos, si bien a nivel global se ha presentado un incremento, este es marginal y poco significativo. Experiencias como las de Irlanda del Norte en 1998 y Somalia en el 2000,[18] muestran como las mujeres son incluidas en diferentes etapas de los procesos de paz, pero son ellas quienes deben crear estrategias y buscar los medios para asegurar un lugar en la mesa.

> Un estudio que analizó un total de 31 procesos de paz entre 1992 y 2011 reveló que solo un 9% del total de las personas negociadoras eran mujeres, un porcentaje insignificante dados los problemas que se abordan en ese tipo de procesos. Las mujeres representan tan solo un 3% del personal militar que participa en misiones de las Naciones Unidas. La mayoría de ellas trabaja como personal de apoyo. Hay dos esferas en las que resulta especialmente complicado que las mujeres participen en pie de igualdad y realicen una contribución significativa: el establecimiento de la paz y el mantenimiento de la paz.[19]

En Colombia, los Procesos de Paz entre el gobierno y diferentes grupos armados ha tenido una baja participación de las mujeres en las mesas de negociación.[20] Como lo señala Virginia Bouvier:

> En el período de 1990 a 1994, el gobierno de Colombia firmó acuerdos de paz con el EPL, el PRT, el MAQL y la CRS y entabló diálogos con el Partido Comunista y la Coordinadora Guerrillera Simón Bolívar. En acuerdos alcanzados con estos grupos, tan sólo una guerrillera fue signataria; el resto de signatarios —incluidos negociadores, testigos y garantes— fueron todos hombres. De igual modo, no hubo mujeres en las conversaciones que llevaron a la desmovilización de las AUC paramilitares en 2004. En las diversas conversaciones y diálogos exploratorios con el ELN que tuvieron lugar entre 2005 y 2007 o en

los actuales que están teniendo lugar desde 2013, las mujeres apenas han tenido un papel visible.[21]

Esta baja participación de las mujeres dio un giro con los diálogos iniciados en La Habana, las mujeres exigieron y recibieron, al menos en la etapa sustantiva, la participación que demandaban y que les correspondía como sujetos del conflicto en Colombia. Transformar las palabras del mandato de la Resolución 1325 de UN en acciones, es aún 20 años después de su promulgación, un desafío.

Durante la fase exploratoria de la negociación entre el Gobierno de Colombia y las FARC-EP, tres mujeres hicieron parte de esta etapa: Elena Ambrosi, y Lucía Jaramillo Ayerbe,[22] quienes aparecen como testigos del Gobierno en el Acuerdo General para la terminación del conflicto y la construcción de una paz estable y duradera, firmado el 26 de agosto de 2012, y Sandra Ramírez, como signataria de las FARC-EP. Sin embargo estas señales de inclusión se esfumaron en 2012, cuando el grupo de negociadores con poderes plenipotenciarios fue anunciado por el gobierno, integrado en su totalidad por hombres: (1) Humberto de la Calle Lombana, (2) Sergio Jaramillo Carno, (3) Frank Joseph Pearl, (4) General Retirado Jorge Enrique Moral Rangel, (5) Oscar Adolfo Naranjo Trujillo, y (6) Luis Carlos Villegas.[23] La composición cambió con la incorporación de Nigeria Rentería y a María Paulina Riveros en reemplazo de Luis Carlos Villegas.[24] El anuncio de los diálogos fue recibido con beneplácito por amplios sectores del espectro político y social, a nivel nacional e internacional, sin embargo este grupo puramente masculino encendió las alarmas de las organizaciones de mujeres que llevaban años trabajando por una salida negociada al conflicto, además de una paz con ellas en el centro, no marginadas al lugar de espectadoras.[25]

En los escenarios públicos de la *negociación* los hombres fueron los protagonistas y tras bambalinas, las mujeres lideraron las mesas técnicas encargadas de preparar los insumos para los Acuerdos, Sergio Jaramillo hace referencia a la labor de las mujeres en el proceso:

> No puedo dejar de mencionar a los muchos hombres y, sobre todo, mujeres de la Oficina del Alto Comisionado para la Paz —eran, literalmente, la base del iceberg—, que hicieron la mayor parte del duro trabajo de preparar las propuestas todos los días hasta altas horas de la noche y, en general, de crear las condiciones para garantizar el éxito de la negociación en todos los frentes.[26]

Etapa sustantiva

Propongo como fecha de inicio de la *etapa sustantiva* el 18 de octubre de 2012, día del anuncio oficial de la instalación de la Mesa de Conversaciones inaugurada en la ciudad de Oslo, Noruega y que fue desarrollada en La Habana, Cuba durante el transcurso de casi cinco años, dicha negociación culminó con la firma del *Acuerdo Final Para la Terminación del Conflicto y la Construcción de una Paz Estable y Duradera*.[27] Este contexto será reconstruido a través preguntas sobre ¿Dónde están las mujeres? ¿Dónde encontrarlas a lo largo de un proceso de negociación que tomó más de 4 años en producir un Acuerdo Final? ¿Cuáles son las formas y los mecanismos empleados por las mujeres para ser incluidas en la paz y reconocidas en roles diferentes a los de víctima en tiempos de guerra? ¿Quiénes fueron las mujeres que asistieron activamente al proceso? y finalmente, ¿Cómo nos enteramos de su presencia, de sus actividades, de sus logros?[28]

Dar respuesta a los interrogantes anteriores permite analizar un caso novedoso en la literatura relacionada con las negociaciones de paz y la presencia de mujeres en las diferentes etapas de dichos procesos. Después de los conflictos, tanto las naciones afectadas como los actores civiles, las instituciones internacionales, donantes externos, entre otros, procuran entender el papel que desempeñaron las mujeres durante la guerra. La pregunta acerca de la presencia de las mujeres conduce, desde lo político, a la promoción de la participación femenina en los diferentes aspectos que acarrean las políticas de postconflicto y la inclusión de un enfoque que tenga en cuenta a las mujeres a la hora de diseñar estrategias institucionales o cambios legales. Según Cahn, integrar la visión de género en los procesos de postconflicto significa:[29]

(1) Reconocer que el desarrollo sostenible requiere de la igualdad de género.
(2) El reconocimiento del derecho de las mujeres a participar en todos los aspectos de la transición.
(3) El desarrollo de leyes que respeten y fomenten la equidad de género.
(4) La implementación de un componente de justicia que termine la impunidad y asegure la rendición de cuentas por los crímenes cometidos contra las mujeres y las niñas durante el conflicto.

Dentro de los sectores que exigen ser incluidos dentro de los espacios de deliberación se encuentran las mujeres. En Colombia, la creación de una Subcomisión de Género y la presencia de mujeres en la mesa de negoción fue anunciada como un suceso sin precedentes: "*la inclusión de un enfoque de género en un proceso de paz como éste no tiene antecedentes en el mundo y marca un hito en la construcción de los acuerdos alcanzados y por alcanzar*".[30]

Un logro en materia de reconocimiento, dada la necesidad de escuchar las voces de las mujeres en las diferentes instancias del proceso y la inclusión de un enfoque de género transversal a todos los temas en debate y no solo a las cuestiones exclusivamente consideradas como temas de mujeres. Este paso decisivo fue dado por la presión ejercida por los movimientos de mujeres con el apoyo de organizaciones internacionales. La participación de las mujeres se entendió como un tema aislado, de poca importancia, su presencia o ausencia, al inicio de los diálogos no representó un tema crucial que impidiera el anuncio de la agenda. La paz no fue pensada como un asunto de las mujeres, como un debate donde ellas debían tener voz y voto, el camino recorrido para que llegaran a la Mesa y participarán, fue guiado por numerosas organizaciones y mujeres que desde los territorios y las ciudades elevaron propuestas de paz, donde se hacía énfasis en el rol integral que cumplen las mujeres para negociar e implementar la paz, no solo en temas considerados como propios de ellas, sino transversal a todos los puntos que serían negociados en la Mesa.[31]

Para narrar esta historia es necesario el uso de fuentes documentales, las cuales registraron la participación de diferentes grupos de mujeres durante las negociaciones. Uno de los obstáculos iniciales en este tipo de trabajos es la calidad de la información oficial, o en los medios de comunicación masivos, los datos que consideran relevantes, dignos de ser divulgados y cuáles no.[32] Las preguntas de varios periodistas a las mujeres de las FARC-EP se enfocaban en el tema del aborto, y asuntos ajenos a los puntos de la agenda de negociación.[33] Sin embargo, la difusión de lo ocurrido en La Habana puede ser rastreada a través de los informes de las organizaciones de mujeres y las mujeres de las FARC-EP que se encontraban en las negociaciones.[34]

Pactantes y no pactadas, estrategias de las mujeres para ser vinculadas en el proceso de paz

La literatura sobre mujeres y procesos de paz señala la movilización de los grupos de mujeres como elemento esencial que les permite llegar a los escenarios de negociación. En el caso de Colombia, esta movilización fue el detonante que posibilitó que los actores involucrados en los diálogos de paz crearán la Subcomisión de Género y un llamado de atención para que el gobierno incluyera mujeres en su equipo negociador compuesto exclusivamente por hombres.[35]

El anuncio público del proceso de paz fue recibido con voces de aliento que instaban al gobierno y a las FARC-EP a concertar la paz, sin embargo al escuchar los pronunciamientos de los grupos de mujeres, se encuentra en primer lugar, una posición que suscriben todos las organizaciones: entusiasmo y apoyo al proceso, y otro sector más pequeño que no solo apoya al gobierno, sino que toma esta oportunidad, su primer pronunciamiento, para exigir participación en la mesa, no como sugerencia sino sustentando su derecho en resoluciones recientes de organizaciones internacionales.[36]

Este fue el caso de *La Alianza Iniciativa de Mujeres Colombianas por la Paz-IMP* y de la Ruta Pacífica de las Mujeres, quienes saludaron los acercamientos entre el gobierno y las guerrillas, pero dedicaron parte de su comunicado para exigir la participación de las mujeres:

> "Sabemos, que para alcanzar la paz en el país, se requieren de procesos de Justicia Transicional, donde las víctimas tengan voz y sean ellas, junto con la sociedad civil actores protagonistas en estos nuevos escenarios que plantea el actual gobierno del presidente Santos, por eso la Alianza-IMP exige el cumplimiento de la Resolución 1325 del año 2000 del Consejo de Seguridad de las Naciones Unidas que insta al Estado a que las mujeres participen en los procesos de diálogo y negociación de la paz y llama la atención de la importancia de la Resolución 1820 de 2008, que destaca la necesidad de incluir como un problema prioritario los delitos de violencia sexual."[37]
>
> "...reconocemos las contribuciones de las mujeres hacia la paz y su experiencia en diferentes campos. Por lo tanto, esperamos que representantes del gobierno de las mujeres en la mesa de negociaciones. Asimismo, esperamos que el gobierno a insistir en que la guerrilla también hacerlo. Las resoluciones 1325 y 1820 del Consejo de seguridad de las Naciones Unidas reconocen el papel de la mujer en la prevención de conflictos y la importancia de su participación en mesas de negociación de paz."[38]

Antes de participar de manera oficial de los diálogos, las mujeres demandaron al estado su presencia en el recién develado dialogo con las FARC-EP. Las organizaciones de mujeres aunaron sus esfuerzos y se presentaron como un frente unido. Dos hitos marcan la visibilidad de las mujeres para impulsar su presencia en la mesa: la creación de Mujeres por la Paz y la realización de la Cumbre Nacional de Mujeres por La Paz.

Mujeres por la Paz

Mujeres por la Paz es una alianza creada en octubre de 2012 por diferentes organizaciones de mujeres, en su acta de conformación establece sus propósitos, donde reclamaron su espacio en las negociaciones:

> "Bogotá D.C. octubre de 2012
>
> (...)
>
> Nuestros propósitos 1. Continuar tejiendo acciones que contribuyan al logro de la paz con justicia social. 2. *Ganar una voz y legitimada como actoras e interlocutoras políticas en el proceso de diálogo para terminar el conflicto y de construcción de la paz.* 3. Contribuir a elevar el nivel de argumentación de las mujeres en temas como marco jurídico para la paz y justicia transicional. 4. Realizar control político a la agenda pactada entre la insurgencia y el gobierno para que se

incluyan los intereses y necesidades de las mujeres. 5. Diseñar e implementar mecanismos para fortalecer y/o construir alianzas estratégicas con sectores sociales y políticos. 6. *Elaborar y fortalecer las agendas de las mujeres para incidir en la agenda general pactada entre el gobierno y la insurgencia.* 7. Ampliar y fortalecer Mujeres por la paz en el ámbito nacional y regional. Bogotá D.C. octubre de 2012". (Cursivas fuera del texto)

Después de organizarse como Mujeres por la Paz, buscaron movilizar al país para exigir al gobierno y a las FARC-EP mantener las negociaciones:

> LA PAZ Y LA DEMOCRACIA CON LAS MUJERES ¡SÍ VAN! GRAN MOVILIZACIÓN Bogotá, Noviembre 22 de 2013 Un año después del comienzo de las conversaciones entre el Gobierno nacional y las FARC-EP, la Plataforma de Mujeres por la Paz convoca a todas y todos los colombianos a tomarse las calles de Bogotá el 22 de noviembre. Esta movilización busca reafirmar la necesidad de unirnos, protestar, exigir y proponer para cesar la guerra, disponernos a la construcción de paz, y demandar las profundas transformaciones económicas, culturales, sociales y políticas necesarias para hacer frente a la desigualdad social, las injusticias, las violencias y las guerras públicas y privadas. Llamamos no solo a movilizarnos, sino a concretar un gran acuerdo y un diálogo por la democracia, la paz y la justicia social para todas y todos que movilice y genere un escenario de debate y reflexión donde miles de colombianas y colombianos blindemos los acuerdos de La Habana. Al tiempo que se desarrolle esta acción en Bogotá, mujeres de Latinoamérica, Europa y Canadá, adelantarán acciones similares con el mismo propósito, además sea este el momento para agradecer el apoyo de parlamentarias y parlamentarios europeos que asumen un compromiso con las mujeres y la paz de Colombia. Además, también agradecer la participación de diputadas, parlamentarias y parlamentarios latinoamericanos que vendrán el 22 a acompañar a las mujeres y hombres que asumen su compromiso y responsabilidad con la paz con justicia social. Esta movilización tiene el sello de las mujeres que nos manifestamos mediante el arte, quienes tenemos una forma distinta de asumir nuestros compromisos políticos, una forma que pasa por la cotidianidad y nuestro propio cuerpo es por eso que en esta acción dispondremos de tres puntos para la palabra y el arte, a los que hemos llamado "Momentos de la paz." Las mujeres constructoras de paz, fuerza vital del país y agentes primordiales para el cambio social, les esperamos el 22 de noviembre en las calles de Bogotá.

La conformación de Mujeres por La Paz transmitió el mensaje que se vería reflejado no solo en la creación de la Subcomisión de Género y en un espacio físico en los ciclos de negociaciones. Es así como en diciembre de 2014 llega a La Habana la primera comisión de organizaciones de colombianas en la Mesa de Diálogos, quienes afirmaron:

> "... Lo acontecido hoy 15 de diciembre de 2014, no es resultado del azar ni un hecho fortuito, es el reconocimiento a las vindicaciones de las mujeres por un país y una casa en paz. Desde décadas atrás, las organizaciones de mujeres hemos alzado nuestras voces exigiendo el diálogo como el mecanismo político

para negociar y tramitar los conflictos públicos y opuesto a los atroces crímenes que se han dado en el contexto del conflicto armado y hemos exigido verdad, justicia y reparación para las mujeres víctimas."[39]

La visibilización y la demanda de participación fue crucial en las diferentes etapas del Proceso de Paz, su marcada participación durante la negociación fue reconocida por las mujeres de la Subcomisión de Género y las víctimas del conflicto, permitiendo que el foco de atención no solo se concentrará en La Habana, sino que iluminará a los diferentes sectores que buscan espacios para ser escuchados.

Cumbre Nacional Mujeres por La Paz

Es el producto de las reuniones de las mujeres que se movilizaron por la paz con el apoyo de ONU Mujeres. La Cumbre Nacional de Mujeres se constituye como un productor de conocimiento sobre la situación de las mujeres en el marco del conflicto armado colombiano, además de ser vocales y transmisoras del mensaje de diferentes organizaciones de mujeres.

> Pronunciamiento de las mujeres participantes de la Cumbre Nacional de Mujeres y Paz, celebrada en la ciudad de Bogotá, entre el 23 y 25 de octubre de 2013, dirigido al señor Presidente de la República, señor Juan Manuel Santos, al máximo comandante de las FARC-EP, señor Timoleón Jiménez y, a la opinión pública.
>
> Las mujeres reunidas en la Cumbre Nacional de Mujeres y Paz nos hemos convocado para, a partir de nuestras múltiples diversidades étnicas, regionales, culturales, políticas, sexuales y religiosas, apoyar el proceso de diálogo que se viene llevando a cabo en La Habana como la máxima prioridad del país, para proponer y darle a conocer al país nuestras acciones y propuestas acerca de la paz.
>
> Las mujeres tenemos la autoridad política y ética de continuar afirmando que la paz hoy es posible, porque en medio de la guerra hemos sido constructoras de paz. En tal sentido reafirmamos que la política y la palabra tienen que estar al servicio de la paz y no de la guerra, y es responsabilidad histórica de todos y todas poner fin a un conflicto armado que se ha llevado lo mejor de nuestra condición humana, ha generado sufrimiento y cada vez un número mayor de víctimas.
>
> Conscientes de que lo que hoy está en juego no es solo nuestro futuro como nación sino nuestra condición humana, reiteramos nuestra exigencia al Presidente Juan Manuel Santos y al máximo comandante de las FARC-EP, Timoleón Jiménez de no pararse de la mesa.
>
> Ustedes deben ser consecuentes con lo firmado, la palabra empeñada en el "Acuerdo General para terminar el conflicto y la construcción de una paz estable duradera", tiene que ser una realidad. No pueden utilizar ningún pretexto para finalizar el diálogo. Ustedes saben y sabían que el camino no era fácil, por ello deben ser responsables con las esperanzas y expectativas generadas y con las generaciones presentes y futuras. Las mujeres les exigimos que el único pretexto que

se esgrima para pararse de la mesa sea la firma de los acuerdos para la terminación de la confrontación armada.

Las mujeres colombianas podemos aportar desde ya al proceso de diálogo y de construcción de paz, no pueden Ustedes esgrimir ningún argumento para negar la representación de las mujeres en todo el proceso. Es nuestro derecho, no solo reconocido por la ley, sino también ganado día a día con nuestro trabajo y compromiso para minimizar los efectos de esta confrontación armada. Les exigimos a Ustedes YA una representación paritaria de las mujeres.

¡PORQUE LA PAZ SIN LAS MUJERES NO VA!

La Cumbre goza de visibilidad para las organizaciones, el gobierno y la ciudadanía, dentro de sus demandas exigía al estado:

(…) con la autoridad política y ética que nos da el ser ciudadanas constructoras de paz en medio de la guerra, manifestamos públicamente:

1. Que recogiendo el acumulado de las luchas de las mujeres y en la diversidad, concertamos agendas que permitan avanzar en la transformación de las relaciones de opresión y subordinación e injusticias sociales, culturales y económicas que vivimos las mujeres. Exigimos ser pactantes de los acuerdos que se deriven del acuerdo para la terminación del conflicto.
2. Nuestra certeza de que la paz hoy es posible y necesaria y por tanto la Mesa de Conversaciones debe continuar y cumplir sus objetivos.
3. Que respaldamos el actual "Acuerdo General para terminar el conflicto y la construcción de una paz estable duradera" y pedimos que en él se garanticen los derechos de las mujeres y la igualdad de género como una condición estructural para la paz.
4. Que el actual proceso electoral es histórico para el país y por lo tanto debe garantizar la consolidación —sin retrocesos—, el avance y la futura implementación de los acuerdos en La Habana. Las Redes, plataformas y organizaciones participantes en la Cumbre Nacional de Mujeres y Paz, reafirmamos, en medio del actual proceso electoral, que la política y el diálogo tienen que estar al servicio de la paz y no de la guerra, y por lo tanto es responsabilidad histórica de todos y todas desde las urnas, con nuestro voto, exigir al Presidente/Presidenta, que se elija de manera democrática y de forma transparente, la continuación de las conversaciones con las FARC-EP y el derecho a la paz para poner fin a un conflicto armado que se ha llevado lo mejor de nuestra condición humana".[40]

Las mujeres de diferentes grupos se organizaron como un frente unido para presionar al gobierno y lograr, en primera instancia un espacio de representación en la Mesa y, en segundo lugar, la creación de una Subcomisión de Género con un doble efecto: simbólico, por ser la primera subcomisión de este estilo en el mundo; material, por el mandato especial encomendado a los miembros de la misma: la inclusión del enfoque de género.

¿Qué traen a la Mesa de Diálogo las mujeres?

Pero ¿qué significa que las mujeres participen en la Mesa? No es simplemente añadir a las mujeres como parte de la receta para la terminación de un conflicto "*add and stir*,"[41] sino como lo indica Radhika Coomaraswamy en su informe para Naciones Unidas, es el compromiso por una inclusión transversal a los diferentes puntos que son objeto de discusión en La Mesa:

> Desde el punto de vista técnico, esto ha implicado que un volumen significativo de los fondos aportados por los donantes se ha destinado a programas dirigidos a desarrollar el liderazgo político de las mujeres en los procesos formales. Este aspecto es importante y es necesario no cejar en el empeño para incrementar su representación, puesto que las investigaciones disponibles muestran que tiene una repercusión notable. No obstante, es preciso considerar la "política" y el "establecimiento de la paz" desde otra perspectiva; no solo como un conjunto de agentes que se sientan en torno a una mesa de negociación, sino como un proceso integral que tiene lugar en el seno de una sociedad y que es inclusivo, diverso y refleja los intereses de la sociedad en su conjunto. Los programas que actualmente desarrolla la comunidad internacional tienden a ser extremadamente cortos de miras en ese sentido; se limitan a traer a la mesa de negociación una mujer con algún tipo de especialización técnica.[42]

Las mujeres en la Mesa no son simplemente invitadas por su calidad de víctimas, o por la necesidad de cumplir con un equilibrio burocrático para satisfacer las demandas internacionales de inclusión, las mujeres llegan a la mesa en su calidad de actoras políticas. En el marco de la negociación las mujeres, aportan a pactos más completos y duraderos. En el caso de Colombia, ocho fueron los ejes temáticos que concentraron la incorporación del enfoque de género: (1) Acceso y formalización de la propiedad rural en igualdad de condiciones, (2) Garantía de los derechos económicos, sociales y culturales de las mujeres y personas con identidad sexual diversa del sector rural, (3) Promoción de la participación de las mujeres en espacios de representación, toma de decisiones y resolución de conflictos, (4) Medidas de prevención y protección que atiendan los riesgos específicos de las mujeres, (5) Acceso a la verdad, a la justicia y a las garantías de no repetición, (6) Reconocimiento público, no estigmatización y difusión de la labor realizada por mujeres como sujetas políticas, (7) Gestión institucional para el fortalecimiento de las organizaciones de mujeres y movimientos LGTBI para su participación política y social, (8) Sistemas de información desagregados.[43] La importancia de desarrollar puntos de encuentro a partir de estos centros es permitir la visibilización tanto de las mujeres que participaron en La Habana, como de las mujeres que desde los territorios trabajan para construir la paz.

Enfoque de género

Uno de los objetivos de la Subcomisión de género fue la revisión de lo pactado y la inclusión del enfoque de género en el Acuerdo. A lo largo del proceso fueron emitidos numerosos comunicados conjuntos del Gobierno Colombiano y las FARC-EP, proporcionando información acerca de las labores realizadas por la Subcomisión, sus avances y visitas de expertos y víctimas.

En el Acuerdo Final firmado por las partes en agosto de 2016, entiende como igualdad y enfoque de género:

> Reconocimiento de las mujeres como ciudadanas autónomas, sujetos de derechos que, independientemente de su estado civil, relación familiar o comunitaria, tienen acceso en condiciones de igualdad con respecto a los hombres a la propiedad de la tierra y proyectos productivos, opciones de financiamiento, infraestructura, servicios técnicos y formación, entre otros; atendiendo las condiciones sociales e institucionales que han impedido a las mujeres acceder a activos productivos y bienes públicos y sociales. Este reconocimiento implica la adopción de medidas específicas en la planeación, ejecución y seguimiento a los planes y programas contemplados en este acuerdo para que se implementen teniendo en cuenta las necesidades específicas y condiciones diferenciales de las mujeres, de acuerdo con su ciclo vital, afectaciones y necesidades (enfoque de género).

En 2016, el 29 de noviembre ante el Senado de Colombia, dos de los Altos funcionarios del Gobierno Humberto de la Calle y Sergio Jaramillo, negociadores en La Habana, hablaron sobre el Enfoque de Género, esto debido a los resultados del Plebiscito realizado el de octubre, en dicha intervención buscaron delimitar el concepto y sus alcances dentro del Acuerdo Final:[44]

Humberto de la Calle sobre el Enfoque de Género:

> … esto se restringe a solo dos ideas elementales, reconocer que el conflicto golpea de manera directa, de manera diversa, perdón, a diversas comunidades, bien por razones geográficas, cualquiera lo sabe, es obvio, el conflicto ha sido más duro en determinados sitios o bien por razones étnicas, uno tiene que mirar la situación de los afrodescendientes, de los indígenas, pero también por razón de género, la mujer ha sido varias veces victimizada como madre, como hija, como esposa, luego sufre con mayor dureza las consecuencias del resultado y las secuelas del conflicto.
>
> Estuve en Montes de María, me senté con Soraya Bayuelo, una líder de la región, con 30 campesinas, a mí me gustaría que en Bogotá hubiesen oído la verdadera y genuina concepción de enfoque de género en boca de unas campesinas de Montes de María, inclusive me dijeron, ¿usted quiere que lo llevemos a mostrarle el sitio donde paramilitares, militares y miembros de la guerrilla violaron más de 250 mujeres?, ¿usted quiere ir a ver eso?, ¿usted sabe qué es ser madre que ha perdido esposo, padre, que tiene varios hijos, que no tiene

> ayuda?, pedir casi lamentar del Estado que haya un esquema en virtud del cual la respuesta del Estado sea diferenciada, es todo lo que quiere decir enfoque de género.
>
> Y luego, por cierto inspirados en varias declaraciones del papa Francisco, sobre personas con una identidad sexual diversa, que no tienen por qué ser discriminadas, eso es lo que dice allí y eso es lo que dice, y lo que solo dice, y no señala ningún paso en términos de definición de aspectos cruciales frente a los cuales los colombianos tenemos que ser yo no diría que tolerantes, sino respetuosos; la tolerancia es una forma de arrogancia, te tolero a ti, pero no te aprecio. No, lo que tiene que haber en Colombia es respeto y me parece que ese fue el enfoque de género en el acuerdo de La Habana y solo eso, y se eliminó cualquier frase que pudiera introducir un error sobre esa materia.

Sergio Jaramillo, aclara como después del plebiscito se entiende el concepto de enfoque de género:

> (...) la gran discusión que hubo para muchos inexplicable del tema de género, dijimos que lo que se ha dicho en público, no es lo que dicen los acuerdos, los podemos aclarar, con un principio que diga que el enfoque de género está dirigido a garantizar la igualdad de derechos entre los hombres y las mujeres y sobre todo a reconocer.
>
> En todo caso, el nuevo principio que sobre enfoque de género aclara las preocupaciones que había al respecto, se construyó con organización de mujeres para clarificar lo que siempre fue el propósito que es visibilizar la victimización desproporcional de la mujer en el conflicto y garantizar su participación en la construcción de la paz, lo mismo se hizo frente a la preocupaciones de los sectores Cristianos, nunca se nos ocurrió que el acuerdo pudiera afectar la libertad del culto, pero dijimos con mucho gusto podemos dejar escrito que la implementación de este acuerdo no puede afectar la libertad de cultos y que debe por el contrario reconocer la victimización de las diferentes Iglesias y promover su participación en la construcción de la paz.

El enfoque de género fue incluido por la Subcomisión de Género, las mujeres que efectuaron el análisis de las disposiciones acordadas por las partes, fueron asesoradas por las organizaciones de mujeres, organizaciones de víctimas, visitas de mujeres con experiencia en otros conflictos armados, esta construcción colectiva permite una visión integral que comprende un universo donde las mujeres cuentan y sus voces son escuchadas.

Comunicados.[45] Estos comunicados permiten rastrear la importancia de la Subcomisión de Género. El anuncio de visitas a los miembros de la Subcomisión, las tareas encomendadas de manera explícita por las partes negociadoras, y la necesidad de incorporar el enfoque de género, jugó un papel central como punto de discordia entre los defensores y detractores del Acuerdo en la etapa de implementación.

Tabla 3.2: Comunicados conjuntos Oficina del Alto Comisionado para la paz. Fuente: elaboración propia con base en información recolectada.

Comunicado	Mención subcomisión de género / enfoque de género	Comentario
COMUNICADO CONJUNTO. Octubre 15 de 2012		Se cuestiona la presencia (ausencia) de las mujeres en la instalación pública y la rueda de prensa.
COMUNICADO CONJUNTO No. 25 La Habana, Cuba. Noviembre 6 de 2013	Las Delegaciones del Gobierno y las FARC-EP informan que: Hemos llegado a un acuerdo fundamental sobre el segundo punto de la Agenda contenida en el “Acuerdo General para la terminación del conflicto y la construcción de una paz estable y duradera,” denominado Participación Política. (…) Finalmente se acordó que todo lo referente al punto de participación política incluyendo su implementación se llevara a cabo tomando en cuenta un enfoque de género y asegurando la participación de la mujer.	Mención al enfoque de género. En intervenciones posteriores, negociadores del gobierno manifestaron.
COMUNICADO CONJUNTO No. 29 La Habana, Cuba. Diciembre 20 de 2013	Las Delegaciones del Gobierno y las FARC-EP informan que: Finalizamos el día de hoy el ciclo de conversaciones No 18. A lo largo de estos días, escuchamos las intervenciones de varios expertos independientes de distintas instituciones académicas, así como de líderes campesinos y organizaciones comunitarias y de mujeres, sobre el punto de “Solución al problema de las drogas ilícitas.”	

Comunicado	Mención subcomisión de género / enfoque de género	Comentario
COMUNICADO CONJUNTO No. 34 Acuerdo sobre "Solución al problema de las Drogas Ilícitas" La Habana, Cuba. Mayo 17 de 2014	Las Delegaciones del Gobierno y las FARC-EP informan que: Hemos llegado a un acuerdo, sobre el cuarto punto de la Agenda contenida en el "Acuerdo General para la terminación del conflicto y la construcción de una paz estable y duradera," tercero en discusión, denominado "Solución al problema de las drogas ilícitas" Hemos logrado acuerdo sobre los tres sub puntos del punto 4 del Acuerdo General: 1. Programas de sustitución de cultivos de uso ilícito. Planes integrales de desarrollo con participación de las comunidades en el diseño, ejecución y evaluación de los programas de sustitución y recuperación ambiental de las áreas afectadas por dichos cultivos. 2. Programas de prevención del consumo y salud pública. 3. Solución al fenómeno de producción y comercialización de narcóticos. Consideramos que: (…) Acordamos que la transformación de los territorios y las alternativas para las comunidades afectadas por los cultivos de uso ilícito, partirán de la construcción conjunta y participativa entre estas y las autoridad es nacionales, departamentales y municipales, de la solución al problema de los cultivos de uso ilícito y la superación de las condiciones de pobreza. El Programa requiere la más amplia participación de las comunidades, incluyendo las directamente involucradas con el cultivo, para formular, ejecutar y hacer seguimiento a los Planes integrales municipales y comunitarios de sustitución y desarrollo alternativo, mediante un proceso de planeación participativa. Se garantizará la participación de la mujer. (…) La política nacional frente al consumo de drogas ilícitas tendrá un enfoque de derechos humanos y de salud pública, un enfoque diferencial y de género, se fundamentará en la evidencia y se construirá e implementará con participación de las comunidades.	

Continued

Tabla 3.2: Continued

Comunicado	Mención subcomisión de género / enfoque de género	Comentario
COMUNICADO CONJUNTO No. 35 Declaración de principios para la discusión del punto 5 de la agenda: "víctimas" La Habana, Cuba. Junio 7 de 2014	2. El próximo ciclo iniciaremos las discusiones en torno al punto 5 "Víctimas" de la Agenda del Acuerdo General, para lo cual convinimos que: a. Con el fin de orientar y contribuir a la discusión del punto 5, las partes deciden crear una comisión histórica del conflicto y sus víctimas conformada por expertos, que no sustituye el mecanismo para el esclarecimiento pleno de la verdad que debe contar con la participación de todos y en particular de las víctimas. (…) "3. Acordamos crear una subcomisión de género, compuesta por integrantes de las delegaciones, para revisar y garantizar, con el apoyo de expertos y expertas nacionales e internacionales, que los acuerdos alcanzados y un eventual acuerdo final tengan un adecuado enfoque de género."	En este comunicado las partes acuerdan, entre otras cosas, la creación de la Comisión Histórica del conflicto y sus víctimas y la creación de la Subcomisión de Género. La Comisión Histórica se conformó con doce miembros: Renan Vega, Francisco Gutiérrez, Darío Fajardo, Sergio de Zubiría, María Emma Wills, Vicente Torrijos, Jaime Estrada, Alfredo Molano, Jorge Giraldo, Gustavo Duncan, Carlos Fajardo y Daniel Pecaut y dos relatores: Eduardo Pizarro y Víctor Moncayo, a través del comunicado conjunto del 5 de Agosto de 2014 se dio a conocer el mandato que regiría a la Comisión y su objetivo: "… contribuir a la comprensión de la complejidad del contexto histórico del conflicto interno (ver mandato), y para proveer insumos para las delegaciones en la discusión de los diferentes puntos del Acuerdo General que están pendientes." Solo 1 mujer hizo parte de esta Comisión de notables, evidenciando de nuevo, como la participación de las mujeres es escasa, y donde los asuntos de la guerra son ajenos a las mujeres en la historia sobre el conflicto en Colombia.

Comunicado	Mención subcomisión de género / enfoque de género	Comentario
COMUNICADO CONJUNTO No. 38 La Habana, Cuba. Agosto 5 de 2014	Las delegaciones del Gobierno Nacional y las FARC-EP, como resultado de las cuatro reuniones preparatorias que hemos sostenido a lo largo del último mes que culminan con la reunión sostenida entre el 3 y el 5 de agosto, hemos llegado a acuerdos adicionales en torno a: I) Medidas para llevar a buen término las visitas de las víctimas a La Habana; II) Comisión histórica del conflicto y sus víctimas; III) Sub-comisión relacionada con el punto 3 de la Agenda del Acuerdo General: "Fin del Conflicto;" y IV) Sub-comisión de género (…) 1. Medidas para llevar a buen término las visitas de las víctimas a La Habana Reiteramos que es fundamental que prevalezcan el equilibrio, el pluralismo y la sindéresis en la elección de las delegaciones, y que se deben tener en cuenta los diferentes sectores sociales y poblaciones, y el enfoque territorial. En particular, las delegaciones acordamos comunicar a los organizadores las siguientes medidas para llevar a buen término las visitas: … Hemos hecho énfasis a los organizadores en disponer de los mecanismos necesarios para que también puedan incluirse en las delegaciones a las víctimas que residan en el exterior, así como garantizar la participación efectiva de las mujeres. (…) 4. Sub-comisión de género Hemos acordado que la sub-comisión de género se reunirá en el próximo ciclo de conversaciones con el fin de continuar asegurando un adecuado enfoque de género en los acuerdos alcanzados y en un eventual acuerdo final.	

Continued

Tabla 3.2: Continued

Comunicado	Mención subcomisión de género / enfoque de género	Comentario
COMUNICADO CONJUNTO No. 41 La Habana, Cuba. Septiembre 11 de 2014	"la inclusión de un enfoque de género en un proceso de paz como éste no tiene antecedentes en el mundo y marca un hito en la construcción de los acuerdos alcanzados y por alcanzar."	A lo largo de este ciclo también se instaló la subcomisión de género que busca hacer recomendaciones a la Mesa que hagan posible un adecuado enfoque de género, particularmente con lo relacionado con las mujeres y la comunidad LGTBI. Esta subcomisión, integrada por hasta cinco miembros de cada delegación, podrá contar con asesores externos y se reunirá al menos una cada vez en cada ciclo. La inclusión de un enfoque de género en un proceso de paz como éste no tiene antecedentes en el mundo, y marca un hito en la construcción de los acuerdos alcanzados y por alcanzar. Para lograrlo, se analizarán los textos de los acuerdos y se harán las recomendaciones necesarias sobre la inclusión de un adecuado enfoque de género. También se elaborarán recomendaciones sobre los puntos y temas de la Agenda que faltan por discutir.

Comunicado	Mención subcomisión de género / enfoque de género	Comentario
COMUNICADO CONJUNTO No. 45 La Habana, Cuba. Noviembre 2 de 2014	Las delegaciones del Gobierno y las FARC-EP culminamos el ciclo 30 de conversaciones. Este ciclo contó con la participación de los nuevos integrantes de la Delegación de las FARC-EP, algunos de los cuales participarán en la subcomisión del punto 3 – "Fin del conflicto." Durante este ciclo continuamos avanzando en el intercambio de visiones sobre el punto 5 – "Víctimas." Para ello recibimos en la Mesa de Conversaciones a expertos que nos nutrieron con sus insumos sobre las mejores prácticas para la satisfacción de los derechos de las víctimas a la verdad, la justicia, la reparación y la no repetición. En el marco de la subcomisión de género acordamos recibir en la Mesa de Conversaciones a organizaciones de mujeres, con el fin de escuchar su visión sobre el enfoque de género en los acuerdos ya logrados, así como frente a los puntos que aún no han sido discutidos. Sin duda, sus aportes serán fundamentales para asegurar que los acuerdos reflejen un adecuado enfoque de género. El día de hoy recibimos la cuarta visita de víctimas del conflicto a la Mesa de Conversaciones. Como en las anteriores oportunidades, sus testimonios nos recuerdan la importancia de terminar el conflicto y sus propuestas constituyen un insumo fundamental en la búsqueda de acuerdos.	

Continued

Tabla 3.2: Continued

Comunicado	Mención subcomisión de género / enfoque de género	Comentario
COMUNICADO CONJUNTO No. 46 La Habana, Cuba. Diciembre 3 de 2014	Las delegaciones del Gobierno Nacional y las FARC-EP, luego de analizar conjuntamente los hechos de las últimas semanas, consideramos superada la crisis e informamos que: (...) 2. El 15 de diciembre recibiremos la primera delegación de organizaciones en el marco de la sub comisión de género.	
COMUNICADO CONJUNTO No. 47 La Habana, Cuba. Enero 18 de 2015	Entre el 15 y el 18 de enero representantes de las delegaciones del Gobierno de la República de Colombia y de las Fuerzas Armadas Revolucionarias de Colombia-Ejército del Pueblo, sostuvieron reuniones para intercambiar visiones iniciales sobre los puntos que faltan por acordar y la metodología de trabajo a seguir en las próximas reuniones. Se acordó que el próximo ciclo iniciará el 2 de febrero. El 10 de febrero los expertos que integran la Comisión Histórica del Conflicto y sus Víctimas entregarán sus informes y los relatores harán entrega y presentarán el informe síntesis. Adicionalmente, se acordó que el 11 de febrero las delegaciones recibirán la segunda delegación de organizaciones, en el marco del trabajo de la sub comisión de género.	

Comunicado	Mención subcomisión de género / enfoque de género	Comentario
COMUNICADO CONJUNTO No. 48 – Lineamiento y mandato de la subcomisión técnica La Habana, Cuba. Febrero 12 de 2015	El día de hoy las delegaciones del Gobierno Nacional y las FARC-EP culminamos el ciclo 32 de conversaciones. Avanzamos en establecer lineamientos y reglas de funcionamiento de la sub-comisión del punto 3. Recordamos que el objetivo de esta sub-comisión técnica es contribuir en el análisis de experiencias, generación y discusión de iniciativas y propuestas sobre cese al fuego bilateral y dejación de armas, como se describe en el documento anexo. La próxima reunión de la subcomisión se llevará a cabo el 27 de febrero y recibiremos expertos en la materia. (…) El 11 de febrero en el marco de la subcomisión de género recibimos a seis representantes de organizaciones de mujeres y comunidades LGBTI con el fin de escuchar su visión sobre el enfoque de género en los acuerdos ya logrados, así como frente a los puntos que aún no han sido discutidos. Sus aportes constituyen un insumo fundamental para el fortalecimiento de los acuerdos.	
COMUNICADO CONJUNTO No. 50 La Habana, Cuba. Marzo 27 de 2015	El Gobierno Nacional y las FARC-EP, al término del ciclo 34 de conversaciones, informamos que: (…) La subcomisión de género recibió, gracias al apoyo de los países garantes, a las expertas: Magalys Arocha, Mireia Cano e Hilde Salvesen, quienes presentaron sus recomendaciones para asegurar un enfoque de género en los acuerdos ya logrados.	

Continued

Tabla 3.2: Continued

Comunicado	Mención subcomisión de género / enfoque de género	Comentario
COMUNICADO CONJUNTO No. 58. La Habana, Cuba, 30 de agosto de 2015	Las delegaciones del Gobierno de Colombia y las FARC-EP en La Habana continuamos trabajando en temas relacionados con los puntos de Víctimas, Fin del Conflicto y medidas de desescalamiento. (…) Durante este ciclo, la subcomisión de Género de la Mesa de Conversaciones recibió a 10 organizaciones de mujeres que hicieron varias recomendaciones sobre temas como violencia de género y sexual en el conflicto.	
COMUNICADO CONJUNTO No. 66. La Habana, 22 de enero de 2016	También solicitamos a la subcomisión de género que concluya a la mayor brevedad el trabajo que viene haciendo de revisión con enfoque de género de los acuerdos sobre los puntos 1, 2 y 4 de la Agenda del Acuerdo General.	Las delegaciones del Gobierno Nacional y las FARC-EP reiteramos ante la opinión pública nacional e internacional nuestra voluntad y compromiso de concluir estas conversaciones, para lo cual hemos tomado unas decisiones que facilitan la creación de un escenario de cierre.
COMUNICADO CONJUNTO No. 68. La Habana, Cuba, 29 de abril de 2016.	En la Subcomisión de Género seguimos la revisión de este enfoque diferencial en los acuerdos logrados en los puntos "Participación Política" y "Solución al Problema de las Drogas Ilícitas."	
COMUNICADO CONJUNTO No. 80. 5 de julio de 2016	Por último, una vez se concluya la revisión de los acuerdos por parte de la sub comisión de género hemos acordado que éstos se volverán a publicar incluyendo las modificaciones acordadas resultado de la revisión de los pendientes.	

Comunicado	Mención subcomisión de género / enfoque de género	Comentario
COMUNICADO CONJUNTO No. 81. 21 de julio de 2016	Subcomisión de Género concluye revisión e incorporación del enfoque de género a los acuerdos.	Las delegaciones del Gobierno Nacional y las FARC-EP anunciamos que la Subcomisión de Género concluyó su trabajo de revisión e incorporación del enfoque de género en los puntos 1: "Hacía un Nuevo Campo Colombiano: Reforma Rural Integral," 2: "Participación Política, Apertura democrática para construir la paz" y 4: "Solución al Problema de las Drogas Ilícitas." El punto 5: "Víctimas" y los otros acuerdos alcanzados recientemente, se construyeron con la visión del tema de genero durante las deliberaciones de los mismos. Daremos a conocer los resultados de todo este trabajo en un acto público conjunto el próximo 24 de julio a las 10 de la mañana en el salón de Protocolo de El Laguito. Este evento contará con la participación de las invitadas especiales: Phumzile Mlambo-Ngcuka, directora ejecutiva

Continued

Tabla 3.2: Continued

Comunicado	Mención subcomisión de género / enfoque de género	Comentario
		de la entidad de la Organización de las Naciones Unidas para la Igualdad de Género y el Empoderamiento de la Mujer – ONU Mujeres; Zainab Bangura, representante especial del Secretario General de las Naciones Unidas para la Violencia Sexual en los Conflictos Armados; Luiza Carvalho, directora regional para las Américas y el Caribe de ONU Mujeres; Belén Sanz, representante de ONU Mujeres en Colombia, y María Emma Mejía, Embajadora extraordinaria y plenipotenciaria y representante permanente de Colombia ante Naciones Unidas, al igual que varias mujeres representantes de organizaciones sociales en Colombia, incluyendo de la comunidad LGBTI Las delegaciones del Gobierno y las FARC-EP seguiremos trabajando para que la inclusión de género en el Acuerdo Final visibilice el importante papel de la mujer y de las personas con identidad sexual diversa en la construcción de una paz estable y duradera.

Comunicado	Mención subcomisión de género / enfoque de género	Comentario
COMUNICADO CONJUNTO No. 82. La Habana, Cuba, 24 de julio de 2016.	Las delegaciones del Gobierno Nacional y las FARC-EP presentan el resultado de la inclusión del enfoque de género en los acuerdos alcanzados hasta la fecha por la Mesa de Conversaciones.	"La inclusión del enfoque de género es la base fundamental para un proceso de paz, que incluya participación por parte de mujeres y personas de orientación sexual diferente para que haya reconocimiento de estos actores en las políticas públicas." http://www.altocomisionadoparalapaz.gov.co/mesadeconversaciones/index.html.
COMUNICADO CONJUNTO # 88 La Habana, Cuba, 12 de agosto de 2016 Mecanismo de selección de los magistrados de la Jurisdicción Especial para La Paz	El Gobierno Nacional y las FARC-EP informamos que en el marco de lo establecido en el acuerdo de la Jurisdicción Especial para la Paz hemos llegado a un acuerdo sobre criterios y el mecanismo de selección de los magistrados de la Jurisdicción Especial para la Paz así como del Director de la Unidad de Investigación y Acusación (…) El Tribunal y cada Sala "deberá ser conformado con criterios de equidad de género y respeto a la diversidad étnica y cultural, y será elegido mediante un proceso de selección que de confianza a la sociedad colombiana y a los distintos sectores que la conforman."	

Continued

Tabla 3.2: Continued

Comunicado	Mención subcomisión de género / enfoque de género	Comentario
COMUNICADO CONJUNTO No. 9 Bogotá, 15 de diciembre de 2016	Esta agrupación política designó tres voceros para Senado: Jairo Estrada, Pablo Cruz y Judith Maldonado; y tres para Cámara de Representantes: Imelda Daza, Francisco Tolosa y Jairo Rivera. Estas personas son ciudadanos en ejercicio que participarán exclusivamente en el debate de los proyectos de reforma constitucional o legal para la implementación del Acuerdo Final.	El Gobierno Nacional y las FARC-EP informamos que tras la firma del Acuerdo Final del pasado 24 de noviembre y tal como quedó acordado en el punto Fin del conflicto sobre las "Garantías para el nuevo partido o movimiento político," ante el Consejo Nacional Electoral se registra hoy la agrupación política de ciudadanos en ejercicio "Voces de Paz" que tiene como objetivo promover la creación del futuro partido o movimiento político que surgirá de la transición de las FARC-EP de una organización armada a una organización política legal, una vez dejada la totalidad de las armas. De esta agrupación política no hacen parte miembros activos de las FARC-EP, quienes actualmente se encuentran en tránsito a las Zonas Veredales Transitorias de Normalización para iniciar su proceso de reincorporación y hacer su tránsito hacia la legalidad, en los términos establecidos en el Acuerdo Final. Este es el primer paso para que a futuro esta organización pueda ser reconocida como partido o movimiento político con personería jurídica, posterior a la dejación de las armas.

Comunicado	Mención subcomisión de género / enfoque de género	Comentario
COMUNICADO CONJUNTO No 18. Bogotá, 11 de abril de 2017.	Instancia Especial para contribuir a garantizar el enfoque de género en la implementación del Acuerdo Final.	Las mujeres seleccionadas por la Comisión de Seguimiento, Impulso y verificación al acuerdo de paz (CSIVI), para conformar la Instancia Especial que buscará contribuir a garantizar el enfoque de género y los Derechos de las mujeres en la implementación del Acuerdo Final son: Magda Alberto, Marcela Sánchez, Mayerlis Angarita, Rocío Pineda, Francisca Castillo, Yuly Artunduaga y Victoria Neuta. El 28 de julio de 2017 se realizó la instalación formal de la Instancia Especial.

Notas

1. Para Anderson "… (Las mujeres) parecen ser las grandes ausentes en las negociaciones de paz después de la segunda Guerra mundial y el fin de la Guerra Fría, mientras aparecen de manera regular después de dicho periodo." En: Miriam J. Anderson, *Windows of Opportunity: How Women Seize Peace Negotiations for Political Change* (New York: Oxford University Press, 2016). "Naciones Unidas reporta que desde 1992 las mujeres han tenido muy poca participación en los procesos de paz. Dicha mención a los derechos de las mujeres puede no garantizar que estas previsiones trasciendan los acuerdos o como en el caso de Sierra Leona hacer énfasis en la mujer en su rol de víctima. El Acuerdo de Paz de Lomé celebrado entre el Gobierno de Sierra Leona y el Frente Revolucionario Unido de Sierra Leona en 1999, el cual establece en su artículo 28 numeral 2. Dado que las mujeres han sufrido particularmente durante la guerra se prestará atención especial a sus necesidades y posibilidades en la formulación y ejecución de programas nacionales de rehabilitación, reconstrucción y desarrollo que les permitan desempeñar una función central en la reconstrucción moral, social y física de Sierra Leona." Siendo la única provisión en el Acuerdo donde se mencionan de manera expresa a las mujeres. "Official Documents System of the United Nations," *United Nations*, https://documents-dds-ny.un.org/doc/UNDOC/GEN/N99/205/64/PDF/N9920564.pdf?OpenElement; "Women's Participation in Peace Negotiations: Connections between Presence and Influence," *UN Women*, https://reliefweb.int/sites/reliefweb.int/files/resources/03AWomen-PeaceNeg.pdf.
2. Christine Bell y Catherine O'Rourke, "Peace Agreements or Pieces of Paper? The impact of UNSC Resolution 1325 on Peace Processes and their Agreements," *International and Comparative Law Quarterly* 59, no. 4 (2010): 941–980, https://doi.org/10.1017/S002058931000062X.
3. Se estudiará la negociación efectuada durante el gobierno de Juan Manuel Santos entre los años 2012–2016.
4. Para una cronología del Proceso de Paz del Gobierno de Colombia, véase: "Estructura del proceso de paz," *Equipo Paz Gobierno*, http://equipopazgobierno.presidencia.gov.co/especiales/abc-del-proceso-de-paz/phone/estructura-del-proceso-de-paz.html.
5. Andrés Ucrós Maldonado, "Early Lessons from the Colombian Peace Process," *LSE Global South Unit*, Working Paper no. 1 (2016), http://eprints.lse.ac.uk/65606/1/__lse.ac.uk_storage_LIBRARY_Secondary_libfile_shared_repository_Content_LSE%20Global%20South%20Unit_Working%20Papers_LSE-Working-Paper-01%20-%202016.pdf.
6. Para una lectura de la fase 3: Plebiscito, renegociación, implementación y la participación de las mujeres véase: María Isabel Niño Contreras, "Aspectos novedosos de la participación política de las mujeres en el proceso de paz con las FARC-EP," en *Cuadernos de estrategia 189. El posconflicto colombiano: una perspectiva transversal*, coord. Alejandro David Aponte Cardona (España: Ministerio de Defensa de España, 2017), http://www.ieee.es/en/publicaciones-new/cuadernos-de-estrategia/2018/Cuaderno_189.html.

7. "When we do have the privilege of hearing a woman's voice we must listen, but we must also keep wondering; whose voice aren't we hearing?" Marisa Bate, *The Periodic Table of Feminism* (United Kingdom: Penguin Random House, 2018).
8. El termino proceso de paz va más allá que la definición operativa referida. Los procesos de paz se presentan como escenario de distribución de poder, donde el poder no es uniforme y los recursos son dispares. Véase: Helena Alviar García, e Isabel Cristina Jaramillo Sierra, *Feminismo y crítica jurídica. El análisis distributivo como alternativa crítica al legalismo liberal* (Bogotá: Siglo del Hombre Editores y Universidad de los Andes, 2012).
9. La definición de los términos Proceso de paz y Acuerdo de paz, surgen del significado dado por la profesora Bell, "Women, Peace Negotiations," 417. Por su parte, la profesora Gloria Gallego García ofrece una definición que complementa el término, en: Gloria María Gallego García, "La refrendación e implementación del Acuerdo de Paz no da más espera," *Nuevo Foro Penal* 12, no. 87 (2016): 7–15, http://publicaciones.eafit.edu.co/index.php/nuevo-foro-penal/article/view/4354.
10. A nivel interno la legislación colombiana ampara el derecho a la igualdad (artículo 13 de la Constitución Política de Colombia) y a la participación de las mujeres en los procesos de paz (Resolución 1325 de 2000 de Naciones Unidas adoptada por el Estado Colombiano).
11. Posterior al anuncio del inicio de las negociaciones, diferentes organizaciones de mujeres en Colombia anunciaron su apoyo al proceso de paz, aprovechando dicho espacio para reclamar un lugar en la mesa: "Además, reconocemos las contribuciones de las mujeres hacia la paz y su experiencia en diferentes campos. Por lo tanto, esperamos que representantes del gobierno de las mujeres en la mesa de negociaciones. Asimismo, esperamos que el gobierno a insistir en que la guerrilla también hacerlo. Las resoluciones 1325 y 1820 del Consejo de seguridad de las Naciones Unidas reconocen el papel de la mujer en la prevención de conflictos y la importancia de su participación en mesas de negociación de paz." "Carta abierta al presidente Juan Manuel Santos," *Peace Insight*, 17 de septiembre de 2012, https://www.peaceinsight.org/es/blog/2012/09/open-letter-to-the-colombian-president/.
12. Anderson, "Windows of Opportunity."
13. Dos estudios realizados por la Secretaría de las Naciones Unidas y el estudio realizado por UNIFEM son los análisis más detallados sobre el alcance de la Resolución 1325 de Naciones Unidas. Para Chinkin, *estos documentos contienen la información más detallada sobre la implementación de los acuerdos y son valiosos para las operaciones de construcción de paz.* Christine Chinkin y Hilary Charlesworth, "Building Women into Peace: The International Legal Framework," *Third World Quarterly* 27, no. 5 (2006): 937–957, https://doi.org/10.1080/01436590600780391. A pesar de la importancia de la Resolución 1325, Colombia no cuenta con un Plan Nacional de Acción (PNA) de la misma. Desde 2011 las organizaciones de mujeres pertenecientes a la Coalición 1325: Conferencia Nacional de Organizaciones Afrocolombianas (CNOA), Consejo Nacional de Mujeres Indígenas de Colombia (CONAMIC), Corporación de Investigación y Acción Social y Económica (CIASE), Dejusticia, Liga Internacional de Mujeres por la Paz y la Libertad (LIMPAL) Colombia y la Red Nacional de Mujeres, han contribuido con diferentes informes de monitoreo y solicitan de manera urgente al gobierno colombiano la adopción del PNA. Véase: "6

informe de Monitoreo a la Resolución 1325 del Consejo de Seguridad de Naciones Unidas – Colombia," *Coalición 1325 – Colombia*, 2017, 7.

14. Gendering significa reconocer y hacer explícitos los prejuicios ocultos y las presunciones que se tienen en conceptos estandarizados. En el contexto de la Justicia Transicional corresponde a la necesidad de reconocer el impacto diferenciado que tiene la guerra en hombres y mujeres, cuya diferencia viene marcada por los roles tradicionales de género, donde las mujeres son víctimas de exclusión y discriminación antes de los conflictos. Véase: Gary Goertz y Amy G. Mazur, *Politics, Gender and Concepts* (Cambridge, New York: Cambridge University Press, 2010), 7; Diana Esther Guzmán Rodríguez, "Justicia transicional y género: un acercamiento desde las mujeres," Tesis Magister en Derecho, Universidad Nacional de Colombia, 2011, http://centroprodh.org.mx/impunidadayeryhoy/DiplomadoJT2015/Mod2/SantiagoMedina/Justicia%20transicional%20y%20g%C3%A9nero%20un%20acercamiento%20desde%20las%20mujeres.pdf.
15. En el 2015 se celebró el aniversario número 15 de la adopción de la resolución 1325 (2000 "*Women and peace and security*").
16. Anderson, "Windows of Opportunity," 1.
17. "Prevenir los conflictos transformar la justicia garantizar la paz. Estudio mundial sobre la aplicación de la resolución 1325 del Consejo de Seguridad de las Naciones Unidas," *ONU Mujeres*, 2015, http://www.mesadegenerocolombia.org/sites/default/files/unw-global-study-1325-2015-sp.pdf.
18. Véase: Malathi de Alwis, Julie Mertus, y Tazreena Sajjad, "Women and Peace Processes," en *Women and Wars*, ed. Carol Cohn (MA: Polity Press, 2012), 169.
19. ONU Mujeres, "Prevenir los conflictos," 14.
20. Para un análisis de la participación de las mujeres en los diferentes procesos de paz en Colombia, véase: Nina Chaparro González y Margarita Martínez Osorio, "Negociando desde los márgenes: La participación política de las mujeres en los procesos de paz en Colombia (1982–2016)," *Dejusticia*, 2016, https://www.dejusticia.org/wp-content/uploads/2017/04/fi_name_recurso_925.pdf.
21. Virginia M. Bouvier, "El género y el papel de las mujeres en el proceso de paz de Colombia," *ONU Mujeres*, 2016, https://wps.unwomen.org/pdf/research/Bouvier_Women-in-Colombia-Peace-Process_ES.pdf.
22. Virginia Bouvier, "Tables turned: how two women could shake up Colombia's unprecedented peace talks with the FARC," *Foreign Policy*, 27 de noviembre de 2013, https://foreignpolicy.com/2013/11/27/tables-turned/.
23. El 5 de septiembre de 2012, presidente Juan Manuel Santos anunció los nombres del equipo de negociadores para el proceso de paz (https://www.youtube.com/watch?v=F1k-AfgsGkU).
24. "Estas son las dos mujeres que irán a la mesa de La Habana," *Semana*, 26 de noviembre de 2013, https://www.semana.com/nacion/articulo/nigeria-renteria-maria-paulina-riveros-dos-nuevas-negociadoras-en-la-habana/366140-3.
25. Es importante señalar, que estos grupos no surgen con ocasión de la negociación con las FARC-EP, las organizaciones de mujeres en Colombia han exigido una salida negociada al conflicto durante décadas con los diferentes actores armados. Sobre la movilización de las mujeres en Colombia demandando paz y visibilizando a las víctimas en los años noventa, véase: María Eugenia Ibarra Melo, "Acciones Colectivas de las Mujeres en Contra de la Guerra y por la paz en Colombia," *Revista Sociedad y*

Economía, no. 13 (2007): 66–86, http://sociedadyeconomia.univalle.edu.co/index.php/sociedad_y_economia/article/view/4115.

26. Sergio Jaramillo Caro, "La Posibilidad de la Paz," *Biblioteca del proceso de paz con las FARC-EP* (Bogotá: Presidencia de la República, Oficina del Alto Comisionado para la Paz, 2018), 48, http://www.altocomisionadoparalapaz.gov.co/Documents/biblioteca-proceso-paz-farc/tomo-1-proceso-paz-farc-inicio-proceso-fase-exploratoria.pdf.
27. El Acuerdo fue firmado el 24 de agosto de 2016.
28. Christine Bell y Catherine O'Rourke, "Does Feminism Need a Theory of Transitional Justice?" *The International Journal of Transitional Justice* 1, no. 1 (Marzo 2007): 23–44, https://doi.org/10.1093/ijtj/ijm002.
29. Naomi R. Cahn, "Women in Post-Conflict Reconstruction: Dilemmas and Directions," *William & Mary Journal of Women and the Law* 12, (2006): 335, https://ssrn.com/abstract=905331. Traducción propia.
30. Comunicado conjunto. La Habana, 11 de septiembre de 2014. Sin embargo, como lo describe Kristian Herbolzheimer, ya desde 2003 existe un antecedente de una Subcomisión de Género en la negociación de paz entre el Gobierno de Sri Lanka y Los Tigres de Liberación del Eelam Tamil, pero dicha comisión solo se reunió en una ocasión y no tuvo un impacto relevante. Véase: Kristian Herbolzheimer, *Innovations in the Colombian Peace Process* (Oslo: Norwegian Peacebuilding Resource Centre, 2016), 5.
31. "La paz es conmigo. Las mujeres como protagonistas en la construcción de paz," *Oficina del Alto Comisionado para la Paz*, 12 de septiembre de 2016, http://www.altocomisionadoparalapaz.gov.co/herramientas/Documents/Cartilla-mujeres-paz-12-sept-2016.pdf.
32. Véase: "'El aborto fue una práctica que tuvimos que vivir': Victoria Sandino," *El Tiempo*, 26 de junio de 2017, http://www.eltiempo.com/politica/proceso-de-paz/victoria-sandino-habla-de-los-abortos-en-las-farc-102740; "Entrevista exclusiva a Victoria Sandino, comandante de las FARC-EP sobre el aborto," *Indepaz*, 2 de febrero de 2016, http://www.indepaz.org.co/5801/entrevista-exclusiva-a-victoria-sandino-comandante-de-las-farc-ep-sobre-el-aborto/; Mujer Fariana, "Comunicado: No jueguen con el honor de las farianas," *FARC-EP*, 7 de diciembre de 2017, https://www.farc-ep.co/comunicado/comunicado-no-jueguen-con-el-honor-de-las-farianas.html.
33. "Muchas de las preguntas realizadas a las mujeres de las FARC-EP presentes en los diálogos de paz eran acerca de su vida en la guerra, particularmente sobre el tema del aborto. "Casi todos llegaron a entrevistar a los hombres, a los comandantes; después, con los meses y con los años, llegaron a entrevistar a las guerrilleras, pero eran las preguntas tontas […]: ¿Usted tuvo hijos? ¿Usted abortó? Esas preguntas feas, como a volverlo nada a uno; pero nunca preguntaban ¿usted que aportes está haciendo en la Mesa? O ¿cómo ve la política en Colombia? Las preguntas que le hacían a los jefes nunca nos las hacían a nosotras." Esta clase de preguntas fueron una constante en las entrevistas efectuadas por la prensa, incluso después del anuncio de la creación de la Subcomisión de Género. Corporación Humanas – Centro Regional de Derechos Humanos y Justicia de Género, y CIASE, *Vivencias, aportes y reconocimiento: las mujeres en el proceso de paz en La Habana* (Bogotá: Corporación Humanas, CIASE, 2017), 89, http://www.humanas.org.co/alfa/dat_particular/ar/ar_95749_q_Las_mujeres_en_la_Habana_v2.pdf.

34. Comunicados firmados por la Subcomisión de Género de las FARC-EP y la difusión del equipo de comunicaciones del grupo insurgente proporciona visibilidad a las mujeres que participaron de la misma, de igual manera, el lanzamiento de la página web *Mujer Fariana* con ocasión de los diálogos de paz creó una plataforma importante para la transmisión de lo que sucedía en La Habana y el pensamiento de las mujeres de la guerrilla. Los medios de comunicación también proporcionaron algunos perfiles sobre las mujeres de las FARC-EP en Cuba: "*... Yadira Suárez, quien presenta el noticiero insurgente, y Sammy Flórez, Milena Reyes y Maritza Sánchez, quienes apoyan tareas de comunicaciones guiadas por Viviana Hernández, una rebelde curtida que se ve día a día en las negociaciones de paz y se ocupa de hacer visibles los temas de género en la web Mujer Fariana.* [...] *Camila Cienfuegos es la encargada del equipo de comunicaciones de las FARC-EP.*" Jairo Tarazona, "Del fusil a los tacones: las mujeres de las FARC en Cuba," *Semana*, 4 de marzo de 2016, https://www.semana.com/nacion/articulo/dialogos-las-mujeres-de-las-farc-en-la-habana/464031. Este artículo ha sido objeto de críticas. Las profesoras Camille Boutron y Diana Gómez sobre el artículo citado mencionan: "Jairo Tarazona, periodista de la Revista Semana, publicó un artículo supuestamente halagador (estábamos entonces a pocos días del 8 de marzo), sobre las diversas mujeres que participaban en la delegación de las FARC-EP en La Habana. Su artículo: 'Del fusil a los tacones: las mujeres de las FARC en Cuba', no es más que un ejemplo de las representaciones dominantes que circulan en la sociedad sobre las excombatientes y los caminos posibles que tienen para tomar en medio de la construcción de paz. Este título parece inofensivo, no obstante, nos invita a preguntarnos para que dejarán el fusil las otras mujeres que no fueron visibles en La Habana, acaso, según los mandatos de una sociedad conservadora como la colombiana ¿para tomar las ollas?" Tomado de: Camille Boutron y Diana Gómez, "Para no pasar del fusil a la olla: retos de la reincorporación civil y política de las mujeres guerrilleras en Colombia," *The London School of Economics and Political Science – LSE*, 8 de marzo de 2017, http://blogs.lse.ac.uk/latamcaribbean/2017/03/08/para-no-pasar-del-fusil-a-la-olla-retos-de-la-reincorporacion-civil-y-politica-de-las-mujeres-guerrilleras-en-colombia/.
35. Sobre la unión de los diferentes grupos de mujeres para exigir un lugar en la mesa: "Women Take the Reins to Build Peace in Colombia," *UN WOMEN*, 28 de mayo de 2015, https://www.unwomen.org/en/news/stories/2015/5/women-build-peace-in-colombia.
36. La inclusión de cláusulas específicas sobre derechos de las mujeres, y las demandas de participación e inclusión en la mesa por parte de las organizaciones de mujeres se debe al amplio conocimiento que estas tienen sobre el marco normativo internacional. Como lo explica Anderson, "Windows of Opportunity," las cláusulas relacionadas con los derechos de las mujeres que se encuentran en los acuerdos de paz son similares a las propuestas por el marco normativa internacional, esto se debe a los nexos entre las mujeres de las organizaciones y las redes feministas transnacionales. Como miembros de dichas redes, las mujeres están familiarizadas con las normas internacionales y como consecuencia basan sus demandas a partir de dicho marco.
37. "La Alianza Iniciativa de Mujeres Colombianas por la Paz-IMP. Saluda los acercamientos de dialogo entre Gobierno y Guerrillas," *Iniciativa de Mujeres Colombianas por la Paz*, 28 de agosto de 2012, https://www.humanas.org.co/archivos/impcomunicado.pdf.

38. Iniciativa de Mujeres, "La Alianza Iniciativa de Mujeres."
39. "Primera Comisión de organizaciones de mujeres colombianas en la Mesa de Diálogos de La Habana. Pronunciamiento Político," *Humanas Colombia. Centro Regional de Derechos Humanos y Justicia de Género*, 15 de diciembre de 2014, http://www.humanas.org.co/archivos/primeracomisionmujeres.pdf.
40. "Pronunciamiento público de las organizaciones integrantes de la Cumbre Nacional de Mujeres y Paz sobre el actual proceso de paz," *Corporación de Investigación y Acción Social y Económica – CIASE*, 21 de mayo de 2014, http://ciase.org/apc-aa-files/433745ce3515eae7626707362b4a90aa/pronunciamiento-pblico-cumbre-mujeres-y-paz-sobre-el-actual-proceso-de-paz.pdf.
41. Sobre el enfoque "add and stir" y sus críticas véase: Maria Martin de Almagro, "Producing Participants: Gender, Race, Class, and Women, Peace and Security," *Global Society* 32, no. 4 (2018): 395–414, https://doi.org/10.1080/13600826.2017.1380610; Sheri Lynn Gibbings, "No Angry Women at the United Nations: Political Dreams and the Cultural Politics of United Nations Security Council Resolution 1325," *International Feminist Journal of Politics* 13, no. 4 (2011): 522-528, https://doi.org/10.1080/14616742.2011.611660; Jamie J. Hagen, "Queering Women, Peace and Security," *International Affairs* 92, no. 2 (2016): 313–332, https://doi.org/10.1111/1468-2346.12551.
42. Radhika Coomaraswamy, et al., *Preventing Conflict, Transforming Justice, Securing the Peace: A Global Study on the Implementation of United Nations Security Council Resolution 1325* (New York: UN Women, 2015), 40, https://reliefweb.int/sites/reliefweb.int/files/resources/UNW-GLOBAL-STUDY-1325-2015.pdf.
43. Oficina Alto Comisionado de Paz, "La Paz es Conmigo."
44. "Acta de plenaria 41 citación a los señores ministros del despacho y altos funcionarios del Estado," *Senado de Colombia*, 29 de noviembre de 2016.
45. "Comunicados conjuntos," *Oficina del Alto Comisionado para la Paz*, http://www.altocomisionadoparalapaz.gov.co/procesos-y-conversaciones/documentos-y-comunicados-conjuntos/paginas/inicio.aspx.

Referencias

Alviar García, Helena, e Isabel Cristina Jaramillo Sierra. *Feminismo y crítica jurídica. El análisis distributivo como alternativa crítica al legalismo liberal.* Bogotá: Siglo del Hombre Editores y Universidad de los Andes, 2012.

Anderson, Miriam J. *Windows of Opportunity: How Women Seize Peace Negotiations for Political Change.* New York: Oxford University Press, 2016.

Bate, Marisa. *The Periodic Table of Feminism.* United Kingdom: Penguin Random House, 2018.

Bell, Christine. "Women, Peace Negotiations, and Peace Agreements: Opportunities and Challenges," en *The Oxford Handbook of Gender and Conflict*, editado por Fionnuala Ní Aoláin, Naomi Cahn, Dina Francesca Haynes, y Nahla Valji. United States of America: Oxford University Press, 2018.

Bell, Christine, y Catherine O'Rourke. "Does Feminism Need a Theory of Transitional Justice?" *The International Journal of Transitional Justice* 1, no. 1 (Marzo 2007): 23–44. https://doi.org/10.1093/ijtj/ijm002.

Bell, Christine, y Catherine O'Rourke. "Peace Agreements or Pieces of Paper? The Impact of UNSC Resolution 1325 on Peace Processes and their Agreements." *International and Comparative Law Quarterly* 59, no. 4 (2010): 941–980. https://doi.org/10.1017/S002058931000062X.

Boutron, Camille, y Diana Gómez. "Para no pasar del fusil a la olla: retos de la reincorporación civil y política de las mujeres guerrilleras en Colombia." *The London School of Economics and Political* Science – *LSE*, 8 de marzo de 2017. http://blogs.lse.ac.uk/latamcaribbean/2017/03/08/para-no-pasar-del-fusil-a-la-olla-retos-de-la-reincorporacion-civil-y-politica-de-las-mujeres-guerrilleras-en-colombia/.

Bouvier, Virginia M. "El género y el papel de las mujeres en el proceso de paz de Colombia." *ONU Mujeres*, 2016. https://wps.unwomen.org/pdf/research/Bouvier_Women-in-Colombia-Peace-Process_ES.pdf.

Bouvier, Virginia M. "Tables Turned: How Two Women could Shake Up Colombia's Unprecedented Peace Talks with the FARC." *Foreign Policy*, 27 de noviembre de 2013. https://foreignpolicy.com/2013/11/27/tables-turned/.

Cahn, Naomi R. "Women in Post-Conflict Reconstruction: Dilemmas and Directions." *William & Mary Journal of Women and the Law* 12, (2006): 335. https://ssrn.com/abstract=905331.

Ceipaz. "Cumbre Nacional de Mujeres y Paz: Bogotá, Colombia – octubre 23 al 25 de 2013." http://www.ceipaz.org/images/contenido/sistematizacioncumbrenacional.pdf.

Chaparro González, Nina, y Margarita Martínez Osorio. "Negociando desde los márgenes: La participación política de las mujeres en los procesos de paz en Colombia (1982–2016)." *Dejusticia*, 2016. https://www.dejusticia.org/wp-content/uploads/2017/04/fi_name_recurso_925.pdf.

Chinkin, Christine, y Hilary Charlesworth. "Building Women into Peace: The International Legal Framework." *Third World Quarterly* 27, no. 5 (2006): 937–957. https://doi.org/10.1080/01436590600780391.

Coalición 1325 – Colombia. "6 informe de Monitoreo a la Resolución 1325 del Consejo de Seguridad de Naciones Unidas – Colombia." 2017.

Coomaraswamy, Radhika, et al. *Preventing Conflict, Transforming Justice, Securing the Peace: A Global Study on the Implementation of United Nations Security Council Resolution 1325*. New York: UN Women, 2015. https://reliefweb.int/sites/reliefweb.int/files/resources/UNW-GLOBAL-STUDY-1325-2015.pdf.

Corporación de Investigación y Acción Social y Económica – CIASE. "Pronunciamiento público de las organizaciones integrantes de la Cumbre Nacional de Mujeres y Paz sobre el actual proceso de paz." 21 de mayo de 2014. http://ciase.org/apc-aa-files/433745ce3515eae7626707362b4a90aa/pronunciamiento-pblico-cumbre-mujeres-y-paz-sobre-el-actual-proceso-de-paz.pdf.

Corporación Humanas – Centro Regional de Derechos Humanos y Justicia de Género, y CIASE. *Vivencias, aportes y reconocimiento: las mujeres en el proceso de paz en La Habana*. Bogotá: Corporación Humanas, CIASE, 2017. http://www.humanas.org.co/alfa/dat_particular/ar/ar_95749_q_Las_mujeres_en_la_Habana_v2.pdf.

De Alwis, Malathi, Julie Mertus, y Tazreena Sajjad. "Women and Peace Processes," en *Women and Wars*, editado por Carol Cohn. MA: Polity Press, 2012.

Diálogos de Paz. "Declaración de principios para la discusión del punto 5 de la agenda: 'Víctimas' Comunicado Conjunto No. 35." 7 de junio de 2014. http://www.pazfarc-ep.org/comunicadosconjuntosfarcsantoscuba/item/1942-declaraci%C3%B3n-de-principios-para-la-discusi%C3%B3n-comunicado-conjunto-no-37.html.

El Tiempo. "'El aborto fue una práctica que tuvimos que vivir': Victoria Sandino." 26 de junio de 2017. http://www.eltiempo.com/politica/proceso-de-paz/victoria-sandino-habla-de-los-abortos-en-las-farc-102740.

Equipo Paz Gobierno. "Estructura del proceso de paz." http://equipopazgobierno.presidencia.gov.co/especiales/abc-del-proceso-de-paz/phone/estructura-del-proceso-de-paz.html.

Gallego García, Gloria María. "La refrendación e implementación del Acuerdo de Paz no da más espera." *Nuevo Foro Penal* 12, no. 87 (2016): 7–15. http://publicaciones.eafit.edu.co/index.php/nuevo-foro-penal/article/view/4354.

Gibbings, Sheri Lynn. "No Angry Women at the United Nations: Political Dreams and the Cultural Politics of United Nations Security Council Resolution 1325." *International Feminist Journal of Politics* 13, no. 4 (2011): 522–528. https://doi.org/10.1080/14616742.2011.611660.

Goertz, Gary, y Amy G. Mazur. *Politics, Gender and Concepts.* Cambridge, New York: Cambridge University Press, 2010.

Guzmán Rodríguez, Diana Esther. "Justicia transicional y género: un acercamiento desde las mujeres." Tesis Magister en Derecho, Universidad Nacional de Colombia, 2011. http://centroprodh.org.mx/impunidadayeryhoy/DiplomadoJT2015/Mod2/SantiagoMedina/Justicia%20transicional%20y%20g%C3%A9nero%20un%20acercamiento%20desde%20las%20mujeres.pdf.

Hagen, Jamie J. "Queering Women, Peace and Security." *International Affairs* 92, no. 2 (2016): 313–332. https://doi.org/10.1111/1468-2346.12551.

Herbolzheimer, Kristian. *Innovations in the Colombian Peace Process.* Oslo: Norwegian Peacebuilding Resource Centre, 2016.

Humanas Colombia. Centro Regional de Derechos Humanos y Justicia de Género. "Primera Comisión de organizaciones de mujeres colombianas en la Mesa de Diálogos de La Habana. Pronunciamiento Político." 15 de diciembre de 2014. http://www.humanas.org.co/archivos/primeracomisionmujeres.pdf.

Ibarra Melo, María Eugenia. "Acciones Colectivas de las Mujeres en Contra de la Guerra y por la Paz en Colombia." *Revista Sociedad y Economía*, no. 13 (2007): 66–86. http://sociedadyeconomia.univalle.edu.co/index.php/sociedad_y_economia/article/view/4115.

Indepaz. "Entrevista exclusiva a Victoria Sandino, comandante de las FARC-EP sobre el aborto." 2 de febrero de 2016. http://www.indepaz.org.co/5801/entrevista-exclusiva-a-victoria-sandino-comandante-de-las-farc-ep-sobre-el-aborto/.

Iniciativa de Mujeres Colombianas por la Paz. "La Alianza Iniciativa de Mujeres Colombianas por la Paz-IMP. Saluda los acercamientos de dialogo entre Gobierno y Guerrillas." 28 de agosto de 2012. https://www.humanas.org.co/archivos/impcomunicado.pdf.

Jaramillo Caro, Sergio. "La Posibilidad de la Paz." *Biblioteca del proceso de paz con las FARC-EP*. Bogotá: Presidencia de la República, Oficina del Alto Comisionado para la Paz, 2018. http://www.altocomisionadoparalapaz.gov.co/Documents/biblioteca-proceso-paz-farc/tomo-1-proceso-paz-farc-inicio-proceso-fase-exploratoria.pdf.

Martin de Almagro, Maria. "Producing Participants: Gender, Race, Class, and Women, Peace and Security." *Global Society* 32, no. 4 (2018): 395–414. https://doi.org/10.1080/13600826.2017.1380610.

Mujer Fariana. "Comunicado: No jueguen con el honor de las farianas." *FARC-EP*, 7 de diciembre de 2017. https://www.farc-ep.co/comunicado/comunicado-no-jueguen-con-el-honor-de-las-farianas.html.

Mujeres por la Paz. "Acta de conformación Mujeres por la Paz." Octubre de 2012. https://www.humanas.org.co/archivos/81.pdf.

Niño Contreras, María Isabel. "Aspectos novedosos de la participación política de las mujeres en el proceso de paz con las FARC-EP," en *Cuadernos de estrategia 189. El posconflicto colombiano: una perspectiva transversal*, coordinado por Alejandro David Aponte Cardona. España: Ministerio de Defensa de España, 2017. http://www.ieee.es/en/publicaciones-new/cuadernos-de-estrategia/2018/Cuaderno_189.html.

Oficina del Alto Comisionado para la Paz. "Comunicados conjuntos." http://www.altocomisionadoparalapaz.gov.co/procesos-y-conversaciones/documentos-y-comunicados-conjuntos/paginas/inicio.aspx.

Oficina del Alto Comisionado para la Paz. "La paz es conmigo. Las mujeres como protagonistas en la construcción de paz." 12 de septiembre de 2016. http://www.altocomisionadoparalapaz.gov.co/herramientas/Documents/Cartilla-mujeres-paz-12-sept-2016.pdf.

ONU Mujeres. "Prevenir los conflictos transformar la justicia garantizar la paz. Estudio mundial sobre la aplicación de la resolución 1325 del Consejo de Seguridad de las Naciones Unidas." 2015. http://www.mesadegenerocolombia.org/sites/default/files/unw-global-study-1325-2015-sp.pdf.

Palacio Sánchez, Angie. "Las mujeres en el Proceso de Paz." *Generación Paz.co*, 8 de marzo de 2016. http://generacionpaz.co/content/las-mujeres-en-el-proceso-de-paz.

Peace Insight. "Carta abierta al presidente Juan Manuel Santos." 17 de septiembre de 2012. https://www.peaceinsight.org/es/blog/2012/09/open-letter-to-the-colombian-president/.

Semana. "Estas son las dos mujeres que irán a la mesa de La Habana." 26 de noviembre de 2013. https://www.semana.com/nacion/articulo/nigeria-renteria-maria-paulina-riveros-dos-nuevas-negociadoras-en-la-habana/366140-3.

Senado de Colombia. "Acta de plenaria 41 citación a los señores ministros del despacho y altos funcionarios del Estado." 29 de noviembre de 2016.

Tarazona, Jairo. "Del fusil a los tacones: las mujeres de las FARC en Cuba." *Semana*, 4 de marzo de 2016. https://www.semana.com/nacion/articulo/dialogos-las-mujeres-de-las-farc-en-la-habana/464031.

Ucrós Maldonado, Andrés. "Early Lessons from the Colombian Peace Process." *LSE Global South Unit*, Working Paper no. 1 (2016). http://eprints.lse.ac.uk/65606/1/__lse.ac.uk_storage_LIBRARY_Secondary_libfile_shared_repository_Content_LSE%20Global%20South%20Unit_Working%20Papers_LSE-Working-Paper-01%20-%20 2016.pdf.

United Nations. "Official Documents System of the United Nations." https://documents-dds-ny.un.org/doc/UNDOC/GEN/N99/205/64/PDF/N9920564.pdf?OpenElement.

UN Women. "Women's Participation in Peace Negotiations: Connections between Presence and Influence." https://reliefweb.int/sites/reliefweb.int/files/resources/03AWomenPeaceNeg.pdf.

UN WOMEN. "Women Take the Reins to Build Peace in Colombia." 28 de mayo de 2015. https://www.unwomen.org/en/news/stories/2015/5/women-build-peace-in-colombia.

4. *A las mujeres también las están matando y no sabemos muy bien por qué: el asesinato de lideresas sociales en el pos-Acuerdo de Paz en Colombia*

CAROLINA VERGEL TOVAR

Introducción

El asesinato de liderazgos sociales en Colombia es un fenómeno complejo, actual y que parece agravarse. Es un problema a la vez revelador, porque por una parte muestra la reconfiguración de las lógicas de la violencia luego del Acuerdo de Paz entre el Gobierno nacional y la guerrilla desmovilizada de las FARC-EP; pero por otra, también parece develar las dinámicas organizativas que amenazan el estatus quo local. Esta contribución se centra en el análisis del asesinato de mujeres líderes por varias razones. Una razón tiene que ver con las particularidades propias que tienen las muertes violentas de las mujeres en Colombia, incluso en el marco del conflicto armado. Las víctimas letales del conflicto han sido principalmente los hombres y cuando se asesina a las mujeres, por lo general, hay particularidades que tienen que ver con arreglos de género que ponen de manifiesto dinámicas sociopolíticas complejas.[1] Otra de las razones tiene que ver con la, nada sorprendente, falta de información y de caracterización específica del quehacer de esas lideresas. De hecho, de la revisión de la literatura e información disponible sobre todo/as lo/as líderes sociales asesinado/as, llama la atención en general la ausencia de análisis detallados sobre las iniciativas de las que hacían parte, así como el impacto concreto causado por la muerte de lo/as líderes asesinado/as. Uno de los objetivos de esta contribución es llamar la atención sobre la escasa caracterización de los liderazgos femeninos amenazados y cercenados.

Considerando todo esto, los puntos centrales del texto son: (I) qué se sabe sobre estos asesinatos, sobre los liderazgos sociales amenazados y, en especial, sobre las mujeres víctimas; (II) qué se ha hecho al respecto hasta el momento; y, finalmente, (III) señalar qué faltaría o se podría hacer.

Qué sabemos sobre estos asesinatos

462 líderes y lideresas sociales han sido asesinados entre enero de 2016 y el 28 de febrero de 2019, según datos de la Defensoría del Pueblo.[2] En un país con unos índices históricos de violencia tan graves ¿por qué resulta particularmente impactante esta cifra?

Una posible respuesta tiene que ver con los efectos esperados del reciente Acuerdo de Paz. Más allá de los múltiples tropiezos que ha tenido la implementación del mismo,[3] la expectativa "pacificadora" del acuerdo era fundada, sobre todo, porque en efecto las muertes violentas disminuyeron considerablemente a partir del cese al fuego bilateral y definitivo, que comenzó a finales de agosto de 2016. Según cifras del Centro de Recursos para el Análisis de Conflictos (CERAC), mientras en 2002 se registraron 2.799 muertes en combate (en las que se incluyen miembros de la Fuerza Pública, guerrilleros de las FARC y civiles), en 2017 no hubo un solo caso.[4] La siguiente gráfica lo ilustra claramente:

Es más, según el CERAC,[5] las negociaciones con las FARC previnieron la muerte de 2.796 personas, aproximadamente.

Pero, muy a pesar de lo alentadoras que sean estas cifras, también es cierto que las negociaciones en búsqueda de la paz traen consigo riesgos específicos de aumento de la violencia en otros sentidos. De hecho, al tiempo que se registraba la disminución de confrontaciones armadas y, en especial, luego de la desmovilización de las FARC, rápidamente se empezaron a conocer casos de amenazas a guerrillero/as de las zonas de concentración creadas para su ubicación en el proceso de reinserción a la vida civil, así como a sus familias. El diario *The New York Times*,[6] reportó a partir de cifras de la Agencia para la Reincorporación y la Normalización que, desde la firma del Acuerdo de Paz en noviembre de 2016, 129 excombatientes de las FARC han sido asesinados en distintas regiones y, además, que en menos de la mitad de los casos la Fiscalía ha imputado cargos o ha capturado a algún responsable directo.[7]

Otro de los riesgos que implican las transiciones, consideradas desde una perspectiva de género, tiene que ver con el continuum de las violencias,[8] entendido generalmente como la conexión entre las dinámicas de violencia de género de carácter estructural en cada sociedad, con las formas de violencia propias de la confrontación armada, así como aquellas generadas con ocasión del conflicto armado. Ahora bien, considerando las circunstancias particulares que pueden generar los períodos de transición, este continuum en el

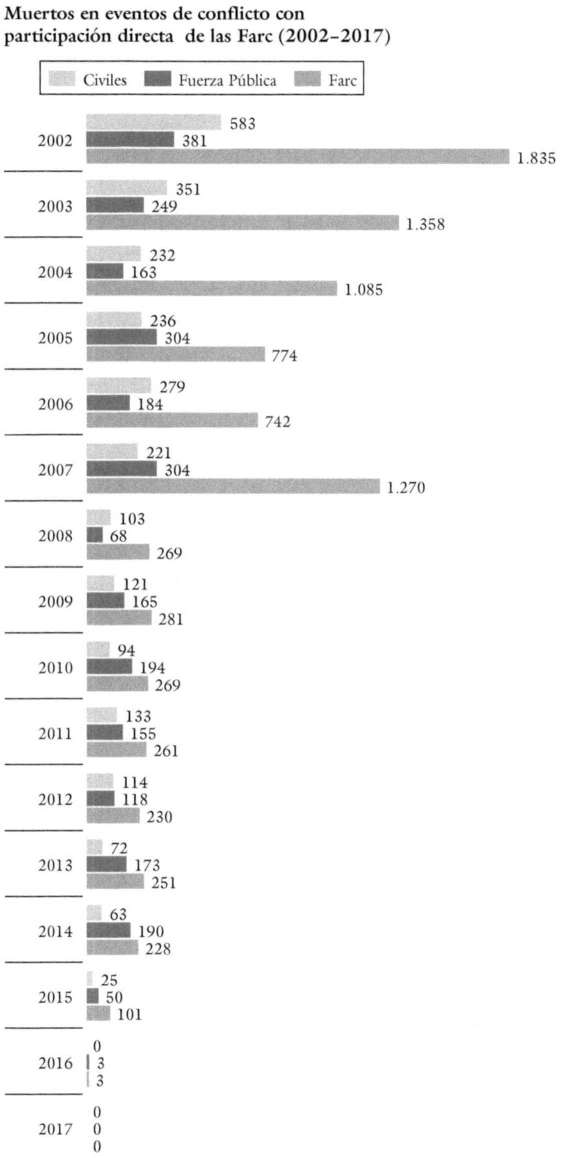

Gráfica 4.1: Muertos en eventos de conflicto con participación directa de las FARC (2002–2017). Fuente: *El Espectador*, a partir de datos del CERAC.

"La reducción de muertes en el conflicto después del acuerdo con las Farc," El Espectador, 23 de junio de 2018, https://www.elespectador.com/colombia2020/pais/la-reduccion-de-muertes-en-el-conflicto-despues-del-acuerdo-con-las-farc-articulo-856819.

posconflicto puede además implicar el riesgo de despolitización de ciertas violencias contra las mujeres. De hecho, las desafortunadas declaraciones a la prensa del Ministro de Defensa del gobierno Santos (que terminó su mandato en julio de 2018), lo ilustran muy bien, al calificar muchos de los asesinatos de líderes sociales como simples "líos de faldas."[9] Esta frase revela convicciones acerca de la distinción de lo privado y lo público profundamente cuestionables, empezando porque despolitiza de antemano la violencia íntima y/o de pareja. Y, además, porque desconoce la imbricación ya documentada de las dinámicas del conflicto armado con las relaciones afectivas.[10] Dicho de otra forma, incluso si el asesinato de líderes y lideresas sociales de alguna forma tiene que ver con sus relaciones afectivas, eso no implica automáticamente que carezcan de significación política.

En esta misma línea, la Oficina de la Alta Comisionada de Naciones Unidas para los Derechos Humanos, en su informe sobre el tema, hizo énfasis en dos aspectos sensibles gracias a una perspectiva de género. En primer lugar, describió justamente esta relación entre violencia estructural contra las mujeres y los asesinatos de lideresas sociales:

> La mayoría de estos asesinatos se cometieron en municipios donde, además de presentarse las tendencias ya descritas, existe un alto riesgo de incidencia de violencia por razón de género. Este riesgo se debe a la confluencia de diferentes tipos de violencia contra las mujeres, tales como asesinatos, violencia sexual, violencia intrafamiliar y violencia asociada al conflicto armado.[11]

Para luego llamar la atención sobre la situación de los liderazgos sociales que representan a la población LGBTI y si conexión con discriminaciones también de orden estructural:

> Igualmente, preocupan al ACNUDH las agresiones cometidas contra los defensores pertenecientes a la comunidad de personas lesbianas, gais, bisexuales, transgénero e intersexuales, incluyendo, según la organización Colombia Diversa, dos casos de homicidio y seis de amenazas. La situación de estos defensores se agrava por la persistencia de prácticas discriminatorias y excluyentes muy arraigadas en la sociedad colombiana.[12]

Más allá de estas interpretaciones, está claro que el reconocimiento de estos asesinatos se ha convertido en un debate político y metodológico. Por eso mismo, se propone aquí una caracterización del fenómeno a partir de cinco elementos básicos para su comprensión general: (1) la cuestión del conteo de los asesinatos y de las amenazas; (2) un análisis general sobre quiénes son estas personas que encarnan estos liderazgos; (3) una reflexión sobre la temporalidad del fenómeno, es decir, desde cuándo está ocurriendo; (4) algunas consideraciones acerca de quiénes estarían detrás de estos asesinatos y por qué; y, finalmente, (5) las particularidades de la situación de las lideresas.

Antes de abordar cada una de estas dimensiones, vale la pena aclarar que, dada la dispersión de la información, para establecer este panorama del fenómeno se ha recurrido al contraste de fuentes diversas: desde las escasas estadísticas oficiales, los informes, estudios e iniciativas de documentación de organizaciones nacionales e internacionales y las noticias de prensa virtual y escrita.

Un fenómeno en aumento y que no cesa

En 2017, una de cada tres personas defensoras de derechos humanos asesinadas a nivel mundial fue colombiana.[13] Si bien esta cifra es más que impactante, cuando se indaga más en detalle, la primera impresión que dan las cuantificaciones disponibles sobre el tema —se insiste— es la dispersión de las mismas, así como la multiplicidad de criterios para establecer el conteo. La cifra oficial más recurrida es la que hemos citado aquí: la Defensoría del Pueblo reporta desde la firma del Acuerdo de Paz (septiembre de 2016) o desde comienzos de ese mismo año, hasta ahora. Según la Defensoría, además de los 462 líderes y lideresas que han sido asesinados/as, entre el 1° de enero de 2016 y el 28 de febrero de 2019, hay 983 líderes amenazados. Las cifras de la Defensoría se apoyan en su Sistema de Alertas Tempranas (SAT),[14] en especial para el conteo de las amenazas.

En cuanto a los informes producidos por las organizaciones sociales, cabe resaltar las cifras del Programa "Somos Defensores," iniciativa que justamente surge a propósito de la crisis de seguridad de defensores/as de derechos humanos en el país[15] y según la cual:[16]

Entre el 2016 y septiembre de 2018, hubo 295 asesinatos y 1046 amenazas.

- Entre enero de 2016 y junio de 2017, se recibieron 542 amenazas y ocurrieron 81 atentados.
- Entre enero de 2016 y octubre 2017, tuvieron lugar 166 asesinatos, dentro de los cuales 23 de mujeres.
- Entre los meses de enero y marzo de 2019, se registraron 245 agresiones diferentes, en gran parte del territorio nacional, más precisamente, en 25 de los 32 departamentos de Colombia. En comparación con el mismo periodo del 2018, en este trimestre se presentó un incremento del 66% en el número de agresiones.

- En particular, hay un aumento significativo en las amenazas. Se conocieron 207 casos, lo que significa que estas representan el 84,5% del total de agresiones registradas por [su] Sistema de Información.[17]
- También reportan un incremento en las agresiones año a año, así: 43,7% del 2016 al 2017, y de un 66% si se comparan las cifras del primer trimestre del 2019 con el mismo periodo en 2018.[18]

Otro informe construido por varias organizaciones y que pretendió establecer correlaciones y patrones en las violaciones a los derechos a la vida, la libertad e integridad personales de líderes sociales y defensores/as de derechos humanos, fue elaborado bajo la coordinación de la Comisión Colombiana de Juristas (CCJ) y contó con la participación de un conjunto muy amplio de organizaciones sociales, de defensa de los derechos humanos, de centros de investigación independientes y universitarios, así como de iniciativas periodísticas.[19] Este informe abarca el período de noviembre 2016 a julio 2018, dentro del cual se registraron:

- 343 violaciones al derecho a la vida, de las cuales 7 fueron desapariciones forzadas.
- De esas 343 víctimas, al menos 33 (9,62%) habían recibido amenazas previamente.

En el período que este mismo informe designa como de Post Acuerdo (que va del 24 de noviembre de 2016 al 31 de julio de 2018), se registraron:

- 257 violaciones al derecho a la vida.
- De las cuales 215 (83,65%) fueron contra hombres, 38 (14,78%) contra mujeres y 4 (1,55%) contra población LGBT.[20]

Si bien no aporta datos sustancialmente distintos a los hasta ahora presentados, otra referencia en materia de cifras que cabe resaltar es el Informe sobre Colombia de la Alta Comisionada de las Naciones Unidas para los Derechos Humanos, no sólo por el énfasis que ha hecho en la gravedad del tema de amenazas y asesinatos de líderes sociales, sino también porque es de los pocos que llama la atención sobre el hecho de que "algunas comunidades étnicas se ven más afectadas que otras."[21] Según su más reciente informe, que abarca el período comprendido entre el 1 de enero y el 31 de diciembre de 2018, "el 27% de los casos registrados afectaron a personas defensoras de los derechos humanos pertenecientes a pueblos indígenas (18 casos) o afrocolombianas (12 casos)."[22]

El conteo que registra el número más alto de asesinatos y amenazas es el del Instituto de Estudios para el Desarrollo y la Paz (INDEPAZ). Resultado también de un esfuerzo colectivo que convoca esfuerzos e insumos informativos de varias organizaciones, el informe parcial de 2019 reporta que:[23]

- Desde la firma de los acuerdos en noviembre de 2016 a julio de 2019 se ha registrado que *623 personas líderes sociales y defensoras de Derechos Humanos han sido asesinados* en Colombia.
- 21 casos ocurrieron en el año 2016, 208 en el año 2017, 282 en el año 2018 y 80 en el año 2019.
- *137 ex guerrilleros de FARC – EP firmantes del Acuerdo de Paz y en proceso de reincorporación han sido asesinados* en Colombia. 2 en el año 2016, 38 en el año 2017, 65 en el año 2018 y 32 en el año 2019.[24] (Cursivas fuera del texto)

Si algo está claro es que las cifras difieren considerablemente y que estas diferencias en los conteos obedecen a la diversidad de fuentes empleadas por cada uno de estos informes y esfuerzos tanto institucionales (en el caso de la Defensoría), como no estatales. Pero puede que se explique también por la falta de claridad acerca de quiénes son las personas amenazadas y asesinadas, así como el período de tiempo a considerar; aspectos que trataremos de esclarecer en alguna medida en lo que viene.

Quiénes son estos líderes y lideresas

Reflexiones sobre la noción misma de "liderazgo social"

El uso del término "líder social" a propósito de las dinámicas de violencia es relativamente reciente. Para hacerse a una idea y siguiendo la idea de Geoffrey Pleyers y Antonio Álvarez-Benavides acerca del poder de manufactura de los consensos de los medios de comunicación, en especial cuando se trata de analizar a los movimientos sociales y su influencia en la sociedad,[25] al buscar en el sitio web del diario "El Tiempo" (el de mayor circulación en el país), todas las noticias de los años noventa hasta casi la primera década de los años 2000, emplean la noción de liderazgo social en un sentido completamente ajeno a la problemática de defensa de derechos humanos o de reivindicaciones sociales de poblaciones marginalizadas.[26]

Es más, las noticias que se refieren a amenazas o asesinatos de personas que caben en la actual categoría de "líder social," se pueden contar con las dos manos. La primera noticia data de 2009 y reporta las amenazas contra docentes y dirigentes sindicales por parte de las denominadas "Águilas negras;"[27] seguida por otra noticia del mismo año, que da cuenta del asesinato de dos "líderes comunitarios" en Dosquebradas (Risaralda) y afirma que ya se reportan 12 asesinatos similares en el año.[28] La búsqueda arroja resultados de nuevo en 2012, cuando se publican dos noticias relevantes en la materia: la primera que reporta amenazas a 13 "dirigentes, líderes y activistas de derechos humanos"[29] y la segunda que propone "cederle" escoltas a líderes de restitución de tierras,[30] un sector del activismo que ya mostraba cifras preocupantes para el entonces, en especial en algunas zonas del país, como el departamento del Chocó.[31]

Es en 2016 que se multiplican las noticias que hacen alusión de manera específica y sistemática a líderes sociales amenazados o asesinados, comenzando por el reporte de la desaparición de un líder comunal del Catatumbo en cuya búsqueda colabora la Misión de Apoyo al Proceso de Paz de la Organización de Estados Americanos (Mapp–OEA).[32] En septiembre —en este caso por registros de la Misión de Observación Electoral (MOE)— se cuentan 15 eventos de violencia política en contra de 11 líderes sociales de departamentos distintos y distantes: Nariño, La Guajira, Tolima.[33] En noviembre se anuncia la captura de una banda señalada como responsable del asesinato de 12 líderes en el Cauca, entre otros delitos.[34] La primera noticia relativa a una mujer se refiere al caso de Cecilia Coicue, quien era habitante de uno de los terrenos en donde se van a ubicar desmovilizado/as de las FARC.[35]

El que la MOE figure como una fuente reiterada no es casualidad. A partir de su Observatorio de seguimiento a la violencia política y social (que existe desde el 2007), la Misión empezó a documentar la situación específica de líderes sociales desde 2016.[36] Para ello, distingue tres categorías:[37]

- *Líder político*: Se refiere a todos los candidatos y excandidatos a cargos de elección popular; funcionarios y exfuncionarios de elección popular; altos funcionarios del Estado de todas las ramas del poder público de los niveles nacional, departamental y municipal, dirigentes de partidos, movimientos políticos y grupos significativos de ciudadanos, incluyendo los líderes informales que hacen parte activa de la vida política (los llamados coloquialmente "caciques" o "gamonales.")
- *Líder social*: Hace referencia a los ciudadanos que ejercen un rol de representación y/o liderazgo de alta incidencia y reconocimiento social desde organizaciones sociales formales o informales de orden nacional, regional, departamental y/o local en temas como la defensa del medio ambiente, la restitución de tierras, la sustitución de cultivos ilícitos, la equidad de género, la defensa de la comunidad LGTBI, la protección de los territorios,

tradiciones y comunidades étnicas, la defensa de los Derechos Humanos, entre otros.

- *Líder comunal*: Se identifica en este tipo de liderazgo a los candidatos y miembros electos de Juntas de Acción Comunal.

Es comprensible el énfasis y la diferenciación a partir del componente político-electoral, dado el interés particular de la MOE en las cuestiones justamente electorales. Sin embargo, es la definición de "líder social" propuesta la que invita a una reflexión más detenida. Si bien se trata de una noción amplia, que recoge sobre todo una lista diversa de tipos de organizaciones, se funda en todo caso en los roles de representación y/o de liderar con un impacto o reconocimiento social, aspectos que parecen evidentes pero que no escapan al debate, como se verá más abajo.

Otras de las fuentes consultadas emplean la noción de "defensores/as de derechos humanos," ya sea como categoría preferente o bien como sinónimo de "líder o lideresa social." De conformidad con lo estipulado en la Declaración sobre el Derecho y el Deber de los Individuos, los Grupos y las Instituciones de Promover y Proteger los Derechos Humanos y las Libertades Fundamentales Universalmente Reconocidos (Declaración sobre los Defensores de los Derechos Humanos), cualquier persona que defiende los derechos humanos es un defensor, con independencia de la organización a la que pueda pertenecer.[38]

Tenemos así una categoría que depende de la dinámica propia de las organizaciones sociales y de su nivel de incidencia (líder social), otra que se sirve de la agenda de derechos humanos para su determinación (defensor de derechos humanos). Haciendo una esquematización simplista: una es de carácter más sociológico, la otra más jurídica; la una busca poder abarcar la amplia dinámica organizativa, la otra, servirse del marco normativo propio del Derecho Internacional de los Derechos Humanos (DIDH) que ha establecido la obligación estatal de proteger a quienes defienden los derechos humanos y que puede caracterizarse incluso cuando se comprueba que ha habido omisión de cuidado.[39]

Dicho esto, y aunque se entienden las ventajas de una y otra definición, ambas parecen reposar en una comprensión de los liderazgos sociales afines a visiones más bien clásicas de la movilización y activismo sociales y, a la vez, poco permeadas por la perspectiva de género.

Al hacer un estudio comparativo del asesinato de líderes políticos de lugares muy diversos, Clifford Bob, y Sharon Erickson Nepstad, encontraron que delimitar la noción de líder en esos casos constituía en sí mismo un desafío. Es más, critican la excesiva simplificación de la distinción entre "líderes" y "seguidores" hecha por muchos estudios en la materia, así como la tendencia a concentrar la mirada en los "líderes formales," soslayando el peso que la informalidad, el igualitarismo, la horizontalidad, la rotación democrática, pueden tener y de hecho tienen en el proceso organizativo social, en especial en el nivel más local y precario de movilización y acción colectiva.[40]

Dicho esto, hay algunos informes sobre la problemática de líderes y lideresas sociales en Colombia que subrayan justamente que "[l]as víctimas ya no son las cabezas de fila de grandes sindicatos, de movimientos nacionales campesinos o estudiantiles o fuerzas de izquierda alternativa, como predominó en otros momentos;"[41] con lo cual llaman la atención sobre una variación significativa acerca del tipo de liderazgo amenazado.

Ahora bien, a estas consideraciones habría que agregar las críticas y matices que introdujo la perspectiva de género a los estudios sobre movimientos sociales,[42] que durante mucho tiempo se conformaron con una definición de lo político que excluía la dimensión doméstica, íntima, indiferente a la división sexual del trabajo organizativo, político, según la cual —por ejemplo— pensar en la comida o el bienestar psicosocial del movimiento social era menos importante que concebir un discurso. Y si bien la mayoría de los informes sobre asesinatos de liderazgos sociales en Colombia presentan cifras desagregadas por sexo, tienen en cuenta a las organizaciones de mujeres amenazadas y hay incluso —como se verá más adelante— un número creciente de iniciativas y de reportes específicos sobre la situación de las lideresas, la mayoría de las fuentes tienden a concentrar la mirada en quienes corresponden a la idea de liderazgo "formal," para retomar los términos de Bob y Nepstad.

Se insiste en este punto no precisamente por alimentar debates académicos. Al contrario, la dificultad de definir claramente de quiénes hablamos cuando designamos a líderes o lideresas sociales ha alimentado posiciones suspicaces que no dudan en señalar que "ahora todos son líderes;" replanteando de una forma tal vez poco empática con las cifras de asesinatos, la pregunta cruda y de alguna forma entendible, de por qué estas muertes violentas merecen una mirada prioritaria en la agenda de la política criminal y de derechos humanos de un país con múltiples desafíos en ambos terrenos.

Teniendo en cuenta todos estos aspectos, las buenas intenciones (en especial de la categoría de "líder social,") parecen incluso desfavorecer las posibilidades de reconocimiento del carácter particularmente grave de estos asesinatos, imponiendo una especie de carga de la prueba, al menos en términos políticos, del "verdadero liderazgo" encarnado por la persona amenazada o asesinada. En otras palabras, el énfasis en el elemento liderazgo social, ha dado pie para que se plantee la pregunta de si efectivamente las personas amenazadas o asesinadas son personas importantes, representativas, un "primus inter pares," cuya jerarquía en su propia organización, iniciativa social, legitima el lugar prioritario de la preocupación por su seguridad personal en la esfera pública de opinión y de la acción institucional. Igual puede suceder con el énfasis en la noción de "defensor/a de derechos humanos" y la juridización que vehicula, en la medida que puede dar lugar a que se exija la prueba del recurso al derecho como elemento esencial o, al menos probante, del talante e importancia del activismo social amenazado.

Sin desconocer la profundidad y múltiples desarrollos de la sociología política, jurídica y de los movimientos sociales acerca de estos temas, está claro que lo que está en juego aquí no es solamente qué categoría, características o contextos generan mayores consensos. Dicho de otra forma, cabe preguntarse si no sería mucho más incluyente y, sobre todo, coherente con la complejidad de la problemática en cuestión, el asumir que basta con la pertenencia a una organización social, iniciativa ciudadana, en fin, para presumir que estamos frente a una violación a los derechos humanos de resorte político. Es más, esta presunción debería operar como tal en sentido procesal, e invertir la carga de la prueba de tal forma que quien deba demostrar que el activismo de la persona amenazada o asesinada no tuvo nada que ver con el hecho violento, deban ser el Estado y/o quienes sean señalados como presuntos agresores.

Esto no quiere decir que los liderazgos sociales, en todo caso entendidos desde la visión amplia arriba propuesta, dejen de ser importantes. Es obvio que hay personas cuya importancia simbólica, acceso o manejo de recursos de diferente naturaleza, cuya autoridad interna y/o externa les otorgan un lugar especial en los movimientos sociales y la acción colectiva.[43] Tan es así que, las amenazas o asesinatos en estos casos deberían constituir un agravante de las conductas, no el criterio mínimo para merecer la politización de la violencia.

En esta misma línea y pensando en lo que inspira la categoría de "defensor/a de derechos humanos," parece también fundamental distinguir o identificar cuándo se trata justamente de movimientos y/o de liderazgos que encarnan nuevas agendas y repertorios de acción en donde el recurso al derecho es un elemento particular,[44] y qué tipo de enfoque, rol, significación tiene (teniendo en cuenta el amplio panorama de posibilidades y de ejemplos que nos ofrecen los análisis sobre las relaciones de los movimientos sociales con el derecho en América latina e incluso en contextos de crisis).[45]

De hecho, esta resulta siendo la lógica de clasificación que han propuesto la mayoría de informes y de conteos ya citados. Las diferentes caracterizaciones del tipo de organización, iniciativa, causa representada por cada líder o lideresa amenazado/a o asesinado/a, ponen de presente no sólo la multiplicidad de agendas políticas concernidas, así como el desafío metodológico y conceptual que implica su análisis y diferenciación.

Tipos de organizaciones o iniciativas sociales amenazadas. Hay caracterizaciones que insisten más en rasgos comunes, como el hecho de que "es evidente que las personas defensoras asesinadas tienen características sociales similares: en su mayoría son personas de escasos recursos que habitan en zonas rurales o periféricas a centros poblados y que tienen liderazgos absolutamente locales, desconocidos para las autoridades nacionales o departamentales..." identificando sin embargo algunas de las organizaciones más amenazadas: "pertenecientes a Juntas de Acción Comunal, organizaciones comunitarias, campesinas, indígenas y afrodescendientes."[46] Esta lectura coincide con la del ACNUDH, el cual "observa que el 59% de los asesinatos se cometieron en ámbitos comunitarios. Los más afectados fueron los directivos de las Juntas de Acción Comunal y quienes asumen el liderazgo y vocería de sus comunidades, en particular los que viven en condiciones precarias y con poco respaldo institucional."[47]

Hay otras caracterizaciones mucho más detalladas. El estudio liderado por la CCJ distingue 13 categorías:

Según el objetivo central del presente análisis, llama la atención la ausencia de organizaciones de mujeres, es decir que, según esta caracterización, resultado de lo reportado por las mismas organizaciones que suministraron datos para el informe, si bien hay lideresas amenazadas o asesinadas, en este informe no aparecen aquellas que hacen parte o cuyo activismo se define principalmente por su participación en organizaciones no mixtas.

Mirando en detalle la base de datos construida por el informe de la CCJ que personaliza la información de cada líder o lideresa asesinado o desaparecido/a, se puede ver que los perfiles o tipos de liderazgo de las mujeres que son los más amenazados no difieren de lo hallado para los hombres, así:

Si se suman los casos de lideresas indígenas y afro, tenemos 6 casos de mujeres pertenecientes a minorías étnicas, que es una cifra importante considerando el total. El informe de la CCJ también precisa que hay casos de doble pertenencia/activismo: lideresa campesina también implicada en los programas de sustitución de cultivos declarados ilegales, integrantes de una JAC que también son lideresas de víctimas del conflicto armado, o de una comunidad religiosa, así como lideresas cívico-comunales que también reivindican la restitución de tierras o que fueron concejalas. Todas agendas que tienen una conexión directa con aspectos centrales del Acuerdo de Paz.[48]

Pero al consultar otros estudios, este vínculo con temas del Acuerdo de Paz no es tan evidente. Al observar el tipo de liderazgo, un estudio de CODHES, señala que los más afectados fueron los líderes y lideresas comunitarios con 35 víctimas (29%), seguidos por los indígenas con 34 (28%) y los campesinos con 21 (17%). En 14 registros (11%) no se identificó (ND)

Tabla 4.1: Tipo de liderazgo de las víctimas. Fuente: elaboración propia a partir de los datos de la Comisión Colombiana de Juristas. Comisión Colombiana de Juristas, "¿Cuáles son los patrones?" 24.

Líder cívico comunal	52,2%
Líder de Juntas de Acción Comunal (JAC)	23%
Líder de partido o movimiento político	18,7%
Activista de víctimas	12,5%
Líder indígena	12%
Líder campesino	11%
Líder sindical	9,3%
Líder afro	9%
Activista ambiental	7,3%
Activista reclamante de tierras	6,2%
Abogado defensor de derechos humanos	5,2%
Líder juvenil	3,1%
Activista comunidad LGBT (sic)	2%

Tabla 4.2: Número de casos relativos a lideresas según tipo de organización/activismo ejercido. Fuente: elaboración propia a partir de los datos de la Comisión Colombiana de Juristas. Comisión Colombiana de Juristas, "¿Cuáles son los patrones?" 266–309.

1. Integrante de Junta de Acción Comunal (JAC)	13 casos
2. Lideresa cívico-comunal	10 casos
3. Lideresa campesina	4 casos
4. Lideresa indígena	4 casos
5. Lideresa afro	2 casos
6. Lideresa de la Defensa Civil	2 casos
7. Otros tipos de liderazgo violentados: • Profesora sindicalizada • Lideresa estudiantil • Lideresa ambientalista • Abogada defensora de derechos humanos • Lideresa LGBT – Mujer trans	1 caso c/u

claramente el tipo como en los casos de reportes de variables generales como "líder" o "lideresa."[49]

Otro tipo de caracterización es propuesta por el informe de la Defensoría del Pueblo de 2017, según el cual, los líderes amenazados:[50]

Pertenecen a organizaciones sociales, especialmente campesinas, que desarrollan o han desarrollado las siguientes actividades:

a) Defensa de territorios étnicos (Resguardos y territorios colectivos) o demanda por reconocimiento de territorialidades campesinas (Zonas de Reserva Campesina (ZRC) o como Territorios Campesinos Agroalimentarios (TCAA);
b) Oposición al modelo de desarrollo extractivista, así como a los daños ambientales causados a los ecosistemas como consecuencia de la expansión de la minería y la agroindustria;
c) Denuncia por el acaparamiento de tierras, privatización, ocupación o usurpación de los denominados Bienes Comunes o territorios étnicos;
d) Criminalización de la protesta popular y la movilización social, que se ha traducido en procesos de captura y judicialización de líderes sociales o excesos en el uso de la fuerza por parte de agentes del Estado;
e) Demanda por reconocimiento de las comunidades campesinas y grupos étnicos víctimas del conflicto armado como Sujetos de Reparación Colectiva (SRC);
f) Participación y visibilización de líderes sociales en escenarios de concertación y negociación directa y entre organizaciones sociales y el Gobierno nacional.

Retomamos en detalle esta caracterización del activismo propuesta por la Defensoría, porque menciona las agendas que otros análisis han señalado como los tipos de reivindicaciones o de organizaciones más amenazados. Sintetizando ahora, no es atrevido afirmar que hay un claro consenso en los informes y denuncias públicas en la preocupación que despiertan los sectores organizados en función de: las Juntas de Acción Comunal (JAC), los líderes comunitarios, la reivindicación de derechos a la tierra y la agenda rural en general, los liderazgos de grupos étnicos, así como el activismo ambiental.[51]

Podría decirse que hay menos consenso acerca del período de tiempo que debe considerarse para caracterizar la problemática del asesinato de líderes y de lideresas sociales, específicamente en lo que se refiere al punto de partida.

¿Desde cuándo está sucediendo?

Al respecto de esta pregunta, los diferentes esfuerzos por contar y analizar estos asesinatos difieren en las fechas escogidas para determinar el alcance temporal del fenómeno. Hay un hito que sirve de referencia a varios de los análisis que es el Acuerdo de Paz con las FARC-EP. Es la iniciativa "Somos Defensores" la que parece comenzar a emplear el "anuncio del fin del conflicto" como punto de referencia para llamar la atención sobre el asesinato de líderes sociales. Para el 15 de septiembre de 2016 contaban 17 asesinatos desde la finalización de los diálogos entre las FARC-EP y el gobierno colombiano en La Habana.[52]

Sin embargo, si bien el Acuerdo figura como un hito recurrente, lo hace de diferentes maneras: hay quienes optan por contar a partir del cese al fuego, otros desde el momento de la firma, incluso hay quienes cuantifican todos los asesinatos a lo largo del año 2016. Si bien tiene sentido el asumir a la desmovilización y reintegración a la vida civil de uno de los actores armados ilegales más numerosos y con mayor presencia territorial, como un momento de transición hacia una disminución de la violencia armada, las expectativas o el impacto esperado a raíz del Acuerdo de Paz abren a su vez nuevos debates.

El primer debate se pregunta si estos asesinatos son una forma "nueva" de violencia o no. Es decir, si obedecen a formas de violencia sociopolítica que escapan al marco fenomenológico, si así puede decirse, propio del conflicto armado interno que intentó superar el Acuerdo con las FARC-EP. Este debate implica en realidad otras aristas. Hay quienes insisten en que esta violencia existe desde antes y que el Acuerdo sólo hizo que fuesen más visibles.[53] También están las posturas que señalan la continuidad entre desmovilizaciones parciales y, en especial, el peso y/o proyección de la reconfiguración de los grupos paramilitares hasta el presente, ya que el proceso conocido como de "Justicia y paz" de negociación con las Autodefensas Unidas de Colombia (AUC), tampoco garantizó la desmovilización completa de sus efectivos. Al contrario, dio lugar a la formación de múltiples disidencias.[54]

Otro debate tiene que ver con las potencialidades que algunas posturas ven o vieron, en los mecanismos adoptados en el Acuerdo para pacificar las violencias. Hay análisis que insisten claramente en que los asesinatos de líderes y de lideresas sociales no habrían alcanzado las dimensiones actuales, si se hubiese cumplido a cabalidad lo establecido en el Acuerdo.[55]

En contraste, hay quienes afirman que algunos mecanismos adoptados en el Acuerdo generaron nuevas causas o condiciones para estas violencias, en especial para la amenaza a los liderazgos sociales. La primera causa habría sido la promesa de crear una Circunscripción Especial para garantizarle a las víctimas del conflicto su participación en el Congreso, a través de curules propias para organizaciones constituidas por ellas. La misma Defensoría de Pueblo, al analizar el contexto, resalta: "el vínculo entre las coyunturas históricas de ampliación del campo democrático en Colombia y la agudización de la violencia política."[56] Dicho de otra forma, la simple promesa de la creación de nuevos espacios de participación, hizo visibles liderazgos agazapados por el miedo en la época considerada propiamente como de "conflicto armado," o incluso de nuevos liderazgos creados por las propias de dinámicas de violencia versus reivindicación de derechos de las víctimas.[57]

También está el efecto de la reconfiguración del dominio territorial por el repliegue, desaparición de las FARC-EP como actor de control local y regional, la persistente ausencia del Estado en esas zonas y la oportunidad para nuevas economías ilegales de redefinir las condiciones de presencia, control poblacional, institucional, económico y, finalmente, estratégico.[58] Posición que de hecho es complementada por las opiniones como la expresada por la Procuraduría General de la Nación (PGN), en el evento de lanzamiento del informe de la CCJ ya referenciado, al relativizar esta idea según la cual los actores armados ilegales surgieron y/o aprovecharon un "vacío de poder" legal en el territorio, para señalar que esto ha sido posible también porque ha habido una cooptación importante de los poderes locales por parte de las economías ilegales.[59]

Ahora, todo esto no quiere decir que no haya habido unos cambios interesantes y reveladores a partir del cese al fuego y en el pos-Acuerdo de Paz. Además del posible efecto negativo de la promesa de crear la Circunscripción electoral de víctimas, se suma que:

> Desde que el 26 de agosto de 2016 se dio a conocer en La Habana (Cuba), el Acuerdo final para la terminación del conflicto y la construcción de una paz estable y duradera, en distintas regiones del territorio nacional arreciaron las amenazas y atentados en contra de líderes sociales y comunitarios, especialmente aquellos que desarrollan actividades asociadas a la defensa de sus territorios, de oposición a proyectos extractivos *y particularmente, en relación con aquellos dedicados a hacer pedagogía para la paz y a apostar por la construcción de la paz territorial en el marco del Posacuerdo con las FARC EP.*[60] (Cursivas fuera del texto original)

Y si bien la coyuntura propia de las elecciones para refrendar el Acuerdo de Paz por medio de un plebiscito ya son un tema del pasado, el período electoral que se avecina,[61] es visto como un escenario propicio para la exacerbación de las amenazas a los liderazgos sociales. Al respecto, vale la pena citar en detalle las cifras de la MOE, que ya anuncian tendencias preocupantes al respecto:[62]

- Desde el 27 de octubre de 2018 hasta el 25 de febrero de 2019, la Misión de Observación Electoral (MOE) ha registrado 107 líderes políticos, sociales y/o comunales víctimas de *violencia política* a nivel nacional. De estos, 34 (32%) fueron asesinados. La MOE llama la atención sobre todo en el caso de los precandidatos a la Alcaldía de El Cerrito (Valle del Cauca) y San José de Uré (Córdoba) quienes fueron asesinados con menos de 72 horas de diferencia en enero del presente año.
- Las agresiones se han presentado en 68 municipios (6% del total nacional) en 22 departamentos (64%) del país.

- En el último trimestre monitoreado (noviembre 27 de 2018 a febrero 25 de febrero de 2019) se registraron 107 víctimas, que corresponden a un *promedio 1,2 líderes víctimas de agresiones por día.* Es decir, en Colombia se agrede a más de un líder por día.[63] (Cursivas fuera del texto)

En síntesis, aunque tiene sentido que la firma del Acuerdo de Paz con las FARC-EP sea uno de los referentes temporales para pensarse el contexto de esta violencia contra los liderazgos sociales, no está muy claro hasta qué punto significó "un antes y un después." Veamos si los análisis propuestos hasta el momento acerca de quiénes podrían ser los agresores ayudan a esclarecer un poco más la caracterización del fenómeno.

Quiénes están detrás de los asesinatos y por qué. El informe de la Defensoría ya varias veces citado, propone una lectura global que aporta elementos interesantes para entender el porqué de las amenazas y asesinatos de líderes y lideresas sociales. Comienza por afirmar que se trata de "un ejercicio generalizado de la violencia contra este sector de la población, orientado a la desestructuración del tejido social a partir de la disolución de la capacidad de acción colectiva y la instalación de órdenes sociales basados en el miedo y la desconfianza."[64] Violencia que parte o se funda en la estigmatización de los liderazgos sociales, de sus reivindicaciones y de sus acciones.[65]

Pero, una vez más, son diversas las hipótesis que sugieren las preguntas sobre el por qué y quiénes estarían detrás de esta violencia. La idea según la cual "las reivindicaciones sociales y demandas locales, que antes se encontraban silenciadas por la confrontación armada, han empezado a emerger,"[66] es compartida por varios análisis. Y, por lo mismo, se expondrían al rechazo de la protesta social, así como a la respuesta violenta de actores y sectores que se sienten amenazados por los diferentes repertorios de la acción colectiva.

En esta misma línea se inscriben quienes indican que hay activismos que parecen ser más inquietantes que otros. Las agendas activistas que se destacan aquí son dos. En primer lugar, la causa ambientalista, en especial la oposición al despliegue o expansión de macroproyectos de explotación de recursos naturales. Según uno de los informes consultados, "los megaproyectos generan un riesgo adicional para las personas defensoras de los derechos a la tierra y del medioambiente. Global Witness identificó que 32 (26%) de las 121 personas defensoras asesinadas en Colombia en 2017 eran defensores ambientales."[67] La otra agenda es la propia de quienes quieren hacer cumplir el Acuerdo de Paz o, al menos, algunos puntos de lo allí establecido, en especial lo relativo a la participación local, la restitución de tierras y la sustitución voluntaria y concertada de cultivos declarados ilícitos.

Y también hay lecturas que insisten en la confluencia de factores complejos, teniendo en cuenta que la violencia contra los liderazgos sociales acontece principalmente en "territorios conflictivos donde se conjugan la implementación de los acuerdos de paz, intereses económicos legales de gran calado (mega proyectos de infraestructura, minería, hidrocarburos, etc.), intereses económicos ilegales (narcotráfico, minería ilegal, extorsión, etc.), acciones de actores armados ilegales con proyección al control territorial, así como acciones gubernamentales por la lucha contra el ELN y las Autodefensas Gaitanistas de Colombia, entre otros."[68]

Pero la pregunta por las motivaciones tiene estrecha relación con la identificación de los posibles responsables. Al respecto, la ACNUDH ha dicho que "Según la información recopilada sobre las posibles motivaciones de estos asesinatos, el 66% estaría relacionado con la denuncia u oposición al accionar criminal, los efectos de la violencia a niveles endémicos que afecta a la población en general o el apoyo a la implementación del Acuerdo, y más concretamente la sustitución de los cultivos ilícitos."[69]

La cuestión sobre quiénes son los perpetradores también está relacionada con el espinoso tema de la sistematicidad. A pesar de que la gran mayoría de organizaciones sociales y de análisis insisten en que esta violencia contra los liderazgos sociales es generalizada y sistemática, "al asumir el cargo, el recientemente retirado Fiscal General Néstor Humberto Martínez negó tajantemente la existencia de dicha sistematicidad. [Sin embargo] Este aspecto ha ido cambiando con el avance de las investigaciones: en 2017, la Fiscalía reconoció que existen patrones comunes en los homicidios, y a finales del 2018 el ente investigador terminó por reconocer la existencia de este fenómeno de sistematicidad. Este representa un gran reto para Colombia, ya que al ser sistemático el asesinato de líderes, el Estado tendría una responsabilidad directa por acción u omisión."[70]

Curiosamente, la Fiscalía ha reconocido la sistematicidad solamente con respecto a uno de los elementos de los delitos: el sujeto activo, el cual —además — limita o asume como "actores armados ilegales." Es decir, no sólo excluye de entrada la posibilidad de que agentes estatales puedan ser responsables de algunos eventos,[71] sino que circunscribe el análisis de los patrones al elemento menos claro de lo que arrojan los datos y conteos al respecto.

Volviendo a los diferentes conteos y análisis sobre los casos de amenazas y asesinatos de líderes y lideresas sociales, queda claro que, en la mayoría de estudios, el porcentaje más alto de las agresiones no tiene un autor identificado.[72] Así, tenemos que:

- Frente a los presuntos responsables, *en 85 casos (70%) CODHES no identificó el grupo armado*, en 25 (21%) lo fueron los grupos paramilitares posdesmovilización, y en 12 (9%) fueron la Fuerza Pública, las guerrillas y los grupos heredados del paramilitarismo.[73]
- *58% de los casos* de agresión contra líderes sociales ocurridos entre enero y agosto de 2018 *no tienen responsable* y 35% de los señalamientos recaen sobre las facciones criminales y los grupos armados ilegales.[74]
- En el estudio coordinado por la CCJ, al clasificar los casos por "presuntos victimarios," se distingue entre "grupo armado sin identificar" (35 casos) y "autor sin identificar" (118), que sumados corresponden al *59,5% del total* (153 casos).

Es más, hay estudios sobre el tema que han tenido que tomar ciertas medidas de carácter metodológico para "gestionar" la ambigüedad propia de estos datos. Por ejemplo, CODHES advierte expresamente que "el campo de presuntos responsables fue en el que se registraron más diferencias entre las fuentes de información por lo que se decidió crear la categoría de 'grupo armado ilegal no dirimido por las fuentes' cuando los registros se contradijeran por el uso de distintas categorías para denominar la misma estructura armada o por la asignación diferenciada a grupos armados que hacían presencia en el territorio. De este modo, para 122 víctimas (47%) se seleccionó esta opción, es decir que en estos casos una o varias fuentes de las consultadas, incluidas las de prensa, no coincidieron en el presunto responsable del hecho; en el resto de los casos (140 víctimas, 53%) las fuentes sí coincidieron en la asignación del presunto autor."[75]

Y el Observatorio de Tierras,[76] propone un abanico más que detallado de cinco opciones para preguntar y sistematizar la posible motivación del acto violento:

a) Ninguna fuente reporta el motivo de la victimización.
b) Varias fuentes reportan el motivo de la victimización, pero se contradicen. Algunas afirman que hay relación con la actividad de la víctima, otras que no.
c) Hay una sola fuente y ésta afirma que el motivo de la victimización es la actividad del líder o reclamante, o hay varias fuentes y todas coinciden en que el motivo de la victimización es la actividad del líder o del reclamante (incluso si hay leves diferencias en el reporte de dicho motivo).
d) Hay una sola fuente y ésta afirma que el motivo de la victimización NO es la actividad del líder o reclamante, o hay varias fuentes y todas coinciden

en que el motivo de la victimización NO es la actividad del líder o del reclamante (incluso si hay leves diferencias en el reporte de dicho motivo).

e) Ninguna fuente reporta el motivo, pero al menos una sugiere indicios serios de que éste estuvo relacionado con la actividad de la víctima.

f) Los casos c. y d. están relativamente libres de ambigüedad, y definen la decisión (incluir y no incluir, respectivamente). Esto aplica también para situaciones en que unas fuentes refieren el motivo, y otras no. Lo importante es que las que sí lo refieren estén básicamente de acuerdo.

g) Los casos de tipo a. se incluyen provisionalmente, hasta que evolucionen al menos hasta casos de tipo e. Los b. y e. se incluyen con observaciones.

Más allá de celebrar el rigor metodológico, esta ausencia o vacío en la comprensión de las motivaciones y, de paso, de los posibles agresores, indica un cambio significativo en las dinámicas de la violencia antes del Acuerdo de Paz con las FARC-EP. Asistimos a un escenario en donde a los actores armados no parece importarles el aprovechar el sello de la violencia, como señal de su dominio territorial. Otra posibilidad puede ser la de un cambio de estrategia para disminuir al máximo las posibilidades de judicialización por los crímenes, es decir, para estos actores violentos pareciera ofrecer más ventajas el anonimato que la muestra de la capacidad de daño en un tiempo y lugar determinados.

Finalmente, veamos qué otros datos tenemos sobre las mujeres lideresas en todo este panorama.

Particularidades de la situación de las lideresas

En esta lucha muchas defensoras de derechos humanos estamos solas, sin pareja, porque muchos hombres aún no apoyan estas batallas.[77]

—María Eugenia Cruz, Coordinadora de la Red Nacional de Mujeres

Defensoras de Derechos Humanos

En lugar de comenzar por las cifras, tratándose de las lideresas sociales, habría que empezar poniendo de presente lo difícil que sigue siendo incursionar y posicionarse en la esfera de lo público y de lo político para las mujeres en Colombia. A pesar de ser un país con niveles más bien bajos en participación electoral, así como en actividad asociativa, muchas de las mujeres que deciden liderar movimientos sociales y políticos de todo tipo, se exponen a múltiples obstáculos, incluso desde la esfera íntima, familiar y/o por parte de sus pares.

Estas dificultades no son particulares del contexto colombiano. En un estudio a escala regional sobre la violencia política contra mujeres en América latina dirigido por Flavia Freidenberg y Gabriela del Valle, se ponen de manifiesto los rasgos y obstáculos comunes para las mujeres que quieren "acceder, influenciar y/o ejercer el poder en sus comunidades y/o hacer efectivo el ejercicio de sus derechos político-electorales... en particular a nivel local," exponiéndose a diferentes niveles de agresión, incluyendo la pérdida de sus vidas.[78]

Aunque no todos los casos de agresiones contra lideresas sociales en Colombia puedan caracterizarse como tal, vale la pena precisar este concepto de violencia política contra las mujeres:

> La violencia contra las mujeres en la política fue definida de manera pionera por Krook y Restrepo y, sostenían que era cualquier "agresión física y/o psicológica, ejercida por responsables partidarios y otros actores políticos, para resistir la presencia de las mujeres en la vida pública." Esto es, conductas que están dirigidas específicamente contra las mujeres por ser mujeres. Aunque está dirigida a una mujer en particular, "estas acciones, están dirigidas contra todas las mujeres, en un intento por preservar la política bajo el dominio masculino.[79]

Esta conexión con la dimensión política (entendida de modo amplio, aunque con un énfasis especial en la dimensión electoral), tiene particular sentido cuando se piensa en los esfuerzos transicionales para superar guerras, dictaduras, en fin. Ya sea porque la reconfiguración sociopolítica e institucional propia de ciertas transiciones abre ventanas de oportunidad a actores tradicionalmente marginados de los espacios de toma de decisiones y entre ellos particularmente a las mujeres,[80] ya sea porque la ingeniería transicional adopta como referente a la agenda de las Naciones Unidas sobre "mujeres, paz y seguridad," en especial lo establecido en la Resolución 1325 de 2000 del Consejo de Seguridad y en la batería de resoluciones posteriores, marco en el cual se invita a aumentar, fortalecer, facilitar la participación de las mujeres en todas las instancias, procesos y autoridades propios de la "transicionalidad."

Dicho esto, y volviendo al contexto actual colombiano, hay estudios que en efecto asumen que las negociaciones con las FARC-EP constituyeron una oportunidad significativa para la participación de las mujeres y el posicionamiento de su perspectiva en la construcción del Acuerdo final.[81] Sin embargo, hay otros que señalan al mismo tiempo que dicha oportunidad aumentó el riesgo de estar expuestas a la violencia política (véanse Tablas 4.3 y 4.4):

> La participación de mujeres defensoras y víctimas en las delegaciones que fueron a La Habana para presentar sus propuestas a los negociadores, elevó su perfil considerablemente. Las defensoras hacen frente a una paradoja: trabajando juntas consiguieron lograr una perspectiva de género en el AFP [acuerdo final de paz], pero aumentó su visibilidad y a la vez las expuso a mayores niveles de riesgo. El

diagrama 1 muestra cómo, entre el comienzo de los Diálogos de Paz (2012) y el primer año de implementación del AFP (2017), el número de asesinatos de defensoras se triplicó.[82]

A estas cifras se suma un análisis del contexto según el cual no sólo las mujeres se destacan como activistas en la defensa de la materialización de lo pactado en el Acuerdo de Paz, con todo y "los fracasos en la implementación de aspectos clave del [mismo], como por ejemplo la reincorporación integral de excombatientes, la reforma rural o la sustitución voluntaria de cultivos ilícitos."[83] Una defensa que además las expuso a una nueva paradoja, descrita por la OACNUDH y por el estudio citado como "una nueva tendencia en los móviles de los asesinatos, puesto que en años anteriores la mayoría de los defensores de los derechos humanos fueron asesinados por oponerse a las políticas del Gobierno, no por apoyarlas."[84] Y, de hecho, según el mismo documento, "[l]a estigmatización por parte de la Fuerza Pública y otros sectores del estado (sic), que sugiere que las personas defensoras son miembros de las guerrillas porque apoyan la implementación del AFP [acuerdo final de paz], ha sido también un factor a tener en cuenta en el aumento de los niveles de riesgo y de asesinatos de las defensoras."[85]

Es en este contexto que se entiende por qué ciertas lideresas comprometidas con la restitución de tierras despojadas violentamente en el marco del conflicto, cuentan que una medida de "autocuidado" fue dejar de hablar

Tabla 4.3: Porcentaje de mujeres defensoras asesinadas. Fuente: ABColombia, a partir de los datos de la Oficina del Alto Comisionado de Naciones Unidas para los Derechos Humanos (OACNUDH). ABColombia et al., "Hacia un cambio transformador," 23.

Año	2012	2013	2014	2015	2016	2017
Defensoras asesinadas	7	11	6	10	11	22
Número total de defensores/as asesinados	69	78	55	63	82	121
% de mujeres asesinadas	10%	14%	11%	16%	13%	19%

Tabla 4.4: Líderes y lideresas asesinados (2016–2019). Fuente: INDEPAZ. INDEPAZ, "Informe líderes y defensores de DDHH," 16–17.

	2016	2017	2018	2019	Total
Mujeres	18	27	38	21	104
Hombres	114	181	244	91	630
Total	132	208	282	112	734

de los temas sensibles... Todo lo que suene a "ese tema" es mejor evitarlo, porque a quien hable de eso, lo matan.[86]

Entonces, según ciertos análisis, el protagonismo y compromiso de muchas mujeres activistas con el Acuerdo de Paz implicó un nuevo riesgo para su seguridad personal y para sus vidas. Pero, según otros puntos de vista, los riesgos de género no se limitan a estas dos dimensiones. Las particularidades de la violencia ejercida contra las lideresas sociales que subrayan las fuentes consultadas se pueden agrupar en tres aspectos: el primero se refiere a la imbricación de las amenazas y asesinatos con la violencia sexual, el segundo a la conexión de la violencia contra estas mujeres y el ámbito familiar, y, finalmente, el tercero tiene que ver con las brechas de género en el liderazgo social, dentro de la cual se incluye la persecución de ciertas agendas feministas específicamente. Veamos puntualmente cada uno de ellos.

La violencia sexual como distintivo. Empecemos con unas cifras al respecto: la Defensoría del Pueblo reportó que el 16,8% de las 143 lideresas o defensoras que atendió entre enero de 2016 y diciembre de 2017, declararon haber sido víctimas de violencia sexual. El informe coordinado por la CCJ afirma que: "un hallazgo preocupante se refiere a las violaciones al derecho a la vida registradas contra las mujeres: de las 38 mujeres asesinadas, 7 mujeres (18,4%) fueron asesinadas con sevicia sobre sus cuerpos, deformándolos y en algunos casos perpetrando violencia sexual contra ellas."[87] Es más, comparando el perfil detallado que presenta este mismo informe sobre cada asesinato, sólo en los casos relativos a mujeres y personas de la población LGBT, se reporta también violencia sexual sobre las víctimas.

Una vez más, en un país en donde el número de víctimas de crímenes sexuales cometidos en el marco del conflicto armado suma un total de 22.915 personas,[88] no parece sorprender esta imbricación entre la violencia sexual y ejecuciones extrajudiciales. Está claro además que, en la guerra colombiana como en todas las guerras, la violencia sexual ha sido un instrumento al servicio del control poblacional, territorial, un "botín de guerra"[89] y, en general, una muestra clarísima de su expresión como violencia sexista y de género, cuya denuncia y esclarecimiento se expande a diversos obstáculos, además.[90] Sin embargo, la distribución de la fenomenología de las formas de violencia en razón de género, y no sólo en el caso colombiano, ha implicado que los asesinatos selectivos sean un riesgo mayor para los hombres que para las mujeres, sin que esto implique que ellas no hayan sido víctimas de desapariciones, torturas y, por supuesto, de muertes violentas. Pero lo que nos interesa resaltar aquí es que, incluso cuando el objetivo principal (el dolo del delito en cuestión) es claramente el ponerle fin a la vida de una persona, y en los casos que nos interesan, de un líder o lideresa social; cuando se está frente a una mujer o de una persona de la población LGBT, no es suficiente con cegar su vida, está claro que ese cuerpo se considera como un escenario disponible para las diversas formas de violencia sexual. Si es una marca, un mensaje, una expresión de la dominación patriarcal o todas las anteriores, es algo que habría que analizar en cada caso.

Ahora bien, si podemos aventurarnos en estas preguntas gracias a lo que sabemos sobre la violencia sexual ejercida contra lideresas, hay opiniones que indican que lo que no sabemos puede ser aún más grave. Según CODHES, los eventos de violencia sexual contra lideresas pueden ser más que las muertes de líderes varones. Pero —estiman— el subregistro es enorme porque a las mujeres asesinadas no se les realizan sistemáticamente exámenes sexológicos[91] y son más que conocidos todos los obstáculos que implica para una víctima resolverse a denunciar este tipo de crímenes.[92] Y, a pesar de las reservas frente a las estadísticas oficiales, el informe más reciente de CODHES sobre la situación de las lideresas sociales específicamente, resalta que:

> Según los datos de violencia sexual suministrados por el Instituto de Medicina Legal de Colombia, hasta octubre de 2018 se presentaron 18 casos de agresión sexual en contextos de violencia sociopolítica, de los cuales *el 89 por ciento de las víctimas fueron mujeres.* Los escenarios de estos eventos fueron: la retención ilegal (66%), agresión contra grupos marginales o descalificados (22%), agresión a defensoras de derechos humanos (17%) y violencia (11%).[93] (Cursivas fuera del texto original)

Las amenazas contra las lideresas también son elocuentes al respecto. Según la Defensoría del Pueblo: "el lenguaje usado en las amenazas dirigidas a las defensoras de Derechos Humanos tiene un alto contenido sexista, hace alusiones a su cuerpo, y son presentadas junto con 'insinuaciones sexuales'."[94]

No se necesita hacer un análisis de discurso muy detallado (aunque valdría la pena hacerlo en futuros análisis), sobre los textos de estas amenazas, para poder aventurarse en una interpretación, un tanto lineal sí, pero finalmente bastante clásica sobre su relación con una de las implicaciones de la incursión en la esfera pública para las mujeres: en la medida que uno de los mandatos de género propios de las sociedades tradicionales conmina a las mujeres a ser guardianas de su integridad sexual, como dimensión tanto corporal como moral que constituye —según esta visión conservadora— su principal valor como seres humanos (además de su cotización en el "mercado de la seducción,") no parece sorprender que no baste con anunciarle a una "mujer pública" que su vida corre riesgo, es necesario además recordarle que su existencia se deprecia sobre todo y además por cuenta de un acto de violencia sexual. Y el hecho de que las cifras revelen que efectivamente son varias las lideresas sociales asesinadas que además han sido sometidas a formas diversas de violencia sexual confirma que no se trata simplemente de una amenaza.

La familia: una dimensión también bajo amenaza

> *¿Te das cuenta ahora de que esto es lo que pasa cuando te metes donde no te llaman, abandonas a tus hijos, no te comportas como debes y no te quedas a salvo en casa?*[95]

Este —asumimos—, sincero testimonio de un varón heterosexual, pareja sentimental de una lideresa amenazada, manifiesta una terrible insolidaridad que a la vez concentra una serie de prejuicios a los que se exponen las mujeres que han sido víctimas de violencia de muchos tipos. Fundado sobre la creencia de que las mujeres están seguras en sus casas (contrariamente a lo que muestran las estadísticas sobre violencia conyugal e intrafamiliar en Colombia), el desahogo que le atribuye a la mujer buena parte de la responsabilidad por haber sido violentada también reposa en la idea de que la esfera pública implica riesgos que ellas no podrán gestionar, además de justificar consciente o inconscientemente la materialización de dicho riesgo, como pago a su incumplimiento de las labores de cuidado, especialmente cuando se es madre.

No parece casualidad, entonces, que varias lideresas hayan sido asesinadas en compañía de sus hijo/as, familiares. Y, aunque interpretar exactamente qué evoca cada circunstancia dada nuestra distancia de estos casos sería muy atrevido, lo que sí parece claro es que, si estas mujeres murieron estando acompañadas por o en presencia de alguien de su familia, la supuesta división de lo público y político, con lo privado, no sólo desaparece violentamente, es más, se trata de una manifestación en donde "lo político es personal," invirtiendo la lógica reivindicada por el célebre eslogan feminista de la segunda ola. Y en términos menos abstractos, da para intuir que las condiciones del ejercicio del activismo de muchas de estas mujeres resulta inescindible de sus labores de cuidado cotidianas. Conexión que la Defensoría ha subrayado con claridad, al reportar que: "las amenazas también incluyen usualmente a su grupo familiar [...] como características de los riesgos diferenciales de género." A los cuales, de hecho, se suman otras dimensiones.

Las brechas de género en el liderazgo social

El activismo, el mundo asociativo, los sindicatos, los partidos políticos no han sido un espacio fácil para las mujeres. La diferenciación o especificidad de la constitución de organizaciones de mujeres y feministas no mixtas, en parte tiene mucho que ver con la hostilidad propia de estos escenarios, la cual resulta muchas veces contradictoria con la filosofía que ha inspirado la creación y renovación de los movimientos sociales.[96] Es más, puede afirmarse sin muchos rodeos que buena parte de la acción colectiva y de los movimientos sociales suelen reproducir las normas, representaciones y lógicas del sistema sexo/género,[97] a pesar de buscar o de crearse para producir cambios sociales, incluso cuando su agenda busca precisamente modificar o replantear ese mismo sistema sexo/género.[98]

Gracias a una encuesta realizada por CODHES junto con el Centro Nacional de Consultoría y USAID,[99] tenemos algunos datos que muestran que el universo de los actuales liderazgos sociales en Colombia no es la excepción.[100] Por ejemplo, hay diferencias importantes en los niveles de educación de hombres y mujeres, que no se traducen sin embargo en una percepción de ser escuchadas o de tener las mismas oportunidades de liderazgo con respecto a los hombres: "el 79 por ciento de las mujeres lideresas con acceso a espacios de participación del nivel nacional se graduó de educación superior,[101] solamente el 51% de los hombres con el mismo acceso tiene este nivel educativo." Y, a pesar de esta ventaja en la formación, la encuesta arroja que la mayoría de las mujeres (59% y 60%, respectivamente) creen que tienen menos oportunidades que los hombres y son menos escuchadas en sus organizaciones.[102] Mientras que los hombres creen que tienen los mismos obstáculos que las mujeres (74%), las mujeres creen que son distintos (62%).[103] El 79% de las mujeres consideró que la visibilidad pública y la sobrecarga de trabajo eran obstáculos para su liderazgo, mientras que solamente un 58% y un 6% de los hombres, respectivamente, opinaron lo mismo.[104]

Aunque la formulación de ciertas preguntas permite múltiples interpretaciones, las respuestas dejan ver unas diferencias interesantes en las percepciones, en especial acerca de la carga de trabajo. Como no se preguntó específicamente por el uso del tiempo y la división sexual de roles dentro y fuera del trabajo organizativo, no es posible concretar la categoría de "sobrecarga de trabajo;" pero sí es posible afirmar que las mujeres viven su quehacer como lideresas con la sensación de tener demasiado trabajo a cargo,[105] en un país en donde el 76% del trabajo no remunerado (que incluye el doméstico) es realizado por mujeres.

Las otras preguntas parecen reflejar percepciones de dimensiones comparables en espacios formales de participación, más precisamente, en el escenario por excelencia de la participación política como es el Congreso de la República. En un estudio de la MOE, para caracterizar a congresistas,[106] se les preguntó por ejemplo acerca de "cuáles pensaban que eran las principales dificultades de las mujeres para entrar en política. El 27% no sabían o no respondieron, otro 20% opinó que las mujeres tienen más obligaciones familiares que los hombres, y el 19% aseguró que las mujeres siempre deben esforzarse más para demostrar que son capaces."[107] "Del mismo modo se les pidió a los congresistas que señalaran los factores que limitan la participación política de la mujer. El 24% de congresistas, hombres y mujeres, respondieron que el machismo era la principal limitante, seguido por responsabilidades familiares que tienen las mujeres y por el miedo e inseguridad."[108]

Aunque se podrían hacer muchos análisis a partir de estos datos, nos limitaremos aquí a llamar la atención sobre la disociación entre la conciencia del peso del machismo y de las diferencias de género, y una modificación de las actitudes y prácticas que pudiera tener lugar en consecuencia, pensando por lo menos en el campo específico de la acción colectiva y de los movimientos sociales y políticos.

Finalmente, y volviendo a la realidad específica de los liderazgos sociales amenazados, llama la atención que dentro de las iniciativas locales que figuran como amenazadas se encuentren causas que representan ciertas corrientes feministas, en especial, las acciones colectivas que luchan por la abolición de la prostitución. Estas iniciativas se han visto expuestas a fuertes amenazas, en especial en los barrios vulnerables de centros urbanos, junto a otras iniciativas de líderes comunitarios contra el microtráfico, especialmente en o cerca de instituciones educativas. Por lo cual, incluso "docentes y directivos son frecuentemente objeto de amenazas y señalamientos a causa de ello."[109] Introduciendo desde otro ángulo la pregunta por la dimensión de género de la violencia sociopolítica.

Dicho todo esto, y si bien la caracterización del fenómeno muestra a la vez cifras angustiantes como múltiples preguntas aún sin respuesta clara, hasta el momento pareciera que ni el Estado ni las mismas organizaciones hubiesen hecho algo distinto a tratar de contar amenazas, víctimas y muertes. La realidad es mucho más compleja y, de hecho, son muchos los esfuerzos emprendidos hasta el momento para contrarrestar esta violencia.

¿Qué se ha hecho?

Desde el sistema de Naciones Unidas, la situación de las defensoras de derechos humanos (que es la categoría propia del DIDH como advertíamos más arriba), empezó a generar una preocupación particular desde 2013, cuando la Comisión de la Condición Jurídica y Social de la Mujer en su 57ª sesión reconoce por primera vez unos derechos específicos. Y el 18 de diciembre del mismo año, es adoptada la Resolución sobre Protección de las Defensoras de los Derechos Humanos y las Personas Defensoras de los Derechos de la Mujer que fue adoptada por la Asamblea General de las Naciones Unidas. Específicamente,

> La resolución reconoce los riesgos, la discriminación y la violencia sistemáticas que enfrentan las defensoras de los derechos humanos y exhorta a los Estados a adoptar políticas y programas concretos que incorporen una perspectiva de género para la protección de las mujeres defensoras de los derechos humanos y asegurar su participación efectiva en el diseño e implementación de medidas dirigidas a su protección, así como para crear un entorno seguro y propicio para la defensa de los derechos humanos, incluso suministrando recursos adecuados para la protección inmediata y de largo plazo. Pone en el centro la responsabilidad de los Estados para actuar con la debida diligencia para prevenir las amenazas, el acoso y la violencia contra las defensoras de los derechos humanos y para poner fin a la impunidad, asegurando que los responsables de esas violaciones cometidas por agentes estatales y no estatales, en internet y por otros medios, se sometan a investigaciones imparciales y sin dilación comparezcan ante la justicia.[110]

No hay dimensión que la Resolución parezca haber dejado de lado. Es más, hizo un aporte interesante en cuanto a la definición de lo que es una defensora de derechos humanos, puesto que cobija también a: "todas las personas que se dedican a defender los derechos de la mujer y a las cuestiones relacionadas con la igualdad entre los géneros," con lo cual, "necesariamente hace referencia a asuntos sobre la identidad de género y las cuestiones sobre sexualidad, ya que estos asuntos son intrínsecos a la igualdad entre mujer y hombre, según un análisis de Alda Facio sobre el alcance de la Resolución."[111]

A pesar de esta exhortación del sistema universal de protección de derechos humanos a los Estados, las respuestas de las autoridades colombianas, con excepción especialmente de lo hecho por la Defensoría del Pueblo, dejan mucho que desear. Para resumirlo de forma muy cruda: a líderes y lideresas los siguen matando, las cifras aumentan y, lo que es más grave, según denuncias de la misma Defensoría, si el Ejecutivo hubiese atendido en debida forma sus advertencias, muchas vidas podrían haber sido salvadas.[112]

Teniendo en cuenta este panorama y, en contraste con el esfuerzo de hacer una caracterización muy detallada de la primera parte, en esta segunda nos limitaremos a hacer una presentación muy esquemática de lo que ha hecho el Estado colombiano,[113] no sólo porque la suma de esfuerzos esté resultando poco eficaz, sino también porque los análisis al respecto coinciden en las conclusiones generales, a diferencia de lo que sucede con la comprensión del fenómeno.

La respuesta estatal o la cascada de normas

> *Ustedes comprenderán que con un presupuesto que tiene la UNP de un billón de pesos no se le puede dar recursos ni personal a 8 millones de personas.*[114]

La desarticulación de esfuerzos institucionales es uno de los rasgos principales de la respuesta estatal a esta crisis humanitaria. De hecho, el protagonismo de la Defensoría del Pueblo (gracias a sus cifras, al Sistema de Alertas Tempranas), rápidamente se percibe también como una voluntad casi solitaria dentro del Estado. No por nada, el Defensor del Pueblo ha insistido en que:

> Las alertas tempranas no son para controvertir ni para ser controvertidas. Después de emitir la Alerta Temprana N° 026-18, en marzo del 2018, fueron asesinados 162 defensores de derechos humanos y líderes sociales, la mayoría de ellos, en solo 99 municipios de todo el país.[115]

Además de defender la utilidad del SAT para salvar vidas, la Defensoría expidió dicha alerta para llamar la atención del Ejecutivo acerca de la situación de riesgo de 428 organizaciones e iniciativas sociales repartidas por casi todo el territorio nacional. La alerta también hace una lectura georreferenciada de los riesgos, del tipo de liderazgos más expuestos, de las debilidades de la respuesta institucional hasta el momento. Termina por hacer recomendaciones a cada una de las instancias existentes, que —de hecho— no son pocas.

Para tener una idea general de este conjunto de instancias y esfuerzos institucionales, a continuación (Tabla 4.5), se hace una presentación del conjunto de las principales normas (es decir, se trata de un recuento no exhaustivo),[116] que han sido adoptadas en materia de protección a liderazgos sociales, actividades de defensa de los derechos humanos, antes del Acuerdo de Paz, en virtud del mismo y también a raíz de la crisis que analizamos en este texto.

En el siguiente cuadro enunciamos en la primera columna las normas en orden cronológico, precisando su título o contenido general, para luego presentar en la segunda columna cuáles han sido los aspectos específicos relativos a las mujeres o al género en dicha norma, así como los comentarios que eventualmente han hecho al respecto las diferentes fuentes consultadas, los cuales, en líneas generales, plantean críticas y reparos al sentido, utilidad, motivación o eficacia de dichas normas. Cabe agregar que si bien la situación de seguridad de líderes y lideresas ya era grave bajo el gobierno anterior, la percepción de la actitud del actual gobierno frente al tema no es la más positiva, en especial, debido a declaraciones como la citada arriba del actual Ministro de Defensa, quien se escudó en la falta de recursos de la Unidad Nacional de Protección,[117] como una especie de determinismo superior a la capacidad de decisión del gobierno, para proteger la vida de los líderes y lideresas amenazados. Como se verá entonces, las apreciaciones —sobre todo de las últimas medidas adoptadas— no son las más positivas.

Hay muchas maneras de leer lo que muestra esta síntesis tan apretada de los instrumentos legales e institucionales existentes. Nos limitaremos a

Tabla 4.5: Principales normas adoptadas en materia de protección a líderes y lideresas sociales. Fuente: elaboración propia.

Norma	Observaciones y aspectos a resaltar relativos a las mujeres y/o al enfoque de género
Decreto 4912 de 2011 – Por el cual se organiza el Programa Prevención y Protección de los derechos a la vida, la libertad, la integridad y la seguridad de personas, grupos y comunidades que se encuentran en situación de riesgo extraordinario o extremo como consecuencia directa del ejercicio de sus actividades o funciones políticas, públicas, sociales o humanitarias, o en razón al ejercicio de su cargo.	Incluye un enfoque diferencial para la evaluación de riesgo, así como para la recomendación y adopción de las medidas de protección: así, deberán ser observadas las especificidades y vulnerabilidades por edad, etnia, género, discapacidad, orientación sexual y procedencia urbana o rural de las personas objeto de protección. (Dicho enfoque debe orientar también la adopción de Protocolos de atención específicos). También menciona expresamente la posibilidad de que el personal de protección asignado sean mujeres.
Resolución 1085 de 2015 del Ministerio del Interior: El Gobierno Nacional (Ministerio del Interior y la Unidad Nacional de Protección – UNP), instalaron en diciembre de 2015 el Comité de Evaluación de Riesgo para comunidades y colectivos del país, "una nueva etapa en el desarrollo del modelo de protección con protocolos diferentes a la protección individual, para mitigar el riesgo de las poblaciones. El Comité de Evaluación de Riesgo y Recomendación de Medidas (CERREM) de Colectivos forma parte de la denominada 'Ruta de Protección Colectiva,' un procedimiento de atención interinstitucional en materia de protección grupal conformado mediante la resolución 1085 de 2015 del Ministerio del Interior, resultado del trabajo que desde el año 2012 desarrolla al respecto la cartera política con el apoyo técnico de la Oficina del Alto Comisionado de las Naciones Unidas para los Refugiados (Acnur)."*	Dentro de estos Comités, se estableció uno específico para mujeres: el Comité de Evaluación de Riesgo y Recomendación de Medidas para atender las necesidades específicas de las mujeres en el marco de la Ruta de Protección del programa de la UNP. En este espacio participan 4 representantes delegadas por las mujeres (mujeres víctimas, lideresas, organizaciones de mujeres); entidades estatales y organismos internacionales que trabajan en la defensa y garantía de los derechos de las mujeres. Los casos son estudiados desde un enfoque de género y se adoptan medidas integrales o complementarias a favor de la protegida.

Norma	Observaciones y aspectos a resaltar relativos a las mujeres y/o al enfoque de género
	Este CERREM creó una ruta de atención, así como unos criterios especiales para priorizar casos, especialmente en caso de violencia sexual.† Y si bien se celebra que exista este espacio y estas medidas especiales, hay análisis que se preocupan por la diferencia existente entre la visibilidad de las mujeres dentro de las organizaciones feministas y/o de mujeres y de las que están en las organizaciones mixtas. Y un problema es que las políticas públicas y lo que hace el CERREM se ha pensado desde la lógica de las organizaciones de mujeres solamente.
Decreto 1314 de 2016 – Crea la Comisión Intersectorial de Garantías para las Mujeres Lideresas y Defensoras de los Derechos Humanos. Derechos Humanos. Funciones: Coordinar y orientar la formulación, implementación y seguimiento del programa Integral de Garantías para las Mujeres Lideresas y Defensoras de Derechos Humanos y su Plan de Acción en los niveles nacional, departamental, distrital y municipal. 2. Impartir lineamientos a entidades para sistematizar la información que permita hacer seguimiento al cumplimiento del Plan de Acción del Programa Integral de Garantías para las Mujeres Lideresas y Defensoras de Derechos Humanos. 3. Formular recomendaciones para priorización de la inversión y la gestión de esquemas de cofinanciación y ejecución que permitan adecuada implementación del Programa Integral de Garantías para las Mujeres Lideresas y Defensoras de Derechos Humanos.	Esta comisión debe regular la participación de las organizaciones de mujeres, lo cual de hecho coincide con las recomendaciones de varios informes que consideran, por ejemplo, que “la transformación del sector de la seguridad requiere un proceso de diálogo con las mujeres para garantizar que las políticas de seguridad cuenten con un enfoque étnico y de género.”‡

Continued

Tabla 4.5: Continued

Norma	Observaciones y aspectos a resaltar relativos a las mujeres y/o al enfoque de género
Decreto Ley 154 de 2017. "Por el cual se crea la Comisión Nacional de Garantías de Seguridad en el marco del Acuerdo Final, suscrito entre el Gobierno Nacional y las FARC-EP el 24 de noviembre de 2016," que tiene por objeto "el diseño y seguimiento de la política pública y criminal en materia de desmantelamiento de las organizaciones o conductas criminales responsables homicidios y masacres, que atenten contra defensores/as derechos humanos, movimientos sociales o movimientos políticos, o que amenacen o atenten contra las personas que participen en la implementación de los Acuerdos y construcción de la paz, incluyendo las organizaciones criminales que hayan sido denominadas como sucesoras del paramilitarismo y sus redes de apoyo."	A esta Comisión se le critica que no toma decisiones y también que su visión ha reducido el Acuerdo de paz a las cuestiones de desmovilización, desarme y reintegración a la vida civil (DDR). También se critica el carácter esencialmente reactivo, teniendo en cuenta que "se debe priorizar el enfoque preventivo sobre la adopción de medidas de protección de carácter temporal. Para tal propósito, la Comisión Intersectorial para la Respuesta Rápida a las Alertas Tempranas (CIPRAT), el Plan de Acción Oportuna y la Comisión Nacional de Garantías de Seguridad deberían ser espacios adecuados para abordar este enfoque."
Decreto Ley 895 de 2017, "por el cual se crea el Sistema Integral de Seguridad para el Ejercicio de la Política," se desarrollaron los puntos 2.1.2.1., 2.1.2.2. Y 3.4.7. del Acuerdo Final, en cuyo artículo 14 se dispone la creación del Programa Integral de Seguridad para las comunidades y organizaciones en los territorios.	Para la MOE es preocupante la desarticulación observada durante el año 2018 entre los espacios y las entidades creadas en desarrollo de los acuerdos y encargadas de la implementación de estas políticas tales como las emanadas del decreto 895 de 2017 (Sistema Integral de Seguridad para el Ejercicio de la Política), el decreto 154 de 2017 (Comisión Nacional de Garantías de Seguridad) y el decreto 898 de 2017 (Unidad Especial de Investigación dentro de la Fiscalía General de la Nación).§
Decretos que definen las tareas de la Unidad Nacional de Protección (UNP):	Los tiempos y términos de la reacción de esta Unidad han sido cuestionados, principalmente en lo referente a:

Norma	Observaciones y aspectos a resaltar relativos a las mujeres y/o al enfoque de género
Decreto 1487 de 2018 De Presidencia de la República "por el cual se modifican los artículos 2.4.1.2.6. Y 2.4.1.2.7. del Decreto número 1066 de 2015, Único Reglamentario del Sector Administrativo del Interior, para la protección de los servidores públicos del Sistema Integral de Verdad, Justicia, Reparación y no Repetición." • ***Decreto 1232 de 2018*** de Presidencia de la República "por el cual se adiciona el Capítulo 2, del Título 2, de la Parte 5, del Libro 2 del Decreto número 1066 de 2015, Único Reglamentario del Sector Administrativo del Interior, para establecer medidas especiales de prevención y protección de los derechos de los Pueblos Indígenas en Aislamiento o Estado Natural y se crea y organiza el Sistema Nacional de Prevención y Protección de los derechos de los Pueblos Indígenas en Aislamiento o Estado Natural." • ***Decreto 660 de 2018*** del Ministerio del Interior. "Por el cual se adiciona el Capítulo 7, del Título 1, de la Parte 4, del Libro 2 del Decreto 1066 de 2015, Único Reglamentario del Sector Administrativo del Interior, para crear y reglamentar el Programa Integral de Seguridad y Protección para Comunidades y Organizaciones en los Territorios; y se dictan otras disposiciones." • ***Decreto 2252 de 2017*** de Presidencia de la República "Por el cual se adiciona el Capítulo 6, del Título 1, de la Parte 4, del Libro 2 del Decreto 1066 de 2015, Decreto Único Reglamentario del Sector Administrativo del Interior, sobre la labor de gobernadores y alcaldes como agentes del Presidente de la República en relación con la Protección individual y colectiva de líderes y lideresas de organizaciones y movimientos sociales y comunales, y defensores y defensoras de derechos humanos que se encuentren en situación de riesgo."	"En muchas ocasiones, las medidas de protección otorgadas a los defensores no respondían a los riesgos y complejidades del contexto en el que estos desempeñaban su labor. Tal fue el caso de la corregidora de una zona rural apartada y afectada por el conflicto en el sur del país, quien fue amenazada en abril de 2018 por denunciar a una banda de microtráfico que vendía sustancias psicoactivas en la escuela local. Las medidas de protección otorgadas en septiembre por la Unidad Nacional de Protección (UNP) fueron un botón de pánico, un celular y un chaleco antibalas. Sin embargo, no todos estos elementos eran idóneos teniendo en cuenta las dificultades de acceso y la falta de comunicaciones que existían en la zona donde la corregidora ejercía sus funciones.

Continued

Tabla 4.5: Continued

Norma	Observaciones y aspectos a resaltar relativos a las mujeres y/o al enfoque de género
• ***Decreto 2078 de 2017*** de Presidencia de la República "por el cual se adiciona el Capítulo 5, del Título 1, de la Parte 4, del Libro 2 del Decreto 1066 de 2015, Decreto Único Reglamentario del Sector Administrativo del Interior, sobre la ruta de protección colectiva de los derechos a la vida, la libertad, la integridad y la seguridad personal de grupos y comunidades." • ***Decreto 1581 de 2017*** de Presidencia de la República "por el cual se adiciona el Título 3 a la Parte 4, del Libro 2 del Decreto 1066 de 2015, Decreto Único Reglamentario del Sector Administrativo del Interior, para adoptar la política pública de prevención de violaciones a los derechos a la vida, integridad, libertad y seguridad de personas, grupos y comunidades, y se dictan otras disposiciones." • ***Decreto 299 de 2017*** de Presidencia de la República "por el cual se adiciona el Capítulo 4 al Título 1, de la Parte 4 del Libro 2 del Decreto 1066 de 2015, en lo que hace referencia a un programa de protección." • ***Decreto 567 de 2016***, de Presidencia de la República "por el cual se modifican algunos artículos del Capítulo II, del Título I, de la Parte 4, del Libro 2, del Decreto 1066 de 2015, Decreto Único Reglamentario del Sector Administrativo del Interior."	

Norma	Observaciones y aspectos a resaltar relativos a las mujeres y/o al enfoque de género
Protocolo para la coordinación de las acciones de respeto y garantía a la protesta pacífica como un ejercicio legítimo de los derechos de reunión, manifestación pública y pacífica, libertad de asociación, libre circulación, a la libre expresión, libertad de conciencia, a la oposición y a la participación (Ministerio del Interior).	Este instrumento incluyó un "Enfoque pro mujeres," el cual se explica de esta forma: Enfoque de adopción de medidas que garanticen el reconocimiento de las mujeres en sus diversidades como sujetos políticos que desarrollan el ejercicio de su ciudadanía plena y a la manifestación, movilización y protesta pacífica a través de múltiples expresiones que en ocasiones se apartan de las formas tradicionales. Cualquier decisión relacionada con las medidas adoptadas sobre su derecho a la manifestación y movilización, así como la protesta pacífica, debe ser concertada con las mujeres y en cualquier caso deberá garantizar su libertad y autonomía sobre el cuerpo y la manera de expresar su protesta pacífica más ampliada.
Creación de la Unidad Especial de Investigación para el Desmantelamiento de las Organizaciones y Conductas Criminales de la Fiscalía General de la Nación (Decreto 898/2017). Y adopción de un plan de fortalecimiento de esta Unidad (con apoyo de la Unión Europea), cuyo objetivo es apoyar las investigaciones que buscan desmantelar organizaciones criminales e identificar a los responsables de los homicidios y las masacres contra líderes sociales.	A pesar de la creación de una dependencia específica de la Fiscalía para este tema, los resultados son altamente cuestionados: "En 2017, un 70% de las investigaciones judiciales de asesinatos de defensores seguían en la fase inicial. En otras palabras, los procesos no habían avanzado y en solo cinco casos se había pronunciado sentencia. Dos de dichos casos eran de mujeres defensoras. Todo esto transmite un mensaje de permisividad y tolerancia."#

Continued

Tabla 4.5: Continued

Norma	Observaciones y aspectos a resaltar relativos a las mujeres y/o al enfoque de género
El proyecto tendrá una duración de 18 meses y quiere fortalecer las capacidades de la Unidad Especial de Investigaciones (UEI) de la Fiscalía General aumentando de esta manera su potencial de pesquisa en casos de homicidios y amenazas contra líderes sociales, excombatientes de las Farc, líderes comunales y políticos y personas que participan directamente en la implementación del Acuerdo de Paz.	"Por otro lado, la Fiscalía debe fortalecer la investigación penal para poder abordar los fenómenos de violencia en los que se enmarcan la mayoría de los asesinatos de personas defensoras de los derechos humanos y sancionar a los autores de estos crímenes y a los que los planifican. En ese sentido, las mesas regionales impulsadas por la Fiscalía y facilitadas por el ACNUDH tienen por objetivo identificar las causas estructurales de las agresiones a los defensores de los derechos humanos y son una valiosa iniciativa para impulsar la prevención.**
Cuerpo élite de la Policía:	Similares reservas despiertan las indagaciones adelantadas por la Policía:
Fue creado seis meses después de la refrendación del **Acuerdo de Paz entre el Gobierno y las Farc.** Empezó a operar el 15 de junio de 2017 y es el segundo en la historia del país, después del creado para perseguir y acabar con Pablo Escobar y el cartel de Medellín en 1992. Este grupo, integrado por 1.088 policías, encargado de prevenir, anticipar e investigar los asesinatos de **líderes sociales** y **excombatientes de las Farc**, tiene la difícil tarea de desmantelar las organizaciones criminales."††	"de los **156 homicidios contra líderes sociales** que investiga el Cuerpo Élite y la Fiscalía (registrados entre 2017 y lo que va corrido de 2018), 98 están en indagación (en proceso de imputación), 18 en investigación, 31 en juicio y nueve ya tienen sentencias condenatorias."

Notas
* "MinInterior y UNP instalan Comité de Evaluación de Riesgo y Recomendación de Medidas de Colectivos," *Ministerio del Interior*, 17 de diciembre de 2015, https://www.mininterior.gov.co/sala-de-prensa/noticias/mininterior-y-unp-instalan-comite-de-evaluacion-de-riesgo-y-recomendacion-de-medidas-de-colectivos.
† La información básica sobre este comité y la ruta se encuentran en: "Ruta de protección a mujeres," *UNP – CERREM MUJERES*, consultado el 1 de agosto de 2019, http://www.derechoshumanos.gov.co/observatorio/publicaciones/Documents/2017/170213plegable-mujer-web.pdf.
‡ ABColombia et al., "Hacia un cambio transformador," 25.
¶ Consejo de Derechos Humanos – Asamblea General ONU, "Informe Anual," numeral 29.
§ MOE, *Informe sobre violencia política*, 2.
|| Consejo de Derechos Humanos – Asamblea General ONU, "Informe Anual," numeral 27 y 28.
ABColombia et al., "Hacia un cambio transformador," 24.
** Consejo de Derechos Humanos – Asamblea General ONU, "Informe Anual," numeral 30.
††9 Edinson Arley Bolaños, "Cuerpo Élite: Tras los asesinatos de los líderes sociales," *El Espectador*, 26 de marzo de 2018, https://www.elespectador.com/colombia2020/pais/cuerpo-elite-tras-los-asesinatos-de-los-lideres-sociales-articulo-856458.

comentar algunos aspectos que guardan relación con la caracterización ya hecha del fenómeno actual de riesgo para el liderazgo social en Colombia y, sobre todo, aquellas que implican cuestiones sensibles para las mujeres. Son exactamente cuatro aspectos: la concepción de lo que significa merecer la protección y los términos de la misma; las paradojas que acarrea la multiplicación de autoridades e instancias especiales; la tendencia a priorizar la militarización como forma de presencia estatal; y, por último, la curiosa coincidencia de estas medidas con la revisión de las políticas de manejo de la protesta social.

Los esfuerzos institucionales no son recientes (comienzan desde 2011) y, a pesar de que coinciden desde temprano en una preocupación por "el riesgo," parece que la tarea de situar y medir dichos riesgos se vuelve en sí un objetivo y hasta un obstáculo para la prevención efectiva. Esto tiene mucho que ver con la lógica que ha definido la respuesta a ese "riesgo" en general: una protección entendida como un problema esencialmente de seguridad física, concebida en clave puramente individual y diseñada a partir de esquemas propios de la seguridad privada (es decir, y aunque suene obvio, no precisamente una seguridad pública), rayando en el ideal cinematográfico:

> En cuanto a los instrumentos desarrollados a partir de la tipificación de los riesgos establecidos, se han dispuesto para la protección de defensores de derechos humanos, líderes sociales, comunales y periodistas que cuentan actualmente con riesgo extraordinario o extremo, once medidas de protección especial dentro de las que se encuentran: esquemas con vehículos blindados, esquemas con vehículos convencionales, dotación de motos, acompañamiento de hombres de protección, apoyos a transporte individual, transporte, apoyo a procesos de reubicación, otorgamiento de chalecos blindados y de medios de comunicación, entre otros.[118]

Como la respuesta estatal está construida a partir de esta lógica que podríamos también llamar elitista de la protección, no sólo por los costos reales que implica su despliegue, sino por el teatro de la importancia que parece recrear para la persona protegida, es fácil suponer —por quienes comulgan con estos símbolos de estatus— que hay que "merecerse" tal operativo de seguridad y, por ende, en un contexto de múltiples violencias como el colombiano, la medición de riesgos pasa por criterios también subjetivos, que van más allá de la apreciación de las condiciones materiales de la amenaza. La subjetividad, sin embargo, parece no operar en el sentido de ponerse en los zapatos de la gente que habría que proteger. Es más, los esquemas de protección no entienden por ejemplo lo que implica la amenaza o agresión a través de las familias, por ejemplo, porque habría que entender las redes afectivas de las mujeres.[119]

Por otra parte, el cuadro anterior muestra también que son cada vez más las autoridades concernidas por la problemática de seguridad de los liderazgos sociales en el país a la vez que crece el número de instancias específicas para la tarea. El gobierno nacional reporta un total de 18 entidades, las cuales, a pesar de tener mandatos cada vez más específicos, paradójicamente, también debilitan el trabajo articulado[120] y las posibilidades concretas de participación de las organizaciones sociales afectadas. Un ejemplo elocuente concierne justamente a las mujeres: so pretexto de la existencia de una Comisión específica para las mujeres, les fue negada de un momento a otro la posibilidad de volver a la Comisión Nacional de Garantías de Seguridad. Ante los desafíos en materia de articulación institucional nace:

> El Plan de Acción Oportuna (PAO) diseñado por el Gobierno Nacional se concibe como una serie de acciones articuladas a implementar por el Estado, con el propósito de dar respuesta a la situación de violencia contra defensores de derechos humanos, líderes sociales, comunales y periodistas, ante a la situación de cualquier riesgo que se origina en el territorio colombiano.[121]

Este PAO ha despertado dos críticas fundamentalmente: primero, que no se trata de una articulación de esfuerzos e instancias ya existentes, es más, que puede incluso debilitar lo ya construido.[122] A esta crítica se suma una más grave y es el énfasis en la militarización de los territorios, como principal forma de presencia estatal. Según varias organizaciones, lejos de mejorar las condiciones de seguridad, esta medida puede incluso aumentar los riesgos para las comunidades, en especial, porque se funda en esquemas de colaboración directa con las autoridades militares y civiles, que el gobierno por su parte presenta en estos términos:

> La Fuerza Pública ha intervenido en esta materia a través de los planes militares "Victoria Plus" y "Horus." Este último ha pretendido estrechar los lazos con la población de aquellas zonas que han sido afectadas por la violencia y la criminalidad organizada; para lo cual se dispuso el aumento del personal militar en 15 departamentos, 67 municipios y 595 veredas, alcanzando a partir de la articulación interinstitucional entre las Fuerzas Militares y la Policía Nacional.[123]

Está claro que no hay consenso acerca de lo que significa la reconfiguración del orden territorial y del orden público. Parecemos estar frente a un claro ejemplo de lo que Julieta Lemaitre y Esteban Restrepo han descrito como la:

> narrativa fundacional de la civilización y la barbarie, reflejada en las esperanzas que el Acuerdo de Paz de 2016 deposita en el Estado de derecho y en un conjunto de recetas de construcción y transformación del Estado, oscurece las continuidades entre el derecho y la violencia y, especialmente, el hecho de que la ejecución de las instituciones jurídicas en territorios que antes "carecían de ley" reinstala la violencia del momento de adopción de la legalidad.[124]

Una legalidad que, además, opta por revisar los términos que autorizan la protesta social al mismo tiempo que buena parte de quienes organizan las movilizaciones están bajo amenaza o son asesinado/as. Siguiendo el análisis propuesto por Carolina Olarte a propósito de la creciente presencia y legitimación de la labor policiva frente a los conflictos y protestas socioambientales,[125] asistimos a una "pacificación territorial," en donde la comprensión y búsqueda de la seguridad parece estar al servicio de la protección de ciertos intereses económicos, que la reconfiguración política, económica y territorial prometida por el Acuerdo de Paz, no ha permitido poner en cuestión.

Tanto la caracterización del fenómeno, como la respuesta estatal o, mejor, las diversas reacciones dentro del Estado, nos dejan con pistas y esfuerzos aún dispersos. Es por esto que habremos de concluir intentando proponer líneas de reflexión complementarias que puedan alimentar los análisis y estrategias hasta ahora mencionados.

Para concluir: qué más se podría hacer

> *Más que "cambiar la política," el objetivo propio de muchos movimientos sociales es "cambiar la vida"*
>
> —Geoffrey Pleyers y Antonio Álvarez-Benavides[126]

Después de una muerte decir algo parece algo completamente inútil. Luego de una muerte violenta aún más: las palabras parecen impotentes frente a lo irreparable, en especial cuando la vida es cercenada arbitrariamente. Esa es una de las razones por las cuales me costó tanto escribir este texto. Hablar sobre personas asesinadas en diferentes regiones de Colombia, desde un tranquilo escritorio en la capital, no sólo me ha parecido poca cosa, sino que también me recuerda muchos de los privilegios de los que disfruto, para empezar, el poder decir todos los días lo que pienso. Soy profesora universitaria y buena parte de mi trabajo consiste en eso.

Teniendo en cuenta la perplejidad que hasta el momento han generado estas muertes violentas, este texto se ha concentrado en hacer una especie de foto detallada del fenómeno, esperando que la descripción de algunos ángulos del mismo vistos desde una perspectiva de género, contribuya en la comprensión del estado actual de ciertos conflictos sociales, políticos y económicos luego de un Acuerdo de Paz que tuvo la pretensión de reconfigurarlos hacia un desescalamiento de la violencia a gran escala y como se ve, sin éxito hasta el momento.

A pesar del carácter preocupante del balance, el análisis se completa de manera propositiva, con una especie de agenda de trabajo, en especial de investigación, sobre los diferentes aspectos que habría que analizar en investigaciones detalladas y de terreno sobre este fenómeno, que seguramente puede agravarse en la venidera etapa electoral. Esta especie de agenda investigativa busca sobre todo ofrecer elementos de comprensión que sean útiles a las estrategias y programas de cuidado y de autocuidado propuestas hasta el momento para preservar la vida de los/as líderes sociales y disminuir los riesgos propios de sus acciones.[127]

Dicho esto, una manera fácil de concluir y de plantear a la vez una hoja de ruta, sería retomar la propuesta hecha por la Red Nacional de Defensoras de Derechos Humanos, que es una de las iniciativas más amplias a escala nacional de articulación de lideresas,[128] la iniciativa de mujeres del Putumayo "Tejedoras de vida" y la Corporación Sisma Mujer, al defender el logro más importante a su juicio en materia de adopción de instrumentos de política pública sobre esta problemática, como es el "Programa Integral de Garantías para Mujeres Lideresas y Defensoras." Se trata de un programa que cristaliza los esfuerzos de la participación de las mujeres en las diferentes instancias estatales resumidas en la tabla 4.1.[129]

Nuestras propuestas van a ser menos ambiciosas que las del detallado Programa que también Naciones Unidas invita a implementar,[130] buscando simplemente llamar la atención sobre lo que no hemos visto o se ve poco en este inquietante y complejo panorama para los liderazgos sociales en el país.

Desde el punto de vista del análisis del impacto de esos asesinatos en la acción colectiva y en los movimientos sociales, está haciendo falta la identificación de qué actividades concretas estaban a cargo de esas personas (que pueden ir desde visibles acciones judiciales, de representación, hasta ser quienes hacían el tinto para las reuniones) y, sobre todo, qué pasó con dichas acciones, procesos, espacios de representación luego de la ausencia de estas personas. Si bien cada vez hay más esfuerzos por ponerle rostro a las personas asesinadas, como los bellísimos proyectos de "Rostros contra cifras,"[131] los murales de "Lidera la vida" de CODHES, en fin, se extraña a su vez un aterrizaje en el cotidiano del trabajo activista luego de las muertes violentas.

En este marco, y teniendo en cuenta las cargas de cuidado que tienen las mujeres en general y muy seguramente las lideresas y activistas también, es fundamental indagar por el impacto concreto en la vida de quienes dependían afectiva y económicamente de estas mujeres; así como su inclusión en la comprensión del riesgo desde la prevención hasta la reparación y acompañamiento institucional.

Esta inquietud sobre el impacto concreto se conecta directamente además con preguntas clásicas de política criminal a partir del *cui bono* del delito, es decir, a quién beneficia en concreto la ausencia de una persona comprometida con una causa y con cuyo trabajo e ingenio ya no se cuenta. Y, dentro de este examen, es clave poder identificar si hay particularidades propias de la ausencia de las mujeres en la acción colectiva, si acaso la división sexual del trabajo activista se profundiza, si en cambio se relativiza; si lo que sucede es que se desestimula aún más la incursión en la esfera pública, si se convierte incluso en trauma generacional y no sólo de género.

Dicho esto, asumir de antemano que todo asesinato de una lideresa es un feminicidio me parece una hipótesis problemática. Si bien comparto reflexiones como la de Rita Segato, para quien "los homicidios de Berta Cáceres y de Azucena Villaflor fueron feminicidios; aunque muchos hombres fueron asesinados por las mismas causas, señala que la diferencia radica en que lo que se quería matar 'era un estilo de hacer política, una politicidad propia de las mujeres';"[132] encuentro que en el caso de las lideresas sociales colombianas asesinadas o amenazadas hasta el momento, la tipificación como feminicidio o tentativa del mismo debería ser un escenario de significado posible de la violencia y no un presupuesto de la misma. Con esto quiero decir que ya es suficientemente grave que una mujer activista, integrante de una organización, movilizada por una causa, vea su vida expuesta a la violencia por ello. Si, además, esa violencia encarna o vehicula el sexismo, es fundamental que podamos establecer la diferencia y que podamos subrayar los casos en donde confluyen múltiples formas de violencia y de discriminación, y no sólo de género, sino por efecto de la racialización y, por supuesto, de la estructura de clase o de cualquier otro factor determinante de exclusión o marginalidad.

En esta misma línea y como última pista de investigación y de reflexiones futuras que habré de proponer está el insistir en la pregunta acerca de por qué esas personas se resuelven a actuar colectivamente y por qué lo hacen siguiendo las estrategias que escogen. Tal vez porque es un rasgo común, casi ninguno de los análisis ni de las notas de prensa ha subrayado el hecho de que todas las iniciativas sociales en riesgo se inscriben en una profunda legalidad: no sólo son organizaciones constituidas obedientemente bajo las exigencias del Estado de derecho (con personería jurídica, estatutos, etc.), sino que la gran mayoría existen o buscan legitimarse en espacios formales de participación o de toma de decisiones, así sea en el nivel micro-local. Eso no quiere decir, sin embargo, que no constituyan ejemplos de esos movimientos sociales que exigen "superar dos fracturas a menudo presentes en el análisis de la participación social y política: la separación entre la vida privada y el compromiso político, y la dicotomía entre el mundo 'virtual' (internet y las redes sociales) y el mundo de la vida, de las calles y de la política 'real'."[133]

Además de preguntarse tanto si estamos frente a una nueva violencia, hay que preguntarse también si estamos frente a nuevas formas de organización, de reivindicación, de "cambiar la vida."

Notas

1. Centro Nacional de Memoria Histórica, y Grupo de Memoria Histórica de la Comisión Nacional de Reparación y Reconciliación, *La memoria histórica desde la perspectiva de género. Conceptos y herramientas* (Bogotá: CNRR – Grupo de Memoria Histórica, 2011), 61, http://www.centrodememoriahistorica.gov.co/descargas/informes2011/la_reconstruccion_de_la_memoria_historica_desde_la_perspectiva_de_genero_final.pdf.
2. "'Líderes y lideresas comunales, acá estamos para la garantía de sus derechos humanos:' Defensor del Pueblo," *Defensoría del Pueblo*, 30 de abril de 2019, http://www.defensoria.gov.co/es/nube/comunicados/7868/%E2%80%9CL%C3%ADderes-y-lideresas-comunales-ac%C3%A1-estamos-para-la-garant%C3%ADa-de-sus-derechos-humanos%E2%80%9D-Defensor-del-Pueblo-l%C3%ADderes-sociales-defensor%C3%ADa.htm.
3. "Actualización. Informe 3 del Instituto Kroc. Hacía una paz de calidad en Colombia," *Kroc Institute for International Peace Studies*, 10 de abril de 2019, https://kroc.nd.edu/assets/315919/190408actualizacioninforme3institutokrocfeb19.pdf.
4. "Monitor del cese el fuego bilateral y de hostilidades – Reporte final," *Centro de Recursos para el Análisis de Conflictos – CERAC*, 30 de junio de 2017, http://www.blog.cerac.org.co/monitor-del-cese-el-fuego-bilateral-y-de-hostilidades-final.
5. CERAC, "Monitor de cese el fuego."
6. Sinar Alvarado, "Los asesinatos de exguerrilleros comprometen la paz en Colombia," *The New York Times*, 8 de mayo de 2019, https://www.nytimes.com/es/2019/05/08/asesinatos-exguerrilleros-colombia/.
7. "Fiscalía esclarece crímenes de reincorporados de las Farc," *Fiscalía General de la Nación*, Boletín no. 26485, 8 de abril de 2019, https://www.fiscalia.gov.co/colombia/noticias/fiscalia-esclarece-crimenes-de-reincorporados-de-las-farc/.
8. Cynthia Cockburn, "The Continuum of Violence. A Gender Perspective on War and Peace," en *Sites of Violence. Gender and Conflict Zones*, eds. Wenona Giles y Jennifer Hyndman (Los Angeles, California: University of California Press Berkeley, 2004).
9. Estas declaraciones se dieron en el marco de una entrevista al ex Ministro de Defensa, Luis Carlos Villegas, a un noticiero de televisión, en donde simplificó estos asesinatos como resultado de problemas vecinales, "líos de faldas" y/o como disputas por rentas ilícitas. Además del sesgo que les negaba una naturaleza política a estas muertes, dichas declaraciones también legitimaron una posición institucional de criminalización anticipada de las víctimas. Véase, al respecto: "Asesinatos de líderes son por 'líos de faldas': ministro de Defensa," *El Espectador*, 17 de diciembre de 2017, https://www.elespectador.com/noticias/politica/asesinatos-de-lideres-son-por-lios-de-faldas-ministro-de-defensa-articulo-728893.
10. Centro Nacional de Memoria Histórica. *La guerra inscrita en el cuerpo. Informe nacional de violencia sexual en el conflicto armado* (Bogotá: CNMH, 2017), http://hdl.handle.net/20.500.11788/1946.
11. Asamblea General de las Naciones Unidas, Situación de los derechos humanos en Colombia. Informe anual del Alto Comisionado de las Naciones Unidas para los Derechos Humanos, A/HRC/37/3/Add.3, 4 de febrero de 2019, numerales 23 y 24, https://www.hchr.org.co/documentoseinformes/informes/altocomisionado/Informe-anual-colombia-2018-ESP.pdf.

12. Consejo de Derechos Humanos – Asamblea General ONU, "Informe Anual," numerales 23 y 24.
13. "Hacia un Cambio Transformador: las mujeres y la implementación del Acuerdo de Paz colombiano," *ABColombia, FOKUS, Corporación Sisma Mujer, CIASE, Codacop, ACIN y Plataforma de Mujeres Rurales*, noviembre de 2018, 36, https://reliefweb.int/sites/reliefweb.int/files/resources/Hacia-un-Cambio-Transformador-FINAL-WEB.pdf.
14. Según el sitio web institucional, el SAT "es el instrumento con el cual la Defensoría del Pueblo acopia, verifica y analiza, de manera técnica información relacionada con situaciones de vulnerabilidad y riesgo de la población civil, como consecuencia del conflicto armado, y advierte a las autoridades concernidas con deber de protección para que se coordine y brinde una atención oportuna e integral a las comunidades afectadas." "Sistema de alertas tempranas – SAT," *Defensoría del Pueblo*, consultado el 21 de julio de 2019, http://www.defensoria.gov.co/es/public/atencionciudadanoa/1469/Sistema-de-alertas-tempranas---SAT.htm.
15. Según su sitio web, se trata de "un espacio de protección conformado por las organizaciones no gubernamentales de derechos humanos Asociación MINGA, Benposta Nación de Muchachos y la Comisión Colombiana de Juristas – CCJ, que busca desarrollar una propuesta integral para prevenir agresiones y proteger la vida de las personas que corren riesgos por su labor como defensores de derechos humanos, cuando resguardan los intereses de grupos sociales y comunidades afectadas por la violencia en Colombia." La conformación actual data de 2006. "¿Quiénes somos?" *Programa Somos Defensores*, consultado el 15 de julio de 2019, https://somosdefensores.org/quienes-somos-1/.
16. Estas cifras son propias de "El Sistema de Información sobre Agresiones contra Personas de Derechos Humanos – SIADDHH, [el cual] fue creado en 2006 con el apoyo humano y técnico del Banco de Datos del CINEP y se realizó con el fin de documentar, investigar y sistematizar, casos de agresiones a este grupo de personas, con el objetivo de producir información permanente sobre la materia para la incidencia nacional e internacional. Actualmente el SIADDHH *cuenta con una red de más de 500 organizaciones nacionales que le reportan información sobre la situación de agresión contra defensores en el país* y publica trimestral, semestral y anualmente, informes analíticos sobre la información recopilada." Cursivas fuera del texto. "¿Quiénes somos?" *Somos Defensores.*
17. "Boletín trimestral SIADDHH, enero–marzo 2019," *Programa Somos Defensores*, 15 de mayo de 2019, https://somosdefensores.org/2019/05/15/boletin-trimestral-siaddhh-enero-marzo-2019/.
18. "La naranja mecánica. Informe anual 2018, Sistema de Información sobre agresiones contra Personas Defensoras de Derechos Humanos en Colombia SIADDHH," *Programa Somos Defensores*, 23 de abril de 2019, https://somosdefensores.org/2019/04/23/la-naranja-mecanica/.
19. "¿Cuáles son los patrones? Asesinatos de Líderes Sociales en el Post Acuerdo," *Comisión Colombiana de Juristas – CCJ*, 2018, 7-10, https://www.coljuristas.org/documentos/libros_e_informes/cuales_son_los_patrones.pdf.
20. Comisión Colombiana de Juristas – CCJ, "¿Cuáles son los patrones?" 17-18.
21. Consejo de Derechos Humanos – Asamblea General ONU, "Informe Anual," numeral 15.

22. Consejo de Derechos Humanos – Asamblea General ONU, "Informe Anual," numeral 15.
23. Según el informe citado: "La Cumbre Agraria, Campesina, Étnica y Popular – CACEP, la Coordinación Social y Política Marcha Patriótica, y el Instituto de Estudios sobre Paz y Desarrollo – INDEPAZ, hemos venido analizando conjuntamente la situación de seguridad de las personas líderes sociales, defensoras de Derechos Humanos y de ex guerrilleros de las FARC EP firmantes del acuerdo de paz en proceso de reincorporación y sus familiares." "Informe líderes y defensores de DDHH asesinados al 26 de julio de 2019," *Instituto de Estudios sobre Paz y Desarrollo –INDEPAZ,*" 26 de julio de 2019, 2, http://www.indepaz.org.co/wp-content/uploads/2019/07/Informe-parcial-Julio-26-2019.pdf.
24. INDEPAZ, "Informe líderes y defensores de DDHH," 1.
25. Geoffrey Pleyers y Antonio Álvarez-Benavides, "La producción de la sociedad a través de los movimientos sociales," *Revista Española de Sociología* 28, no. 1 (2019): 146, https://doi.org/10.22325/fes/res.2018.53.
26. La búsqueda arroja un total de 3230 registros. La gran mayoría se refieren a casos ejemplares de jóvenes, de empresarios y de universitarios, y el liderazgo es presentado en todas las noticias como algo que hay que aprender, algo que hay que enseñarle a la sociedad.
27. "Asesinan a directivo sindical del Magisterio de Risaralda," *El Tiempo*, 16 de febrero 2009, https://www.eltiempo.com/archivo/documento/CMS-4820022.
28. "Asesinan a líder comunitario en Dosquebradas (Risaralda)," *El Tiempo*, 29 de julio 2009, https://www.eltiempo.com/archivo/documento/CMS-5726228.
29. "Rechazan amenazas a 13 dirigentes de Santander," *El Tiempo*, 16 de octubre 2012, https://www.eltiempo.com/archivo/documento/CMS-12309684.
30. "Proponen que funcionaros cedan escoltas a líderes de restitución," *El Tiempo*, 30 de marzo 2012, https://www.eltiempo.com/archivo/documento/CMS-11467561.
31. "Ya van siete líderes de restitución de tierras asesinados en Chocó," *El Tiempo*, 28 de marzo 2012, https://www.eltiempo.com/archivo/documento/CMS-11451582.
32. "No hay rastro de líder comunal del Catatumbo desaparecido hace un mes," *El Tiempo*, 26 de febrero 2016, https://www.eltiempo.com/archivo/documento/CMS-16521054.
33. "Líderes sociales, principales víctimas de violencia política en 2016," *El Tiempo,* 14 de septiembre 2016, https://www.eltiempo.com/politica/proceso-de-paz/violencia-politica-en-el-2016-37474.
34. "La banda detrás del asesinato de 12 líderes en el Cauca," *El Tiempo*, 18 de noviembre 2016, https://www.eltiempo.com/archivo/documento/CMS-16753750.
35. "Indagan muerte de dueña de predio en zona donde se concentrarían Farc," *El Tiempo*, 8 de septiembre 2016, https://www.eltiempo.com/archivo/documento/CMS-16695351.
36. María Camila Pérez Bonilla, *Informe sobre violencia política desde el inicio del calendario electoral (27 de octubre de 2018 a 25 de febrero de 2019)* (Bogotá: Misión de Observación Electoral – MOE), Violencia Política, 15 de febrero de 2019), 2, https://moe.org.co/wp-content/uploads/2019/02/20190225_Informe_ViolPol.pdf.
37. MOE, *Informe sobre violencia política*, 2–3.

38. Consejo de Derechos Humanos – Asamblea General ONU, "Informe Anual," numeral 15.
39. Asamblea General de las Naciones Unidas, Resolución 53/144, Declaración sobre el derecho y el deber de los individuos, los grupos y las instituciones de promover y proteger los derechos humanos y las libertades fundamentales universalmente reconocidos, A/RES/53/144, 8 de marzo de 1999, https://www.ohchr.org/Documents/Issues/Defenders/Declaration/declaration_sp.pdf.
40. Clifford Bob y Sharon Erickson Nepstad, "Kill a Leader, Murder a Movement? Leadership and Assassination in Social Movements," *American Behavioral Scientist* 50, no. 10 (2007): 1373, https://doi.org/10.1177%2F0002764207300162.
41. "Informe DDHH 2019: Violencia camuflada: la base social en riesgo," *CINEP*, 14 de mayo de 2019, https://www.cinep.org.co/Home2/component/k2/690-informe-ddhh-violencia-camuflada-la-base-social-en-riesgo.html.
42. Lucie Bargel y Xavier Dunezat, "Genre et militantisme," en *Dictionnaire des mouvements sociaux*, eds. Olivier Fillieule, Lilian Mathieu y Cécile Péchu (Paris: Presses de Sciences Po., 2009), 248-255; Xavier Dunezat, "Le traitement du genre dans l'analyse des mouvement sociaux: France / États-Unis," *Cahiers du Genre* 1, no. 3 (2006): 117–141, https://doi.org/10.3917/cdge.hs01.0117.
43. Bob y Nepstad, "Kill a Leader, Murder a Movement?" 1373.
44. Liora Israël, *L'arme du droit* (Paris: Presses de Sciences Po., 2009).
45. Carolina Alves Vestena, "Mobilization of Rights in Times of Crisis: A Review of Social Movements Theory," *Rev. Direito Práx.* 8, no. 1 (2017): 651–669, http://dx.doi.org/10.12957/dep.2017.27877.
46. Carlos A. Guevara, "Panorama de las personas defensoras de derechos humanos y líderes sociales en riesgo en Colombia, 2018–2019," *Instituto Colombo-Alemán para la Paz – CAPAZ – Policy Brief*, no. 1 (2019): 4, https://www.instituto-capaz.org/wp-content/uploads/2019/02/FINAL-Policy-Brief-1-2019-web2.pdf.
47. Consejo de Derechos Humanos – Asamblea General ONU, "Informe Anual," numeral 26.
48. Y esto no se limita a la problemática específica de los liderazgos sociales. En un estudio sobre Garantías de Seguridad a escala local, la FIP señala que: "En los municipios que hacen parte del Programa de Desarrollo con Enfoque Territorial – PDET, los homicidios han aumentado 28%, pasando de 1.499 muertes violentas en el periodo de enero a julio de 2017, a 1.855 en los primeros siete meses de 2018, de acuerdo con las cifras de la Policía Nacional. En este mismo periodo, el número de personas víctimas de desplazamiento forzado en estos municipios se triplicó pasando de 5.248 a 16.997, según la Oficina de las Naciones Unidas para la Coordinación de Asuntos Humanitarios – OCHA." Juan Carlos Garzón et al., *Las Garantías de Seguridad: una mirada desde lo local. Desafíos para la protección de las comunidades, los líderes sociales y los excombatientes* (Bogotá: Fundación Ideas para la Paz – FIP, septiembre de 2018), 7, http://ideaspaz.org/especiales/garantias-seguridad/documentos/FIP_GarantiasSeguridad_Total_Final.pdf.
49. CODHES, CNC, USAID, *Análisis del homicidio de líderes en Colombia, Piloto para la interpretación de su impacto en las comunidades y organizaciones sociales* (Bogotá, 28 de mayo de 2018), 10.
50. "Informe especial de riesgo: 'violencia y amenazas contra los líderes sociales y los defensores de derechos humanos'," *Defensoría del Pueblo*, 30 de marzo de 2017,

38, http://www.observatoriodetierras.org/wp-content/uploads/2017/05/INFORME-ESPECIAL-L%C3%8DDERES-30-03-17-1.pdf.
51. Véase, por ejemplo: Defensoría del Pueblo, "Informe especial del riesgo," 30; Comisión Colombiana de Juristas, "¿Cuáles son los patrones?" 24-29.
52. "Desde anuncio del fin del conflicto, han asesinado 17 líderes sociales," *El Tiempo*, 15 de septiembre 2016, https://www.eltiempo.com/justicia/cortes/17-lideres-asesinados-tras-fin-de-negociacion-de-la-habana-32299.
53. Francisco Gutiérrez Sanín, Margarita Marín Jaramillo y Francy Carranza, "Dinámicas del asesinato de líderes rurales: las covariables municipales," *Reporte Semestral Observatorio de Restitución y Regulación de Derechos de Propiedad Agraria*, no. 1 (Junio de 2017), http://www.observatoriodetierras.org/wp-content/uploads/2017/05/Reporte-Semestral-ORRPDA-2017.pdf.
54. Defensoría del Pueblo, "Informe especial del riesgo;" Comisión Colombiana de Juristas, "¿Cuáles son los patrones?"
55. INDEPAZ, "Informe líderes y defensores de DDHH," 2.
56. Defensoría del Pueblo, "Informe especial del riesgo," 45.
57. Carolina Vergel Tovar, "Les 'femmes victimes de violences en temps de guerre' comme sujettes de droits: Convergence ou contradiction du genre et de la justice?" *Serie Documentos de Trabajo – Departamento de Derecho Constitucional – Universidad Externado de Colombia*, no. 21 (2015): 1–14, http://icrp.uexternado.edu.co/wp-content/uploads/2015/03/DOC-DE-TRABAJO-211.pdf.
58. Garzón et al., "Las Garantías de Seguridad."
59. El informe fue presentado en el marco de la celebración de los 31 años de existencia de la Comisión Colombiana de Juristas – CCJ, llevada a cabo el 6 de febrero de 2019 en las instalaciones de la Cámara de Comercio de Bogotá.
60. Defensoría del Pueblo, "Informe especial del riesgo," 28.
61. En octubre de 2019 tendrán lugar elecciones locales para elegir por voto popular alcaldes, gobernadores y corporaciones municipales y departamentales en todo el territorio nacional.
62. La información es recopilada por la MOE a través del seguimiento detallado de noticias en medios de comunicación y reportes de organizaciones sociales y políticas internacionales, nacionales, regionales y locales. Así mismo, la MOE mantiene diálogo con los partidos políticos y con organizaciones sociales que hacen parte de su red nacional de observación electoral, así como con las autoridades a nivel nacional y regional, para compartir y validar la información permanentemente. MOE, *Informe sobre violencia política*, 2.
63. MOE, *Informe sobre violencia política*, 5.
64. Defensoría del Pueblo, "Informe especial del riesgo," 44.
65. Defensoría del Pueblo, "Informe especial del riesgo," 45.
66. Garzón et al., "Las Garantías de Seguridad," 8.
67. ABColombia et al., "Hacia un cambio transformador," 22.
68. Guevara, "Panorama de las personas defensoras de derechos humanos," 6.
69. Consejo de Derechos Humanos – Asamblea General ONU, "Informe Anual," numerales 21.
70. Guevara, "Panorama de las personas defensoras de derechos humanos," 7.
71. Hay informes que denuncian como formas de violencia contra los liderazgos sociales las judicializaciones arbitrarias y en unos casos, amenazas recibidas desde teléfonos

cuya propiedad ha sido atribuía a personal activo de la Policía Nacional, por ejemplo: Paola Hurtado, Jennifer Gutiérrez, Laura Natalia Gómez, y Francy Barbosa, "Lideresas Sociales en Colombia: el relato invisible de la crueldad," *CODHES* (2019): 8, 19–21, https://codhes.files.wordpress.com/2019/03/informe-lideresas-sociales-codhes-marzo-2019.pdf.

72. Dentro de las fuentes consultadas para este análisis, la excepción la constituye el informe de la ACNUDH, según el cual: "Los presuntos autores de estos asesinatos fueron principalmente miembros de organizaciones criminales, entre cuyos integrantes se encuentran posiblemente antiguos miembros de estructuras paramilitares desmovilizadas (40%), individuos no afiliados a ningún grupo criminal o grupo armado ilegal (18%), integrantes del ELN (8%), integrantes del Ejército Popular de Liberación (EPL) (4%), miembros de la fuerza pública (5%), antiguos miembros de las FARC-EP que no se acogieron al proceso de paz (8%) y personas por determinar (17%)." Consejo de Derechos Humanos – Asamblea General ONU, "Informe Anual," numeral 22.
73. CODHES, CNC y USAID, *Análisis del homicidio de líderes en Colombia*, 10.
74. Garzón et al., "Las Garantías de Seguridad."
75. CODHES, CNC y USAID, *Análisis del homicidio de líderes en Colombia*, 29.
76. Anexo – Construcción de la base de datos de líderes (2017): 5–6.
77. "Muchas defensoras de DD.HH. estamos solas: Red Nacional de Mujeres," *RCN Radio*, 18 de junio de 2019, https://www.rcnradio.com/colombia/muchas-defensoras-de-ddhh-estamos-solas-red-nacional-de-mujeres.
78. Flavia Freidenberg y Gabriela del Valle, eds., *Cuando hacer política te cuesta la vida. Estrategias contra la violencia política hacia las mujeres en América Latina* (México: Universidad Nacional Autónoma de México, Instituto de Investigaciones Jurídicas, Tribunal Electoral de la Ciudad de México, 2017), 9, https://archivos.juridicas.unam.mx/www/bjv/libros/10/4735/23.pdf.
79. Mona Lena Krook y Juliana Restrepo Sanín, "Género y violencia política en América Latina. Conceptos, debates y soluciones / Gender and political violence in Latin America: Concepts, debates and solutions," *Política y gobierno* 23, no. 1 (2016). http://www.politicaygobierno.cide.edu/index.php/pyg/article/view/737; Freidenberg y Del Valle, "Cuando hacer política te cuesta la vida," 17.
80. Françoise Thébaud, "Penser les guerres du XXe siècle à partir des femmes et du genre. Quarante ans d'historiographie," *Clio. Femmes, Genre, Histoire*, no. 39 (2014): 21, http://journals.openedition.org/clio/11914; DOI: 10.4000/clio.11914.
81. Corporación Humanas – Centro Regional de Derechos Humanos y Justicia de Género y CIASE, "Vivencias, aportes y reconocimiento."
82. ABColombia et al., "Hacia un cambio transformador," 23.
83. ABColombia et al., "Hacia un cambio transformador," 23.
84. ABColombia et al., "Hacia un cambio transformador," 23.
85. ABColombia et al., "Hacia un cambio transformador," 23.
86. Testimonio de una lideresa del departamento de Córdoba en el lanzamiento de un informe sobre la situación de las lideresas sociales elaborado por CODHES, Bogotá, 27 de marzo de 2019.
87. Comisión Colombiana de Juristas – CCJ, "¿Cuáles son los patrones?" 19.
88. Cifra del Registro Único de Víctimas con corte al 1 de septiembre de 2017, Centro Nacional de Memoria Histórica – CNMH, "Informe nacional de violencia sexual," 19.

89. Centro Nacional de Memoria Histórica – CNMH, "Informe nacional de violencia sexual."
90. Carolina Vergel Tovar, "La violence sexuelle dans le conflit armé colombien: de la dénonciation au recours à la justice," *Problèmes d'Amérique latine* 84, no. 2 (2012): 41–59, doi:10.3917/pal.084.0041.
91. Comentario de una de las investigadoras y co-autora del informe de CODHES sobre lideresas sociales, en el lanzamiento del mismo, realizado en la Universidad Jorge Tadeo Lozano en Bogotá, el 27 de marzo de 2019.
92. Centro Nacional de Memoria Histórica – CNMH, "Informe nacional de violencia sexual," 384 y ss.
93. CODHES, "Lideresas Sociales en Colombia: el relato invisible de la crueldad," 17.
94. "Violencia contra lideresas sociales y mujeres defensoras," *Defensoría del Pueblo*, 2019, http://www.defensoria.gov.co/es/nube/destacados/7971/"Vamos-a-seguir-trabajando-con-todas-las-mujeres-por-el-compromiso-que-tienen-con-la-vida"-Defensor-del-Pueblo-en-Mesa-por-la-Vida-de-Cali-mujeres-mesa-por-la-vida-protección-Defensor%C3%ADa-Procuradur%C3%ADa-derechos-Cali.htm.
95. ABColombia et al., "Hacia un cambio transformador," 22.
96. Dunezat, "Le traitement du genre dans l'analyse des mouvement sociaux."
97. Teresa Aguilar García, "El sistema sexo-género en los movimientos feministas," *Amnis*, no. 8 (2008), http://journals.openedition.org/amnis/537; DOI: 10.4000/amnis.537.
98. Xavier Dunezat, "La sociologie des rapports sociaux de sexe: une lecture féministe et matérialiste des rapports hommes/femmes," *Cahiers du Genre* 4 (2016): 175–198, doi:10.3917/cdge.hs04.0175.
99. La muestra fue de 100 personas (líderes y lideresas) de 55 municipios de todo el país.
100. CODHES, "Lideresas Sociales en Colombia: el relato invisible de la crueldad."
101. (Técnico, tecnólogo, universitario) o más (especialización, maestría). CODHES, "Lideresas Sociales en Colombia: el relato invisible de la crueldad," 10.
102. CODHES, "Lideresas Sociales en Colombia: el relato invisible de la crueldad," 10–11.
103. *Ibid.*
104. *Ibid.*
105. Las mediciones sobre el uso del tiempo y la economía del cuidado en Colombia muestran diferencias importantes que afectan negativamente a las mujeres. "Mientras que los hombres en 2017 dedicaron 9.23 horas al trabajo remunerado y 3.42 al no remunerado, para un total de 12.6 horas de trabajo diario, las mujeres dedicaron 7.6 horas al trabajo remunerado y 7.2 al no remunerado, para un total de 14.8 horas diarias." Ángela María Fonseca Galvis, "Informe de empoderamiento económico de las mujeres en Colombia. Situación actual y recomendaciones de política," *Equidad de la Mujer*, 5, http://www.equidadmujer.gov.co/oag/Documents/informe-empoderamiento-economico-mujeres-colombia-situacion-actual.pdf.
106. Vale la pena citar ciertos aspectos metodológicos y conceptuales que se precisan en la introducción de la encuesta: "El trabajo de campo de la encuesta se llevó a cabo en los meses de noviembre y diciembre del 2014 encuestándose al 79% de los congresistas electos, manteniéndose la representación partidaria y por género […] *Esta es una encuesta con enfoque de género.* Es importante destacar que esta encuesta de opinión, diseñada y elaborada por la MOE, permite conocer las posiciones y diferencias entre hombres y mujeres frente a cada una de las preguntas que componen el cuestionario.

De manera específica, *la encuesta contiene un set de preguntas que indagan sobre la forma en que los y las candidatas afrontan el ejercicio de la política*. La pertinencia de esta distinción por género radica en el debate que desde finales del año pasado se está dando en el Congreso de la República frente a la conformación de las listas de candidatos. De avanzarse hacia un orden cerrado, las organizaciones de mujeres, y la misma MOE, han levantado la bandera de paridad, universalidad y alternancia en la conformación de las mismas. Esta es una propuesta que cuenta con el respaldo de las mujeres congresistas, pero con la animadversión de la mayoría de los señores que ocupan el 79.9% de los escaños." Alejandra Barrios Cabrera y Daniel Felipe Alonso López, "¿Cómo piensa el 'Congreso de la paz'? 2014–2018," *Misión de Observación Electoral – MOE, USAID, Embajada de Suecia*, 2018, 6–7, https://moe.org.co/home/doc/calidad/c%C3%B3mo%20pienza%20el%20congreso%20de%20la%20paz%202014-2018%20MOE.pdf (cursivas fuera del texto).
107. MOE, "¿Cómo piensa el 'Congreso de la paz'? 2014–2018," 34.
108. MOE, "¿Cómo piensa el 'Congreso de la paz'? 2014–2018," 36.
109. Defensoría del Pueblo, "Informe especial del riesgo," 55.
110. Asamblea General de las Naciones Unidas – ONU Mujeres, Resolución de la Asamblea General de la ONU sobre protección de las defensoras de los derechos humanos y las personas defensoras de los derechos de la mujer, Junio de 2016, 8, http://im-defensoras.org/wp-content/uploads/2016/07/RESOL-DE-LA-ASAMBLEA-GRAL-ONU_010616-MED_WEB_2.pdf.
111. Asamblea General de las Naciones Unidas – ONU Mujeres, "Resolución sobre protección de las defensoras de los derechos humanos," 18.
112. "Una alerta temprana que llegó 282 muertos después," *VERDADABIERTA.COM*, 3 de marzo de 2018, https://verdadabierta.com/alerta-temprana-sobre-defensores-de-derechos-humanos-y-lideres-sociales/.
113. En esta síntesis de los esfuerzos institucionales no se incluyen las medidas establecidas directamente en el acuerdo de paz firmado por el Gobierno nacional con las FARC-EP, teniendo en cuenta que otras contribuciones para este volumen ya hacen un análisis del Acuerdo y también que, difícilmente, podemos asumir que lo allí pactado haya sido asumido como políticas o, al menos, como derroteros de políticas de Estado para el actual gobierno, electo en gran medida por su oposición a esta negociación y sus resultados.
114. Declaraciones del Ministro de Defensa a la emisora Caracol radio: "Mindefensa: 17 líderes sociales han sido asesinados en el 2019," *Caracol Radio*, 8 de febrero de 2019, https://caracol.com.co/radio/2019/02/08/nacional/1549661615_057293.html.
115. "'Atender las alertas tempranas de la Defensoría puede salvar vidas': Defensor del Pueblo," *Defensoría del Pueblo*, 7 de febrero de 2019, http://www.defensoria.gov.co/es/nube/comunicados/7736/%E2%80%9CAtender-las-alertas-tempranas-de-la-Defensor%C3%ADa-puede-salvar-vidas%E2%80%9D-Defensor-del-Pueblo-Carmen-de-Bol%C3%ADvar-Defensor%C3%ADa-alertas-tempranas.htm.
116. Un recuento detallado de las normas e instancias institucionales se encuentra en: "Plan de acción oportuna de prevención y protección para los defensores de derechos humanos, líderes sociales, comunales y periodistas," *Ministerio del Interior*, 2018, 18–22, https://www.mininterior.gov.co/sites/default/files/plan_de_accion_oportuna_de_prevencion_y_proteccion_0.pdf.

117. Según el sitio web institucional: "La Unidad Nacional de Protección es un organismo de seguridad del orden nacional, con orientación de Derechos Humanos, encargada de desarrollar estrategias para el análisis y evaluación de los riesgos, amenazas y vulnerabilidades, e implementar las medidas de protección individuales y/o colectivas de las poblaciones objeto, con enfoque diferencial (territorial, étnico y de género)." "¿Quiénes somos?" *Unidad Nacional de Protección*, https://www.unp.gov.co/la-unp/quienes-somos/.
118. Ministerio del Interior, "Plan de acción oportuna de prevención y protección para los defensores de derechos humanos," 16.
119. CODHES, "Lideresas Sociales en Colombia: el relato invisible de la crueldad."
120. Ministerio del Interior, "Plan de acción oportuna de prevención y protección para los defensores de derechos humanos," 22.
121. Ministerio del Interior, "Plan de acción oportuna de prevención y protección para los defensores de derechos humanos," 24.
122. Fue en buena parte el sentido de ciertos reparos formulados por la iniciativa "Somos Defensores," en el lanzamiento del informe de la CCJ ya comentado. Al respecto señaló que, si la batería de mecanismos existentes funcionara, no se necesitaría el "PAO" y el hecho de no usarlos implica un riesgo de desnaturalización.
123. Ministerio del Interior, "Plan de acción oportuna de prevención y protección para los defensores de derechos humanos," 13.
124. Julieta Lemaitre Ripoll y Esteban Restrepo Saldarriaga, "Law and Violence in the Colombian Post-Conflict: State-Making in the Wake of the Peace Agreement," *Revista de Estudios Sociales*, no. 67 (2019): 2, https://doi.org/10.7440/res67.2019.01.
125. María Carolina Olarte, "From Territorial Peace to Territorial Pacification: Anti-Riot Police Powers and Socio-Environmental Dissent in the Implementation of Colombia's Peace Agreement," *Revista de Estudios Sociales* 67 (2019): 26-39, https://doi.org/10.7440/res67.2019.03.
126. Pleyers y Álvarez, "La producción de la sociedad a través de los movimientos sociales," 145.
127. Véase, por ejemplo: "Autoprotección integral para mujeres defensoras de derechos humanos. Fortaleciendo capacidades para afrontar el riesgo," *Sisma Mujer*, Noviembre de 2014, https://www.sismamujer.org/wp-content/uploads/2017/12/2014-UV-Libro-autoproteccion-defensoras-2.pdf.
128. Es un espacio colectivo de protección y autoprotección que promueve el fortalecimiento de mujeres defensoras de derechos humanos y sus organizaciones a través del intercambio de experiencias y afectos, a partir de los cuales entrelazan diferentes iniciativas territoriales en el ámbito nacional. La Red cuenta con un Comité de Impulso compuesto por 5 defensoras y 5 Nodos regionales que se encuentran distribuidos así: Nodo Caribe (Bolívar, Sucre, César, Guajira, Córdoba, Atlántico, Magdalena y San Andrés Islas), Nodo Occidente (Cauca, Valle del Cauca, Nariño y Chocó), Nodo Andes (Santander, Antioquia, Tolima, Cundinamarca, Bogotá y Putumayo), Nodo Oriente/Amazonia (Meta, Vichada, Vaupés y Amazonas) y Nodo más allá Fronteras.
129. "El documento cuenta con un marco normativo, una descripción de la situación de las lideresas y defensoras junto con un árbol de problemas que deberá ser actualizado periódicamente en las Mesas Temáticas, identificando las barreras actuales del problema, una descripción del Programa Integral de Garantías junto con sus

respectivas estrategias, objetivos estratégicos y líneas de acción." "Programa integral de garantías para las mujeres lideresas y defensoras de derechos humanos," *Ministerio del Interior*, 2018, 7, http://www.equidadmujer.gov.co/ejes/publicaciones/programa-integral-garantias.pdf.

130. Consejo de Derechos Humanos – Asamblea General ONU, "Informe Anual," numeral 107, C.
131. Un proyecto que convocó a diferentes artistas a hacer retratos de las lideresas asesinadas. "Acciones desde las artes," *Paz con mujeres*, 12 de julio de 2019, https://humanas.org.co/pazconmujeres/pg.php?pa=8&idnot=90ea304c0ff909752fae4b33eeba84eb&tb=lideresas.
132. Camila Alfie, "Rita Segato: 'El feminismo punitivista puede hacer caer por tierra una gran cantidad de conquistas'," *Agencia Pacu Urondo. Periodismo Militante*, 12 de diciembre de 2018, http://www.agenciapacourondo.com.ar/generos/rita-segato-el-feminismo-punitivista-puede-hacer-caer-por-tierra-una-gran-cantidad-de?fbclid=IwAR05SgEUhw5PYR3DdYTMJAFWkNBmC6KaifdPMn9bLopNyr7Eyox9Hmm61U.
133. Pleyers y Álvarez, "La producción de la sociedad a través de los movimientos sociales," 144.

Referencias

ABColombia, FOKUS, Corporación Sisma Mujer, CIASE, Codacop, ACIN y Plataforma de Mujeres Rurales. "Hacia un Cambio Transformador: las mujeres y la implementación del Acuerdo de Paz colombiano." Noviembre de 2018. https://reliefweb.int/sites/reliefweb.int/files/resources/Hacia-un-Cambio-Transformador-FINAL-WEB.pdf.

Aguilar García, Teresa. "El sistema sexo-género en los movimientos feministas." *Amnis*, no. 8 (2008). http://journals.openedition.org/amnis/537; DOI: 10.4000/amnis.537.

Alfie, Camila. "Rita Segato: 'El feminismo punitivista puede hacer caer por tierra una gran cantidad de conquistas'." *Agencia Pacu Urondo. Periodismo Militante.* 12 de diciembre de 2018. http://www.agenciapacourondo.com.ar/generos/rita-segato-el-feminismo-punitivista-puede-hacer-caer-por-tierra-una-gran-cantidad-de?fbclid=IwAR05SgEUhw5PYR3DdYTMJAFWkNBmC6KaifdPMn9bLopNyr7Eyox9Hmm61U.

Alvarado, Sinar. "Los asesinatos de exguerrilleros comprometen la paz en Colombia." *The New York Times*, 8 de mayo de 2019. https://www.nytimes.com/es/2019/05/08/asesinatos-exguerrilleros-colombia/.

Álvarez Vanegas, Eduardo. "Sigue la violencia contra líderes sociales." *Razón Pública*, 19 de junio de 2017. https://www.razonpublica.com/index.php/conflicto-drogas-y-paz-temas-30/10339-sigue-la-violencia-contra-l%C3%ADderes-sociales.html.

Alves Vestena, Carolina. "Mobilization of Rights in Times of Crisis: A Review of Social Movements Theory." *Rev. Direito Práx.* 8, no. 1 (2017): 651-669. http://dx.doi.org/10.12957/dep.2017.27877.

Asamblea General de las Naciones Unidas. Resolución 53/144. Declaración sobre el derecho y el deber de los individuos, los grupos y las instituciones de promover y proteger los derechos humanos y las libertades fundamentales universalmente reconocidos. A/RES/53/144. 8 de marzo de 1999. https://www.ohchr.org/Documents/Issues/Defenders/Declaration/declaration_sp.pdf.

Asamblea General de las Naciones Unidas. Situación de los derechos humanos en Colombia. Informe anual del Alto Comisionado de las Naciones Unidas para los Derechos Humanos, A/HRC/37/3/Add.3. 4 de febrero de 2019. https://www.hchr.org.co/documentoseinformes/informes/altocomisionado/Informe-anual-colombia-2018-ESP.pdf.

Asamblea General de las Naciones Unidas – ONU Mujeres. Resolución de la Asamblea General de la ONU sobre protección de las defensoras de los derechos humanos y las personas defensoras de los derechos de la mujer. Junio de 2016. http://im-defensoras.org/wp-content/uploads/2016/07/RESOL-DE-LA-ASAMBLEA-GRAL-ONU_010616-MED_WEB_2.pdf.

Bargel, Lucie, y Xavier Dunezat. "Genre et militantisme," en *Dictionnaire des mouvements sociaux*, editado por Olivier Fillieule, Lilian Mathieu y Cécile Péchu. Paris: Presses de Sciences Po., 2009.

Barrios Cabrera, Alejandra, y Daniel Felipe Alonso López. "¿Cómo piensa el 'Congreso de la paz'? 2014–2018." *Misión de Observación Electoral – MOE, USAID, Embajada de Suecia*, 2018. https://moe.org.co/home/doc/calidad/c%C3%B3mo%20pienza%20el%20congreso%20de%20la%20paz%202014-2018%20MOE.pdf.

Bob, Clifford, y Sharon Erickson Nepstad. "Kill a Leader, Murder a Movement? Leadership and Assassination in Social Movements." *American Behavioral Scientist* 50, no. 10 (2007). https://doi.org/10.1177%2F0002764207300162.

Bolaños, Edinson Arley. "Cuerpo Élite: Tras los asesinatos de los líderes sociales." *El Espectador*, 26 de marzo de 2018. https://www.elespectador.com/colombia2020/pais/cuerpo-elite-tras-los-asesinatos-de-los-lideres-sociales-articulo-856458.

Caracol Radio. "Mindefensa: 17 líderes sociales han sido asesinados en el 2019." 8 de febrero de 2019. https://caracol.com.co/radio/2019/02/08/nacional/1549661615_057293.html.

Centro de Recursos para el Análisis de Conflictos – CERAC. "Monitor del cese el fuego bilateral y de hostilidades – Reporte final." 30 de junio de 2017. http://www.blog.cerac.org.co/monitor-del-cese-el-fuego-bilateral-y-de-hostilidades-final.

Centro Nacional de Memoria Histórica. *La guerra inscrita en el cuerpo. Informe nacional de violencia sexual en el conflicto armado*. Bogotá: CNMH, 2017. http://hdl.handle.net/20.500.11788/1946.

Centro Nacional de Memoria Histórica, y Grupo de Memoria Histórica de la Comisión Nacional de Reparación y Reconciliación. *La memoria histórica desde la perspectiva de género. Conceptos y herramientas*. Bogotá: CNRR – Grupo de Memoria Histórica, 2011. http://www.centrodememoriahistorica.gov.co/descargas/informes2011/la_reconstruccion_de_la_memoria_historica_desde_la_perspectiva_de_genero_final.pdf.

CINEP. "Informe DDHH 2019: Violencia camuflada: la base social en riesgo." 14 de mayo de 2019. https://www.cinep.org.co/Home2/component/k2/690-informe-ddhh-violencia-camuflada-la-base-social-en-riesgo.html.

Cockburn, Cynthia. "The Continuum of Violence. A Gender Perspective on War and Peace," en *Sites of Violence. Gender and Conflict Zones*, editado por Wenona Giles y Jennifer Hyndman. Los Angeles, California: University of California Press Berkeley, 2004.

CODHES, CNC, USAID. *Análisis del homicidio de líderes en Colombia, Piloto para la interpretación de su impacto en las comunidades y organizaciones sociales.* Bogotá, 28 de mayo de 2018.

Comisión Colombiana de Juristas – CCJ. "¿Cuáles son los patrones? Asesinatos de Líderes Sociales en el Post Acuerdo." 2018. https://www.coljuristas.org/documentos/libros_e_informes/cuales_son_los_patrones.pdf.

Corporación Humanas Colombia. *Boletín Paz con Mujeres, Edición especial sobre lideresas-defensoras de Derechos Humanos en Colombia.* Bogotá: Humanas y Fokus, 2018. https://humanas.org.co/alfa/datparticular/ar/ar4857qPazconMujeresDefensorasSeptiembre2018.pdf.

Corporación Humanas Colombia y Corporación de Investigación y Acción Social y Económica – CIASE. *Vivencias, aportes y reconocimiento: las mujeres en el proceso de paz en La Habana.* Bogotá: ONU Mujeres, Embajada de Suecia, FOKUS en Colombia, 2017. https://www.humanas.org.co/alfa/datparticular/ar/ar95749qLasmujeresenlaHabanav2.pdf.

Defensor del Pueblo. "'Atender las alertas tempranas de la Defensoría puede salvar vidas': Defensor del Pueblo." 7 de febrero de 2019. http://www.defensoria.gov.co/es/nube/comunicados/7736/%E2%80%9CAtender-las-alertas-tempranas-de-la-Defensor%C3%ADa-puede-salvar-vidas%E2%80%9D-Defensor-del-Pueblo-Carmen-de-Bol%C3%ADvar-Defensor%C3%ADa-alertas-tempranas.htm.

Defensoría del Pueblo. " 'Líderes y lideresas comunales, acá estamos para la garantía de sus derechos humanos:' Defensor del Pueblo." 30 de abril de 2019. http://www.defensoria.gov.co/es/nube/comunicados/7868/%E2%80%9CL%C3%ADderes-y-lideresas-comunales-ac%C3%A1-estamos-para-la-garant%C3%ADa-de-sus-derechos-humanos-%E2%80%9D-Defensor-del-Pueblo-l%C3%ADderes-sociales-defensor%C3%ADa.htm.

Defensoría del Pueblo. "Informe especial de riesgo: 'violencia y amenazas contra los líderes sociales y los defensores de derechos humanos'." 30 de marzo de 2017. http://www.observatoriodetierras.org/wp-content/uploads/2017/05/INFORME-ESPECIAL-L%C3%8DDERES-30-03-17-1.pdf.

Defensoría del Pueblo. "Sistema de alertas tempranas – SAT." Consultado el 21 de julio de 2019. http://www.defensoria.gov.co/es/public/atencionciudadanoa/1469/Sistema-de-alertas-tempranas---SAT.htm.

Defensoría del Pueblo. "Violencia contra lideresas sociales y mujeres defensoras." 2019. http://www.defensoria.gov.co/es/nube/destacados/7971/"Vamos-a-seguir-trabajando-con-todas-las-mujeres-por-el-compromiso-que-tienen-con-la-vida"-Defensor-del-Pueblo-en-Mesa-por-la-Vida-de-Cali-mujeres-mesa-por-la-vida-protección-Defensor%C3%ADa-Procuradur%C3%ADa-derechos-Cali.htm.

Dunezat, Xavier. "La sociologie des rapports sociaux de sexe: une lecture féministe et matérialiste des rapports hommes/femmes." *Cahiers du Genre* 4 (2016). doi:10.3917/cdge.hs04.0175.

Dunezat, Xavier. "Le traitement du genre dans l'analyse des mouvement sociaux: France / États-Unis." *Cahiers du Genre* 1, no. 3 (2006): 117–141. https://doi.org/10.3917/cdge.hs01.0117.

El Espectador. "Asesinatos de líderes son por 'líos de faldas': ministro de Defensa." 17 de diciembre de 2017. https://www.elespectador.com/noticias/politica/asesinatos-de-lideres-son-por-lios-de-faldas-ministro-de-defensa-articulo-728893.

El Espectador. "La reducción de muertes en el conflicto después del acuerdo con las Farc." 23 de junio de 2018. https://www.elespectador.com/colombia2020/pais/la-reduccion-de-muertes-en-el-conflicto-despues-del-acuerdo-con-las-farc-articulo-856819.

El Tiempo. "Asesinan a directivo sindical del Magisterio de Risaralda." 16 de febrero 2009. https://www.eltiempo.com/archivo/documento/CMS-4820022.

El Tiempo. "Asesinan a líder comunitario en Dosquebradas (Risaralda)." 29 de julio 2009. https://www.eltiempo.com/archivo/documento/CMS-5726228.

El Tiempo. "Desde anuncio del fin del conflicto, han asesinado 17 líderes sociales." 15 de septiembre 2016. https://www.eltiempo.com/justicia/cortes/17-lideres-asesinados-tras-fin-de-negociacion-de-la-habana-32299.

El Tiempo. "Indagan muerte de dueña de predio en zona donde se concentrarían Farc." 8 de septiembre 2016. https://www.eltiempo.com/archivo/documento/CMS-16695351.

El Tiempo. "La banda detrás del asesinato de 12 líderes en el Cauca." 18 de noviembre 2016. https://www.eltiempo.com/archivo/documento/CMS-16753750.

El Tiempo. "Líderes sociales, principales víctimas de violencia política en 2016." 14 de septiembre 2016. https://www.eltiempo.com/politica/proceso-de-paz/violencia-politica-en-el-2016-37474.

El Tiempo. "No hay rastro de líder comunal del Catatumbo desaparecido hace un mes." 26 de febrero 2016. https://www.eltiempo.com/archivo/documento/CMS-16521054.

El Tiempo. "Proponen que funcionaros cedan escoltas a líderes de restitución." 30 de marzo 2012. https://www.eltiempo.com/archivo/documento/CMS-11467561.

El Tiempo. "Rechazan amenazas a 13 dirigentes de Santander." 16 de octubre 2012. https://www.eltiempo.com/archivo/documento/CMS-12309684.

El Tiempo. "Ya van siete líderes de restitución de tierras asesinados en Chocó." 28 de marzo 2012. https://www.eltiempo.com/archivo/documento/CMS-11451582.

Fiscalía General de la Nación. "Fiscalía esclarece crímenes de reincorporados de las Farc." Boletín no. 26485, 8 de abril de 2019. https://www.fiscalia.gov.co/colombia/noticias/fiscalia-esclarece-crimenes-de-reincorporados-de-las-farc/.

Fonseca Galvis, Ángela María. "Informe de empoderamiento económico de las mujeres en Colombia. Situación actual y recomendaciones de política." *Equidad de la Mujer.* http://www.equidadmujer.gov.co/oag/Documents/informe-empoderamiento-economico-mujeres-colombia-situacion-actual.pdf.

Freidenberg, Flavia, y Gabriela del Valle, eds. *Cuando hacer política te cuesta la vida. Estrategias contra la violencia política hacia las mujeres en América Latina.* México: Universidad Nacional Autónoma de México, Instituto de Investigaciones Jurídicas, Tribunal Electoral de la Ciudad de México, 2017. https://archivos.juridicas.unam.mx/www/bjv/libros/10/4735/23.pdf.

Fundación Ideas para la Paz – FIP. "Agresiones y homicidios de líderes sociales. Un problema que requiere acciones urgentes." 27 de septiembre de 2018, http://ideaspaz.org/especiales/infografias/lideres.html.

Garzón, Juan Carlos, Andrés Cajiao, Irina Cuesta, Daniel Pardo, Tatiana Prada, Ángela Silva y Lorena Zárate. *Las Garantías de Seguridad: una mirada desde lo local. Desafíos para la protección de las comunidades, los líderes sociales y los excombatientes.* Bogotá: Fundación Ideas para la Paz – FIP, septiembre de 2018. http://ideaspaz.org/especiales/garantias-seguridad/documentos/FIP_GarantiasSeguridad_Total_Final.pdf.

Guevara, Carlos A. "Panorama de las personas defensoras de derechos humanos y líderes sociales en riesgo en Colombia, 2018–2019." *Instituto Colombo-Alemán para la Paz – CAPAZ – Policy Brief*, no. 1 (2019). https://www.instituto-capaz.org/wp-content/uploads/2019/02/FINAL-Policy-Brief-1-2019-web2.pdf.

Gutiérrez, Angélica. "Las lideresas asesinadas tienen nombre." *PARES, Fundación Paz y Reconciliación*, 24 de julio de 2018, https://pares.com.co/2018/07/24/las-lideresas-asesinadas-tienen-nombre/#.

Gutiérrez Sanín, Francisco, Margarita Marín Jaramillo y Francy Carranza. "Dinámicas del asesinato de líderes rurales: las covariables municipales." *Reporte Semestral Observatorio de Restitución y Regulación de Derechos de Propiedad Agraria*, no. 1 (Junio de 2017). http://www.observatoriodetierras.org/wp-content/uploads/2017/05/Reporte-Semestral-ORRPDA-2017.pdf.

Hurtado, Paola, Jennifer Gutiérrez, Laura Natalia Gómez, y Francy Barbosa. "Lideresas Sociales en Colombia: el relato invisible de la crueldad." *CODHES y USAID* (2019). https://codhes.files.wordpress.com/2019/03/informe-lideresas-sociales-codhes-marzo-2019.pdf.

Instituto de Estudios sobre Paz y Desarrollo – INDEPAZ. "Informe líderes y defensores de DDHH asesinados al 26 de julio de 2019." 26 de julio de 2019. http://www.indepaz.org.co/wp-content/uploads/2019/07/Informe-parcial-Julio-26-2019.pdf.

Israël, Liora. *L'arme du droit.* Paris: Presses de Sciences Po, 2009.

Kroc Institute for International Peace Studies. "Actualización. Informe 3 del Instituto Kroc. Hacía una paz de calidad en Colombia." 10 de abril de 2019. https://kroc.nd.edu/assets/315919/190408actualizacioninforme3institutokrocfeb19.pdf.

Krook, Mona Lena, y Juliana Restrepo Sanín. "Género y violencia política en América Latina. Conceptos, debates y soluciones / Gender and political violence in Latin America: Concepts, debates and solutions." *Política y gobierno* 23, no. 1 (2016). http://www.politicaygobierno.cide.edu/index.php/pyg/article/view/737.

Lemaitre Ripoll, Julieta, y Esteban Restrepo Saldarriaga. "Law and Violence in the Colombian Post-Conflict: State-Making in the Wake of the Peace Agreement." *Revista de Estudios Sociales*, no. 67 (2019). https://doi.org/10.7440/res67.2019.01.

Lopes de Souza, Marcelo. "Lessons from Praxis: Autonomy and Spatiality in Contemporary Latin American Social Movements." *Antipode* 48 (2016): 1292-1316. https://doi.org/10.1111/anti.12210.

Ministerio del Interior. "MinInterior y UNP instalan Comité de Evaluación de Riesgo y Recomendación de Medidas de Colectivos." 17 de diciembre de 2015. https://www.mininterior.gov.co/sala-de-prensa/noticias/mininterior-y-unp-instalan-comite-de-evaluacion-de-riesgo-y-recomendacion-de-medidas-de-colectivos.

Ministerio del Interior. "Programa integral de garantías para las mujeres lideresas y defensoras de derechos humanos." 2018. http://www.equidadmujer.gov.co/ejes/publicaciones/programa-integral-garantias.pdf.

Ministerio del Interior. Un recuento detallado de las normas e instancias institucionales se encuentra en: "Plan de acción oportuna de prevención y protección para los defensores de derechos humanos, líderes sociales, comunales y periodistas." 2018. https://www.mininterior.gov.co/sites/default/files/plan_de_accion_oportuna_de_prevencion_y_proteccion_0.pdf.

Muñoz, Enara Echart, y Maria del Carmen Villarreal. "Women's Struggles Against Extractivism in Latin America and the Caribbean." *Contexto Internacional* 41, no. 2 (2019): 303-325. https://dx.doi.org/10.1590/s0102-8529.2019410200004.

Olarte, María Carolina. "From Territorial Peace to Territorial Pacification: Anti-Riot Police Powers and Socio-Environmental Dissent in the Implementation of Colombia's Peace Agreement." *Revista de Estudios Sociales* 67 (2019). https://doi.org/10.7440/res67.2019.03.

Organización de las Naciones Unidas ONU. "Resolución de la Asamblea General de la ONU sobre protección de las defensoras de los derechos humanos y las personas defensoras de los derechos de la mujer." *ONU Mujeres* (2016).

Otaegi, Leire. " 'Cuando uno se monta en el bus de defensoras, una tiene que llegar hasta lo último.' Entrevista con Eulalia Escalante de Narrar para Vivir." En *Boletín Paz con Mujeres, Edición especial sobre lideresas-defensoras de Derechos Humanos en Colombia.* Bogotá: Corporación Humanas y Fokus, 2018. https://humanas.org.co/alfa/dat-particular/ar/ar4857qPazconMujeresDefensorasSeptiembre2018.pdf.

Paz con mujeres. "Acciones desde las artes." 12 de julio de 2019. https://humanas.org.co/pazconmujeres/pg.php?pa=8&idnot=90ea304c0ff909752fae4b33eeba84eb&tb=lideresas.

Pérez Bonilla, María Camila. *Informe sobre violencia política desde el inicio del calendario electoral (27 de octubre de 2018 a 25 de febrero de 2019).* Bogotá: Misión de

Observación Electoral – MOE, Violencia Política, 15 de febrero de 2019. https://moe.org.co/wp-content/uploads/2019/02/20190225_Informe_ViolPol.pdf.

Pleyers, Geoffrey, y Antonio Álvarez-Benavides. "La producción de la sociedad a través de los movimientos sociales." *Revista Española de Sociología* 28, no. 1 (2019). https://doi.org/10.22325/fes/res.2018.53.

Programa Somos Defensores. "¿Quiénes somos?" Consultado el 15 de julio de 2019. https://somosdefensores.org/quienes-somos-1/.

Programa Somos Defensores. "Boletín trimestral SIADDHH, enero–marzo 2019." 15 de mayo de 2019. https://somosdefensores.org/2019/05/15/boletin-trimestral-siaddhh-enero-marzo-2019/.

Programa Somos Defensores. "La naranja mecánica. Informe anual 2018, Sistema de Información sobre agresiones contra Personas Defensoras de Derechos Humanos en Colombia SIADDHH." 23 de abril de 2019. https://somosdefensores.org/2019/04/23/la-naranja-mecanica/.

RCN Radio. "Muchas defensoras de DD.HH. estamos solas: Red Nacional de Mujeres." 18 de junio de 2019. https://www.rcnradio.com/colombia/muchas-defensoras-de-ddhh-estamos-solas-red-nacional-de-mujeres.

Red Nacional de Mujeres Defensoras, Tejedoras de Vida del Putumayo y Corporación Sisma Mujer. *Relevancia del Programa Integral de Garantías para Mujeres Lideresas y Defensoras de acuerdo con las obligaciones del Estado* colombiano. Bogotá, 25 de enero de 2019.

Sisma Mujer. "Autoprotección integral para mujeres defensoras de derechos humanos. Fortaleciendo capacidades para afrontar el riesgo." Noviembre de 2014. https://www.sismamujer.org/wp-content/uploads/2017/12/2014-UV-Libro-autoproteccion-defensoras-2.pdf.

Suh, Chan S. "How Social Movements Die: Repression and Demobilization of the Republic of New Africa." *Contemporary Sociology: A Journal of Reviews* 45, no. 4 (2016): 429–430. https://doi.org/10.1177%2F0094306116653953n.

Thébaud, Françoise. "Penser les guerres du XXe siècle à partir des femmes et du genre. Quarante ans d'historiographie." *Clio. Femmes, Genre, Histoire*, no. 39 (2014). http://journals.openedition.org/clio/11914; DOI: 10.4000/clio.11914.

Unidad Nacional de Protección. "¿Quiénes somos?" https://www.unp.gov.co/la-unp/quienes-somos/.

UNP–CERREM MUJERES. La información básica sobre este comité y la ruta se encuentran en: "Ruta de protección a mujeres." Consultado el 1 de agosto de 2019. http://www.derechoshumanos.gov.co/observatorio/publicaciones/Documents/2017/170213 plegable-mujer-web.pdf.

VERDADABIERTA.COM. "Una alerta temprana que llegó 282 muertos después." 3 de marzo de 2018. https://verdadabierta.com/alerta-temprana-sobre-defensores-de-derechos-humanos-y-lideres-sociales/.

Vergel Tovar, Carolina. "La violence sexuelle dans le conflit armé colombien: de la dénonciation au recours à la justice." *Problèmes d'Amérique latine* 84, no. 2 (2012). doi:10.3917/pal.084.0041.

Vergel Tovar, Carolina. "Les 'femmes victimes de violences en temps de guerre' comme sujettes de droits: Convergence ou contradiction du genre et de la justice?" *Serie Documentos de Trabajo – Departamento de Derecho Constitucional – Universidad Externado de Colombia*, no. 21 (2015): 1–14. http://icrp.uexternado.edu.co/wp-content/uploads/2015/03/DOC-DE-TRABAJO-211.pdf.

Parte II Efectos distributivos de las reformas de la Transición (2005–2018)

5. *Socias invisibles, amas de casa por siempre: análisis feminista de la sociedad de hecho en el concubinato*

LINA MARÍA CÉSPEDES-BÁEZ & CLARA CAROLINA CARDOZO ROA

Este artículo tiene por objetivo analizar de manera preliminar la forma en que la jurisprudencia de la Corte Suprema de Justicia procuró solucionar la situación patrimonial de los concubinos durante el siglo XX en Colombia. Nuestro examen tiene el propósito de identificar cómo la Corte Suprema de Justicia enfrentó los casos en los que los concubinos litigaban la distribución de sus bienes luego de que su unión sentimental terminaba. En la medida en que no existió regulación legal específica sobre el régimen económico de estas uniones antes de 1990, esta Corporación se vio abocada a utilizar instituciones jurídicas extrañas al derecho de familia para, al mismo tiempo, reiterar el rechazo del ordenamiento jurídico al concubinato y proveer a los concubinos un expediente para determinar los impactos económicos de su relación.

Los desarrollos jurisprudenciales en este aspecto estuvieron inspirados por el objetivo de imprimir criterios de justicia en el desenvolvimiento de una relación de derecho privado en la cual generalmente las mujeres resultaban desprotegidas. El estudio de las estrategias jurídicas diseñadas por la jurisprudencia para el efecto representa una oportunidad para analizar las normas de atribución de propiedad en el contexto de una relación sentimental no reconocida por el ordenamiento, y sus posibles sesgos de género. Examinar las reglas de organización de la propiedad, en este y otros escenarios, a la luz de la pregunta por sus posibles consecuencias diferenciadas por género, permite explorar cómo estas contribuyen a establecer o desmontar mecanismos institucionalizados de discriminación.

Nuestra investigación parte del presupuesto de que el acceso efectivo a la propiedad por parte de las mujeres es determinante para su bienestar individual y una de las acciones necesarias para la erradicación de su discriminación.[1] La interacción entre relaciones íntimas, familia y propiedad es uno de los nodos que merecen una exploración particular y continuada, por cuanto el imaginario cultural dominante considera que tanto las relaciones afectivas como familiares están mediadas por el altruismo.[2] A pesar de que dicha creencia ha sido rebatida, demostrando la importancia de realizar intervenciones en este campo, las corrientes feministas jurídicas predominantes han priorizado la investigación e incidencia en materia de violencia física y psicológica en contra de las mujeres.[3]

El caso colombiano no ha sido una excepción. En las últimas dos décadas, la discusión jurídica sobre la discriminación de las mujeres en el país se ha centrado principalmente alrededor de los temas de violencia, derechos sexuales y reproductivos y acceso a la propiedad inmueble. El escalamiento del conflicto armado colombiano a finales de la década de 1990 y las negociaciones de paz con la guerrilla Fuerzas Armadas Revolucionarias de Colombia —FARC— en la segunda década de 2000 han jugado un papel decisivo en el establecimiento de esta agenda de investigación, litigio, activismo y cabildeo. Desde principios del siglo XXI, la necesidad de prevenir y reparar las graves violaciones de derechos humanos asociadas a la guerra y la urgencia de encontrar una solución a la misma se convirtieron en temas centrales de la agenda política del país.

Las organizaciones de mujeres han documentado y analizado de la violencia en contra de la mujer asociada al conflicto con el fin de hacerla visible y lograr un políticas públicas y regulación jurídica diferenciada. Su trabajo se ha enfocado en la demostración del impacto desproporcionado del conflicto en la vida de las mujeres a través de la identificación de casos de violencia sexual, el desplazamiento forzado y la pérdida asociada de tierras.[4] Esto ha implicado que actualmente la discusión sobre el estatus de la mujer en Colombia se encuentre en su mayoría relacionada con temas de conflicto y construcción de paz, y con violaciones de derechos que impactan su sexualidad, psique y acceso, control y recuperación de propiedad inmueble, especialmente rural.

Esta aproximación a la situación de las mujeres ha dejado por fuera de la reflexión ámbitos menos evidentes y más cotidianos de la producción de su discriminación. De alguna manera, aunque Colombia ha padecido un conflicto armado de varias décadas, la guerra y sus consecuencias están enmarcadas en regulaciones jurídicas y marcos conceptuales que recalcan su excepcionalidad. Si bien la comprensión adecuada de lo que padecen las mujeres en el conflicto es esencial, es determinante aparejarla con un estudio constante de otros ámbitos de producción de jerarquías de género que no tienen una conexión evidente con la situación de orden público del país. Solo así, se pueden diseñar intervenciones efectivas tendientes a desmantelar las condiciones que permiten que ser mujer represente una desventaja social en ciertos casos.

Nuestra propuesta es que fijemos la mirada en la determinación y distribución de la propiedad en situaciones donde la vida sentimental, el sostenimiento económico del hogar y la indefinición jurídica de los efectos del concubinato generaron conflictos a los que la Corte Suprema de Justicia debió responder. Establecer las soluciones de esta corte permite identificar dos cuestiones relacionadas: (i) las nociones de justicia y derecho que fueron invocadas y utilizadas para dar solución a las consecuencias económicas de la pareja heterosexual que decidía vivir al margen del matrimonio; y (ii) las ideas respecto de la masculinidad y la feminidad que se pusieron en juego para resolver los litigios. Los magistrados de las altas cortes representan una élite jurídica admirada y seguida por abogados y jueces. Sus decisiones y elaboraciones jurídicas no solo son seguidas por respeto a la jerarquía propia de la rama judicial, sino por el convencimiento de la solidez de su conocimiento. Los magistrados, entonces, reflejan el pensamiento e ideario de una élite jurídica y social colombiana y, a la vez, contribuyen a la generación de los mismos. Son replicadores y productores de derecho y de la particular ordenación de los sexos que este promueve.

Nuestro artículo estará divido en cuatro secciones. En la primera, explicaremos de manera sucinta por qué razón consideramos que el estudio de la ordenación de la propiedad es esencial para en cualquier agenda feminista legal. En la segunda, abordaremos el concubinato y su regulación en Colombia. En la tercera, examinaremos en detalle ciertos casos que ilustran la manera en que la Corte Suprema de Justicia afrontó los litigios en esta materia. En la parte final, señalaremos algunas conclusiones y cuestiones pendientes para continuar ahondando en este tema.

Mujer y propiedad

Hay un hecho innegable del cual debe partir cualquier reflexión acerca de la propiedad: los seres humanos están y habitan el mundo a través de su corporalidad. Su existencia está ligada al bienestar básico de su cuerpo y su ser tiene como sustento primordial el estar en el espacio y el tiempo.[5] Esto supone entrar en contacto con los demás y con las cosas que pueblan los lugares que los individuos habitan de manera permanente o momentánea. El derecho es uno de los dispositivos sociales por medio de los cuales se ordenan las relaciones entre estos individuos y su entorno con base en estas premisas básicas.

El régimen de obligaciones, el reconocimiento de derechos fundamentales y la organización de las reglas de acceso a los bienes, entre otros, procuran ofrecer las herramientas necesarias para la cooperación, la protección y la subsistencia.

La propiedad es una institución jurídica que organiza las relaciones de las personas en lo que atañe a recursos valiosos y algunas veces escasos.[6] Esta comprende las categorías, derechos, obligaciones y mecanismos jurídicos que permiten establecer qué puede ser objeto de apropiación, las facultades de los propietarios y las limitaciones a las que está sujeto, los deberes de los terceros, las acciones jurídicas para defenderla y recuperarla, y la forma en que esta circula en la sociedad. La idea jurídica unificadora de este haz de conceptos y mecanismos jurídicos es el resultado último que persiguen: la exclusión de los que no son propietarios en lo que respecta a su uso, acceso y disposición.[7]

La propiedad está sustentada en la constatación de la realidad fáctica en que viven las personas y en la necesidad que estas tienen de acceder a los recursos necesarios para asegurar su existencia y realización. Es un principio de organización que se manifiesta en el nivel social e individual. En sociedad se establecen las reglas propias de la institución, se determina qué es sujeto de apropiación y se reconoce a los individuos como capaces intelectual, jurídica y moralmente para determinar sus fines y los medios para realizarlos. La propiedad, entonces, supone colaboración en lo social y reafirmación de la autonomía de los individuos para constituir y adquirir el dominio sobre los recursos que estime convenientes para perseguir los objetivos que se ha fijado.[8]

El aseguramiento de acceso formal y material de las mujeres a la propiedad ha sido considerado como un paso fundamental para la erradicación de la discriminación en contra de las mujeres.[9] Su estrecha relación con la realización personal y autonomía de los individuos lo convierten en una reivindicación esencial a nivel teórico y práctico. Remover los obstáculos formales que introducen en la regulación legal de la propiedad cualquier desventaja para las mujeres implica establecer su igualdad jurídica con los hombres, en su dimensión de seres humanos capaces jurídica y moralmente para determinar sus fines y los recursos para alcanzarlos. Promover acciones concretas para hacer realidad la promesa de la igualdad formal implica desmontar los efectos concretos provocados por el imperio de las normas jurídicas que no les permitieron acceder a los recursos apropiables y/o controlarlos de manera efectiva.

Tener acceso a la propiedad se refiere a la posibilidad de obtener su titularidad jurídica. Sin embargo, incluir en el patrimonio un bien como propio solo indica que el propietario tiene un derecho de dominio y la posibilidad de ejercer las facultades que este le brinda. Esta condición no permite apreciar si la titularidad se traduce en un verdadero ejercicio de las ventajas inherentes al derecho de propiedad. El control, entonces, permite preguntarse por quién efectivamente toma las decisiones con respecto al uso, disfrute y disposición de los recursos. Cuando se habla de la situación de las mujeres en este ámbito, no basta con indagar por si tienen la posibilidad jurídica de ser titulares, sino la manera en cómo se regula el acceso, control y protección de la propiedad les permite efectivamente hacerse a la titularidad y tomar decisiones en este aspecto.[10]

Acceder a la propiedad y controlarla contribuye a mejorar la posición social y económica de las mujeres al brindarles un marcador de estatus y recursos apreciables en dinero que fortalecen su capacidad de negociación en el mercado y la familia.[11] En especial la propiedad inmueble, y algunos bienes muebles, son percibidos socialmente como muestras de distinción y éxito. Obtenerlos y exhibirlos hacen parte del ritual de cimentar o hacerse a una posición en los diversos ámbitos de interacción humana. Así mismo, la dimensión económica de la propiedad provee de autonomía a las mujeres. El contar con bienes propios no solo puede permitirle acceder a las facilidades propias del mercado en cuestiones como el crédito, sino tener una mejor posición en la familia al no depender su bienestar exclusivamente de la cooperación de los miembros que la componen. Ser propietaria es una de las piedras angulares para que las mismas puedan conformar relaciones igualitarias con esposos, hijos, empleadores y co-contratantes, entre otros.

La circulación y distribución de la propiedad se lleva a cabo en el ámbito público como privado. En el primero, el Estado como propietario adquiere bienes, los afecta a su misión y adjudica aquellos que tienen esta vocación. Entre particulares, estas operaciones jurídicas tienen lugar en el mercado y la familia.[12] Las normas jurídicas relativas a la herencia y el régimen económico del matrimonio y otras uniones reconocidas por el ordenamiento tienen un papel preponderante en la protección de la dimensión patrimonial de los individuos. Estas otorgan propiedad a las personas o protegen titularidades durante la vida y fin de las relaciones familiares.

Hacer visible la familia como un nodo de distribución y circulación de la propiedad ha sido un objetivo del feminismo. Este ha sido complementado con los análisis que buscan retar las nociones románticas que encuadran a la familia como un sitio ajeno a las dinámicas del mercado, el interés propio y la desigualdad.[13] Establecer que las dinámicas entre los miembros de las familias no se basan únicamente en el altruismo, ha permitido analizar con detenimiento de qué manera el diseño de la regulación relativa a la propiedad en este ámbito impacta a las mujeres en su autonomía, capacidad de negociación, incentivos para la cooperación y capacidad para salir de relaciones abusivas. Convertir la familia y las relaciones que la conforman en una unidad de análisis respecto de la consecución de los recursos necesarios para que los individuos puedan llevar una vida digna es un paso esencial para comprender cómo se gesta, perdura y desmonta la discriminación.

La mujer en la Ley: soltera o casada, sin regímenes intermedios

La relación de los individuos con su patrimonio está definida, entre otros, por las normas que regulan la capacidad jurídica y la organización del mismo en el contexto de la pareja y la familia. La interacción entre estas normas pretende proteger a los individuos que no tienen las habilidades propias para hacerse cargo de patrimonio, y determinar las reglas que permitan ordenar la administración y distribución de los bienes y haberes que se aportan y producen a lo largo de la convivencia.

Por varias décadas, el ordenamiento jurídico nacional sometió a las mujeres casadas a un régimen de incapacidad relativa, bajo la premisa de su protección y de las habilidades superiores del hombre para administrar el patrimonio familiar.[14] De acuerdo con el Código Civil adoptado en 1887,[15] las mujeres unidas en matrimonio quedaban sometidas a la potestad marital[16] de su esposo, lo cual implicaba su separación de la administración de sus propios bienes y haberes y del patrimonio común, y la imposibilidad de participar de manera directa en el mundo de los negocios.[17] Por su parte, las mujeres solteras siempre gozaron de capacidad plena una vez alcanzada la mayoría de edad, por lo cual podían encargarse directamente de su patrimonio y participar en negocios jurídicos sin necesidad de representación.

Aunque la situación de la mujer casada cambiaría con la expedición de la Ley 28 de 1932,[18] por medio de la cual se le otorgó la capacidad para administrar sus bienes y realizar negocios jurídicos, el régimen creado por el Código Civil generó solo dos modelos para regular la relación de las mujeres frente a su patrimonio: la soltería y el matrimonio. A pesar de que para los hombres aplicaban también estos dos modelos, la potestad marital, vigente hasta 1974 (Decreto 2820),[19] siguió generando una diferenciación en la posición de las mujeres en el matrimonio. Si bien estas podían administrar sus bienes y haberes, el esposo seguía siendo considerado como el encargado de la dirección del hogar y titular de la patria potestad sobre los hijos.

Entender el matrimonio y la soltería como los únicos estados vitales y jurídicos de los individuos generó un vacío de regulación respecto de las relaciones sentimentales extramatrimoniales, estructurando un binario soltera/casada que fue particularmente complejo en términos patrimoniales para las mujeres. Como el concubinato no fue reconocido como una institución en el ordenamiento sino hasta 1990 (Ley 54),[20] su dinámica económica no tuvo entidad jurídica. El no contar con un régimen que hiciera visible y otorgara efectos jurídicos a la empresa común de sostener un hogar generó situaciones de injusticia en el momento en que estas uniones se disolvían. Estas tenían la vocación de impactar de manera más pronunciada a las mujeres debido a la discriminación histórica a la que habían estado sometidas.

La Corte Suprema de Justicia procuró responder a los retos que el concubinato generaba en un contexto de derecho privado. Es decir, se esforzó, por lo menos desde la década de 1930, en ofrecer remedios que permitieran lograr uno de sus objetivos primordiales: estructurar modelos de interacción justa entre particulares.[21] Para ello, echó mano de las figuras propias de esta área del derecho con el fin de ofrecer una regulación jurídica de sus efectos económicos, siempre velando por no legitimar unas relaciones sentimentales que fueron consideradas hasta 1990 como contrarias a la moral y al orden público.[22] Así, aplicó las normas del enriquecimiento sin causa, el contrato de trabajo, el mandato y la sociedad de hecho para evitar injusticias patrimoniales en el momento en que las relaciones sentimentales llegaban a un término, ya fuera por separación de la pareja o muerte de alguno de sus miembros.

La aproximación de la Corte Suprema representó una solución parcial al dilema planteado. Recurrir a estas figuras implicó que el litigio por la protección de los derechos patrimoniales surgidos del concubinato se estructurara alrededor de la prueba de la existencia de alguna de estas figuras al margen de la realidad de la convivencia sentimental. De esta forma, las controversias judiciales debieron ser planteadas en términos de dos particulares asumidos como autónomos y en pie de igualdad cuyas relaciones obligacionales habían entrado en disputa. Esta manera de plantear la controversia no daba espacio para consideraciones relacionadas con el papel y lugar de la mujer en las relaciones de pareja y en la sociedad en general.

La inexistencia de efectos jurídicos del concubinato constituía una paradoja para las mujeres. Al no estar casadas escapaban a la potestad marital, pero al no tener la protección del régimen patrimonial del matrimonio quedaban expuestas a la necesidad de probar que se habían comportado como un contratante más que ejecuta sus obligaciones y ejerce sus derechos patrimoniales a lo largo de la vida del contrato. El no lograr cumplir con esa carga probatoria convertía sus contribuciones en dinero y en especie al sostenimiento de la vida de pareja en meras liberalidades.[23]

Analizar la jurisprudencia construida alrededor de la sociedad de hecho como marco jurídico para organizar las consecuencias patrimoniales del concubinato contribuye a explorar en detalle esta paradoja. En la medida en que el problema fundamental que debían solucionar los jueces civiles en este punto era cómo terminar una relación patrimonial entre dos personas que, por un lapso determinado, y generalmente largo, habían compartido gastos, asumido obligaciones, hecho inversiones y contribuido en especie para un fin común, uno de los arquetipos contractuales que mejor respondía a este efecto era el contrato de sociedad. Esto, por cuanto su mecánica permitía ordenar y darle sentido a la colaboración extendida en el tiempo desplegada por los concubinos. Así, la Corte Suprema de Justicia lo reconoce en 1935,[24] dando aplicación a desarrollos jurisprudenciales franceses, con fundamento en la interpretación del artículo 2083 CC, en concordancia con las normas mercantiles.[25] Si bien otras figuras, como el contrato de trabajo[26] y la acción del enriquecimiento sin causa[27] fueron utilizadas con este objetivo, la dinámica de litigio alrededor de este asunto parece haberse encauzado primordialmente a través del contrato de sociedad.

Sociedades de hecho: siempre concubinos, a veces socios

De acuerdo con la narrativa de la Corte Suprema de Justicia, en el año 1935[28] se expide una sentencia que posiciona la figura de la sociedad de hecho como la herramienta más adecuada para identificar y ordenar las relaciones patrimoniales entre concubinos.[29] La Corte Constitucional ha interpretado esta movida jurídica de la Corte Suprema como una manera de proteger a las mujeres, dado el reconocimiento de que ellas constituyen generalmente la parte más débil en las relaciones concubinarias.[30] Sin embargo, un estudio profundo de la jurisprudencia de la Corte Suprema de Justicia aún está pendiente para que se pueda determinar a ciencia cierta si esta fue la intención de sus magistrados y si la dinámica del litigio ciertamente significaba un reconocimiento de su posición de subordinación dentro de la pareja y en la sociedad.

De manera preliminar, es posible afirmar que los primeros pasos jurisprudenciales en esta dirección estaban más encaminados a sacar a las partes de la incertidumbre en la que habían entrado sus relaciones patrimoniales, sin ninguna especial consideración a la condición de las mujeres. Así mismo, otro rasgo que deja ver esta construcción jurisprudencial desde sus inicios es la particular dificultad que enfrentaran las mujeres para poder probar de manera adecuada su ánimo de constituir una sociedad patrimonial al margen de la convivencia sentimental. Esto, debido a que la dinámica probatoria iba en contravía de lo que se esperaba de ellas socialmente. Mientras el arquetipo de la sociedad de hecho realzaba la autonomía e igualdad de las partes, junto con el espíritu de empresa, el contexto cultural fijaba las expectativas de una feminidad adecuada en los contornos de las tareas domésticas y el reconocimiento de la superioridad masculina para participar del mundo del trabajo, la política y los negocios. La aprobación de la Constitución de 1991[31] marcaría un punto de quiebre en el modelo diseñado por la Corte Suprema. Su noción amplia de familia, que considera el matrimonio solo una de las formas de constituirla, y su compromiso con la igualdad entre hombres y mujeres promovieron la introducción de matices en la jurisprudencia de la sociedad de hecho entre concubinos.

La sentencia de la Corte Suprema de 1935[32] es interesante por varias razones. Primero, da cuenta del caso típico de entrecruce de relaciones sentimentales y patrimoniales entre personas no casadas. Segundo, su motivación fija las reglas que gobernarán la identificación de sociedades de hecho para concubinos a través de una conjunción entre las reglas generales propias de estas y el establecimiento de nuevos requisitos para garantizar que el concubinato no sea legitimado. Tercero, su análisis permite avizorar los retos que enfrentarán las mujeres en la labor probatoria para lograr establecer un comportamiento que no era considerado propiamente femenino, como lo es el de participar de manera activa en el mundo de los negocios.

Los hechos establecidos en el litigio cuentan que Sofía Portocarrero viuda de Luque vivió y trabajó con Alejandro Valencia Arango en el Club Tumaco entre noviembre de 1924 y enero de 1931. Durante su relación, Sofía Portocarrero se dedicó principalmente a las labores domésticas y a atender el negocio de Alejandro Valencia cuando este se ausentaba. Según relata la Corte, el Tribunal encontró probado que la señora Portocarrero también se había encargado de conseguir créditos para el Club, los cuales finalmente quedaban en cabeza de su concubino. La oposición de Valencia se centró en negar que Portocarrero hubiera sido su socia y en argumentar que el trabajo desplegado por ella no era más que una consecuencia de sus relaciones sentimentales y una contraprestación a los gastos que el asumía por su manutención.

Como el tribunal encontró probada la existencia de una sociedad de hecho entre los concubinos, en donde el trabajo de la señora Portocarrero fue tenido como aporte en industria, el señor Valencia demandó en casación. Al resolver el recurso, la Corte estableció que para que existan las sociedades de hecho entre concubinos se debe cumplir con los requisitos generales de dicha figura y los particulares referidos a la relación concubinaria. Respecto de lo primero, recordó que las sociedades de hecho pueden ser creadas por acuerdo expreso o tácito de sus miembros, el cual se manifiesta a través de la "colaboración de dos o más personas en una misma explotación y resultan de un conjunto o de una serie coordinada de operaciones que efectúan en común esas personas."[33] Así, el consentimiento de los socios se puede presumir cuando (i) existan actos coordinados que den cuenta de una explotación común (ii) que persigan un beneficio común, (iii) a través de una colaboración en pie de igualdad y (iv) que no emanen de situaciones de "simple indivisión, de tenencia, guarda, conservación o vigilancia de bienes comunes."[34]

En lo que atañe a lo segundo, es decir a los requisitos particulares de las sociedades de hecho entre concubinos, la Corte estableció dos requisitos adicionales: (i) que la utilización de la figura societaria no esté encaminada a "crear, prolongar, fomentar o estimular el concubinato" y (ii) que su objeto se encamine a propósitos distintos de los que emergen de la convivencia común.[35]

Si bien en este caso de 1935 la Corte Suprema de Justicia falló a favor de la señora Portocarrero,[36] la jurisprudencia posterior comenzó a dar evidencias de los obstáculos que irían a enfrentar las mujeres por varias décadas en estos litigios. Esto se explica debido a la dificultad de encuadrar sus acciones dentro de un esquema societario y desligarlo de la convivencia sentimental, en la que se espera que las mismas desplieguen labores de cuidado a nivel personal y de los negocios de sus compañeros. Por ejemplo, en sentencia de 1943,[37] la Corte no casó una sentencia en la que se negaron las pretensiones de una concubina que había probado en juicio no solo haber desplegado tareas domésticas en el hogar, sino haber trabajado hombro a hombro con el concubino en las labores agrícolas. La razón para ello fue que la Corte consideró que no se probó la intención de conformar una sociedad (animus contrahendi societatis), por cuanto estimó que la concubina era una subordinada del concubino. Esta conclusión se basó en un acta de la Oficina del Trabajo de Cundinamarca allegada al juicio. En esta se consignó un reclamo interpuesto por la concubina en contra del concubino para que se le reconociera el pago de salarios por sus labores. Este documento da cuenta de que el concubino negó la subordinación alegando que eran pareja. Luego, cuando el acta fue apreciada en el litigio de la sociedad de hecho, se le consideró prueba de la relación de subordinación, lo cual impidió la consideración de que fueran socios.

En 1947 fue fallado uno de los casos que consideramos más interesantes, por cuanto el tribunal y la Corte Suprema de Justicia dejan plasmados con bastante claridad la paradoja en que se encontraban las mujeres que alegaban esta figura. Los hechos son muy similares a los de casos anteriores. Una mujer hace vida en común con un hombre, colabora en sus negocios y reclama lo que considera suyo luego de que la unión se deshace, particularmente porque los bienes están a nombre del concubino y la contribución de la concubina fue en su mayoría en industria. El tribunal falló en su contra arguyendo que no se había probado que existiera un ánimo de formar una sociedad con fines económicos que se pudiera deducir de sus comportamientos. Esto, por cuanto lo que "puede aceptarse [es] que entre los dos existieron relaciones sexuales extramatrimoniales y que, dentro de esas relaciones, como suele suceder, la primera atendiera los quehaceres domésticos y hasta vigilara los negocios del segundo."[38] En concordancia, la Corte desdeñó los testimonios recabados en el proceso que daban cuenta de cómo la concubina participaba en las actividades económicas ligadas al negocio del concubino como prueba del ánimo de constituir una sociedad.

En 1967, la Corte Suprema de Justicia estudió otro caso en el que es posible identificar la dificultad de leer las actividades desplegadas por las mujeres en el campo como algo distinto a las tareas domésticas. Así, el tribunal estimó que las labores de crianza de cerdos, gallinas y ganado, junto con la alimentación de los trabajadores de la finca, no podían ser consideradas como agrícolas, sino como propias de "la casa y la familia."[39] Esta apreciación lo llevó a concluir que la concubina "vivió dedicada por completo a los oficios domésticos, como cocinar, lavar y atender el hogar. Nadie en el lugar donde vivió la conoció como negociante en fincas rurales ni como persona apta para explotarlas económicamente, ni con conocimientos agrícolas para ello."[40] Para decidir la casación, la Corte se limitó a transcribir la jurisprudencia en materia de sociedades de hecho para concubinos y en un solo párrafo expresó que la argumentación del tribunal le parecía respetable.

La dificultad que definía el litigio de las mujeres por el reconocimiento de la existencia de una sociedad de hecho puede verse desde otro ángulo: las acciones interpuestas por los hombres con el mismo propósito. En sentencia de 1976,[41] es posible ver cómo la apreciación probatoria respecto del ánimo de constituir una sociedad puede ser más fácil para un varón.[42] En este caso, el demandante es el concubino que busca que se le reconozca sociedad de hecho con su pareja. Su razón para demandar estaba encaminada a que se consideraran como bienes sociales algunos que habían sido adquiridos a nombre de la concubina durante la convivencia. El análisis del tribunal es diciente por dos cuestiones: no hay referencias al trabajo doméstico, algo que parece ser un lugar común de las demandas interpuestas por mujeres, y su apreciación de los testimonios como prueba contundente de que el verdadero conocedor de los negocios era él y no su pareja, la cual se limitó a firmar las escrituras, de acuerdo con la apreciación del tribunal. Es interesante ver cómo el tribunal dejó de lado el hecho de que en todos los actos jurídicos figura exclusivamente la concubina e integró al concubino como protagonista de los mismos solo por el hecho de que este tenía alguna experiencia en ese campo. La Corte Suprema de Justicia confirmó la sentencia de instancia y no tuvo oportunidad de ahondar en las razones del tribunal por cuanto los cargos formulados no lo permitieron.

Un cambio fundamental en la apreciación del ánimo para constituir sociedad de hecho ocurriría en 1993. Esta sentencia recoge no solo la controversia propia de la declaración de esta sociedad, sino el enfrentamiento entre la Corte Suprema de Justicia y la recién creada Corte Constitucional al respecto. En el proceso planteado ante la jurisdicción civil, el tribunal no reconoció la existencia de la sociedad de hecho entre los concubinos debido a que consideró que las actividades desplegadas por la concubina solo tuvieron impacto en el plano de lo afectivo y doméstico. Ante la negativa, esta interpuso recurso de casación que confirmó la sentencia de instancia. Contra esta providencia la demandante interpuso acción de tutela.[43] En 1992, la Corte Constitucional decidió en revisión revocar la sentencia de casación basada, entre otras, en el reconocimiento del trabajo doméstico como aporte de industria a la sociedad de hecho y manifestación de la intención de asociarse.[44] Así mismo, la Corte Constitucional estableció como de carácter obligatorio esta interpretación, con el fin de que fuera aplicado a casos similares. En 1993, la Corte Suprema avocó de nuevo conocimiento del caso y confirmó su decisión inicial de no casar la sentencia. Para ello, no solo criticó la intromisión de la Corte Constitucional en el caso concreto, sino que manifestó, en un pasaje algo confuso, que nunca había desconocido que el trabajo doméstico pudiera ser considerado un aporte en industria.

Si bien el enfrentamiento entre la Corte Constitucional y la Corte Suprema de Justicia no llegó a buen término en el caso en particular que fuera decidido en 1993, la decisión 1992 emitida por la Corte Constitucional significó un quiebre en la manera de considerar la participación de la mujer en la sociedad de hecho y la prueba del ánimo de constituir una sociedad. El haber dado cabida al trabajo doméstico como aporte y manifestación del *animus contrahendi societatis* permitiría que su labor probatoria no estuviera sometida a exigencias implícitas definidas por un sesgo de género que de ninguna manera aplicaba a los hombres. Sin embargo, el hecho de haber conseguido este reconocimiento respecto del trabajo doméstico no necesariamente ha implicado que se haya retado de manera clara la ecuación mujer = domesticidad y mujer = ausencia de ánimo de lucro.

Para ilustrar la persistencia de estas dos ecuaciones, vale la pena analizar dos sentencias más. En 2003, la Corte Suprema de Justicia decidió el recurso de casación respecto de un caso en el que la concubina realizó trabajo doméstico y participó en la explotación agrícola y pecuaria de su pareja. La sentencia del tribunal muestra la dificultad de encuadrar la contribución de la mujer a la sociedad más allá de sus tareas del hogar, a pesar de que en la narrativa del proceso se estableció que ella también lo hizo en tareas distintas a lo doméstico. Sin embargo, el tribunal subraya que gracias a que la "ama de casa" dio apoyo "afectivo y moral," el "progreso económico" fue posible para los dos. Aunque la Corte Suprema de Justicia no pudo pronunciarse detalladamente en este aspecto por la manera en que fueron planteados los cargos casación, es esencial detenerse en la lectura que hace el tribunal de lo que constituyó aporte para el caso de la mujer. Si bien de lo transcrito en la sentencia de casación es posible ver que el trabajo agrícola y pecuario de la mujer en el desarrollo del objeto de la sociedad de hecho fue establecido, las argumentaciones que nos llegan del tribunal a través del resumen de la Corte Suprema de Justicia la describen simplemente como un ama de casa que solo aportó su apoyo moral y afecto.[45]

En 2016, la Corte Suprema de Justicia emitió un fallo en el tema de sociedades de hecho que se convirtió en noticia nacional.[46] Lo interesante no fue tanto el contenido del fallo, el cual sigue la línea de evolución de la jurisprudencia en la materia, sino la manera en cómo fue comunicado en los medios. Para comenzar, hay que decir que un fallo de la Corte respecto de este problema jurídico no es material apto para ser popular en el mundo de las noticias. La única manera en que este pueda convertirse en contenido digno de ser publicado en el internet y compartido en las redes sociales es si tiene algo que causa controversia o se sale de lo que el público considera el orden normal de las cosas.

Los hechos del caso relatan la existencia de una relación de concubinato en la que sus miembros constituyen una unidad económica con el fin de mantenerse y lucrarse. De lo probado se desprende que la mujer no solo desplegó tareas domésticas, sino que trabajó en tareas agrícolas para la explotación común de una finca. La razón del recurso casación estribó en que el tribunal no declaró la existencia de la sociedad de hecho, por cuanto de las pruebas dedujo que la concubina tenía una relación de subordinación con su concubino que se encuadraba en el contrato de aparcería. Dentro de la argumentación ofrecida por la Corte Suprema de Justicia para resolver el recurso, se le da un lugar central al trabajo doméstico como aporte válido a la sociedad de hecho y como expresión de su existencia. El que la Corte haya destinado un espacio considerable a sustentar por qué el trabajo doméstico tiene entidad para ser considerado aporte social deja ver cómo cuando se trata de la participación societaria de la mujer, los jueces tienden a realzar la importancia de su trabajo doméstico, mientras se minimiza sus actividades económicas en otras áreas.

La recepción de la sentencia en los medios de comunicación fue sintomática de lo que la sociedad colombiana espera de las mujeres. La traducción del caso jurídico en los medios se hizo a través de simplificaciones. Por ejemplo, el portal Kien y Ke tituló la noticia de la siguiente manera: "Empleadas que sostengan romance con su jefe tendrán derecho a herencia"[47] y la acompañó de una foto en la que se ve un hombre sin rostro en primer plano que se acomoda una corbata y una mujer bastante sensual en segundo plano limpiando el piso a mano. El portal HSB Noticias publicó una nota al respecto titulada: "En Colombia ser 'moza' sí paga."[48] Caracol, uno de los medios colombianos más respetados en materia de noticias, hizo lo propio con una entrada en su portal con el título "Empleadas amantes de sus patronos podrán heredar."[49]

Es de destacar que los medios de comunicación borraron de un solo tajo la compleja y rica historia de esta pareja, para caricaturizar una convivencia de varios años en estereotipos de hombres ejerciendo liderazgo y mujeres dedicadas a la vida doméstica. Si bien la sentencia le da demasiada importancia a la contribución en tareas domésticas de la concubina, no por ello se puede negar que en ciertos pasajes la Corte Suprema de Justicia rescata el hecho de que ella también participó de otras labores económicas. A pesar de ello, los medios ofrecieron para el consumo una historia con tintes novelescos en el que una mujer dedicada al servicio doméstico saca su tajada económica por medio de la seducción o del amor verdadero. El revuelo fue de tal magnitud, que la Corte Suprema de Justicia se vio en la necesidad de sacar un comunicado para aclarar el contenido de su fallo.[50]

Este breve estudio de la jurisprudencia de la Corte Suprema de Justicia permite ver cómo la sociedad de hecho como figura de derecho privado fue utilizada para ordenar las relaciones patrimoniales de los concubinos. Este remedio parece no haber sido diseñado en sus inicios para proteger de manera particular a las mujeres, sino para honrar el principio de equidad que debe orientar toda relación jurídica de derecho privado. Sería la expedición de la Constitución de 1991, y la jurisprudencia al respecto de la Corte Constitucional, la que iría encaminando la aplicación de esta figura hacia ese objetivo. Esto permitió el reconocimiento del trabajo doméstico como aporte social. Sin embargo, esta orientación más consciente de los dilemas que enfrentan las mujeres en la protección de su patrimonio, parece no haberse traducido en un reconocimiento contundente de sus aportes económicos en áreas distintas a las labores de cuidado.

Conclusiones

Para nosotras, este trabajo tiene como fin hacer un llamado a explorar con más detenimiento los efectos que pueden tener las instituciones de derecho privado en la vida de las mujeres. El escalamiento del conflicto armado colombiano en la década de los noventa tuvo un impacto no solo en las agendas del movimiento de mujeres, sino en la definición de las preguntas académicas de investigación. El tema de la discriminación y violencia en contra de las mujeres en el país se articuló primordialmente alrededor de los daños que sufrieron las mujeres en este contexto.

Así mismo, el derecho público cobró una importancia inusitada como instrumento para avanzar las agendas feministas. El derecho constitucional, derecho penal y derecho administrativo se convirtieron en las herramientas narrativas primordiales para dar sentido jurídico a la situación de las mujeres en la guerra. El estudio y el uso del derecho privado para promover los derechos de las mujeres pasaron a un segundo plano. Este deslizamiento hacia el derecho público no ha permitido examinar con detenimiento los cuerpos de normas que regulan la vida cotidiana de las mujeres. Este artículo es una invitación para que nuestras reflexiones jurídico-feministas retomen la reflexión en torno a la incidencia del derecho privado en la discriminación de las mujeres.

El haber hecho un estudio preliminar de ciertos pronunciamientos jurisprudenciales en el tema de la utilización de la figura de la sociedad de hecho para ordenar las relaciones patrimoniales de los concubinos nos ha permitido explorar que el acceso, control y protección de la propiedad por parte de las mujeres está mediado por sesgos de género que actúan en cuestiones como la apreciación de la prueba o la interpretación de su voluntad. En los casos que relatan estas sentencias, a pesar de que existen pruebas de que las mujeres contribuyeron a labores agropecuarias o industriales, la Corte Suprema de Justicia y/o los tribunales persistieron en entenderlas como ligadas al trabajo doméstico o a la dimensión afectiva. Estas lecturas no permitieron apreciar el ánimo de asociarse por parte de las mujeres, lo que desembocó en una desprotección de su patrimonio.

El acceso de las mujeres a la propiedad permite un mejoramiento de su posición en el juego social, por cuanto la provee de los medios para fortalecer su capacidad de negociación dentro de la familia, en el mercado y ante el Estado. Este derecho no solo se garantiza con el reconocimiento de su igualdad formal con los varones, es decir, con la eliminación de las incapacidades que no le impedían ser propietaria a nombre propio y participar directamente en el mundo de los negocios, sino por medio del aseguramiento de que la dinámica propia de las figuras jurídicas del derecho privado que permiten el acceso a la propiedad no sean implementadas por medio de narrativas que exhiben sesgos de género. El reto que tenemos como investigadoras es seguir identificando si las lógicas de implementación de las instituciones de derecho privado desdicen de su neutralidad y vuelven a instalar obstáculos para las mujeres que se creían erradicados.

Notas

1. Carmen Diana Deere y Magdalena León, *Empowering Women* (Pittsburgh: University of Pittsburgh Press, 2001), 38 y 331.
2. Susan Moller Okin, *Justice, Gender, and the Family* (New York: Basic Books Inc., 1989), 26–32.
3. Janet Halley, "Which Forms of Feminism Have Gained Inclusion?" En *Governance Feminism: An Introduction*, eds. Janet Halley, Prabha Kotiswaran, Rachel Rebouché, e Hila Shamir (Minneapolis: University of Minnesota Press, 2018), 23–47.
4. Véase: Lina M. Céspedes-Báez, "Creole Radical Feminist Transitional Justice: An Exploration of Colombian Feminism in the Context of Armed Conflict," en *Truth, Justice and Reconciliation in Colombia*, ed. Fabio Diaz Pabón (New York: Routledge, 2018), 102–118.
5. Peter Benson, "Philosophy of Property Law," en *The Oxford Handbook of Jurisprudence and Philosophy of Law*, eds. Jules Coleman, Kenneth Einar Himma, y Scott Shapiro (Oxford: Oxford University Press, 2002), 805.
6. Joseph William Singer, *Property*, 4ª (New York: Wolters Kluwer Law & Business, 2014), 2; Carol M. Rose, "Property as Storytelling: Perspectives from Game Theory, Narrative Theory, Feminist Theory," *Yale Journal of Law and the Humanities* 2, no. 1 (1990): 40, https://digitalcommons.law.yale.edu/yjlh/vol2/iss1/3. Las narrativas clásicas referentes a los orígenes de la propiedad subrayan la escasez como una de las razones que dieron pie a su nacimiento. Si bien esta premisa puede aplicarse a muchos recursos valiosos, como la tierra, el agua o el petróleo, difícilmente puede serlo de otros bienes considerados valiosos y deseables como un teléfono inteligente, un carro de alta gama o una cartera de marca.
7. Este derecho de excluir no es absoluto. El propietario tiene que respetar las limitaciones propias del derecho de dominio que tiene sobre el bien, con el fin de no provocar daños a terceros, respetar los derechos fundamentales y honrar la función social y ecológica de la propiedad. Véase: Corte Constitucional de Colombia. Sentencia T-131 del 23 de febrero de 2006. M.P. Alfredo Beltrán Sierra; Singer, *Property*, 2.
8. Benson, "Philosophy of Property Law," 806–814; Carol M. Rose, "Property as Storytelling," 49–53.
9. Deere y León, *Empowering Women*, 1–31; Bina Agarwal, *A Field of One's Own: Gender and Land Rights in South Asia* (New York: Cambridge University Press, 1994), 27–45.
10. Deere y León, *Empowering*, 6–7; Agarwal, *A Field*, 19–20.
11. Deere y León, *Empowering*, 25–29.
12. Deere y León, *Empowering*, 2–3.
13. Véase: Okin, *Justice*, 26–32; Susan Moller Okin, "'Forty Acres and a Mule' for Women: Rawls and Feminism," *Politics, Philosophy & Economics* 4, no. 2 (2005): 233–248, https://doi.org/10.1177%2F1470594X05052540.
14. Fernando Vélez, *Estudio sobre el derecho civil colombiano*, 2ª, vol. I (Paris: Imprenta París-América, 1926), 164.
15. Ley 57 de 1887. Sobre adopción de códigos y unificación de la legislación Nacional. *Diario Oficial 437440.*
16. La potestad marital consistía en "un conjunto de derechos que la ley le otorgaba al marido sobre la persona y sobre los bienes de su esposa, implicaba realmente que el marido, por el solo hecho del matrimonio asumía la dirección del hogar, por

consiguiente, le correspondía resolver las situaciones de controversia que se presentaban en la familia, tanto en el campo personal como en el patrimonial." Roberto Suárez Franco, *Derecho de familia*, 7ª, vol. I (Bogotá: Editorial Temis S.A., 1998), 150. Desde el punto de vista personal, la potestad marital implicaba que, a cambio de la protección dada por el marido, la mujer: le debía obediencia (art. 176 Código Civil Colombiano); tenía un domicilio de dependencia (art. 87 Código Civil Colombiano); podía ser forzada a vivir con su marido y a cambiar su residencia según su voluntad (art. 177 Código Civil Colombiano); tenía autoridad parental salvo contradicción con la voluntad del marido (art. 250 Código Civil Colombiano) y en consecuencia la corrección moderada (art. 262 y 263 Código Civil Colombiano) y las decisiones vinculadas a la educación y elección de la profesión de los hijos (art. 264 Código Civil Colombiano) pertenecían preferentemente al padre; solo subsidiariamente podía ejercer la patria potestad sobre los hijos matrimoniales (art. 288 Código Civil Colombiano); en cuanto a las causales de divorcio cualquier relación sexual extramatrimonial de la mujer lo ocasionaba, mientras que se exigía el "amancebamiento" del hombre (art. 154 Código Civil Colombiano) y, en caso de nombramiento de un curador del hijo, el padre era llamado con prioridad sobre la madre (art. 457 Código Civil Colombiano). Arturo Valencia Zea y Álvaro Ortiz Monsalve, *Derecho Civil, Parte General y Personas*, 16ª, vol. I. (Bogotá D.C.: Editorial Temis S.A., 2010), 55.

17. Jaime Rodríguez Fonnegra, *De la sociedad conyugal o régimen de los bienes determinado por el matrimonio*, vol. I. (Bogotá: Ediciones Lerner Ltda., 1964), 2–5.
18. Ley 28 de 1932. Sobre reformas civiles (Régimen patrimonial en el matrimonio). *Diario Oficial 361362.*
19. Decreto 2820 de 1974. Por el cual se otorgan iguales derechos y obligaciones a las mujeres y a los varones. *Diario Oficial 34249.*
20. Ley 54 de 1990. Por la cual se definen las uniones maritales de hecho y régimen patrimonial entre compañeros permanentes. *Diario Oficial 39615.*
21. Hanoch Dagan, "The Challenges of Private Law: A Research Agenda for an Autonomy-Based Private Law," en *Private Law in the 21st Century*, eds. Kit Barker, Karen Fairweather, y Ross Grantham (New York: Hart Publishing, 2017), 68.
22. Corte Suprema de Justicia de Colombia, Sala de Casación Civil del 12 de diciembre de 1955, 731–732. M.P. José Hernández Arbeláez.
23. Corte Suprema de Justicia de Colombia, Sala de Casación Civil. M.P. José Hernández Arbeláez, 728.
24. Corte Suprema de Justicia. Sentencia de la Sala de Casación Civil del 30 de noviembre de 1935. Gaceta Judicial XLII, no. 1901 y 1902 de mayo de 1936, 476–485. M.P. Eduardo Zuleta Ángel. Esta sentencia es de casación dentro del proceso de Sofía Portocarrero vda. de Luque contra Alejandro Valencia Arango.
25. Eduardo García Sarmiento, *Elementos de derecho de familia* (Bogotá: Editorial Facultad de Derecho, 1999), 483.
26. Así se evidencia en las sentencias de casación del Tribunal Superior del Trabajo 28 de octubre de 1949 y de la Corte Suprema de Justicia de 17 de septiembre de 1957 y de 21 de febrero de 1963. Para lograr la declaratoria del contrato de trabajo, la concubina debía demostrar la subordinación propia de un contrato laboral, que debía trascender al "obedecimiento de la mujer al marido, que obra entre casados legítimamente," (Corte Suprema de Justicia de Colombia. Sentencia de la Sala de Casación Laboral del 17 de septiembre 1957, 318. M.P. Enrique Arámbula Durán) y, que la

prestación persona de los servicios era independiente del trato sexual existente entre los concubinos (Corte Suprema de Justicia de Colombia. Sentencia de la Sala de Casación Laboral del 21 de febrero de 1963. M.P. José Joaquín Rodríguez). Estas dos exigencias ponían de presente que la concubina tenía una carga probatoria superior que la que ordinariamente soportaba un trabajador que quisiera demostrar la existencia de un contrato laboral. En la medida en que este último solo debía demostrar la prestación personal y subordinada del servicio y de esta se presumía el contrato, al tenor del artículo 24 del Código Sustantivo del Trabajo (Domingo Campos Rivera, *Derecho laboral colombiano*, 6ª (Bogotá: Editorial Temis S.A., 1997), 197–198). Es de anotar que, de las tres sentencias analizadas, solo se reconoció la existencia del contrato laboral en la de 1949, esto debido a que en este caso la concubina laboraba en un hotel restaurante que no solo era de propiedad de su concubino, sino de otras dos personas más (Tribunal Supremo del Trabajo de Colombia. Sentencia del 28 de octubre de 1949, 957. M.P. Juan Benavides Patrón).

27. Para su configuración, la Corte exigía que se demostraran todos los elementos de este, esto es que había un enriquecimiento, un empobrecimiento correlativo, una relación de causalidad entre el enriquecimiento y el empobrecimiento, que con esta acción no se pretendiera violar el orden público y finalmente, que no había otra acción disponible en el ordenamiento jurídico. Así, no consideraba que por el solo hecho de la relación concubinaria se pudiese declarar la existencia del enriquecimiento sin justa causa, pero tampoco lo excluía si se podían demostrar todos sus elementos (Corte Suprema de Justicia de Colombia, Sala de Casación Civil. M.P. José Hernández Arbeláez). No obstante, era especialmente difícil demostrar que no se tenían otras acciones de carácter contractual.
28. Sentencia caso Sofía Portocarrero vda. de Luque contra Alejandro Valencia Arango.
29. Corte Suprema de Justicia de Colombia. Sentencia de la Sala de Casación Civil del 5 de diciembre de 2011, 9. M.P. William Namen Vargas.
30. Corte Constitucional de Colombia. Sentencia de la Sala Plena C-239 del 19 de mayo de 1994. M.P. Jorge Arango Mejía.
31. Constitución Política de Colombia, 1991.
32. Sentencia caso Sofía Portocarrero vda. de Luque contra Alejandro Valencia Arango, 476–477.
33. Sentencia caso Sofía Portocarrero vda. de Luque contra Alejandro Valencia Arango, 479.
34. Sentencia caso Sofía Portocarrero vda. de Luque contra Alejandro Valencia Arango, 479.
35. Sentencia caso Sofía Portocarrero vda. de Luque contra Alejandro Valencia Arango, 479.
36. Sentencia caso Sofía Portocarrero vda. de Luque contra Alejandro Valencia Arango, 485.
37. Corte Suprema de Justicia. Sentencia de la Sala de Casación Civil del 7 de diciembre de 1973. Gaceta Judicial LVI, no. 2001–2005 de 1943, 335–338. M.P. Liborio Escallón. Esta sentencia de casación se dio dentro del proceso de Eloísa Mendoza contra Pioquinto Cifuentes.
38. Corte Suprema de Justicia de Colombia. Sentencia de la Sala de Casación Civil del 16 de septiembre de 1974. Gaceta Judicial LXIII, no. 2053–2054 de 1947, 20. M.P.

Pedro Castillo Pineda. Esta sentencia se dio dentro del proceso de Florentina Ortiz González contra Manuel Valente Da Silva.

39. Corte Suprema de Justicia de Colombia. Sentencia de la Sala de Casación Civil del 30 de noviembre de 1967. Gaceta Judicial CXIX, parte I, no. 2287–2288 de 1967, 330. M.P. Flavio Cabrera Dussan. Esta sentencia se dio dentro del proceso de Vitalia Quintero contra José de Jesús Puerta Quintero.
40. Sentencia caso Vitalia Quintero contra José de Jesús Puerta Quintero.
41. Corte Suprema de Justicia. Sentencia de la Sala de Casación Civil del 8 de julio de 1976. Gaceta Judicial CLII, no. 2393 de 1976, 243–249. M.P. Humberto Murcia Ballén. Esta sentencia se dio dentro del proceso de Luis Alfonso Rave contra Rosalba Alarca Gaviria.
42. En igual sentido: Corte Suprema de Justicia de Colombia. Sentencia Sala de Casación Civil no. 387 del 23 de septiembre de 1988. Gaceta Judicial CXCII, sem. II, no. 2431 de 1988, 130–139. M.P. Rafael Romero Sierra. Esta sentencia se dio dentro del proceso de Leonardo Castañeda Medina contra Beatriz Nústez de Urbano.
43. Corte Suprema de Justicia de Colombia. Sentencia de la Sala de Casación Civil del 6 de mayo de 1993. M.P. Carlos Esteban Jaramillo Schloss. Esta sentencia se dio dentro del proceso de Esther Varela contra Mélida Guerrero Trujillo.
44. Corte Constitucional del Colombia. Sentencia de la Sala Primera de Revisión de Tutelas T-494 del 12 de agosto de 1992. M.P. Ciro Angarita Barón.
45. Corte Suprema de Justicia de Colombia. Sentencia de la Sala de Casación Civil del 22 de mayo de 2003. M.P. Silvio Fernando Trejos Bueno. Esta sentencia se dio dentro del proceso de Ana Dolores Quintanilla Barrera contra Daniel Antonio Vergel Vergel.
46. Corte Suprema de Justicia de Colombia. Sentencia de la Sala de Casación Civil SC8225-2016 del 22 de junio de 2016. M.P. Luis Armando Tolosa Villabona. Esta sentencia se dio dentro del proceso de Adriana Diaz Benavides contra Eddy Durán de Mantilla y otros, cónyuge y herederos de Julián Mantilla Mantilla.
47. "Empleadas que sostengan romance con su jefe tendrán derecho a herencia," *Kien y Ke*, 27 de junio de 2017, https://www.kienyke.com/noticias/empleadas-amantes-jefe-herencia.
48. "En Colombia ser 'moza' sí paga," *HSB Noticias*, 28 de junio de 2016, http://hsbnoticias.com/noticias/nacional/en-colombia-ser-moza-si-paga-218970.
49. "Empleadas amantes de sus patronos podrán heredar," *Caracol Radio*, 27 de junio de 2016. http://caracol.com.co/radio/2016/06/27/judicial/1467043227_290546.html.
50. "La Corte Suprema de justicia aclara información sobre contenido de una sentencia que declaró la existencia de una sociedad de hecho entre empleada y patrono de una hacienda en Santander," *Noticias Corte Suprema de Justicia*, 30 de junio de 2016, http://www.cortesuprema.gov.co/corte/index.php/2016/06/30/la-corte-suprema-de-justicia-aclara-informacion-sobre-contenido-de-una-sentencia-que-declaro-la-existencia-de-una-sociedad-de-hecho-entre-empleada-y-patrono-de-una-hacienda-en-santander/.

Referencias

Agarwal, Bina. *A Field of One's Own. Gender and Land Rights in South Asia.* New York: Cambridge University Press, 1994.

Benson, Peter. "Philosophy of Property Law," en *The Oxford Handbook of Jurisprudence and Philosophy of Law*, editado por Jules Coleman, Kenneth Einar Himma, y Scott Shapiro. Oxford: Oxford University Press, 2002.

Campos Rivera, Domingo. *Derecho laboral colombiano*, 6ª. Bogotá: Editorial Temis S.A., 1997.

Caracol Radio. "Empleadas amantes de sus patronos podrán heredar." 27 de junio de 2016. http://caracol.com.co/radio/2016/06/27/judicial/1467043227_290546.html.

Céspedes-Báez, Lina M. "Creole Radical Feminist Transitional Justice: An Exploration of Colombian Feminism in the Context of Armed Conflict," en *Truth, Justice and Reconciliation in Colombia*, editado por Fabio Diaz Pabón. New York: Routledge, 2018.

Constitución Política de Colombia, 1991.

Corte Constitucional de Colombia. Sentencia de la Sala Plena C-239 del 19 de mayo de 1994. M.P. Jorge Arango Mejía.

Corte Constitucional de Colombia. Sentencia T-131 del 23 de febrero de 2006. M.P. Alfredo Beltrán Sierra.

Corte Suprema de Justicia. Sentencia de la Sala de Casación Civil del 30 de noviembre de 1935. Gaceta Judicial XLII, no. 1901 y 1902 de mayo de 1936, 476–485. M.P. Eduardo Zuleta Ángel.

Corte Suprema de Justicia de Colombia, Sala de Casación Civil del 12 de diciembre de 1955, 731–732. M.P. José Hernández Arbeláez.

Corte Suprema de Justicia de Colombia. Sentencia de la Sala de Casación Laboral del 17 de septiembre 1957. M.P. Enrique Arámbula Durán.

Corte Suprema de Justicia de Colombia. Sentencia de la Sala de Casación Laboral del 21 de febrero de 1963. M.P. José Joaquín Rodríguez.

Corte Suprema de Justicia de Colombia. Sentencia de la Sala de Casación Civil del 30 de noviembre de 1967. Gaceta Judicial CXIX, parte I, no. 2287–2288 de 1967, 330. M.P. Flavio Cabrera Dussan.

Corte Suprema de Justicia. Sentencia de la Sala de Casación Civil del 7 de diciembre de 1973. Gaceta Judicial LVI, no. 2001–2005 de 1943, 335–338. M.P. Liborio Escallón.

Corte Suprema de Justicia de Colombia. Sentencia de la Sala de Casación Civil del 16 de septiembre de 1974. Gaceta Judicial LXIII, no. 2053–2054 de 1947, 20. M.P. Pedro Castillo Pineda.

Corte Suprema de Justicia. Sentencia de la Sala de Casación Civil del 8 de julio de 1976. Gaceta Judicial CLII, no. 2393 de 1976, 243–249. M.P. Humberto Murcia Ballén.

Corte Suprema de Justicia de Colombia. Sentencia Sala de Casación Civil no. 387 del 23 de septiembre de 1988. Gaceta Judicial CXCII, sem. II, no. 2431 de 1988, 130–139. M.P. Rafael Romero Sierra.

Corte Constitucional del Colombia. Sentencia de la Sala Primera de Revisión de Tutelas T-494 del 12 de agosto de 1992. M.P. Ciro Angarita Barón.

Corte Suprema de Justicia de Colombia. Sentencia de la Sala de Casación Civil del 6 de mayo de 1993. M.P. Carlos Esteban Jaramillo Schloss.

Corte Suprema de Justicia de Colombia. Sentencia de la Sala de Casación Civil del 22 de mayo de 2003. M.P. Silvio Fernando Trejos Bueno.

Corte Suprema de Justicia de Colombia. Sentencia de la Sala de Casación Civil del 5 de diciembre de 2011, 9. M.P. William Namen Vargas.

Corte Suprema de Justicia de Colombia. Sentencia de la Sala de Casación Civil SC8225-2016 del 22 de junio de 2016. M.P. Luis Armando Tolosa Villabona.

Dagan, Hanoch. "The Challenges of Private Law: A Research Agenda for an Autonomy-Based Private Law," en *Private Law in the 21st Century*, editado por Kit Barker, Karen Fairweather, y Ross Grantham. New York: Hart Publishing, 2017.

Decreto 2820 de 1974. Por el cual se otorgan iguales derechos y obligaciones a las mujeres y a los varones. *Diario Oficial 34249.*

Deere, Carmen Diana, y Magdalena León. *Empowering Women*. Pittsburgh: University of Pittsburgh Press, 2001.

García Sarmiento, Eduardo. *Elementos de derecho de familia*. Bogotá: Editorial Facultad de Derecho, 1999.

Halley, Janet. "Which Forms of Feminism Have Gained Inclusion?" En *Governance Feminism: An Introduction*, editado por Janet Halley, Prabha Kotiswaran, Rachel Rebouché, e Hila Shamir. Minneapolis: University of Minnesota Press, 2018.

HSB Noticias. "En Colombia ser 'moza' sí paga." 28 de junio de 2016. http://hsbnoticias.com/noticias/nacional/en-colombia-ser-moza-si-paga-218970.

Kien y Ke. "Empleadas que sostengan romance con su jefe tendrán derecho a herencia." 27 de junio de 2017. https://www.kienyke.com/noticias/empleadas-amantes-jefe-herencia.

Ley 57 de 1887. Sobre adopción de códigos y unificación de la legislación Nacional. *Diario Oficial 437440.*

Ley 28 de 1932. Sobre reformas civiles (Régimen patrimonial en el matrimonio). *Diario Oficial 361362.*

Ley 54 de 1990. Por la cual se definen las uniones maritales de hecho y régimen patrimonial entre compañeros permanentes. *Diario Oficial 39615.*

Noticias Corte Suprema de Justicia. "La Corte Suprema de justicia aclara información sobre contenido de una sentencia que declaró la existencia de una sociedad de hecho entre empleada y patrono de una hacienda en Santander." 30 de junio de 2016. http://www.cortesuprema.gov.co/corte/index.php/2016/06/30/la-corte-suprema-de-justicia-aclara-informacion-sobre-contenido-de-una-sentencia-que-declaro-la-existencia-de-una-sociedad-de-hecho-entre-empleada-y-patrono-de-una-hacienda-en-santander/.

Okin, Susan Moller. "'Forty Acres and a Mule' for Women: Rawls and Feminism." *Politics, Philosophy & Economics* 4, no. 2 (2005): 233–248. https://doi.org/10.1177%2F1470594X05052540.

Okin, Susan Moller. *Justice, Gender, and the Family*. New York: Basic Books Inc., 1989.

Rodríguez Fonnegra, Jaime. *De la sociedad conyugal o régimen de los bienes determinado por el matrimonio*, vol. I. Bogotá: Ediciones Lerner Ltda., 1964.

Rose, Carol M. "Property as Storytelling: Perspectives from Game Theory, Narrative Theory, Feminist Theory." *Yale Journal of Law and the Humanities* 2, no. 1 (1990): 40. https://digitalcommons.law.yale.edu/yjlh/vol2/iss1/3.

Singer, Joseph William. *Property*, 4ª. New York: Wolters Kluwer Law & Business, 2014.

Tribunal Supremo del Trabajo de Colombia. Sentencia del 28 de octubre de 1949, 957. M.P. Juan Benavides Patrón.

Valencia Zea, Arturo, y Álvaro Ortiz Monsalve. *Derecho Civil, Parte General y Personas.* 16a. vol. I. Bogotá D.C.: Editorial Temis S.A., 2010.

Vélez, Fernando. *Estudio sobre el derecho civil colombiano*, 2ª, vol. I. Paris: Imprenta París-América, 1926.

6. *¿Mujeres en deuda? Feminismo y microendeudamiento en la transición en Colombia*

María Carolina Olarte Olarte

Las microfinanzas —en general— y los microcréditos —en particular— han sido considerados con frecuencia como instrumentos ideales tanto para combatir la pobreza como para empoderar a las poblaciones mayormente marginalizadas. En este marco, la equidad de género ha figurado como un eje central, un fin en sí mismo y, además, un medio para alcanzar metas de desarrollo y reducción de la pobreza. Sin embargo, la capacidad de las microfinanzas para reducir la pobreza y su utilidad para eliminar la inequidad de género han sido objeto de múltiples críticas, no solo debido a la ausencia de resultados claros sino, también, por los efectos adversos y las mayores cargas que han significado para las mujeres en un significativo número de casos.

No obstante estas discusiones, las microfinazas también son consideradas hoy como una de las formas de reparación y restablecimiento económico y, así mismo, como uno de los mecanismos menos cuestionados en escenarios de transición, en los que han sido replicados los usos de imaginarios específicos sobre la mujer como cuidadora, productiva, "buena paga," y en general como motor del crecimiento económico. A lo largo de este texto pretendo plantear preguntas tanto sobre las implicaciones metodológicas y políticas de los prespuestos de los microcréditos como mecanismos de desarrollo, empoderamiento y reparación, como sobre los imaginarios de género que subyacen su existencia. Sobre esta base sintetizaré algunas de las críticas más centrales a dichos presupuestos desde una perspectiva crítica y feminista que cuestiona la instrumentalización de las mujeres en esquemas de endeudamiento. A partir de las críticas metodológicas y feministas más centrales a los presupuestos metodológicos y políticos de las microfinanzas, estableceré algunas bases para interpelar las narrativas[1] de género que acompañan los procesos de microcrédito asociados con el posconflicto en Colombia. Mi finalidad es contribuir a los debates actuales sobre el microcrédito en escenarios de transición a partir de un conjunto preliminar de elementos que permitan identificar y examinar el rol que juegan las iniciativas microfinancieras en la propagación de una agenda de género particular, como las narrativas de "empoderamiento" que las subyacen. Con este fin, este artículo está dividido en dos partes.

En la primera indicaré el objeto de la inclusión financiera y explicaré el lugar protagónico usualmente asignado a las mujeres denominadas como pobres. A continuación mapearé las principales críticas feministas a la supuesta relación entre equidad de género y microfinanzas. Luego examinaré el rol de las finanzas inclusivas dentro de las discusiones sobre reparación y restablecimiento económico en la literatura de justicia transicional y construcción de paz para situar las preocupaciones indicadas en la primera parte y enfatizar, en particular, algunos de los riesgos que un perspectiva acrítica del microcrédito puede implicar para las mujeres más afectadas en escenarios transicionales. En la segunda parte propondré una exploración preliminar sobre la emergencia y rápida difusión de los programas de microcrédito en Colombia y presentaré algunas claves para un estudio también preliminar de la relación entre finanzas inclusivas e igualdad de género en las narrativas de los programas de microcrédito en el denominado[2] posconflicto. El objetivo es proponer una serie de preguntas para examinar desde una perspectiva feminista crítica la implementación del Acuerdo Final *para* la Terminación del Conflicto y la Construcción de una *Paz* Estable y Duradera. No se trata entonces de asumir que las aproximaciones son extrapolables a Colombia sino de establecer algunas coordenadas críticas para formular preguntas y pensar si estamos dando por sentado resultados en ausencia de reflexiones metodológicas y políticas más complejas.

Las microfinanzas y el microcrédito

Por más de cuatro décadas las microfinanzas inclusivas, y el microcrédito en particular, han sido presentados como instrumentos útiles para combatir la pobreza, contribuir al desarrollo económico y empoderar a las mujeres.[3] Hoy las finanzas inclusivas hacen parte de iniciativas de la cooperación al desarrollo, de programas estatales, de las agendas de política financiera de instituciones como el Banco Mundial, y de programas de responsabilidad social corporativa y organizaciones no gubernamentales, entre otros. Así mismo han sido —incluso aún— promocionadas por actores tan diversos como el Banco Mundial, la ONU, la OCDE, organizaciones de la sociedad civil, bancos y firmas como Goldman Sachs, Deloitte, Ernst & Young y la Corporación City, entre muchos otros.

Los dos términos, *microfinanzas* y *microcrédito*, aluden a la ampliación del acceso a productos financieros de pequeña entidad para personas de bajos ingresos o, en algunos casos, sin ingreso alguno. Mientras la expresión *microfinanzas* hace referencia al conjunto de servicios y productos financieros para personas que en el pasado eran rechazadas por considerarse *no bancarizables*, el microcrédito alude a una forma de microfinanzas mediante la cual pequeñas cantidades de dinero son entregadas en forma de préstamo por parte de un banco o institución financiera. Ahora, la distinción no es menor en contextos en los que se hace referencia a las microfianzas en sentido integral con el fin de reconocer la insuficiencia e incluso inconveniencia del crédito como medida para mejorar del bienestar socio-económico o para reparar a víctimas de la violencia, entre otros.

La consolidación del microcrédito como instrumento para mejorar la vida de personas económicamente activas categorizadas como pobres tuvo lugar en la década de 1980, aunque ya a finales de la década de 1970 era promocionado como un mecanismo efectivo para combatir la pobreza.[4] El esquema general de las Instituciones Microfinancieras (IMF en adelante) siguió el difundido por el conocido Grameen Bank: entidades que operaban como organizaciones no gubernamentales sin fines de lucro y con tasas de interés bajas y asequibles. En la década de 1990 el énfasis de las microfinanzas pasó de la reducción de la pobreza y el mejoramiento real de las condiciones socioeconómicas a ser la búsqueda de la sostenibilidad financiera y la rentabilidad en un esquema orientado por nociones de éxito financiero.[5] La sostenibilidad financiera significaba asegurar que los prestamistas al por menor constituyeran entidades que no solo obtuvieran la total recuperación de los costos sino que, además, fueran rentables. Como lo ha señalado Hossein, la promesa del microcrédito era obtener por un lado, la sostenibilidad financiera de las entidades prestadoras y, por el otro, asegurar un beneficio social manifestado en el suministro de préstamos a pequeños empresarios con bajos ingresos.[6] Este giro tuvo un impacto profundo en las narrativas de las agendas de género de los actores que promocionan las microfinanzas con énfasis en las mujeres.

En 1997 se realizó la primera "Cumbre del Microcrédito" en Nueva York. Para el 2002, más de 25.000 instituciones que ofrecieron microcréditos alcanzaron 43 millones de familias en el mundo. Ya en el 2005 el protagonismo del microcrédito fue de tal nivel que la ONU lo declaró el Año Internacional del Microcrédito, entre otras razones, porque se afirmó que para alcanzar los Objetivos del Milenio el microcrédito tenía un rol central. Los alcances atribuidos al microcrédito justifican en buena parte el protagonismo y el capital movilizado. Fundamentalmente, afirman que el microcrédito es un mecanismo eficaz para combatir la pobreza, aumentar el crecimiento y empoderar a las mujeres. No obstante, la evidencia de estas afirmaciones ha sido cuestionada como inexistente,[7] débil o insuficiente,[8] o demasiado generalizadora.[9]

Mientras que las motivaciones para fomentar los microcréditos se han mantenido, la reflexión sobre su conducencia no ha sido tan prolífica. Si bien existen aproximaciones que muestran algunos beneficios,[10] múltiples estudios coinciden en afirmar que las microfinanzas no contribuyen a la eliminación de la pobreza, ni al mejoramiento del bienestar de las personas más pobres —de las mujeres en particular— en todos los contextos ni de la misma manera.[11] Esta literatura cuestiona la confianza de las agencias de cooperación en el microcrédito, al menos frente a los objetivos a los que decía conducir, al tiempo que advierte cada vez con mayor frecuencia que las microfinanzas por sí solas no pueden cambiar la desigualdad estructural. Adicionalmente, como lo sugiere Hossein, "la percepción de que las microfinazas no tienen implicaciones negativas… y que han reestructurado las finanzas formales para hacerlas compatibles con el progreso social ya no existe."[12] Incluso entidades que promueven el microcrédito reconocen estas limitaciones.[13] Así, por ejemplo, un amplio estudio empírico realizado por el Banco Mundial concluyó que "los esquemas de microcrédito no parecen sacar de la pobreza a grandes cantidades de personas."[14] La pregunta que surge entonces es ¿por qué a pesar de reconocer al menos las falencias más evidentes, el microcrédito continúa siendo impulsado por las IMF, las agencias de cooperación, los Estados y otros actores?

Las finanzas inclusivas y las mujeres

El microcrédito como proyecto para el empoderamiento de la mujer y la eliminación de la pobreza es una de las políticas públicas más claramente construidas sobre una base específica de género (*gender-specific*).[15] La centralidad de la mujer en las políticas antipobreza y en las políticas de inclusión financiera no se debe únicamente a un reconocimiento de la mayor victimización sufrida por las mujeres, sino también a las afirmaciones según las cuales los ingresos obtenidos por las mujeres o aquellos que están bajo su control son asignados de forma más equitativa en los hogares y aseguran mejor la nutrición y el bienestar familiar[16] e incluso de las comunidades a las que pertenecen.

En la década de 1990, luego de la Cuarta Conferencia Mundial sobre la Mujer —Beijing 1995—, una parte importante de las críticas estuvieron dirigidas a problematizar el vínculo entre equidad de género y la participación económica de las mujeres en interés del desarrollo internacional.[17] No obstante, dos décadas después la relación instrumental entre la equidad de género y el crecimiento económico a partir de los beneficios devengados de las inversiones en el capital social de las mujeres parece estar de vuelta.[18] Por un lado, el empoderamiento financiero[19] ha venido convirtiéndose en un componente central de la cooperación y ayuda internacional, así como en un instrumento para orientar y delimitar el desarrollo en muchos países. En este contexto, la inclusión financiera no solo parece haber adquirido un estatus de herramienta fundamental para la disminución de la pobreza, tanto en el nivel local como global,[20] sino que la inversión en mujeres y niñas ha sido racionalizada como una fuente de desarrollo en donde la equidad de género es considerada una forma eficiente de obtener altos retornos.[21] Si bien la equidad de género entendida como una estrategia rentable no desconoce que aquella también es un fin en sí mismo, múltiples críticas advirtieron que las estrategias rentables fueron definidas casi exclusivamente en términos de eficiencia e instrumentalmente.[22] Esto implicó aceptar acríticamente las prácticas, políticas y arreglos institucionales que perpetuaban la desigualdad de género[23] y le restó importancia a la acción colectiva contra la discriminación estructural.[24] La inmunidad de la *estrategia rentable*—o el llamado feminismo del *Smart Economics*— ha alcanzado tal punto que Nancy Fraser ha llegado a preguntarse si la crítica al sexismo subyacente a la demanda de igual acceso a productos financieros "está ahora suministrando la justificación para nuevas formas de desigualdad y explotación."[25]

La crisis global financiera y las políticas de austeridad que le siguieron abrieron una amplia gama de debates feministas y de género sobre el neoliberalismo y el impacto de la crisis sobre las mujeres, entre otros. En virtud del rol que las condiciones de endeudamiento tuvieron en la crisis, los debates feministas han insistido en la necesidad de examinar los procesos de expansión financiera que promueven el endeudamiento de los más pobres y las mujeres para evitar que las peores cargas del endeudamiento —directas e indirectas— les terminen siendo impuestas.[26] Como lo señalo en la siguiente sección, la relación entre las microfinanzas y la equidad de género continúa siendo debatida, al tiempo que la equivalencia entre el mayor acceso a productos financieros a mujeres, el crecimiento económico y la reducción de la pobreza sigue estando en duda y en disputa.

Las críticas

La expansión de los programas de inclusión financiera, cuyo apogeo desde la década de 1980 no ha cesado, ha sido objeto de múltiples críticas que pueden resumirse en un cuestionamiento a la manera en que estos procesos asumen que el acceso al crédito implica, como resultado inexorable, el mejoramiento de la calidad de vida de las mujeres y su empoderamiento. Diversas aproximaciones han señalado la indiferencia de las entidades de microcrédito hacia las dinámicas políticas locales y al interior del hogar, las estructuras desiguales y las jerarquías, así como su impacto en la acceso efectivo a los recursos económicos y a los beneficios del desarrollo.[27]

A continuación intento sintetizar las principales preocupaciones y críticas sin sugerir que ocurren en todos los lugares o respecto de todos los microcréditos, y desde una perspectiva que aboga por situar el endeudamiento y emplear herramientas para especificar las consecuencias locales de las dinámicas y productos financieros. En este sentido, busco establecer las bases para una agenda de investigación feminista crítica de la asociación con el desarrollo en escenarios de transición que, como mostraré más adelante, es imposible de desligar de la experiencia del lugar y el territorio, la gobernanza de la pobreza de espaldas a la desigualdad que denuncia las continuidades en que el trabajo reproductivo y productivo de las mujeres es instrumentalizado. En el fondo, la preocupación que anima esta investigación es sobre si es posible y qué implicaciones tiene hablar de autonomía bajo la dependencia de un contexto político y socio-económico imposible de cambiar. Qué significa desde el feminismo hablar de autonomía si se abdica de la posibilidad de cambiar los términos mismos de inclusión.

Capitalización de las relaciones de mujeres

El enfoque de las microfinanzas en las mujeres como clientes predilectas del microcrédito alude de forma significativa al capital social que representan. Con esto se refieren al carácter apropiable de su trabajo comunitario, su capacidad de creación de redes[28] y a sus lazos de afecto y comunitarios que sostienen relaciones de apoyo recíproco[29] como un aseguramiento para el pago oportuno de intereses y la adquisición de nuevos microcréditos.

Esta manera de apropiarse de las relaciones de las mujeres y capitalizarlas ha tomado fundamentalmente dos formas. La primera consiste en la promoción de grupos denominados "virtuosos," en los que cada miembro se convierte en un respaldo para el pago. El grupo no solo se convierte en garante del préstamo sino que reduce los costos de administración para las IMF al encargarse de, por ejemplo, notificar a las instituciones prestadoras el retardo en el pago, recolectar los pagos y, en algunos casos, habilitar la continuidad del pago de altas tasas de interés por el temor a perder la confianza en el grupo o su reputación en la comunidad. En varios lugares el mecanismo de préstamo grupal ha sido cuestionado por desencadenar formas de disciplinamiento y vigilancia mutua además de haber afectado las estrategias de supervivencia creadas por las mujeres.[30] Bajo este supuesto, el mecanismo de grupos fortalece las redes económicas y sociales de las mujeres, lo que a su vez incrementa la provisión de ahorro y crédito, el cual contribuye a su empoderamiento pues mejora sus posibilidad de "aumentar sus ingresos, negociar cambios en el hogar y participar en actividades sociales y políticas."[31] Estas consecuencias distan ampliamente de la idea generalizada de que las microfinanzas grupales benefician a las mujeres a través de espirales virtuosos.[32]

La segunda forma hace referencia a la traducción de las relaciones de solidaridad, reciprocidad y organización de las mujeres en capital social (entendido como el conjunto de beneficios que justifican invertir en las mujeres, específicamente porque contribuyen a hacer autosostenibles a las microfinanzas).[33] Si bien podría considerarse que la sola instrumentalización no es necesariamente problemática, la obtención del pago de los microcréditos ha desplazado la creación de acciones colectivas económicas que beneficien a quienes solicitan los créditos.[34] Además, esta forma de "capitalizar el capital social de las mujeres," como lo ha argumentado Maclean,[35] puede no resultar en beneficio de los intereses de las mujeres debido al alto grado de presión y sacrificio de su propio bienestar con el fin de estar al día con el pago de intereses y la deuda.

El hogar como unidad de análisis y los límites de la financialización

El hogar ha constituido la unidad de análisis por excelencia del microcrédito. Diferentes estudios han documentado la relación entre el microcrédito y el aumento de violencia contra la mujer al interior del hogar en diferentes lugares.[36] Esto incluye, por ejemplo, casos en los que las mujeres entregan el control del préstamo a su compañero para evitar tensión y violencia, pero mantienen la responsabilidad por el pago del crédito y sus intereses.[37]

Desde la economía política feminista se ha alertado sobre las dificultades explicativas de las categorías estandarizadas de análisis económicos. Han enfatizado en lo que implica contener "las actividades y relaciones de reproducción social" en estas categorías,[38] no solo con respecto a las dinámicas que ocurren al interior del hogar, sino también con respecto a las formas en las que el hogar ha constituido el punto ciego del análisis estructural[39] de la economía global.[40]

Adicionalmente, aceptar el hogar en las finanzas inclusivas como unidad de análisis primordial en ausencia de evaluaciones y seguimiento de dinámicas en su interior, dificulta la posibilidad de examinar el poder de negociación dentro del hogar y la posición de resguardo o retirada de la mujer deudora.[41] Esto debido a la asimilación del mero acceso a un producto financiero con un incremento en el poder de negociación de la mujer en el hogar y la mejora de su bienestar o el de su familia. Esta equivalencia ignora las dinámicas de poder al interior del hogar: quién efectivamente dispone del incremento en los ingresos obtenidos por vía del endeudamiento, y qué otras formas de violencia asociadas con los mayores ingresos y cargas del pago existen. Así, lo que ocurre al interior del hogar se vuelve invisible ante los creadores de políticas de otorgamiento de microcrédito a mujeres.

Las nuevas cargas invisibles

La centralidad del hogar como unidad de análisis y medición, la equivalencia del acceso con el empoderamiento, y los imaginarios de la mujer en la promoción de las finanzas inclusivas contribuyen a la invisibilización de nuevas cargas laborales y representacionales que acompañan al endeudamiento mediante microcréditos de las mujeres. En cuanto a las cargas laborales, los microcréditos basados en el trabajo emprendedor (proyectos productivos) de las mujeres remueven de la mirada pública el trabajo relacionado con el desarrollo de la microempresa y las condiciones en que es ejecutado.

Este es el caso del trabajo realizado en condiciones difíciles[42] y la intensificación del tiempo dedicado al trabajo emprendedor, junto con la correspondiente reducción del tiempo dedicado a otras actividades. Otra carga laboral es el conjunto de consecuencias de la individualización de los costos del proyecto emprendedor, tanto respecto de la seguridad social de las mujeres como del sufrimiento en casos de fracaso o grandes dificultades para poder cumplir con el pago de intereses. El fracaso en la productividad esperada —para poder cumplir con el pago de intereses y obtener un ingreso adicional— termina siendo un problema individual, y sus consecuencias sufridas en aislamiento.

También resulta problemática la individualización de los costos de la reproducción social en los eventos en que las mujeres adquieren microdeudas en esquemas de emprendimiento para satisfacer sus necesidades básicas y las de su familia toda vez que no están en una relación deuda/trabajo sino invirtiendo en su propia reproducción.[43] Así, surge la pregunta de si el microcrédito para emprendedoras puede conducir a una suerte de informalidad velada o una difuminización del trabajo reproductivo no pago en la apariencia de trabajo independiente.

Las cargas representacionales, por su parte, aluden a las cargas que las mujeres como microdeudoras y emprendedoras adquieren en virtud de su representación en las microfinanzas como una población que contribuye tanto al crecimiento de la economía como a la reducción de la pobreza. Como lo sugiere Silvia Chant: debería cuestionarse el posicionamiento de las mujeres como las responsables de alcanzar el crecimiento económico. Este énfasis puede resultar en la intensificación del trabajo no remunerado de las mujeres y de su trabajo productivo.

Estas cargas representacionales están ligadas a los discursos de las microfinanzas en los que el utilitarismo económico aparece como la mejor justificación para promover la equidad de género en escenarios en los que esta proviene de "suposiciones dudosas" y "combinaciones astutas."[44] Las suposiciones operan mediante el empleo de referencias a la inclusión de las mujeres y niñas como "recursos sin utilizar." En relación con el pago oportuno de la deuda y los intereses, estas suposiciones invisibilizan los métodos empleados para obtener el pago y las razones por las que las mujeres pagan a tiempo a pesar de que no tengan éxito en sus proyectos de emprendimiento.[45] Las "combinaciones astutas," por su parte, consisten en vincular repetida y discursivamente sin mayor desarrollo la relación entre los derechos de las mujeres y su productividad, de tal forma que las cualidades predicables de las mujeres parecieran estar relacionadas con sus derechos.[46]

Estas cargas laborales y representacionales son el resultado de que las mujeres sean consumidoras financieras *debido* a que son presentadas como una "buena inversión" por su asociación con la maternidad[47] o por ser salvadoras de la economía. Es así como las mujeres terminan posicionadas como las responsables de aliviar la pobreza de los hogares y la economía,[48] y pueden terminar intensificando las cargas de trabajo, tiempo y gastos de las mujeres más pobres[49]. De manera similar, la promoción de la microdeuda como impulso para el emprendimiento, y como algo esencialmente bueno, dificulta la identificación de las condiciones particulares que llevan a las personas a entrar en este proceso.[50] No solo una parte importante de las personas que adquieren un microcrédito "no son microemprendedoras por elección propia,"[51] sino que "quedan atrapadas en actividades de subsistencia sin mayores posibilidades de éxito."[52]

La financialización de la reproducción

La financialización de la reproducción social alude a "la mediación de la reproducción social a través de mercados financieros y transacciones financieras de pago de intereses."[53] Una de sus manifestaciones ha sido la proyección de las mujeres por ser sujetos bancarizables, lo que es una forma de economización de las "capacidades reproductivas."[54] Para su operatividad, la incorporación del trabajo de las mujeres en los mercados requiere de un movimiento doble. Por un lado, las finanzas inclusivas abstraen a las mujeres de todas las demás formas sociales, por lo que resulta casi imposible considerar comportamientos o motivaciones que no son maximadores. Por otro lado, reinscribe ciertas características atractivas para la sostenibilidad financiera como predicables particularmente de la mujer, con lo cual traduce actividades realizadas por mujeres pobres como capital social usufructuable.

Mientras en el primer movimiento los cuerpos —detentadores del trabajo reproductivo y productivo— no aparecen en el escenario financiero, en el segundo la naturalización de "la suposición de que las mujeres tienen una mayor aversión al riesgo y mayor probabilidad de invertir en sus hijos" en virtud de su rol (socio)biológico como madres, sitúa a los cuerpos como ejes de operación de las microfinanzas. Como lo señala Roberts al referirse al Feminismo Transnacional de los Negocios, esta visión reproduce la visión neoclásica de los mercados como neutrales en género y descorporaleizados (*disembodied*) al tiempo que opera sobre la base de una visión históricamente construida de los actores económicos femeninos como maternales y cuidadores. En estas microfinanzas feminizadas, la mujer económica racional invierte de manera sabia, gestiona responsablemente su deuda y asegura la reproducción de las finanzas de la pobreza.[55] De esta manera, mientras el trabajo reproductivo continúa siendo ignorado las mujeres son producidas como "mercancías mercadeables y explotables."[56]

Empoderamientos e instrumentalización

El crecimiento de las finanzas inclusivas y su enfoque en la mujer ha venido de la mano con discursos sobre el empoderamiento, que afirman o asumen que este es una derivación natural del acceso al crédito. No obstante, el uso del término *empoderamiento* no es unívoco ni semántica ni políticamente, y la equivalencia entre este y el acceso al microcrédito no es una cuestión pacífica. El término ha sido empleado con diferentes alcances y significados tanto por perspectivas corporativas, organismos y agencias internacionales como por iniciativas y perspectivas críticas feministas. Como señala Magdalena León, este término no solo se volvió polisémico sino que en su uso hay "ambigüedades, ambivalencias, contradicciones y paradojas."[57]

Aunque la polisemia no es un problema, es preocupante, según León, la banalización del término cuando es instrumentalizado de "una manera retórica, acartonada y despolitizada." En la década de 1980 el movimiento de Mujeres en "*Género en el Desarrollo*," utilizó la idea de empoderamiento como incorporación de la participación y la igualdad de las mujeres, una vía para transformar las estructuras de subordinación. Esto en reacción a los modelos de desarrollo que habían invisibilizado a las mujeres. Así, el empoderamiento fue visto como "la vía para satisfacer necesidades estratégicas de género, o sea, aquellas que se relacionan con la abolición de la división sexual del trabajo y remoción de formas institucionalizadas de discriminación."[58] Posteriormente el empoderamiento pasó de ser presentado como un medio necesario para el desarrollo a ser una cuestión de justicia social: un fin en sí mismo en un marco de poder, participación e igualdad. A pesar de lo anterior, tiempo después el término ha sido asociado de manera reduccionista a cuotas de presencia política de las mujeres y a programas de microcrédito.[59]

En los escenarios de las microfinanzas el uso reductivo del empoderamiento parece haberse consolidado al punto de que hoy frecuentemente se hace realidad con el mero aumento del acceso al crédito para las mujeres.[60] Esta equivalencia asume que el otorgamiento del crédito aumenta por sí mismo el poder de negociación de la mujer en el hogar, visibiliza su contribución, fortalece su independencia financiera[61] y, en general, contribuye a procesos individuales de empoderamiento económico porque le permite a las mujeres decidir sobre el destino y uso de los créditos. Al respecto, la forma en la que Mayaux relata el encadenamiento de suposiciones acerca de la relación crédito-microcrédito es especialmente ilustrativo: una vez obtenido un crédito, las mujeres lo invertirán en sus actividades económicas propias —tales como agricultura o microempresas— lo que a su vez conducirá a un incremento de sus ingresos, cuyo destino, se presume, está en sus manos y bajo su control. En un segundo nivel, el empoderamiento económico alcanzado conduce a un mayor bienestar para ellas y sus familias. Finalmente, este empoderamiento habilita a las mujeres para renegociar cambios en las relaciones sociales lo cual deriva en un empoderamiento social y económico.[62]

Esta cadena consecuencialista ha sido ampliamente debatida. Algunos estudios han señalado incluso que la participación de mujeres en estos programas puede resultar en procesos de desempoderamiento como consecuencia de la "feminización de la deuda" en virtud del grado significativo de autoexplotación o aumento de cargas acarrea el microcrédito.[63] En este contexto, resulta problemática la interpretación de la carga tradicional de trabajo de las mujeres como "eficiencia" y no como "explotación." La establecida relación de dependencia entre los microcréditos y el desarrollo exitoso de proyectos de emprendimiento contribuye a que el riesgo de la microdeuda sea individualizado y transferido a los cuerpos de las mujeres. Así, mientras que las deudoras son "libres para prosperar" en esquemas de empoderamiento económico jalonado por acceso a la microdeuda, también son libres de fracasar en el proyecto productivo mediante una individualización de los riesgos.[64] Sobre esto Magdalena León insiste en que el supuesto empoderamiento económico puede resultar en una grave individualización de responsabilidades, lo que aparta a las mujeres "de lo solidario, de la cooperación, de la acción colectiva y de lo que significa el preocuparse por el otro."[65] Sobre todo si/porque las dimensiones "personales, íntimas, corporales" del empoderamiento "no pueden desvincularse de sus connotaciones políticas, de impugnación de las relaciones de poder vividas en el seno de relaciones familiares."[66]

Otras aproximaciones han cuestionado el carácter instrumental de las alusiones al empoderamiento. Así, han problematizado que el lenguaje del empoderamiento en proyectos de desarrollo en realidad se refiere a una preocupación por la eficiencia que explica el enfoque en las mujeres debido a su buena reputación en el pago de los préstamos. La motivación es entonces las ganancias obtenibles de esquemas financieramente autosostenibles y no los beneficios que los microcréditos puedan representarle a las mujeres.[67]

La perspectiva reductiva y en ocasiones retórica reseñada demanda la revisión y visibilización de las relaciones al interior de los hogares, las posiciones estructurales de las mujeres y las consecuencias de género de los actos individuales al evaluar y monitorear las actividades de generación de ingreso y su asociación con el empoderamiento. Lo anterior en un escenario en el que el seguimiento y la metodologías para evaluar procesos de empoderamiento "son aún incipientes," además de carecer de elementos para identificar "la agencia y uso y limitación de los recursos y de los diferentes contextos que permitan a nivel situacional un entendimiento más amplio."[68]

Mujeres en deuda en la transición y el posconflicto: ¿reparación o transferencia de costos por la violencia vivida?

La literatura, las narrativas y los estándares institucionales de la justicia transicional tradicionalmente han concentrado sus esfuerzos en la "obtención" de un quiebre con el pasado violento o represivo a través de plataformas estándar para la gestión de las condiciones y contenidos del cambio político hacía el que las transiciones apuntan.[69] En contraste, los enfoques críticos de las transiciones críticas abordan las continuidades antes que las rupturas en los escenarios de transición.[70]

El objeto es visibilizar, explicar y proponer alternativas, primero, a las violencias socio-económicas que permanecen y en ocasiones se intensifican en dichos escenarios, y segundo, abrir espacios de debate para posibilitar decisiones democráticas respecto de la manera como las desigualdades crónicas y la organización económica de la transición son abordadas y comprendidas. Este enfoque rebate la exclusión o la inclusión despolitizada de cuestiones de inequidad económica y redistribución de la justicia transicional como consecuencia de la reducción de las preocupaciones socio-económicas a una discusión "estrecha de las reparaciones" y una lectura de la desigualdad como mero "telón de fondo contextual."[71] En consecuencia, han propendido por una "democracia económica,"[72] no solo para reconocer los daños y las injusticias de tipo económico y financiero,[73] así como las fuerzas económicas que subyacen, atraviesan y financian conflictos,[74] sino para que las posibilidades de someter las decisiones de organización económica de posconflicto a cuestionamientos y garantías democráticas estén en el centro del debate.

Sobre esta base crítica, el papel del endeudamiento en general y el microcrédito en particular en los posconflictos emerge como una problemática relevante en la que es posible extrapolar al menos dos preguntas relacionadas sobre el rol asignado —explícita o implícitamente— a las mujeres en el escenarios de posconflicto. En primer lugar está la pregunta por el tipo de desarrollo impulsado —y asumido— en las transiciones y por el lugar que el microendeudamiento tiene en la apuesta que se adopte acerca de la relación transición/desarrollo. En segundo lugar, aparece la cuestión de la individualización de las cargas y costos del tránsito, la cual condensa uno de los riesgos más altos para las mujeres en estos contextos, a saber, la transferencia de las cargas y costos del tránsito a las microdeudoras. A partir de la articulación de una perspectiva feminista y una aproximación crítica a la justicia transicional, a continuación sugiero algunos elementos de análisis para situar el alcance de estas dos preguntas, para luego proponer una lectura de las críticas señaladas en la primera parte que en escenarios de transición sobre la base de estos cuestionamientos. A las críticas ya presentadas añadiré una más relacionada con la reorganización territorial y disputa por los recursos que con frecuencia tienen lugar en estos escenarios.

La literatura con frecuencia asume que el microcrédito, como una medida de transición, contribuye a la consolidación de la paz, a reconstruir la sensación de seguridad,[75] a la reconstrucción o al mejoramiento de la calidad de vida de las personas e incluso a la disminución de la desigualdad. Desde el punto de vista de las entidades de microcrédito, después del conflicto las personas clasificadas como pobres constituyen un buen nicho para el mercado financiero —los denominados bancarizables.[76]

Con relación a los beneficios del microendeudamiento para las mujeres, y en particular las mujeres víctimas, no pocos estudios afirman que el microcrédito contribuye a que puedan volverse autosuficientes e independientes, y a mejorar su situación y status en la familia[77] puesto que dejan de depender de los ingresos de su compañero,[78] y les puede permitir generar un sustento más allá de la mera subsistencia. En contraste, otra parte de la literatura cuestiona la sobrevaloración en el microendeudamiento en estos contextos en ausencia o presencia de diferentes circunstancias y presupuestos. Como lo ha señalado Rubio-Marín, en particular, los microcréditos en escenarios de transición, pueden ser problemáticos en ausencia de seguimiento y sobre todo cuando las necesidades particulares de las mujeres y consideraciones de género no son tenidas en cuenta, o cuando el contexto particular no es evaluado de manera adecuada y los productos microfinancieros, capacitación e información ofrecidos no están ajustados a las necesidades de las mujeres.[79] Lo cierto es que incluso los estudios a favor reconocen que el microendeudamiento no es un remedio indiscutible, que los resultados varian y que, en todo caso, para funcionar necesita articularse con el contexto y una red de otros mecanismos y salvaguardas.[80]

Ahora bien, la afirmación generalizada y separada de las circunstancias del contexto y el lugar sobre los beneficios del microcrédito en general para la paz o la transición, y para las mujeres en particular, puede implicar la invisibilización de varias cargas laborales y representacionales, y como agregaré más adelante, cargas territorriales. En escenarios de transición en los que mujeres víctimas o afectadas por el conflicto hacen un giro —ya sea informado y voluntario, o forzado por falta de otras alternativas— hacia el emprendimiento mediante microcréditos, se suele invizibilizar el trabajo, el tiempo y los gastos dedicados al proyecto productivo y al pago de la deuda, puesto que, por lo general, el eje de análisis se basa únicamente en el mayor número de mujeres con acceso al crédito o la tasa de repago. Para evitar dicha invisibilización en estos escenarios es necesario destacar estas nuevas cargas con el fin de evitar que el énfasis en el emprendimiento separe artificialmente el proyecto del contexto y condiciones estructurales en que se realiza. Por estar razón, es necesario tener en cuenta las dificultades, condiciones y necesidades propias de un posconflicto, las cuales son determinantes a la hora de hacer que un proyecto sea productivo no solo desde una perspectiva dinámica y heterogénea sobre las posibilidades de democratizar las decisiones socio-económicas sino incluso en los propios términos de la visión más dominante de desarrollo.

Este punto es particularmente crítico en escenarios transicionales en los que los recursos naturales y la explotación del territorrio representa un interés relevante para las demandas globales y locales de recursos. Así por ejemplo, cuando la transición es acompañada de procesos de reorganización del territorrio y de la explotación de recursos naturales, no es solo el trabajo de la emprendedora lo que garantiza que el proyecto sea productivo. Las condiciones que pueden garantizar su continuidad sin implicar una carga laboral extrema, la intensificación del trabajo no remunerado, un endeudamiento que en realidad resulte financiando necesidades básicas bajo la apariencia de proyectos dirigidos a incrementar el ingreso o mejorar sustanciamente el bienestar material de las mujeres, o la renuncia involuntaria a un proyecto basado en una apuesta socio-económica o territorial incompatible con los términos del microcrédito. De esta manera, si en la transición un tipo particular de productividad y desarrollo basado en producción agroindustrial es impulsado —como ocurre con frecuencia en estos contextos—, el proyecto productivo tendrá que luchar también para hacerse competitivo frente a grandes monocultivos y las afectaciones al suelo y a la vivencia del territorrio que estos implican.

Las relaciones de dependencia entre el microendeudamiento y los proyectos productivos y de emprendimiento a ellos asociados como requisito o condición, nos conducen a la pregunta por la relación entre el microcrédito y el desarrollo económico en la transición. Metodológicamente emerge de nuevo el cuestionamiento sobre, primero, las formas como se mide y fundamenta la alegada conexión entre el microcrédito y el desarrollo económico, y segundo, el grado de accesibilidad a dicha información y las posibilidades de debatirla. Sin embargo, desde la perspectiva crítica aquí adoptada mi preocupación está más orientada hacia la manera en que el desarrollo económico aparece como un concepto maestro que es asumido como un presupuesto de la transición, incluso en aproximaciones que luego de advertir la importancia de las dimensiones socioeconómicas de la transición, adoptan acríticamente la noción de desarrollo como el modo de entrada y el mecanismo preferido para abordar las demandas por injusticias económicas y sociales que continúan, se intensifican o emergen en denominados posconflictos.[81]

La aceptación acrítica de la relación inextricable entre la transición y un tipo particular de desarrollo como parte de los presupuestos que promueven el microendeudamiento como una medida deseable en sí mismas podría contribuir a suspender o invisibilizar las discusiones sobre el tipo de desarrollo deseado en la transición y sobre cómo ciertas formas de desarrollo contribuyeron a las violencias del conflicto y, en algunos casos, a su continuidad luego del tránsito. Así, si el microendeudamiento es presentado como un mecanismo atractivo de reparación o de reconstrucción por su contribución al desarrollo económico, resulta fundamental preguntarnos de qué tipo de desarrollo estamos hablando. En este sentido, el microcrédito como medida de posconflicto puede dar lugar a dinámicas de financialización de la reproducción que en estos escenarios pueden minar la autoderteminación y, como lo señalaré más adelante, la posibilidad de desarrollar proyectos de vida autónomos.

La individualización y la transferencia de las cargas y costos del tránsito a las microdeudoras, la segunda cuestión que guía esta sección, no es una preocupación extraña a las problemáticas asociadas a la relación entre transición, desarrollo y microendeudamiento. En efecto, una visión de desarrollo que privilegie el emprendimiento individual por encima de las relaciones y deberes de solidaridad en la configuración económica de las transiciones está más cerca de transferir a los individuos los costos de la violencia y de su reparación. Esto es problemático en la medida en que una visión acrítica del microendeudamiento como reparación o como herramienta de recnstrucción en este marco puede implicar una nueva carga invisible mediante la que las víctimas del conflicto trabajan —pagan— por su propia reparación.

Cuando el microcrédito, especialmente ofrecido a mujeres víctimas emprendedoras, es asumido por sí solo como una forma de reparación o un mecanismo de restablecimiento económico, o una herramienta de reconstrucción,[82] el riesgo de individualizar y transferir los costos de la violencia y el restablecimiento económico a las mujeres es significativo. Específicamente, las mujeres corren el riesgo de quedar atrapadas entre la subsistencia y el pago de la deuda adquirida para la realización de proyectos productivos o de emprendimiento en contextos de extrema desigualdad en los que las posibilidades de éxito dependen de cargas invisibles y en algunos casos imposibles a pesar de la promesa emprendedora. Pero, como lo establece Berstein, las víctimas de graves violaciones de derechos humanos "no tienen una responsabilidad por ganar y pagar por sus propias reparaciones,"[83] así como tampoco la carga de la sostenibilidad de los programas de generación de ingresos. Es por esta razon que resalta la importancia de hablar de microfinanzas y no microcrédito para resaltar que si las microfinazas han de constituir una forma de reparación real debe garantizar antetodo que operen en un esquema de justicia y bienestar en el que no crean una nueva deuda u obligaciones de repago.[84] En otras palabras, se trataría de microfinanzas sin deuda. A continuación, propongo una propuesta preliminar de análisis del microendeudamiento de mujeres en escenarios transicional mediante la articulación de las preocupaciones mencionadas en esta sección con las críticas presentadas en la primera parte y una crítica propia de los escenatios transicionales en los que la disputas por los recursos y el territorio juegan un papel central.

Las nuevas cargas invisibles

En los escenarios de posconflcito las cargas invisibles que pueden implicar los microendeudamientos se encuentran además con varias particularidades propias de los tránsitos. Este es el caso la individualización del fracaso que resulta particularmente problemática en estos escenarios. Lo anterior debido a que la individualización de responsabilidades que implican los proyectos productivos y de emprendimiento que condicionan con frecuencia a los microcréditos rompe con la solidaridad frente a la historia pasada y presente de dolor y violencia vividos. Este es, paradójicamente, un rompimiento violento con el pasado. Ahora, si bien los microseguros y esquemas de ahorros han sido parte de la respuesta de una buena parte de las finazas inclusivas frente a la individuzalización del fracaso, los posconflictos exigen un enfoque que en todo caso asegure que los costos y cargas del pasado —y presente— violento no sean transferidos bajo ninguna forma a las víctimas. Por ello es necesario que cualquier esquema de microfinanzas parta de la experiencia vivida, de las causas de la violencia y de la posibilidad de asegurar un proyecto de vida.

Otra particularidad consiste en las cargas representacionales que acompañan la promoción de la imagen de las mujeres como clientes ideales del microcrédito debido a su contribución a la economía de la transición y al desarrollo económico en general.[85] Así, las mujeres en los postconflictos, además de haber atravesado y de sobrellevar la violencia deben soportar la carga representacional y material no solo de ser exitosas en el manejo y pago de su microcrédito sino de ser activadoras de la riqueza y la prosperidad generalizada de un país,[86] protagonistas de la reducción de pobreza al interior de los hogares,[87] ser garantes de la estabilidad y la seguridad de sus comunidades,[88] y garantes de la paz. Es en este sentido que resulta importante hacer un ejercicio reflexivo frente a las aproximaciones sobre la relación entre el microcrédito y la equidad de género en escenarios de posconflicto que replican acríticamente asociaciones que pueden llevar a cargas de este tipo.

La instrumentalización del empoderamiento

Por otra parte, la tendencia a afirmar que las mujeres se empoderan con los microcréditos[89] puede reproducir formas de instrumentalización de los discursos de empoderamiento en ausencia de una reflexión que permita diferenciar de qué tipo de empoderamiento se trata — económico, simbólico, políticos, integral, etc. Así, cuando se invoca un tipo ambiguo de empoderamiento que en virtud de las condiciones de la deuda liga automáticamente el microcrédito con el éxito del proyecto de la mujer que accede a él, o cuando se parte de suposiciones o asimilaciones de equivalencias cuestionadas por Silvia Chant, los intereses y los beneficios materiales de las mujeres deudoras pueden pasar a un segundo plano, a un efecto subsidario a los objetivos de la IMFs.

En esta misma línea, la valoración de algunas IMFs de la construcción de paz como un escenario primordial y acríticamente ideal para expandir su alcance debido al aumento de sujetos bancarizables y al correspondiente aumento de mujeres microdeudoras puede caer en la diseminación de imaginarios que instrumentalizan la situación de las mujeres deudoras como consecuencia del acceso a la deuda. Es en este sentido quizás que la advertencia de Magdalena León sobre el carácter "incluyente" del neoliberalismo resulta tan pertinente en estos contextos: "el neoliberalismo no ignoró a las mujeres, sino que desarrolló una visión y unas intervenciones que nos asignaban la pobreza, el microcrédito, con discursos que buscaban convertinos en puntas de lanza de las visiones empresariales, para así abonar a la tarea de construir la sociedad de mercado inherente al capitalismo."[90]

De otro lado, los sistemas de medición y la literatura sobre el microcrédito raramente incluyen preguntas o consideraciones sobre los mecanismos de seguimiento para observar los efectos de los microcréditos en el empoderamiento de la mujer,[91] y las reflexiones metodológicas están ausentes o se concentran en establecer qué tipo de productos microfinacieros son más demandados durante y después de un conflicto. Frente a la conducencia de las propuestas, la medición del éxito de las microfinanzas se hace generalmente por medio del número total de dinero recolectado al final del año[92] y, fundamentalmente, el cambio en la demanda de microcréditos antes y después del conflicto.[93] Con poquísimas excepciones, no hay estadísticas de fuentes oficiales que midan el impacto en la vida diaria de los microcréditos. No obstante, una preocupación metodológica mínima es fundamental para hacer seguimiento a los negocios de las mujeres, a las dinámicas al interior del hogar y a las cargas de trabajo productivo y reproductivo asociados a la deuda. En particular, los cambios de las costumbres alimenticias y la sustitución de alimentos no han estado en el centro de las preocupaciones y objetivos de las microfinanzas para la paz[94] a pesar de la inminencia y relevancia que la alimentación tiene en estos contextos.

El hogar como unidad de análisis y los límites de la financialización

En escenarios de transicion, la ausencia de mecanismos que den cuenta de lo que ocurre al interior de los hogares puede llevar a que, además de los riesgos referidos en la primera parte, las particularidades de por ejemplo el desplazamiento forzado en la vida de las mujeres o el continuum de las violencias de género en los ámbitos privados terminen siendo obscurecidas por los aspectos de género que son resaltados por el microcrédito y por urgencia que las condiciones de pago imponen.

No obstante, el debate específico sobre la decisión democrática acerca del endeudamiento y de su relación con la reorganización territorial que con frecuencia se presenta en las sociedades que adelantan una transición política ha sido abordado solo de modo tangencial a través de aspectos más sintomáticos como el menor acceso al crédito que las víctimas de la violencia o represión han tenido.

Cargas político-territorriales

Los análisis sobre los mecanismos y espacios para la decisión sobre el endeudamiento y la permanencia en el territorio en las transiciones son prácticamente inexistentes. Esto es particularmente importante en contextos de marcada desigualdad frente al acceso, decisión y uso de la tierra y los recursos, en los escenarios en los que los conflictos territoriales atraviesan y continúan después de las transiciones o en los que la autodeterminación territorial es parte de las demandas de las poblaciones afectadas por la violencia o la represión. Específicamente, si los microcréditos están condicionados a una forma particular de productividad o de desarrollo, tales condicionamientos pueden socavar las relaciones con el territorio defendidas por quienes acceden a la deuda. No hacer esta reflexión implicaría aceptar una visión instrumentalista del acceso al crédito en desconocimiento de las necesidades y experiencias de la violencia de quienes se endeudan, y en últimas, una despolitización de la toma de decisiones económicas en las transiciones. En este sentido, el mandato cada vez más extendido de participación efectiva de las mujeres deudoras, y de las mujeres rurales en particular, en los posconflictos implica preguntarnos qué significa políticamente participar en la reconstrucción de la economía. Desde una perspectiva democrática, la participación implicaría no asignarles el rol de contribuyentes a la economía mediante el microcrédito sino de asegurar que puedan transformar los términos mismos de inclusión en consideración a su experiencia de las violencias.

Aunado a lo anterior, hay también un riesgo de una carga política relacionada con las condiciones para el ejercicio político: ¿De qué forma el pago de las deudas puede llegar a convertirse en un obstáculo para su organización política en el posconflicto? No solamente el tiempo y trabajo dedicado al pago puede interferir en la organización política. La incompatibilidad entre los requerimientos del microcrédito, el condicionamiento de sus proyectos de emprendimiento a un tipo de productividad o desarrollo particular, puede minar su agencia como actoras del territorrio que defienden formas diferentes de relacionarse con el mismo.

Con la reflexión expuesta en esta segunda parte, no quiero negar la relevancia material y circunstancial que ha tenido y pueda tener el acceso al crédito. Ello deconocería el carácter imperante de las necesidades materiales que agobian a grandes poblaciones antes y luego del tránsito, y el hecho de que en la contingencia el endeudamiento ha proveido soluciones aun cuando fueran de corto plazo. Pero sí considero que es fundamental cuestionar el contexto más amplio del endeudamiento en los posconflictos para poder hacer otras pregutnas que pueden ser más útiles para pensar la violencia estructural más allá de sus manifestaciones más sintomáticas como por ejemplo el acceso diferenciado. Por ejemplo, preguntarnos porqué en escenarios de posconflictos las poblaciones acuden al microcrédito y si existen otras alternativas al endeudamiento para responder a sus necesidades de restablecimeinto más urgentes y de mediano plazo. Fundamentalmente, si se trata de una lucha por la desigualdad —y no ya la pobreza—, ¿de qué manera el microendeudamiento le hace frente o la intensifica, perpetúa o normaliza? Una cosa son las historias de supervivencia y otra la aceptación de la conversión en sujetos de deuda y emprendimiento como única salida posible.

La transición microfinanciera en Colombia: ¿de víctimas a deudoras y emprendedoras?

Son múltiplies los obstáculos y retos que enfrenta la implementación del *Acuerdo Final para la Terminación del Conflicto y la Construcción de una Paz Estable y Duradera* entre el Gobierno Nacional y los miembros de las FARC-EP. En particular, con la entrada del nuevo gobierno, la incertidumbre acerca del alcance y la continuidad misma de esta implementación es parte de la atmósfera cotidiana en la que termino este artículo. Y sin embargo, una continuidad en el lenguaje del gobierno saliente y el entrante es la referencia al emprendimiento. En el nuevo gobierno el uso de la palabra incluso se ha multiplicado, al punto de ser ya un referente identitario del mismo. Es en este contexto que busco articular la primera y segunda parte de este artículo en una serie de preguntas que contribuyan a evaluar la situación de las mujeres en Colombia con respecto a las cargas de los microcréditos desde una perspectiva transicional crítica y feminista. El objetivo de esta sección entonces es abrir una agenda de investigación sobre deuda, emprendimiento y mujer en el posconflicto. Como tal, el artículo pretende ser una entrada para realizar en el futuro análisis reflexivos y empíricos que dén cuenta de, entre otros, el rol que el escenario de implementación del *Acuerdo* —y en general el contexto institucional— le asigna a las mujeres microdeudoras;[95] los imaginarios y presupuestos sobre las mujeres que subyacen a las metodologías empleadas para determinar el alcance y operación de la microdeuda; el lugar del trabajo reproductivo en el contexto de este tipo de deudas; las implicaciones del microcrédito sobre las posibilidades políticas de las mujeres en términos de su relación con el territorrio; y los riesgos que la microdeuda implica en contextos transicionales en los que las apuestas territorriales por la no repetición y la reparación cuestionan explícitamente la desigualdad. A continuación presentaré primero algunas de las características generales del posconflicto y el mocrocrédito en Colombia para luego hacer algunas precisiones sobre el lugar de las mujeres microdeudoras o potencialmente microdeudoras en particular. En este marco, cerraré con una serie de preguntas formuladas a partir de las críticas articuladas en las dos primeras partes del artículo.

El posconflicto y los microcréditos

En Colombia las microfinanzas han crecido significativamente en los últimos 20 años. A su vez, el impulso legal a las microfinazas a sido una constante.[96] Ahora, entre 2012 y 2017 el microcrédito en particular creció un 37%.[97] Si bien este crecimiento no es asociado explícitamente con la negociación del Acuerdo y su firma, varias instituciones y organizaciones han expresado que la transición y el posconflicto sí ofrece una oportunidad para el fomento de las microfinanzas. Por ejemplo, el Superintendente Financiero señaló que dos hechos importantes en este sentido: desde el 2011 —dentro del proceso de implementación de la Ley 1448 de 2011 conocida como Ley de Víctimas y Restitución de Tierras— las víctimas del conflicto en Colombia han sido de interés para iniciativas de inclusión financiera, y que para el 2015, "el 91% de los desembolsos realizados a esta población correspondieron a microcréditos."[98] Ahora, con relación al microcrédito y al escenario actual de transición resulta significativo que, primero, seis de cada diez créditos que van a los municipios más afectados por el conflicto armado, sean de microcrédito,[99] y segundo, el crecimiento del microcrédito en los municipios rurales —en contraste con otros municipios— desde el inicio de las negociaciones. Mientras que para algunos el creciente interés de las entidades que ofrecen microcréditos en las zonas rurales puede expresarse en términos del provecho que representan estas zonas para el mercado del microcrédito —como áreas bancarizables—, para otros se trata de los retos y/o necesidades particulares que tienen estas áreas.[100]

En este contexto, las asociaciones entre el crecimiento del microcrédito y otros aspectos sociales y económicos de la población microendeudada así como de sus comunidades y, en mayor escala, la economía nacional son frecuentes. Así, en Colombia el microcrédito es asociado con el aumento del bienestar de la población, el crecimiento económico, el incremento de la productividad y la formalización de actividades económicas e incluso la reducción de la brecha de desigualdad.[101]

No obstante, algunos estudios han reconocido que los microcréditos pueden no funcionar para la franja más pobre de la población, y que es fundamental una reflexión estructural sobre cuál debe ser la base microfinanciera para los microcréditos.[102] Por su parte, la Corte Constitucional, al referirse a los programas de generación de ingresos para la población desplazada, también ha advertido las limitaciones de los microcréditos:

> (…) la experiencia nacional y comparada arroja "dudas sobre el impacto de los programas de proyectos productivos, basados en la capacitación empresarial y el microcrédito." Estas dificultades se acentúan en el sector rural, debido a factores como la inseguridad o la falta de presencia estatal en amplias regiones del país (infraestructura, tecnologías, adecuación del suelo, vías de comunicación que permitan el acceso a los mercados, etc…). Tal vez el reto más grande de la política de atención a la población desplazada por la violencia es lograr que el componente de generación de ingresos y de empleo permita que esa población supere su situación de vulnerabilidad, alcance la estabilización socio económica y restablezca sus capacidades laborales, de forma tal que "pueda competir en igualdad de condiciones en el mercado laboral, accediendo a empleos o autoempleos formales para lograr su autosostenimiento, en el mediano y largo plazo."[103]

En ausencia de aproximaciones que forma comprensiva hayan evaluado el alcance del microcrédito en nuestra transición y teniendo en cuenta que las mujeres en Colombia participan creciente y mayoritariamente del microcrédito,[104] que múltiples organizaciones y entidades de diferente naturaleza reproducen imaginarios de la mujer microdeudora, que existen un cúmulo significativo de dudas acerca de la posibilidad de generalizar sus beneficios, y que el microcrédito está creciendo en el país, a continuación realizo un análisis del lugar del microcrédito en el Acuerdo de la Habana para luego proponer algunas preguntas centrales para el análisis desde una perspectiva crítica feminista de la microdeuda y las mujeres en nuestro contexto de transición.

El microcrédito para las mujeres en el escenario de posconflicto colombiano

Las mujeres en Colombia, como en muchos otros países en los que el microcrédito ha tenido un desarrollo y promoción significativa, han sido con frecuencia posicionadas como protagonistas centrales de las justificaciones de las políticas de acceso al sistema financiero como herramienta de desarrollo y empoderamiento. Particularmente desde los noventa, diferentes instituciones microfinancieras, bancos, organizaciones no gubernamentales y entidades públicas han reiterado motivaciones similares a las referidas en la primera parte del artículo para otorgar microcréditos a las mujeres o para resaltar la importancia de estas para las microfianzas y su relación con el desarrollo. Estas motivaciones están basadas en la identificación de la mujer como *buena paga*, *más responsable*, *sabia inversora*, *generadora de ingresos* y hasta s*alvadora de la economía* en tiempos de crisis. Así, la mujer como sujeto bancarizable ideal es una construcción que antecede a las políticas de reparación y restablecimiento económico de las iniciativas transicionales. No obstante, con los diálogos de paz y luego con la implementación del *Acuerdo Final*, el enfoque de las microfinanzas inclusivas en las mujeres como sujetos de deuda y emprendimiento cobró otra dimensión asociada al rol asignado a las mujeres en estos escenarios y a las posibilidades de autodeterminación de las mujeres en la reorganización territorial del posconflicto. El cotiniuum de la construcción de la mujer como sujeto bancarizable y las particularidades de la transición motivan el análisis introductorio y las preguntas propuestas a continuación.

El *Acuerdo Final* no aborda la relación entre mujeres y el endeudamiento de manera directa pero sí desde varios ejes de articulación entre las mujeres y aspectos relacionados con su restablecimiento económico y sus derechos. Este es el caso del reconocimiento de las mujeres como ciudadanas autónomas que tienen derecho a acceder a la propiedad de la tierra, a proyectos productivos, a formación y al financiamiento en igualdad de condiciones con los hombres.[105] Estos mecanismos y posibilidades implican o pueden implicar formas de microendeudamiento como prerrequisito. Una segunda entrada está en los compromisos que dentro de los planes nacionales para la reforma rural integral establece el Acuerdo con relación a los objetivos del endeudamiento en el marco de la generación de ingresos. El Gobierno Nacional se comprometió a diseñar e implementar "un Plan para apoyar y consolidar la generación de ingresos de la economía campesina, familiar y comunitaria, y de los medianos productores y productoras con menores ingresos." Específicamente, con relación a las mujeres señala que el plan debe permitirles "superar las barreras de acceso al financiamiento." Esta medida, además de su relación de medio con otros objetivos, es un reconocimiento al acceso desigual que las mujeres han tenido frente al financiamiento y el crédito. En este punto resulta crucial resaltar que la base de esta generación de ingresos es la diversidad productiva y de economías. De ahí el compromiso con las economías campesina, familiar y comunitaria en el contexto de integralidad de la reforma. De este modo, el acceso al crédito y financiamiento no parecen ser entendidos como un fin en sí mismo —es decir, como si el objeto se cumpliera con el acceso al sistema financiero— sino como un medio para la reforma rural integral.

Es debido a lo anterior que el plan para la generación de ingresos, que incluye el acceso al crédito y al financiamiento, debe estar acompañado de medidas como el capital semilla no reembolsable, seguros de cosecha, promoción de fondos agropecuarios rotatorios, entre otros. Así entonces, es al menos posible argumentar que la expansión financiera y de los microcréditos en particular en este escenario transicional implica que estos son un medio para la RRI, y que como tales no podrían ser subordinados a los solos intereses económicos de las entidades que los otorgan. Fundamentalmente, su funcionamiento debería estar en armonía con la protección de la diversidad de economías en juego, es decir su productividad esperada también debería ser entendida en términos de la economía familiar, solidaria y campesina. Esto es particularmente relevante para las mujeres rurales que por decisión propia o por falta de otras opciones adquieren microcréditos para poder entrar o iniciar proyectos productivos o microempresas en el contexto transicional —sin olvidar que en todo caso el *Acuerdo* establece que se proveerán recursos no reembolsables para comenzar proyectos productivos a economías diversas, lo cual indica que el microendeudamiento no es ni tiene que ser la única ni principal opción disponible.

Por último, y en conexión con los dos puntos anteriores, el *Acuerdo* afirma que es necesario construir y ejecutar medidas que tengan en cuenta las necesidades e impactos diferenciadas de la población femenina. Así, el enfoque de género, como mandato transversal,[106] atraviesa las medidas de acceso al crédito y el financiamiento. En este orden de ideas, el enfoque de género le exige al endeudamiento para el emprendimiento, y al microcrédito en particular, por lo menos tener en cuenta sus impactos diferenciados y las vivencias y relaciones de las mujeres rurales con sus territorios. A continuación articulo las críticas presentadas en la primera y segunda parte a través de preguntas que pueden contribuir como puerta de entrada para un análisis crítico feminista del microendeudamiento de las mujeres en el denominado posconflicto en Colombia.

Las cargas invisibles

Quizas la carga invisible más compleja que atravieza todo el andamiage de deuda y transición está relacionada con el riesgo de que el microcrédito se convierta en una forma de reparación en la que las mujeres víctimas —y ahora deudoras emprendedoras— terminen pagando por su propia reparación. En este sentido la pregunta sobre el carácter del microcrédito en el posconflicto no es menor ¿Es una forma de reparación? ¿Es un complemento a los mecanismos de reparación existentes en la legislación? ¿Es un mecanismo de restablecimiento de los derechos?

En este marco, el tiempo de trabajo, la individualización del trabajo emprendedor y su convergencia —y difuminación— con el trabajo reproductivo en contextos de transición no parecen hacer parte del análisis de las microdeuodas más allá del solo acceso.

El empoderamiento y su instrumentalización

Las microfinanzas están abriendo procesos de bancarización en municipios de posconflicto, y el emprendimiento es una palabra que colma las iniciativas de desarrollo que incluyen las de endeudamiento microcrediticio. No obstante, pocas veces se precisa de qué tipo de empoderamiento se habla o del peso que el trabajo reproductivo, del aumento de horas diarias de trabajo emprendedor o de los sacrificios que este ha implicado. La crítica a la instrumentalización del empoderamiento abre una serie de preguntas sobre los presupuestos asumidos en los discursos que mobilizan la idea de la cliente ideal y emprendedora. ¿Hasta qué punto, el enfoque de las microfinanzas en Colombia en la mujer ha creado una narrativa de empoderamiento que genera ambigüedades y la despolitización de este último? El uso del término sin dar cuenta de si la mujer tiene o no una mayor participación efectiva en la toma de decisiones al interior del hogar, en la la reconfiguración territorrial y económica del posconflicto o una mayor participación a nivel social y comunitario reduce peligrosamente el empoderamiento a la valoración nominal del aumento de los ingresos y al cumplimiento de pago de las mujeres.

Adicionalmente, una implementación efectiva del Acuerdo requiere contrastar los discursos sobre el emprendimiento que han acompañado la promoción de las microfinanzas para las mujeres con lo que las organizaciones de mujeres, las mujeres rurales y en general las mujeres que acceden a microcréditos entienden y quieren por empoderamiento, y con lo qué en su vida significa estar empoderadas.

El hogar como unidad de análisis

Las críticas al hogar como un punto ciego de análisis estructural exigen el desarrollo de aproximaciones integrales que tomen en cuenta de qué manera las microfinanzas afectan las dinámicas internas al interior de los hogares, están relacionadas con formas de violencias asociadas al control y pago del crédito o con nuevas formas de trabajo reproductivo. Esto implica preguntarnos, primero, si en efecto las mujeres están haciendo uso, decidiendo y beneficiándose de los recursos que obtienen para el microcrédito, y segundo, si los recursos están siendo empleados para suplir las necesidades básicas del hogar.

La financialización de la reproducción

Adicionalmente, la crítica sobre la financialización de la reproducción exige preguntarnos si la promoción y operación de la microdeuda está acarreando una forma de economización de las capacidades reproductivas de las mujeres. Evitar el aprovechamiento instrumental de los vínculos de las mujeres para que de esta manera se cumpla primordialmente con el pago de la deuda y los intereses de las entidades prestadoras obliga a identificar en nuestro contexto si existen este tipo de dinámicas y cuál es el impacto que tendría la capitalización en las relaciones de las mujeres, es decir, cómo se pueder ver afectada su vida en relación con su grupo, su familia, su comunidad o sus entornos de movilización.

Microdeuda y territorrio

Por último, desde una mirada crírica y contemporánea de las transiciones como procesos en los que ya no es posible negar la dimensión política de las decisiones y entornos económicos de las mismas, las instituciones de microfinanciamiento y promoción del emprendimiento —así como las entidades que las vigilan, monitorean o miden— tienen al menos una responsabilidad en términos de un compromiso de no perpetuar condiciones de vulnerabiliad socio económica.[107] Ahora, en Colombia lo anterior se traduce en el compromiso específico con la diversidad de economías y la pluralidad productiva protegidas en el Acuerdo —y por la Constitución. La relación entre dicho compromiso y los programas de microcrédito habilita y exige un espacio de discusión democrática sobre el condicionamiento del acceso al microcrédito a ciertos tipos de productividad en un contexto en el que pueda resultar imposible separar la experiencia de violencia de las mujeres en la transición de las decisiones sobre la organización y destino del territoririo y los recursos. También exige una reflexión sobre las cargas que un tipo particular de producción y emprendimiento en la base de los microcréditos y proyectos micoempresariales puede imponer sobre las mujeres rurales.

Ahora, específicamente con relación a la noción de productividad y las mujeres rurales en particular, es fundamental enfatizar que el Acuerdo cita la "Ley 731 de 2002,"[108] para señalar que, por mujer rural se entiende a "toda aquella que, sin distingo de ninguna naturaleza e independientemente del lugar donde viva, tiene una actividad productiva relacionada directamente con lo rural, incluso si dicha actividad no es reconocida por los sistemas de información y medición del Estado o no es remunerada. Esta definición incluye a las mujeres campesinas, indígenas y afro, sin tierras o con tierra insuficiente." Esta definición, no solo reconoce la pluralidad de formas de producción sino incluso a las actividades no remuneradas. Esto demanda del endeudamiento una forma de entender las relaciones entre las mujeres y el territorio de forma distinta.

La comprensión de lo territorrial como una cuestión atada a las economias de sustento, solidarias, y campesinas; del empoderamiento de las mujeres como crítico de cualquier versión que implique su instrumentalización en la microdeuda; y de la reparación como contraria a aquellos esquemas que terminen por hacer que las mujeres paguen por su propia reparación, explica la urgencia de preguntarnos cómo se está traduciendo —si lo está— el enfoque territorial en esquemas de endeudamiento por microcrédito y si la reorganización territorial que estamos presenciando está empujando a economías de subsistencia a acudir a microcréditos de consumo o productivos. Para ello, la identificación de la noción o nociones de productividad rural qué orienta a las finanzas rurales inclusivas es imprescindible para articular las críticas a formas de desarrollo y transición que puedan contribuir a la continuación de violencias socioeconómicas. Dos preguntas en particular serán centrales para esta apuesta: ¿Cómo operan las medidas de inclusión financiera rural en la configuración u obstrucción de espacios de decisión sobre los disensos acerca de la gestión, uso y destino de recursos naturales y la organización del territorio en el escenarios de transición? Y ¿qué significa participar como mujer cuando no es posible cuestionar los términos mismos de su inclusión y el horizonte de desarrollo asumido en los esquemas de deuda?

Comentario de conclusión

Este artículo buscó contribuir a la reflexión crítica sobre la promoción creciente del microcrédito en escenarios de transición a partir de un conjunto preliminar de elementos que permitan identificar y examinar el rol que juegan las iniciativas microfinancieras en la propagación de una agenda de género particular. En el contexto de implementación del Acuerdo de la Habana en Colombia resulta fundamental hoy contar con elementos que nos permitan identificar lugares de invisibilización de continuidades de violencias de género en el posconflicto y la situación de las mujeres frente a la promesa de la microdeuda. Esto resulta hoy particularmente urgente en virtud de la entrada de un nuevo gobierno respecto del cual no tenemos certeza aún sobre la suerte que correrá el Acuerdo y su implementación y una de cuyas apuestas bandera es el emprendimiento para el desarrollo económico. Así, más allá de la preocupación más visible en los discursos sobre microcrédito y mujeres emprendedoras hoy —a saber, la pregunta por el acceso— quise proponer algunas coordenadas político-metodológicas de análisis para preguntarnos por las implicaciones del microcrédito en la vida de las mujeres en un contexto transicional en el que la invocación de las mujeres como clientes ideales es habitual, por las cargas que puede acarrear en escenarios en los que existen formas de violencia y daños que preceden, sobreviven y en ocasiones se intensifican en la transición, y por los discursos de empoderamiento que les subyacen. Ante esta situación resulta urgente una discusión democrática y metodológica para examinar las dinámicas entre deuda y transición, y en particular las formas de continuidad de la violencia, lo que ocurre al interior del hogar y los beneficios materiales en la vida de las mujeres.

Notas

1. El concepto de las "narrativas" es tan polisémico que a veces resulta siendo un concepto vacío, pero a lo largo de este artículo lo utilizaré para nombrar las tradiciones teóricas y políticas que nombran y describen algo desde una comodidad en la que no son permitidas las dudas sobre su definición ni metodología de apreciación.
2. Me refiero al "denominado" posconflicto en reconocimiento de que el principal actor ilegal del conflicto colombiano se ha reinsertado y se encuentra en cumplimiento de las condiciones del Acuerdo, pero muchas otras fuentes de conflicto persisten, como el microtráfico, las bandas criminales, los homicidios masivos y selectivos de líderes sociales, la violencia machista, entre muchos otros. Así, Colombia no se encuentra totalmente en paz, pero la guerra sostenida por más de medio siglo con las FARC sí llegó a su fin.
3. Véase, entre otros: Maxine Molyneux, "Gender and the Silences of Social Capital," *Development and Change* 33, no. 2 (2002): 167–188, https://doi.org/10.1111/1467-7660.00246.
4. Caroline Shenaz Hossein, "'Big Man' politics in the social economy: a case study of microfinance in Kingston, Jamaica," *Review of Social Economy* 74, no. 2 (2016): 148–171, https://doi.org/10.1080/00346764.2015.1067754.
5. Hossein, "Big Man"; Milford Bateman, Stephanie Blankenburg, Richard Kozul-Wright, eds., *The Rise and Fall of Global Microcredit – Development, Debt and Disillusion* (New York: Routledge, 2018).
6. Hossein, "Big Man," 149.
7. Milford Bateman, *Why Doesn't Microfinance Work? The Destructive Rise of Local Neoliberalism* (London: Zed, 2010); Milford Bateman, ed., *Confronting Microfinance: Undermining Sustainable Development. Sterling* (VA: Kumarian Press, 2011); Aneel Karnani, "The Bottom of the Pyramid Strategy for Reducing Poverty: A Failed Promise," en *Poor Poverty: The Impoverishment of Analysis, Measurement and Policies*, eds. Anis Chowdhury y Jomo Kwame Sundaram (London, New York: Bloomsbury Academic en asociación con las Naciones Unidas, 2009).
8. Véase, entre otros: Hossein, "Big Man."
9. Hossein, "Big Man."
10. Véase, por ejemplo: Linda Mayoux, "Women's Empowerment through Sustainable Micro-Finance: Rethinking 'Best Practice' Sustainable Micro-Finance for Women's Empowerment," *GenFinance, LLC*, septiembre de 2005, http://www.arabic.

microfinancegateway.org/sites/default/files/mfg-en-paper-womens-empowerment-through-sustainable-micro-finance-rethinking-best-practice-2005_0.pdf; Supriya Garikipati, "The Impact of Lending to Women on Family Vulnerability and Women's Empowerment: Evidence from India," *World Development, Elsevier* 36, no. 12 (2008): 2620–2642, https://dx.doi.org/10.2139/ssrn.913766; entre muchos otros.

11. Katherine N. Rankin, "Social Capital, Microfinance, and the Politics of Development," *Journal of Feminist Economics* 8, no. 1 (2002): 1–24, DOI: 10.1080/13545700210125167; Molyneux, "Gender and the Silences"; Hossein, "Big Man"; entre muchas otras.
12. Hossein, "Big Man," 14.
13. En este sentido véase el trabajo realizado por el Poverty Action Lab, https://www.povertyactionlab.org/.
14. "World Bank Group Forum Convenes Partners to Explore Implications of Latest Research on Microcredit," *The World Bank*, 27 de febrero de 2015, https://www.worldbank.org/en/news/feature/2015/02/27/world-bank-group-forum-convenes-partners-to-explore-implications-of-latest-research-on-microcredit.
15. Sylvia Chant y Caroline Sweetman, "Fixing Women or Fixing the World? 'Smart Economics', Efficiency Approaches, and Gender Equality in Development," *Gender & Development* 20, no. 3 (2012): 517–529, https://doi.org/10.1080/13552074.2012.731812.
16. Chant y Sweetman, "Fixing Women."
17. Adrienne Roberts, "Gender, Financial Deepening and the Production of Embodied Finance: Towards a Critical Feminist Analysis," *Global Society* 29, no. 1 (2014): 107–127, https://doi.org/10.1080/13600826.2014.975189. Esta autora ha trabajado arduamente en la visión que la economía y los productos económicos tienen sobre las mujeres. A lo largo de sus artículos e investigaciones se encarga de cuestionar las relaciones que parecen ser simplemente dadas por la economía contemporánea con respecto a la equidad de género. Gracias a sus críticas desde el feminismo he podido rastrear varios de los elementos políticos —intencionalmente invisibilizados— de los productos financieros especialmente del crédito y microcrédito.
18. Roberts, "Gender, Financial", 107–127.
19. Entendido usual y reductivamentemente como el acceso a servicios financieros.
20. Adrienne Roberts, "Finance, Financialization and the Production of Gender," en *Scandalous Economics: Gender and the Politics of Financial Crises*, eds. Aida Hozic and Jacqui True (Oxford: Oxford Scholarship Online, 2016).
21. GAP, "Three Year Road Map for Gender Mainstreaming," *World Development Report*, 2012.
22. Adrienne Roberts y Susanne Soederberg, "Gender Equality as 'Smart Economics'? A Critique of the 2012 World Development Report," *Third World Quarterly* 33, no. 5 (2012): 949–968, https://doi.org/10.1080/01436597.2012.677310; Chant y Sweetman, "Fixing Women."
23. Chant y Sweetman, "Fixing Women."
24. Naila Kabeer, *Gender Mainstreaming in Poverty Eradication and the Millennium Development Goals: A Handbook for Policy-Makers and Other Stakeholders* (London: Commonwealth Secretariat, 2003).

25. Nancy Fraser, "How Feminism Became Capitalism's Handmaiden – and How to Reclaim It," *The Guardian*, 14 de octubre de 2013, https://www.theguardian.com/commentisfree/2013/oct/14/feminism-capitalist-handmaiden-neoliberal.
26. Ambreena Manji, "'Eliminating Poverty? 'Financial Inclusion', Access to Land, and Gender Equality in International Development'," *The Modern Law Review* 73, no. 6 (2010): 985–1004, https://doi.org/10.1111/j.1468-2230.2010.00827.x.
27. Véase, por ejemplo: Bateman, *Why Doesn't Microfinance Work?*; Bateman, ed., *Confronting Microfinance*; Rankin, "Social Capital"; Linda Mayoux, "Tackling the Down Side: Social Capital, Women's Empowerment and Micro Finance in Cameroon," *Development and Change* 32, no. 3 (2001): 435–464, http://dx.doi.org/10.1111/1467-7660.00212.
28. Kate Maclean "Capitalizing on Women's Social Capital? Women-Targeted Microfinance in Bolivia," *Development and Change* 41, no. 3 (2010): 495–515, https://doi.org/10.1111/j.1467-7660.2010.01649.x.
29. Molyneux, "Gender and the Silences."
30. Hossein. "Big Man."
31. Mayoux, "Women's Empowerment."
32. Mayoux, "Women's Empowerment."
33. Mayoux, "Women's Empowerment"; Sylvia Chant, "Addressing World Poverty through Women and Girls: A Feminised Solution," *Sight and Life Magazine* 30, no. 2 (2016): 58–62, http://eprints.lse.ac.uk/68589/.
34. Véase, por ejemplo, entre otras: Katherine N. Rankin, "Governing Development: Neoliberalism, Microcredit, and Rational Economic Woman," *Economy and Society* 30, no. 1 (2001): 18–37, https://doi.org/10.1080/03085140020019070.
35. Maclean, "Capitalizing on Women's."
36. Lamia Karim, *Microfinance and Its Discontents: Women in Debt in Bangladesh* (Minneapolis: University of Minnesota Press, 2011).
37. Francine Pickup, Suzanne Williams, y Caroline Sweetman, *Ending Violence Against Women: A Challenge for Development and Humanitarian Work* (Oxford: Oxfam GB, 2001), 72.
38. Johnna Montgomerie y Daniela Tepe-Belfrage, "Caring for Debts: How the Household Economy Exposes the Limits of Financialisation," *Critical Sociology* 43, no. 4–5 (2016): 665, https://doi.org/10.1177%2F0896920516664962.
39. Montgomerie y Tepe-Belfrage, "Caring for Debts," 665.
40. En el contexto del Reino Unido post-crisis 2008, las autoras argumentan como aspectos como las dinámicas de consumo al interior del hogar, el trabajo no pago en el mismo, el trabajo comunitario voluntario y de cuidado como elementos del trabajo reproductivo no han sido incorporados en los estándares codificados de análisis económico.
41. Como lo ha señalado Magdalena León, esta posición se refiere a "la posibilidad de que la mujer se desenvuelva y sobreviva fuera del hogar, o sea, la seguridad de su situación económica, si se da una ruptura de la relación". Magdalena León, "Poder y Empoderamiento de las Mujeres," *Mujeres Forjadoras de Desarrollo*, 10 de noviembre de 2013, 9, https://mujeresforjadorasdedesarrollo.files.wordpress.com/2013/11/m-lec3b3n-versic3b3n-final-nov-10-2013.pdf. Otra versión de este manuscrito aparece en: Magdalena León, comp., *Poder y empoderamiento de las mujeres* (Colombia: Tercer Mundo y Universidad Nacional de Colombia, 1997).

42. Roberts, "Gender, Financial Deepening."
43. Roberts, "Gender, Financial Deepening."
44. Chant y Sweetman, "Fixing Women."
45. Véase, por ejemplo: Silvia Federici, "From Commoning to Debt: Financialization, Microcredit, and the Changing Architecture of Capital Accumulation," *South Atlantic Quarterly* 113, no. 2 (2014): 231–244, http://dx.doi.org/10.1215/00382876-2643585.
46. Chant y Sweetman, "Fixing Women."
47. Roberts, "Gender, Financial Deepening," 111.
48. Chant, "Addressing World."
49. Véase, entre otras: Sylvia Chant, "Exploring the 'Feminisation of Poverty' in relation to Women's Work and Home-Based Enterprise in Slums of the Global South," *International Journal of Gender and Entrepreneurship* 6, no. 3 (2014): 296–316, http://dx.doi.org/10.1108/IJGE-09-2012-0035.
50. Roberts, "Finance, Financialization," 119.
51. Karnani, "The Bottom."
52. Karim, *Microfinance and Its Discontents*; Roberts, "Finance, Financialization"; Adrienne Roberts, "Financing Social Reproduction: The Gendered Relations of Debt and Mortgage Finance in Twenty-First Century America," *New Political Economy* 18, no. 1 (2013): 21–42, https://doi.org/10.1080/13563467.2012.662951.
53. Roberts, "Finance, Financialization"; Roberts, "Financing Social Reproduction."
54. Roberts, "Finance, Financialization," 111–113.
55. Rankin, "Governing Development."
56. Roberts, "Gender, Financial Deepening," 118.
57. León, *Poder y empoderamiento de las mujeres*, 7
58. León, *Poder y empoderamiento de las mujeres.*
59. Rosalind Eyben y Rebecca Napier-Moore, "Choosing Words with Care? Shifting Meanings of Women's Empowerment in International Development," *Third World Quarterly* 30, no. 2 (2009): 285–300, https://doi.org/10.1080/01436590802681066.
60. Eyben y Napier-Moore, "Choosing Words with Care?"
61. Maclean, "Capitalizing on Women's."
62. Mayoux, "Tackling the Down Side."
63. Soma Kishore Parthasarathy, *Fact and Fiction: Examining Microcredit/Microfinance from a Feminist Perspective* (Toronto, Mexico, Cape Town: Association for Women's Rights in Development (AWID), 2012), https://www.awid.org/sites/default/files/atoms/files/fact_and_fiction_examining_microcredit_from_feminist_eng.pdf.
64. No es el objeto aquí negar el significado y poder simbólico de llamarse mujer emprendedora en contextos particulares, el análisis de lo cual, no obstante, requeriría un desarrollo mayor y diferente al aquí realizado.
65. León, "Poder y Empoderamiento de las Mujeres."
66. León, "Poder y Empoderamiento de las Mujeres."
67. Francine Pickup, Suzanne Williams, y Caroline Sweetman, *Ending Violence Against Women: A Challenge for Development and Humanitarian Work* (Oxford: Oxfam, 2001). Véase también: Mayoux, "Women's Empowerment."
68. León, "Poder y Empoderamiento de las Mujeres."
69. Por ejemplo: Pablo de Greiff, "Articulating the Links between Transitional Justice and Development: Justice and Social Integration," en *Transitional Justice*

and Development: Making Connections, eds. Pablo de Greiff y Roger Duthie (New York: Social Science Research Council, International Center for Transitional Justice, 2009); Ruti Teitel, *Transitional Justice* (New York: Oxford University Press, 2000).

70. Por ejemplo: Hannah Franski y Carolina Olarte, "Understanding the Political Economy of Transitional Justice: A Critical Theory Perspective," en *Transitional Justice Theories*, eds. Susanne Buckley-Zistel, Teresa Koloma Beck, Christian Braun, y Friederike Mieth (London: Routledge, 2014); Tshepo Madlingozi, "On Transitional Justice Entrepreneurs and the Production of Victims," *Journal of Human Rights Practice* 2, no. 2 (2010): 208–228, https://doi.org/10.1093/jhuman/huq005.
71. Zinaida Miller, "Effects of Invisibility: In Search of the 'Economic' in Transitional Justice," *The International Journal of Transitional Justice* 2, no. 3 (2008): 266, 273–280, https://doi.org/10.1093/ijtj/ijn022.
72. Emilios Christodoulidis, "Against Substitution, The Constitutional Thinking of Dissensus," en *The Paradox of Constitutionalism*, eds. Martin Loughlin y Neil Walker (Oxford: Oxford University Press, 2007).
73. Juan Pablo Bohoslavsky y Sabine Michalowski, "Ius Cogens, Transitional Justice and Other Trends of the Debate on Odious Debts: A Response to the World Bank Discussion Paper on Odious Debts," *Columbia Journal of Transnational Law* 48, no. 1 (2010): 94, http://jtl.columbia.edu/ius-cogens-transitional-justice-and-other-trends-of-the-debate-on-odious-debts-a-response-to-the-world-bank-discussion-paper-on-odious-debts/.
74. Véase, por ejemplo: Louise Arbour, "Economic and Social Justice for Societies in Transition," *International Law and Politics* 40, no. 1 (2007), http://nyujilp.org/wp-content/uploads/2013/02/40.1-Arbour.pdf.
75. Jennifer Bernal-Garcia, "Post-Conflict Microfinance and Social Reconciliation: Overcoming Barriers through Process Mitigation," *Stanford Journal of Microfinance* 1, no. 3 (2008).
76. Tamsin Wilson, "Microfinance During and After Armed Conflict: Lessons from Angola, Cambodia Mozambique, and Rwanda," *The Springfield Centre for Business Development* (2002), https://www.microfinancegateway.org/sites/default/files/mfg-en-paper-microfinance-during-and-after-armed-conflict-lessons-from-angola-cambodia-mozambique-and-rwanda-mar-2002.pdf.
77. Zoë Black, "Women and Microfinance: Can Microfinance Assist Women in Post-Conflict Development to Prevent a Return to War?", Tesis de Master of Arts in Liberal Studies, Georgetown University, 2013, https://repository.library.georgetown.edu/bitstream/handle/10822/558336/Black_georgetown_0076M_12046.pdf?sequence=1&isAllowed=y.
78. Sahlan Momo, Luca Costa, Matias Letho, Sara Manzi, y Joey Rebakis, *Post-Conflict Action & Microfinance in Sierra Leone* (The Hague: Spanda Publishing, 2011).
79. Wilson, "Microfinance During and After Armed Conflict"; Anita Berstein, "Tort Theory, Microfinance, and Gender Equality Convergent in Pecuniary Reparations," en *The Gender of Reparations: Unsettling Sexual Hierarches while Redressing Human Rights Violations*, ed. Ruth Rubio-Marin (New York: Cambridge University Press, 2009), 291–323.
80. Anju Malhotra, Sidney Ruth Schuler, y Carol Boender, *Measuring Women's Empowerment as a Variable in International Development* (Background Paper for

World Bank Workshop on Poverty and Gender: New Perspectives, 2002); Lisa Avery, "Microcredit Extension in the Wake of Conflict: Rebuilding the Lives and Livelihoods of Women and Children Affected by War," *Georgetown Journal of Poverty Law and Policy* 12, no. 2 (2005): 205–228; Naila Kabeer, "Is Microfinance a 'Magic Bullet' for Women's Empowerment? Analysis of Finding from South Asia," *Economic and Political Weekly* 40, no. 44/45 (2005): 4709–4718, https://www.jstor.org/stable/4417357.

81. Esta crítica la difundida aceptación con frecuencia automática de ciertas perspectivas del desarrollo no niega la importancia de las aproximaciones que dieron visibilidad a la violencia socioeconómica, a las desigualdades estructurales y a las prácticas sistemáticas de exclusión y explotación que atraviesan los escenarios de transición. El punto que quiero resaltar aquí es que una aceptación acrítica del crecimiento económico y un tipo privilegiado de productividad de postconflicto como fines en sí mismos puede implicar cierres políticos significativos.
82. Bernal-Garcia, "Post-Conflict Microfinance"; Momo et al., *Post-Conflict Action & Microfinance.*
83. Berstein, "Tort Theory, Microfinance," 304.
84. En este marco, Berstein ha sugerido una alternativa importante que podría replicarse respecto de los microcréditos, a saber convertir a los sobrevivientes en accionistas de las instituciones financieras. Berstein, "Tort Theory, Microfinance," 138.
85. Bernal-Garcia, "Post-Conflict Microfinance."
86. Black, "Women and Microfinance."
87. Qefsere Kupina y Drini Salko, "Social Economic Impact of Microfinance for Women Empowerment (Comparison Analyses in Kosovo and Bosnia and Herzegovina as Post Conflict Countries)," *Academic Journal of Interdisciplinary Studies* 4, no. 3 (2015), http://dx.doi.org/10.5901/ajis.2015.v4n3s1p632.
88. Bernal-Garcia, "Post-Conflict Microfinance."
89. Kupina y Salko, "Social Economic Impact of Microfinance."
90. Magdalena León, "Redefiniciones económicas hacia el buen vivir: un acercamiento feminista," en *Transformando el poder económico. Para avanzar los derechos de las mujeres y la justicia* (New York: Palgrave, 2012).
91. Bernal-Garcia, "Post-Conflict Microfinance."
92. Black, "Women and Microfinance."
93. Black, "Women and Microfinance"; Kupina y Salko, "Social Economic Impact of Microfinance"; Wilson, "Microfinance During and After Armed Conflict."
94. Wilson, "Microfinance During and After Armed Conflict."
95. Este objetivo, por supuesto, no desconoce que la complejidad de las relaciones entre mujer rural como productora y el crédito tienen una larga historia en Colombia en términos tanto normativos como de lucha social. Véase, por ejemplo, Magdalena León y Carmen Diana Deere, "La mujer rural y la reforma agraria en Colombia," *Cuadernos de desarrollo rural*, no. 38 y 39 (2012): 7–23, https://revistas.javeriana.edu.co/index.php/desarrolloRural/article/view/2381.
96. Solo para nombrar algunos, se podría hablar de la agenda de inclusión financiera a través de diferentes programas e instituciones como la política Banca de las Oportunidades. Esta iniciativa consiste en la creación de un mecanismo facilitador de microcréditos para personas de escasos recursos, microempresarios, al igual que para pequeños y medianos industriales. Además, también puede mencionarse la

creación de la Comisión Intersectorial de Inclusión Financiera, la Estrategia Nacional de Inclusión Financiera y los bancos públicos de desarrollo, además de numerosas iniciativas privadas. Ahora bien, el Gobierno por medio de la expedición de Leyes y Decretos ha buscado incentivar la activación de mecanismos para la inclusión financiera de los sujetos antes mencionados, ejemplo de esto es la Ley 590 de 2000 (modificada por la Ley 905 de 2004), Promoción de la inclusión financiera como acceso al crédito predominantemente; el Decreto 2338 de 3 de diciembre de 2015, por el cual se crea la Comisión Intersectorial para la Inclusión Financiera; el Decreto 2364 de 7 diciembre de 2015, por el cual se crea la Agencia de Desarrollo Rural (ADR), se determinan su objeto y su estructura; el Decreto 2371 de 7 diciembre de 2015 por el cual se crean y modifican unas funciones de la Comisión Nacional de Crédito Agropecuario y se modifica el objeto y las competencias de Finagro. Por otra parte, el Plan Nacional de Desarrollo indica como objetivo un incremento entre 2014 y 2018 del 71,5% al 84% del número de personas incluidas financieramente, entendida como personas con por lo menos un producto financiero. Departamento Nacional de Planeación – DNP, *Plan Nacional de Desarrollo 2014–2018* (Bogotá: Departamento Nacional de Planeación – DNP, 2015), 154, https://colaboracion.dnp.gov.co/CDT/PND/PND%202014-2018%20Tomo%201%20internet.pdf.

97. Véase: Gerardo Hernández Correa, "El microcrédito como herramienta de inclusión financiera," *Asomicrofinanzas*, 11 de agosto de 2016, https://asomicrofinanzas.com.co/wp-content/uploads/2019/pdfs/Pres.%20Gerardo%20Hernandez%20-%20Superintendente%20Financiero.pdf.
98. Véase: Hernández, "El microcrédito como herramienta de inclusión financiera"; María Mercedes Gómez Restrepo, "El papel de las microfinanzas en el posconflicto," *Progreso. Revista de actualidad jurídica para la inclusión y el desarrollo social* (2016), http://progresomicrofinanzas.org/el-papel-de-las-microfinanzas-en-el-posconflicto/.
99. Santiago Rodríguez Raga, "La primera apertura de crédito: Sector Financiero, Zonas de Conflicto y Ruralidad. Un mejor futuro a través del crédito para los municipios más golpeados por el conflicto armado," *Newsletter*, 9.
100. Véase: Daisy Johana Pacheco, Ana María Yaruro, y Esteban Gómez, "Reporte de la situación actual del microcrédito en Colombia," *Banco de República*, diciembre de 2014, http://www.banrep.gov.co/docum/Lectura_finanzas/pdf/rem_dic_2014.pdf; Gómez Restrepo, "El papel de las microfinanzas en el posconflicto;" Santiago Rodríguez Raga, "El reto es el campo: existe un importante espacio para profundizar en crédito rural," *Datacrédito Experian* (blog), 28 de febrero de 2018, https://blogdatacredito.com/blog/indicadores-financieros/el-reto-es-el-campo-existe-un-importante-espacio-para-profundizar-en-credito-rural/; y Hernández, "El microcrédito como herramienta de inclusión financiera."
101. Hernández, "El microcrédito como herramienta de inclusión financiera."
102. Véase: Banco de la República, Ministerio de Agricultura y FINAGRO, "Reporte de Estabilidad Financiera. Situación actual del microcrédito en Colombia: características y experiencias," *Banco de la República*, Septiembre de 2010, http://www.banrep.gov.co/sites/default/files/publicaciones/archivos/Tema1_sept.pdf.
103. Corte Constitucional de Colombia. Auto 373 del 23 de agosto de 2016. M.P. Luis Ernesto Vargas Silva. Este Auto hace una evaluación de los avances, rezagos y retrocesos la superación del Estado de Cosas Inconstitucional, frente a la situación de desplazamiento vivida en el país, declarado mediante la Sentencia T-025 de 2004.

104. Las mujeres han adquirido más microcréditos que los hombres. Así, por ejemplo, en el 2015 el 43.6% de los usuarios activos fueron mujeres y el 39.9% hombres (Hernández, "El microcrédito como herramienta de inclusión financiera") y al comparar el primer trimestre de 2015 y el tercer trimestre de 2016, este último evidenció un aumento significativo en la actividad de crédito por parte de las mujeres microempresarias, al punto de que tres de cada cinco nuevos microcréditos fueron entregados a las mujeres (Rodríguez, "El reto es el campo") Por otra parte, en el primer trimestre de 2017 el 57,8% de microcréditos otorgados fueron a mujeres y el 42,2% a hombres.
105. Acuerdo Final para la Terminación del Conflicto y la Construcción de una Paz Estable y Duradera, 24 de noviembre de 2016, 12.
106. Acuerdo Final, 193.
107. Un análisis sobre las responsabilidades precisas y del papel de las entidades que ofrecen productos microfinancieros y quienes los vigilan en las transiciones excede los límites de este artículo.
108. Ley 731 de 2002. 14 de enero de 2002. Por la cual se dictan normas para favorecer a las mujeres rurales. *Diario Oficial 44678.*

Referencias

Acuerdo Final para la Terminación del Conflicto y la Construcción de una Paz Estable y Duradera, 24 de noviembre de 2016.

Arbour, Louise. "Economic and Social Justice for Societies in Transition." *International Law and Politics* 40, no. 1 (2007). http://nyujilp.org/wp-content/uploads/2013/02/40.1-Arbour.pdf.

Avery, Lisa. "Microcredit Extension in the Wake of Conflict: Rebuilding the Lives and Livelihoods of Women and Children Affected by War." *Georgetown Journal of Poverty Law and Policy* 12, no. 2 (2005): 205–228.

Banco de la República, Ministerio de Agricultura y FINAGRO. "Reporte de Estabilidad Financiera. Situación actual del microcrédito en Colombia: características y experiencias." *Banco de la República*, Septiembre de 2010. http://www.banrep.gov.co/sites/default/files/publicaciones/archivos/Tema1_sept.pdf

Bateman, Milford. *Why Doesn't Microfinance Work? The Destructive Rise of Local Neoliberalism.* London: Zed, 2010.

Bateman, Milford, ed. *Confronting Microfinance: Undermining Sustainable Development. Sterling.* VA: Kumarian Press, 2011.

Bateman, Milford, Stephanie Blankenburg, Richard Kozul-Wright, eds. *The Rise and Fall of Global Microcredit – Development, Debt and Disillusion.* New York: Routledge, 2018.

Bernal-Garcia, Jennifer. "Post-Conflict Microfinance and Social Reconciliation: Overcoming Barriers through Process Mitigation." *Stanford Journal of Microfinance* 1, no. 3 (2008).

Berstein, Anita. "Tort Theory, Microfinance, and Gender Equality Convergent in Pecuniary Reparations," en *The Gender of Reparations: Unsettling Sexual Hierarchies while Redressing Human Rights Violations*, editado por Ruth Rubio-Marin. New York: Cambridge University Press, 2009.

Black, Zoë. "Women and Microfinance: Can Microfinance Assist Women in Post-Conflict Development to Prevent a Return to War?" Tesis de Master of Arts in Liberal Studies, Georgetown University, 2013. https://repository.library.georgetown.edu/bitstream/handle/10822/558336/Black_georgetown_0076M_12046.pdf?sequence=1&isAllowed=y.

Bohoslavsky, Juan Pablo, y Sabine Michalowski. "Ius Cogens, Transitional Justice and Other Trends of the Debate on Odious Debts: A Response to the World Bank Discussion Paper on Odious Debts." *Columbia Journal of Transnational Law* 48, no. 1 (2010). http://jtl.columbia.edu/ius-cogens-transitional-justice-and-other-trends-of-the-debate-on-odious-debts-a-response-to-the-world-bank-discussion-paper-on-odious-debts/.

Chant, Sylvia. "Addressing World Poverty through Women and Girls: A Feminised Solution." *Sight and Life Magazine* 30, no. 2 (2016): 58–62. http://eprints.lse.ac.uk/68589/.

Chant, Sylvia. "Exploring the 'Feminisation of Poverty' in relation to Women's Work and Home-Based Enterprise in Slums of the Global South." *International Journal of Gender and Entrepreneurship* 6, no. 3 (2014): 296–316. http://dx.doi.org/10.1108/IJGE-09-2012-0035.

Chant, Sylvia, y Caroline Sweetman. "Fixing Women or Fixing the World? 'Smart Economics', Efficiency Approaches, and Gender Equality in Development." *Gender & Development* 20, no. 3 (2012): 517–529. https://doi.org/10.1080/13552074.2012.731812.

Christodoulidis, Emilios. "Against Substitution, The Constitutional Thinking of Dissensus," en *The Paradox of Constitutionalism*, editado por Martin Loughlin y Neil Walker. Oxford: Oxford University Press, 2007.

Corte Constitucional de Colombia. Auto 373 del 23 de agosto de 2016. M.P. Luis Ernesto Vargas Silva.

de Greiff, Pablo. "Articulating the Links between Transitional Justice and Development: Justice and Social Integration," en *Transitional Justice and Development: Making Connections*, editado por Pablo de Greiff y Roger Duthie. New York: Social Science Research Council, International Center for Transitional Justice, 2009.

Departamento Nacional de Planeación – DNP. *Plan Nacional de Desarrollo 2014–2018*. Bogotá: Departamento Nacional de Planeación – DNP, 2015. https://colaboracion.dnp.gov.co/CDT/PND/PND%202014-2018%20Tomo%201%20internet.pdf.

Eyben, Rosalind, y Rebecca Napier-Moore. "Choosing Words with Care? Shifting Meanings of Women's Empowerment in International Development." *Third World Quarterly* 30, no. 2 (2009): 285–300. https://doi.org/10.1080/01436590802681066.

Federici, Silvia. "From Commoning to Debt: Financialization, Microcredit, and the Changing Architecture of Capital Accumulation." *South Atlantic Quarterly* 113, no. 2 (2014): 231–244. http://dx.doi.org/10.1215/00382876-2643585.

Franski, Hannah, y Carolina Olarte. "Understanding the Political Economy of Transitional Justice: A Critical Theory Perspective," en *Transitional Justice Theories*, editado por Susanne Buckley-Zistel, Teresa Koloma Beck, Christian Braun, y Friederike Mieth. London: Routledge, 2014.

Fraser, Nancy. "How Feminism Became Capitalism's Handmaiden – and How to Reclaim It." *The Guardian*, 14 de octubre de 2013. https://www.theguardian.com/commentisfree/2013/oct/14/feminism-capitalist-handmaiden-neoliberal.

GAP. "Three Year Road Map for Gender Mainstreaming." *World Development Report*, 2012.

Garikipati, Supriya. "The Impact of Lending to Women on Family Vulnerability and Women's Empowerment: Evidence from India." *World Development, Elsevier* 36, no. 12 (2008): 2620–2642. https://dx.doi.org/10.2139/ssrn.913766.

Gómez Restrepo, María Mercedes. "El papel de las microfinanzas en el posconflicto." *Progreso. Revista de actualidad jurídica para la inclusión y el desarrollo social*, (2016). http://progresomicrofinanzas.org/el-papel-de-las-microfinanzas-en-el-posconflicto/.

Hernández Correa, Gerardo. "El microcrédito como herramienta de inclusión financiera." *Asomicrofinanzas*, 11 de agosto de 2016. https://asomicrofinanzas.com.co/wp-content/uploads/2019/pdfs/Pres.%20Gerardo%20Hernandez%20-%20Superintendente%20Financiero.pdf.

Hossein, Caroline Shenaz. "'Big Man' Politics in the Social Economy: A Case Study of Microfinance in Kingston, Jamaica." *Review of Social Economy* 74, no. 2 (2016): 148-171. https://doi.org/10.1080/00346764.2015.1067754.

Kabeer, Naila. *Gender Mainstreaming in Poverty Eradication and the Millennium Development Goals: A Handbook for Policy-Makers and Other Stakeholders.* London: Commonwealth Secretariat, 2003.

Kabeer, Naila. "Is Microfinance a 'Magic Bullet' for Women's Empowerment? Analysis of Finding from South Asia." *Economic and Political Weekly* 40, no. 44/45 (2005): 4709–4718. https://www.jstor.org/stable/4417357.

Karim, Lamia. *Microfinance and Its Discontents: Women in Debt in Bangladesh.* Minneapolis: University of Minnesota Press, 2011.

Karnani, Aneel. "The Bottom of the Pyramid Strategy for Reducing Poverty: A Failed Promise," en *Poor Poverty: The Impoverishment of Analysis, Measurement and Policies*, editado por Anis Chowdhury y Jomo Kwame Sundaram. London, New York: Bloomsbury Academic en asociación con las Naciones Unidas, 2009.

Kupina, Qefsere, y Drini Salko. "Social Economic Impact of Microfinance for Women Empowerment (Comparison Analyses in Kosovo and Bosnia and Herzegovina as Post Conflict Countries)." *Academic Journal of Interdisciplinary Studies* 4, no. 3 (2015). http://dx.doi.org/10.5901/ajis.2015.v4n3s1p632.

León, Magdalena. "Poder y Empoderamiento de las Mujeres." *Mujeres Forjadoras de Desarrollo.* 10 de noviembre de 2013. https://mujeresforjadorasdedesarrollo.files.wordpress.com/2013/11/m-lec3b3n-versic3b3n-final-nov-10-2013.pdf.

León, Magdalena. "Redefiniciones económicas hacia el buen vivir: un acercamiento feminista," en *Transformando el poder económico. Para avanzar los derechos de las mujeres y la justicia.* New York: Palgrave, 2012.

León, Magdalena, y Carmen Diana Deere. "La mujer rural y la reforma agraria en Colombia." *Cuadernos de desarrollo rural,* no. 38 y 39 (2012): 7-23. https://revistas.javeriana.edu.co/index.php/desarrolloRural/article/view/2381.

León, Magdalena, comp. *Poder y empoderamiento de las mujeres.* Colombia: Tercer Mundo y Universidad Nacional de Colombia, 1997.

Ley 731 de 2002. 14 de enero de 2002. Por la cual se dictan normas para favorecer a las mujeres rurales. *Diario Oficial 44678.*

Maclean, Kate. "Capitalizing on Women's Social Capital? Women-Targeted Microfinance in Bolivia." *Development and Change* 41, no. 3 (2010): 495–515. https://doi.org/10.1111/j.1467-7660.2010.01649.x.

Madlingozi, Tshepo. "On Transitional Justice Entrepreneurs and the Production of Victims." *Journal of Human Rights Practice* 2, no. 2 (2010): 208–228. https://doi.org/10.1093/jhuman/huq005.

Malhotra, Anju, Sidney Ruth Schuler, y Carol Boender. *Measuring Women's Empowerment as a Variable in International Development.* Background Paper for World Bank Workshop on Poverty and Gender: New Perspectives, 2002.

Manji, Ambreena. "'Eliminating Poverty? 'Financial Inclusion', Access to Land, and Gender Equality in International Development'." *The Modern Law Review* 73, no. 6 (2010): 985–1004. https://doi.org/10.1111/j.1468-2230.2010.00827.x.

Mayoux, Linda. "Tackling the Down Side: Social Capital, Women's Empowerment and Micro Finance in Cameroon." *Development and Change* 32, no. 3 (2001): 435–464. http://dx.doi.org/10.1111/1467-7660.00212.

Mayoux, Linda. "Women's Empowerment through Sustainable Micro-Finance: Rethinking 'Best Practice' Sustainable Micro-Finance for Women's Empowerment." *GenFinance, LLC.* Septiembre de 2005. http://www.arabic.microfinancegateway.org/sites/default/files/mfg-en-paper-womens-empowerment-through-sustainable-micro-finance-rethinking-best-practice-2005_0.pdf.

Miller, Zinaida. "Effects of Invisibility: In Search of the 'Economic' in Transitional Justice." *The International Journal of Transitional Justice* 2, no. 3 (2008): 266–280. https://doi.org/10.1093/ijtj/ijn022.

Molyneux, Maxine. "Gender and the Silences of Social Capital." *Development and Change* 33, no. 2 (2002): 167–188. https://doi.org/10.1111/1467-7660.00246.

Momo, Sahlan, Luca Costa, Matias Letho, Sara Manzi y Joey Rebakis. *Post-Conflict Action & Microfinance in Sierra Leone.* The Hague: Spanda Publishing, 2011.

Montgomerie, Johnna, y Daniela Tepe-Belfrage. "Caring for Debts: How the Household Economy Exposes the Limits of Financialisation." *Critical Sociology* 43, no. 4–5 (2016): 665. https://doi.org/10.1177%2F0896920516664962.

Pacheco, Daisy Johana, Ana María Yaruro y Esteban Gómez. "Reporte de la situación actual del microcrédito en Colombia." *Banco de República*. Diciembre de 2014. http://www.banrep.gov.co/docum/Lectura_finanzas/pdf/rem_dic_2014.pdf.

Parthasarathy, Soma Kishore. *Fact and Fiction: Examining Microcredit/Microfinance from a Feminist Perspective*. Toronto, Mexico, Cape Town: Association for Women's Rights in Development (AWID), 2012. https://www.awid.org/sites/default/files/atoms/files/fact_and_fiction_examining_microcredit_from_feminist_eng.pdf.

Pickup, Francine, Suzanne Williams, y Caroline Sweetman. *Ending Violence Against Women: A Challenge for Development and Humanitarian Work*. Oxford: Oxfam GB, 2001.

Poverty Action Lab. https://www.povertyactionlab.org/.

Rankin, Katherine N. "Governing Development: Neoliberalism, Microcredit, and Rational Economic Woman." *Economy and Society* 30, no. 1 (2001): 18–37. https://doi.org/10.1080/03085140020019070.

Rankin, Katherine N. "Social Capital, Microfinance, and the Politics of Development." *Journal of Feminist Economics* 8, no. 1 (2002): 1–24. DOI: 10.1080/13545700210125167.

Roberts, Adrienne. "Finance, Financialization and the Production of Gender," en *Scandalous Economics: Gender and the Politics of Financial Crises*, editado por Aida Hozic y Jacqui True. Oxford: Oxford Scholarship Online, 2016.

Roberts, Adrienne. "Financing Social Reproduction: The Gendered Relations of Debt and Mortgage Finance in Twenty-First-Century America." *New Political Economy* 18, no. 1 (2013): 21–42. https://doi.org/10.1080/13563467.2012.662951.

Roberts, Adrienne. "Gender, Financial Deepening and the Production of Embodied Finance: Towards a Critical Feminist Analysis." *Global Society* 29, no. 1 (2014): 107–127. https://doi.org/10.1080/13600826.2014.975189.

Roberts, Adrienne, y Susanne Soederberg. "Gender Equality as 'Smart Economics'? A Critique of the 2012 World Development Report." *Third World Quarterly* 33, no. 5 (2012): 949–968. https://doi.org/10.1080/01436597.2012.677310.

Rodríguez Raga, Santiago. "El reto es el campo: existe un importante espacio para profundizar en crédito rural." *Datacrédito Experian* (blog). 28 de febrero de 2018. https://blogdatacredito.com/blog/indicadores-financieros/el-reto-es-el-campo-existe-un-importante-espacio-para-profundizar-en-credito-rural/.

Rodríguez Raga, Santiago. "La primera apertura de crédito: Sector Financiero, Zonas de Conflicto y Ruralidad. Un mejor futuro a través del crédito para los municipios más golpeados por el conflicto armado." *Newsletter*.

Teitel, Ruti. *Transitional Justice*. New York: Oxford University Press, 2000.

The World Bank. "World Bank Group Forum Convenes Partners to Explore Implications of Latest Research on Microcredit." 27 de febrero de 2015. https://www.worldbank.

org/en/news/feature/2015/02/27/world-bank-group-forum-convenes-partners-to-explore-implications-of-latest-research-on-microcredit.

Wilson, Tamsin. "Microfinance During and After Armed Conflict: Lessons from Angola, Cambodia, Mozambique, and Rwanda." *The Springfield Centre for Business Development* (2002). https://www.microfinancegateway.org/sites/default/files/mfg-en-paper-microfinance-during-and-after-armed-conflict-lessons-from-angola-cambodia-mozambique-and-rwanda-mar-2002.pdf.

7. *Contra-poderes: mujeres, atajos y resistencias en Bellavista-Bojayá*

LINA FERNANDA BUCHELY IBARRA

Bellavista es un lugar femenino. Las calles del "Nuevo Bellavista," lugar donde se reubicó la cabecera municipal de Bojayá tras la masacre del 2 de mayo de 2002, están plagadas de mujeres. Mujeres son la mayoría de las víctimas. Mujeres son las cantadoras de Pogue. Mujeres son las maestras de la escuela. Mujer es la encargada de la Notaría y las asistentes del puesto de salud. Las calles reposan con casas de puertas abiertas, con madres que cuidan hijos, sobrinos y hermanos mientras juegan al bingo. Todas las tardes, a las 3 pm, las mujeres del Barrio Bellaluz se sientan a jugarse en el bingo el papel higiénico, el jabón rey y el clorox. Solo la que gana las partidas, de cuatro, cinco y hasta diez tableros, puede llevarse "el aseo" a casa.

Esa lógica de distribución ha organizado, mediante formas administradas por las mujeres, el acceso a recursos escasos: a Bellavista se llega después de tres horas en lancha, desde Quibdó, y el acceso a los recursos de aseo es algo que las mujeres padecen, enfrentan y solucionan. La figura de bingo vespertino en Bojayá encierra también varias realidades de la vida cotidiana en las zonas rurales afectadas por el conflicto. Mientras los hombres no están (hay siempre algunos tomando cerveza y jugando dominó en el puerto, manejando las lanchas y en la "loma" engrosando las filas de los grupos armados), las mujeres ocupan los espacios públicos y privados, ahora conectados en un singular continuo, y administran una cierta forma de subpolítica, fundamental para entender la vida en Bellavista: preparan los alimentos, idean las manifestaciones, llenan las reuniones comunitarias, conocen a los pocos funcionarios móviles que descienden de las lanchas, replican las estrategias de sus vecinas para acceder al Registro Único de Víctimas (RUV) y los detalles que deben tener sus testimonios frente a las burocracias desconfiadas.

Usando técnicas etnográficas como la observación, los grupos focales y las entrevistas semi-estructuradas para documentar los procesos que aquí estudio, este capítulo analizará los roles de género del barrio Bellaluz, en Bellavista, y las formas en las que estas realidades se conectan con las dinámicas de la guerra, la paz y la transición. En este registro, este trabajo desarrolla el concepto de contra-poder para describir las tácticas, atajos y aguantes que las mujeres desarrollan en el Medio Atrato, en el pacífico colombiano, y que se vinculan con los procesos de inscripción de la identidad de víctimas (en los registros oficiales, en sus cuerpos, en sus viviendas, en la construcción de su espacio y en sus propios recuerdos). El texto se concentra en tres dimensiones de análisis, que explican cómo los contra-poderes se construyen como formas de acción femenina en el Barrio Bellaluz, en Bellavista-Bojayá: los juegos, los espacios, y las voces.

Con esa apuesta, la primera sección hablará de los espacios de ocio. El contraste entre el bingo vespertino de las mujeres y el dominó nocturno de los hombres, me ayudará a contar cómo la vida social se desenvuelve en Bellavista, reproduciendo jerarquías tradicionales en términos de género que esconden, sin embargo, arreglos singulares de poderes y contra-poderes. Los juegos y el ocio resultan poderosos para hablar de las asimetrías de poder en el lugar social que analizo, pero de forma sorprendente, me ayudarán también a mostrar cómo las mujeres subvierten ese orden, colaborando con él.

La segunda sección se concentrará en los espacios y en cómo estos hablan de las relaciones sociales que los reflejan o los construyen. A través de un recorrido por Bellavista, desde el puerto y pasando por cada uno de sus tres barrios (La Unión, Bellaluz y Pueblo Nuevo), intentaré narrar cómo las segregaciones espaciales hablan de las interacciones asimétricas que se producen en la zona. Este recorrido también será histórico, de forma modesta, levantando los trayectos que llevaron a la reubicación de Bellavista y los efectos que esto trajo sobre la vida de las mujeres, enfatizando en la manera en la que ellas, de forma particular, construyeron el nuevo territorio con las categorías de lo "ajeno." Esos recorridos —materiales e históricos—, extrañamente urbanos, colapsan en cultura hogareñas hiperfeminizadas y centrales para la vida política de las víctimas en Bojayá, lo que también habla de la nueva configuración de esos sujetos políticos y los elementos centrales de su construcción de identidad política: el desarraigo, el desplazamiento y el despojo.

La tercera sección hablará de las voces. Aquí mi foco serán los escenarios de reclamo que, bajo la identidad de víctimas, las mujeres (de forma mayoritaria) han desarrollado para interactuar con las formas y procesos estatales presentes en la región. De esta forma, la figura de la mujer víctima hace parte de lo que Juana Dávila llama las "tramas tipo" de la violencia.[1] Esta etiqueta (la de víctimas), que de manera contingente llegó a vincular la mujer con el conflicto y a darle un lugar protagónico en los procesos de reclamo (dado que los hombres no "sufren" o tienen una mayor dificultad para mostrar que lo hacen), entrega poderes inesperados que las mujeres explotan de formas distintas, y que desestabilizan y refuerzan los órdenes sociales dados en el lugar analizado.

La cuarta sección, finalmente, elaborará el concepto de contra-poderes a través de las prácticas y experiencias de las mujeres de Bojayá. Ahí, lo emocional, lo simbólico y lo espontaneo será clave para contar experiencias de la política subterránea, construida desde abajo, que transita de lo social a lo político para resistir, subvertir y construir un orden del mundo con significados propios de los poderes locales, femeninos y disfrazados.

Bojayá y el medio Atrato

Bojayá es un municipio chocoano ubicado en lo que se conoce como medio Atrato, con Bellavista como cabecera municipal. Es área rural dispersa y Pogue, Puerto Conto y La Loma son algunos de sus corregimientos.

El 2 de mayo del año 2002, en enfrentamientos de la FARC-EP y el bloque Elmer Cárdenas de las Autodefensas Unidas de Córdoba y Urabá-ACCU, algunos guerrilleros lanzaron un cilindro bomba sobre la iglesia San Pablo Apóstol, donde se refugiaban del combate varias familias de Bellavista y Pogue, principalmente. Aproximadamente 79 personas murieron dentro de la iglesia, 48 de ellos niños y niñas. Otras 100 personas resultaron heridas y viven con las secuelas del impacto, aun hoy. La masacre, adicionalmente, ocasionó el desplazamiento de más de 5.771 personas a Quibdó, capital del Departamento de Chocó.[2]

Según el informe "Bojayá: la guerra sin límites" presentado por el Centro Nacional de Memoria Histórica (CNMH) el 24 de septiembre de 2010, este hecho representó un hito en la cadena de degradación del conflicto armado colombiano, paradigmático, además, de las múltiples violencias que soportan las comunidades afrodescendientes e indígenas chocoanas. La masacre hizo evidente la violación de todas las normas del Derecho Internacional Humanitario por parte de los grupos armados y las fallas del estado colombiano en la guarda y protección de las comunidades vulnerables.

La Universidad Icesi, donde trabajo, suscribió desde el año 2015 un convenio con el CNMH para trabajar como Grupo Regional de Memoria en Bojayá y el medio Atrato. Este trabajo se ejecutó con base en las experiencias previas que en la zona tenía mi colega Aurora Vergara-Figuera, trabajando directamente con la comunidad en la documentación de procesos de duelo y resistencia.[3] Del convenio hacían parte el Centro de Estudios Afro Diaspóricos (CEAF) y el Centro de Ética y Democracia de Icesi. Este trabajo recoge entonces las experiencias de las visitas realizadas a Bojayá de 2016 a 2018, en el marco de esta alianza.

Metodológicamente, este trabajo se concentra en las reflexiones realizadas por las mujeres de la Escuela Sociopolítica del Barrio Bellaluz de Bellavista. Esta Escuela fue una iniciativa de las mujeres víctimas de la masacre que habitaban este lugar, como espacio de formación y participación en temas comunitarios, como la construcción de memoria, la recuperación de rondas y juegos tradicionales infantiles como formas de resistencia y las distintas violencias de género. La escuela sociopolítica fue orientada por investigadores e investigadoras de la Universidad Icesi durante los años 2016 y 2017 y trabajaba con un grupo de 14 mujeres entre los 19 y los 62 años. La cercanía con ellas, el barrio y sus vidas me permitió desarrollar conversaciones, entrevistas cortas y observaciones que uso para escribir este trabajo.

En lo que sigue, reflexiones sobre los juegos, el espacio y las voces amarrarán datos etnográficos con el argumento general del texto: la construcción de la subpolítica femenina como un contra-poder en los escenarios del posconflicto. A esto le seguirán reflexiones teóricas sobre la construcción de la identidad de víctima, su feminización y la relación mujer-conflicto en Colombia. Exploro aquí cómo, en un barrio de Bellavista (cabecera municipal de Bojayá, área rural dispersa, como ya lo he mencionado), la narrativa jurídica de las víctimas y el sufrimiento entró a reforzar, de formas complejas, arquitecturas sociales asimétricas para las mujeres: aquellas que las relegan a los márgenes de definición de lo importante y, sin embargo, dependen de ellas para vivir.

Lo complejo de esas narrativas es que las mujeres, en cuanto sujeto político, han articulado de maneras más efectivas los requerimientos en torno al dolor, el sufrimiento y el despojo. Imprevisiblemente, ese estatus de víctimas les hace "ganar" a las mujeres algo, que aún no sabemos qué es, pero las muestra como protagonistas del escenario social, político y jurídico de las víctimas en Bojayá. En las tres secciones siguientes mostraré entonces cómo este protagonismo se construye, transformado y reforzando, de maneras imprevisibles, las formas sociales que lo preceden.

Los juegos: los espacios del ocio y la subpolítica

Las 3 pm siempre marcan la hora del bingo. Con 10 tableros entre sus piernas, bien abiertas, las mujeres de Bellaluz se sientan en el piso de la entrada a la casa de Mayito y ocupan toda la calle. Los tableros de juego están en plásticos para conservarse y bolsas con piedritas o canicas hacen las veces de fichas. Juegan hasta que cae la noche. No juegan dinero…porque dinero hay poco. Sin embargo, juegan por la distribución de grandes despensas colectivas de jabón azul, clorox y papel higiénico. Juegan, y mientras juegan organizan los eventos de conmemoración, se pasan la información sobre las reuniones de la unidad de víctimas, se cuentan los problemas de los hijos, unifican posiciones políticas frente a la reparación colectiva, llegan a acuerdos sobre el reclamo. Hablan de los chismes y de la política. Saben quién está o no está, quien volvió, quien salió. Juegan y hacen política.[4]

Los bingos vespertinos son una de las escenas más vibrantes del barrio Bellaluz. Son jornadas extensas y exigentes, que ensamblan las fichas con las historias, los números con los nombres y el alea con la realidad. Las mujeres conectan, de formas complejas y divertidas, las dinámicas del juego con las necesidades de sus propias vidas. El bingo es una especie de trinchera en la que, de manera colectiva, ellas enfrentan necesidades múltiples: la escases de los productos de limpieza en medio del Atrato, la necesidad de espacios de ocio y de descanso y el impulso por la acción colectiva.

Así, entre las largas risas y los gritos de celebración (frecuentes dada la multiplicidad de tableros) las mujeres construyen sentido frente a realidades sinuosas donde todas las fronteras y espacialidades tradicionales colapsan: lo íntimo, hogareño y privado se cruzan con lo público y lo político. Lo racional y calculado se conecta con lo emocional y ocioso. En la medida en la que las mujeres se distribuyen los productos de limpieza, de las formas equitativas que permite el alea del juego, desarrollan acciones tremendas de la subpolítica: se entregan información clave de los procesos de restitución e indemnización, se enteran de las acciones y movimientos de las personas de la comunidad (quien se va de Bojayá, quien llega, quién gana procesos, quién tiene problemas, qué familias se separan, qué familias regresan) y organizan y gestionan sus propias vidas. Definen argumentos y posturas jurídicas que después llevan a la reuniones que las convocan (las solicitudes frente a las restituciones, las acciones frente a los cortes del agua, las reacciones frente a determinados sentidos de la reparación), al mismo tiempo que se ríen y descansan de jornadas extensas.

Estas mujeres se levantan en la alborada a cocinar en leña y a oscuras, en parte porque no hay electricidad en Bellavista, en parte porque a todas les encanta el sabor de la comida hecha de esa manera. Pese a la ausencia de agua, tienen estándares altos de limpieza y cuidan celosamente que los platos, lavados con agua lluvia, no queden grasosos o la ropa manchada. La guerra frente a las manchas explica la centralidad de los jabones en el bingo (y la centralidad del cuidado en la vida social): todas pican el jabón azul para remojar la ropa, ropa que después golpean para sacar las manchas, enjuagan dos veces y después "repasan" con barra entera. El jabón es entonces un material que condensa el trabajo de cuidado, mostrando inexplicables cadenas que empiezan en el bingo cuando las mujeres "ganan" su beneficio, pasan por la cocina de las casa cuando son molidos para el remojo, aguardan en las casas mientras las manchas deciden irse y termina en el río, cuando las barras estriegan las texturas de la ropa para alcanzar la limpieza. Todo eso hacen las mujeres y el jabón. Ese continuo entre el ocio y el cuidado femenino muestra bien lo espesos de estos roles femeninos, siempre atravesados por el "hogar."

Las casas, en la mitad de la selva, se barren y asean a diario. La basura se saca dos veces al día. Los alimentos se pelan en colectivo y con horas de anticipación. Después de desayunar, "levantar" el almuerzo, picar el revuelto para el día y mandar a los niños al colegio, la energía de cualquiera estaría minada, pero no la de ellas. Esto, además, se acompaña de recorridos extensos y encocados dentro de los laberintos de sus propias casas. Dicen que van a barrer, pero en realidad recogen el desorden de los niños (de la cuadra entera, pues son casas de puertas abiertas), limpian el baño, doblan la ropa y controlan el almuerzo. Al mismo tiempo, en esa temporalidad paralela que permiten los celulares, acuerdan con sus vecinas y amigas las reuniones de la tarde, se aseguran de pedir a sus familiares los envíos para las fiestas de cumpleaños de los niños y hacen cuentas en la sombra. Y digo en la sombra, porque la mayoría de ellas tiene actividades económicas que no reporta a sus parejas, pero invierte "en la casa." Invierten en pintura, en tierra, en trastes, en regalos para los niños/as lo que ganan cocinando para fiestas grandes, dando alojamiento a turistas o haciendo tamales para reuniones políticas.

Tras el almuerzo, ellas tienen energía para el trabajo colectivo, para juntarse a definir ceremonias, actividades, festejos. Pocas de ellas están empleadas, pero trabajan todo el día en proyectos comunitarios: quieren restaurar los juegos tradicionales, decorar la cuadra de formas distintas para las fiestas, hacerles uniformes de festejo para los niños, hacer flores de papel para la iglesia, murales con los nombres de las víctimas.

Es, sin duda, una vida hogareña atípica. Una vida hogareña de puertas abiertas en las que las cadenas de solidaridad de las mujeres transitan con frecuencia, tupidas, para explicar relaciones sociales que aun no puedo descifrar. Es evidente, sí, que las mujeres ejercen un tipo de poder alterno en ese lugar. Ese poder, extrañamente, radica en la domesticidad de sus acciones, en la trivialidad de sus tareas, en posibilidad de socialización de los cuidados. De esa red particular del barrio Bellaluz, de esa solidaridad fundada en lo doméstico y cuyo nervio es el bingo vespertino, las mujeres de la cuadra de Mayito extraen los conocimientos, las estrategias de racionalización y la información para rasguñar más beneficios como "víctimas" que las mujeres cercanas de los barrios vecinos. Las mujeres de Bellaluz tienen más visibilidad en los actos públicos de conmemoración, piden más la palabra en las reuniones comunitarias, tienen más decisión en los protocolos de las celebraciones. También, están más cerca de los procesos de titulación de las casas entregadas por el gobierno, tienen mayor claridad sobre los procesos de reparación y una presencia más unificada frente a los procesos de estatización que se dedican a su reconocimiento (procesos de la Unidad de Víctimas y el CNMH, fundamentalmente).

Este poder alterno es lo que llamo subpolítica. Un poder marginal para la mirada normalizada del mundo, pero estructural para la operación de la vida de ese lugar. La subpolítica es entonces una arquitectura efímera que se encarna en las relaciones sociales, trivializada, escondiendo su protagonismo y necesidad en la puesta en escena de la vida cotidiana. La subpolítica es ese tejido liviano que aparece superficial, pero construye la homogeneidad de las posiciones políticas necesarias para darle fuerza a sus reclamos, a sus voces, a sus posiciones. Esa domesticidad de la política construye los consensos y las confianzas necesarias para la acción colectiva, para la acción jurídica y para la acción política. Compartir el bingo es confiar, es escuchar sus opiniones, es estar juntas para decidir. Juego, cuidado y ocio se vinculan entonces, de manera robusta, para producir una sola voz. La voz de las víctimas de Bojayá, que es la voz de sus mujeres.

Los espacios: geografías urbano-rurales y culturas hogareñas en el Medio Atrato

El hilo marrón e inmenso que es el Atrato tiene paradas selectivas, llenas de hombres. Esos puertos llenos de "paisas" —como los chocoanos nos dicen a las personas mestizas que no nacimos en el pacífico— siempre venden licor y cervezas. Escuchan música con altos tonos. Miran sigilosamente a las mujeres que bajan de pangas abarrotadas de maletas. En las pocas mesas, esos hombres juegan dominó. El juego llama la atención por la disposición corporal de sus participantes, que dan golpes secos en la mesa con las fichas, antes de mostrar sus jugadas. Estando ahí, en el puerto, vigilan las entradas, controlan las salidas y muestran las propiedades y privilegios que tienen sobre esos lugares.

Esos golpes secos de las fichas de plástico, agudos y breves, se mezclan con los golpes secos, opacos y duraderos de las mujeres en el Río. Esas mujeres que tiradas bajo el sol, la sombra y el agua golpean sus ropas con mazos, para espantar el mugre. Al entrar a Bellavista se escucha un concierto de golpes. De los golpes masculinos de poder, de los golpes femeninos del cuidado, de los golpes invisibles del dolor.[5]

En el Bellavista Nuevo, ahora después de 11 años de construcción y entrega oficial, es difícil no extrañar el Río Atrato. El recuerdo es impuesto, casi con fuerza, por las voces firmes de las mujeres, por su sentimiento de nostalgia. En una urbe puesta en la mitad de la selva, aún se respira la melancolía de una comunidad que en todas las maneras grita que extraña el Río.[6]

Después del desplazamiento hacia Quibdó, causado por la masacre del 2 de mayo, la comunidad tuvo que reubicarse en lo que llamaron Bellavista Nuevo. La reubicación no solamente implicó la pérdida del vínculo construido entre la tierra y su hogar, sino que estuvo —lo sigue estando— profundamente marcada por la transformación de prácticas económicas, culturales y territoriales. La apropiación de la naturaleza, los vuelcos en la cultura hogareña y el sentido de lugar construidos por las mujeres de la comunidad, variaron. El tal "Bellavista Nuevo" estaba construido más lejos del Río de lo necesario y eso implicaba que Bellavista ya no era Bellavista para ellas, era solo un *nuevo espacio.* Aquí hablaré entonces de cómo son las mujeres y las prácticas hogareñas las que producen ese espacio como una "novedad" que les resulta "ajena."[7] Un sentimiento de rechazo ha mediado, entonces, la construcción del nuevo territorio.

La reubicación fue un mandato del Gobierno Uribe y parece que el tema de la distancia con el Río fue algo que no se consideró negativo por los expertos. La distancia era necesaria, seguramente, para tecnócratas, porque el Río es peligroso para la ciudad, que trae el progreso y el desarrollo. El Río, por lo contrario, en la planeación urbana, genera riesgos, incertidumbres y contingencias. No es deseado.

Según lo narran las mujeres de Bellaluz, la aceptación final de los bellavisteños frente al traslado fue más bien producto de la conmoción del momento, la presión institucional, de la esperanza de mejorar sus condiciones de vida y de la necesidad de obtener recursos económicos que solo serían otorgados bajo esta condición: la reubicación "pacífica,"[8] que de acuerdos, consensos o decisiones comunitarias. Pese a que podría resultar evidente que la cultura de la comunidad de Bellavista en buena medida estaba vinculada con su vecindad con ribera del Río, lo cierto es que al momento de la reubicación esto no se hizo determinante, por lo que la reubicación trajo consigo mutaciones en las dinámicas de la comunidad. El desarraigo se convirtió en la estrategia de supervivencia por excelencia: recordar lo pasado, enfatizar el cambio, subrayar la novedad. Las mujeres se dieron cuenta, fácilmente (como ellas mismas lo narran), de que la sensación de extranjería en lo que tenían que llamar ahora "su casa" era algo que ya estaba nombrado por guiones políticos precisos: desarraigo, desplazamiento, despojo. Era un daño más para ellas y Bojayá, que ya había sufrido mucho. Los funcionarios que aparecían por ahí se indignaban de forma frecuente con sus historias y llamaban a esto "doble victimización." Ellas siempre tomaban atenta nota de esas etiquetas y palabras raras que los funcionarios usaban para darle sentido al mundo. Era importante nombrarse y reconocerse con base en esos sentimientos: desplazadas, desarraigadas, despojadas.

La extrañeza frente al espacio fue descubierta como algo política y jurídicamente rentable. La extrañeza es también algo que se construye y reproduce con sensaciones concretas adscritas a espacios mundanos que cobran esos significados, porque no son fijos. Las mujeres tuvieron que cambiar la forma en que se relacionaban y distribuían sus recursos, para hacer habitable este extraño lugar que difícilmente pueden llamar hogar. Pero es claro que estas acciones de reubicación y reapropiación, son femeninas. De esto nos habla también la distribución espacial que les mencionaba: los hombres en los márgenes, las mujeres en las casas, tejiendo conexiones para finalmente hacer suyo ese lugar, sembrando plantas en materas para anclar sus historias, pasando el tiempo en el cemento para construir recuerdos (o señalando que en ese lugar no habitan sus recuerdos, mejor). Bellavista Nuevo es un lugar construido como un "ajeno" y de su distancia depende también la construcción de memoria colectiva de la comunidad, del no apropiarse de esas calles depende que las mismas puedan contar la historia de su desplazamiento.

Hay que desembarcar en Nuevo Bellavista para entender de qué hablo cuando digo que la nueva urbe parece sintética, nueva, siempre extraña. El dominó del puerto está seguido por algunas pocas casas palafíticas. Desde las ventanas y las terrazas, los ojos de los emberá observan curiosos la llegada de "paisas" a sus tierras. La rusticidad apenas disfrutable del puerto y sus indígenas se rompe bruscamente con la irrupción de las lógicas urbanas en la selva. Casas homogéneas con pinturas verde menta, y ya no frágiles cabañas en madera suspendidas en el agua, acompañan el paso. El avance está teñido además con un aroma que delata la presencia femenina. El Barrio la Unión es el primero en la lista. El sendero, coloreado de verde, lleva directo al parque; pasa por el Centro de Salud, el ICBF, el Polideportivo y el monumento a los caídos. En sus calles: mujeres. Mujeres con ventas de frito en las esquinas, mujeres fuera del centro de salud, mujeres en el hogar comunitario. Quienes caen, heridos a veces, sí son los hombres. Los militares también son solo hombres. En todo caso, al menos en el día, los hombres son muy pocos y se les ve caminando por el parque, en el centro del pueblo. Siempre me extrañó que Bellavista se presentara como un lugar de niños y mujeres, donde los hombres son escasos, extraños.

Los espacios y los horarios parecieran segregar a los hombres de las mujeres. Los hombres, como por arte de magia, empiezan a aparecer en la noche: en las calles, en los bares y en las casas. Su procedencia es impredecible; lo que sí es seguro es que aparecen para comer, beber y dormir. El bar de Pueblo Nuevo, el único de Bellavista con "mujeres calientes," es el escenario masculino por excelencia. Tal y como sucede con el puerto, es un sitio en donde es más probable encontrar hombres, dominó y dinero. Con todo y esto, en las seis veces que he visitado Bellavista habré compartido, por mucho, unas dos veces con un bellavisteño. Eso sí, conozco bien a sus esposas, sus mujeres y sus niños.

Las técnicas de producción del lugar están mediadas por hábitos y prácticas femeninas. Es evidente la resistencia que las mujeres del barrio Bellaluz tienen frente a Bellavista Nuevo. Esa distancia frente al lugar, su construcción social como "extraño" y "ajeno" parte de múltiples dinámicas que acentúan sus defectos: las matas sembradas en masetas y no en la tierra (porque la tierra es señalada como infértil), sus arquitecturas poco intervenidas por las personas (todas extrañamente homogéneas), sus largos accesos al Río. Bellavista Nuevo es un lugar, entonces, producido como un enemigo.

Esta reubicación y este desarraigo, que sufrieron las mujeres, hablan de forma enriquecedora de los fenómenos que subyacen a la reterritorialización de las comunidades. Entre el desarraigo que dejó el despojo de su tierra natal y el anhelo por la apropiación de un nuevo hogar, hay una narrativa que da cuenta de las continuidades y discontinuidades que conectan el territorio con las prácticas de la comunidad. La reubicación trae consigo un correlato que permite darle sentido a ese nuevo territorio que se muestra hostil, ajeno y trastocado y que además transforma las prácticas de autocuidado que ahora determinan la identidad de las mujeres de la comunidad.[9] Pero la manera en la que se apropia el lugar también construye el lugar mismo. Y Bellavista "nuevo" es eso: nuevo, un sempiterno ajeno.

De esos nuevos tejidos y apropiaciones hablan las fiestas patronales. Son las fiestas, entonces, las tecnologías con las que la imaginación del lugar, en colectivo, se pone en juego.[10] En julio, Bellavista se viste con cachés (como se llaman los vestidos de las fiestas) para bailar sus calles. Los recorridos por sus barrios empiezan a las 3 de la mañana, continúan a las 3 de la tarde y terminan con actividades nocturnas. Las mujeres organizan el vestuario, las coreografías, administran la emoción de los niños, reciben a los familiares migrantes y se visten elegantes y perfectas. Durante el bingo ellas diseñan el minuto a minuto de los recorridos, el orden de las comparsas, su duración y distancia. Y es en esa fiesta donde, de forma exclusiva, la distribución extraña de la nueva urbe parece ser usada con algún sentido. Las comparsas y los cachés se organizan con los nombres de los barrios de Bellavista Nuevo y los recorridos siempre se nombran con referencias espaciales de ese nuevo lugar. La fiesta apropia ese nuevo territorio y los niños aprenden a ubicarse en el nuevo pueblo con las referencias geográficas que dan las fiestas: su memoria de los barrios y su orden está construida por medio de marchas y bailes de carnaval.

Pero la celebración —y la apropiación del lugar que se da con ella— es débil frente a la potencia del dolor para producirlos como sujetos políticos. Son los recorridos hacia el Bellavista Viejo los que los hacen poderosos, son los tramos que recorrieron en la masacre los que valen políticamente, es el viacrucis con las estaciones del sufrimiento del que dependen para existir. Es usual que en el aniversario de la masacre se hagan estos recorridos. Y es usual que locales y visitantes tengan que pasar por esos mismos caminos para honrar el dolor, para rechazar el sufrimiento. Por eso, la atención que se presenta al nuevo lugar en las fiestas (a sus barrios, a sus calles) es marginal en su presencia política. Es algo que se olvida todos los años y se construye en el momento, dejando a Bellavista Nuevo, siempre nuevo. Lo nuevo es igual aquí a lo festivo: efímero.

La configuración de la realidad, antes definida por habitar frente al Río, tenía connotaciones simbólicas y materiales. La reubicación afectó prácticas tradicionales de festejo y cohesión comunitaria, como las lunadas en la playa en época de sequía y los procesos de siembra colectivas.[11] Además, también tuvo —aún las tiene— importantes implicaciones productivas y de sostenibilidad, especialmente para la mujer. Los quehaceres del hogar estaban estrechamente relacionados con las facilidades que daba la cercanía a las orillas Río Atrato. En el viejo territorio, las mujeres podían cultivar las plantas en sus patios, terrazas y azoteas. La tierra era más "agradecida." Ahora, en Bellavista Nuevo, las condiciones del territorio entorpecen cualquier lucha por llamarlo "hogar" y esa dificultad es promocionada, enconada, hecha eco. El espacio de los patios se redujo drásticamente, debilitando las siembras de plantas para el auto sostenimiento. Las mujeres narran este hecho como un rechazo del territorio "hacia ellas," rechazo que alteró además su valor social en la comunidad y las "desmejoró." Antes (como narran estas mujeres sus memorias), ellas cosechaban víveres y medicinas en sus patios, y eso les daba un lugar importante en su colectivo. Al desaparecer la posibilidad de la siembra, desaparecieron la mitad de sus rutinas, de sus "poderes," de sus "magias," como las llaman ellas. Sin huerta casera, no hay posibilidad de provisión de víveres, no hay posibilidad de plantas medicinales (cuyo manejo pasa de generación en generación, por tradición oral) y el auto-sostenimiento se muta en dependencia del desplazamiento. Ahora los más sanos y mejor comidos son los que tienen familias afuera de Bojayá, que pueden pagar pangas que traigan comida, hierbas, bienestar. El dolor, la desconfianza y el desarraigo que vinieron con la reubicación también vino acompañado de cambios drásticos en las atribuciones de roles sociales y los apoyos económicos que las mujeres, de forma alternativa, entregaban. Movió sus certezas en el mundo. Cambió sus tareas, sus funciones. La reubicación fue entonces, también, un empobrecimiento extrañamente "cargado de progreso."

Esa expulsión las hizo entonces "odiar" esa tierra. Por eso la nombran como extraña, ajena, siempre *nueva*. Pero inclusive en ese rechazo hay un complejo consenso. Los lazos de solidaridad entre las mujeres tienen que ser fuertes; es la única forma de construir colectivamente su nuevo hogar, como un hogar ajeno. Cuando algo falta en una casa basta con comunicarlo a las vecinas. Entre ellas se comparten ingredientes para la comida y plantas medicinales cuando hay alguna dolencia. Las mujeres del barrio Bellaluz, además, se han esforzado por recuperar, al menos de forma artesanal, los huertos de los patios en los que antaño se abastecían de víveres y medicinas. Viven en una eterna "visita." En la algarabía de lo temporal. En el caos de lo que es pasajero. Ellas mismas lo dicen: *no podemos acostumbrarnos. Vivimos de paso.*

Bellavista es un espacio disonante. Un espacio con cuerpos elevados y amarres leves, con poca gravedad. Las conexiones y anhelos que existen entre comunidad y territorio hacen también visibles desconexiones que se han tenido que naturalizar luego de procesos de familiarización con espacios extraños. Procesos todavía inconclusos, todavía sufridos, todavía insuficientes. Los cuerpos de estos hombres y mujeres, cuidadosamente separados, espacialmente distantes, hablan de las incongruencias y fragilidades del vínculo con el territorio. Hablan de cómo "viven de paso" y de cómo esa sensación, frente a lo nuevo (pese a que viejo, porque lleva 11 años ya) media la construcción de significado sobre el territorio. Y ese significado les entrega identidades que son política y jurídicamente rentables, porque todos y todas han aprendido a nombrar ese sentimiento de desasosiego frente al espacio como *desarraigo*, *destierro*, *desplazamiento*. Entonces, el territorio es construido como "extraño" para encontrar también las posibilidades políticas del reclamo. El énfasis del destierro es entonces una parte de la "trama" necesaria para tener posiciones políticas y jurídicas como víctimas.

Pero estos acuerdos silenciosos sobre el repertorio emocional políticamente útil, también nos hablan de la robustez de las interacciones sociales de las mujeres. Son ellas las principales litigantes del *desarraigo*. Son sus ejemplos los que resultan útiles para mostrar cómo la tierra les resulta extraña (i.e. deben traer la tierra para sembrar sus plantas en materas, porque el suelo de Bellavista Nuevo está lleno de escombros de la construcción y seco por el cemento). Este protagonismo en la producción del significado muestra unas interacciones sociales que además resultan siendo más complejas y tenues que lo que las jerarquías de género tradicionales nos cuentan. Sí, las jerarquías son claras. Los hombres están en el escenario público productivo, siempre llegan del trabajo, siempre controlan las llegadas; y las mujeres, simplemente "están." Están, ocupando el lugar, gastando sus horas en esas cuadras. Pero, lo cierto es que en ese "estar" también ocurre, y de manera bien significativa, esa apropiación afanosa de ese lugar que les es ajeno y extraño. Ese "estar" pasa por ese salvavidas de incisos que les dio la vida al nombrarlas como víctimas. Ese "estar" construye los significados que les darán de comer a sus hijos, como ellas mismas lo dicen.

Las voces: los espacios de la legalidad femenina

Las camisetas llegaron un día antes de la conmemoración. Había camisetas y gorras blancas que llevaban escrito, en grandes letras, la etiqueta de "víctimas." Mientras las organizaban, oía entre murmullos la misma queja. ¡Qué pendejada, todas son talla L, cuando todas las víctimas son mujeres más bien pequeñas! Y era cierto. Cuando la comunidad se vistió de blanco, era evidente que un porcentaje muy alto de las víctimas eran mujeres.[12]

El derecho crea identidades y distribuye recursos.[13] Esa operación sucede de formas más complejas que las que nos imaginamos: hay una distribución evidente en la adjudicación de derechos, por ejemplo. Otra igual de evidente en la enunciación de derechos, prerrogativas y privilegios. Pese a ello, creación/distribución a la que me refiero sucede en un momento distinto de la comprensión de la legalidad. En un momento, si se quiere, más incipiente. Sus resultados, además, son mucho menos predecibles que en los ejemplos anteriores.

La conexión entre mujeres y víctimas es entonces una forma en la que distribución del derecho se muestra: los procesos de reconocimiento de las personas afectadas por el conflicto y el modelo de la vulnerabilidad llevan al estado a usar la etiqueta de las "víctimas" para nombrar ese reclamo legítimo en torno al conflicto, esas víctimas gozan de una superioridad moral *a priori* derivada de sufrimiento y el sacrificio y, por ello, las mujeres posamos más fácilmente como víctimas, porque podemos enunciar el sufrimiento con más autenticidad (la autenticidad que nos haber sido socializadas en repertorios emocionales más amplios, que nos harán supuestamente más débiles y más sumisas).[14] El sufrimiento se reconoce en relatos que las burocracias aprenden a reconocer como patrones, el dolor es casi un requerimiento procesal y en ese trámite, las mujeres parecen tener ganancias.[15]

Y en efecto, pasó: las víctimas han sufrido un proceso radical de feminización. Según las cifras de la Fundación Ideas para la Paz, de las 7.219.741 víctimas en Colombia (a febrero de 2018), 3.683.242 son mujeres. Representan más de la mitad de las víctimas del conflicto armado. Y esto es paradójico si se cruzan estas cifras con las de muertes en el combate (cifra mayoritariamente masculina) o despojos (porque la titulación es masculina).

Esto puede explicarse, como lo hace Vera,[16] por el carácter procesual de la identidad misma de víctima. Serlo implica sentirlo y poder protocolizar ese sufrimiento frente a la autoridad competente purgando procesos, trámites, formularios, filas y turnos. Ser "víctima" (estar en el RUV, entregar un testimonio válido, ser priorizado) es algo que se *llega a ser*. Es un proceso. Es, como ya lo había mencionado, un trámite burocrático.[17]

La dinámica del barrio Bellaluz muestra entonces cómo, en este espacio social, la acumulación entre la subpolítica construida por las mujeres, más la contingencia distributiva de la ley de víctimas, genera espacios estatales en los que las mujeres "ganan." Y "ganan" porque sus prácticas cotidianas logran potenciar posiciones de reclamo, entregadas por la ley, que reconocen y reparan al que "sufre de la manera adecuada."

Sacrificio y sufrimiento ya han sido elementos analizados dentro de la movilización de los derechos de las mujeres. Gallo, Jaramillo y Ramírez sostienen que existe un obstáculo subjetivo (al nivel de súper yo) para ejercer derechos y acciones políticas en lo público.[18] Esa represión inconsciente se hace a través de repertorios emocionarles de culpa y dolor, que castigan modelos distintos de mujeres que no se sacrifican por sus familias, para pelear en lo público. Esas mujeres "libres en las calles" experimentan en lo íntimo una fuerte constricción un auto castigo que ellas explican como un "*volver a lo que se debería.*" En esta investigación, entonces, el sufrimiento irracional de las mujeres es su barrera de acción frente a lo público, porque castiga en lo privado lo que gana en lo político (abusando de esa dicotomía).

Contrario a esto, estudiando el caso de Bellavista, Aurora Vergara-Figueroa muestra cómo el trabajo de duelo, dolor y resistencia es central para la acción política de las mujeres en Bojayá.[19] Es decir, es el sufrimiento y el dolor lo que hace poderosas a las mujeres en lo público. Dentro del capítulo tercero y cuarto de su libro, Vergara Figueroa explora la paradoja de "existir" en el espacio político, a través de "morir," tras la ocurrencia de la masacre [*They Kill Us, Therefore We Exist?*]. Las *políticas de la espiritualidad* que visibilizan el trabajo femenino en la elaboración del duelo y su construcción como herramienta política, resultaron fundamentales en los años que siguieron a la tragedia. Las mujeres de Bojayá usan cantos mortuorios, como los alabados, para construir memoria, sanar el dolor y construir reivindicaciones políticas. El *daño al alma*, como categoría emergente del duelo de las víctimas del medio Atrato, da cuenta de cómo el sufrimiento es política (una política distinta, claro). El sufrimiento es entonces no algo que se manifiesta de forma inconsciente, como operación del superyó. Es una herramienta política legítima de reclamo.

En ese sentido, el caso de Bojayá nos habla de cómo las mujeres resignificaron el duelo y el sufrimiento como categorías políticas. Hay varios espacios comunitarios en los que se insiste en la memoria de la masacre, en el recuerdo de las víctimas. Llevo tres años asistiendo a la conmemoración de la masacre, el dos de mayo. Y varias de ellas reconocen su sensación de hastío frente a un escenario que revive momentos tan crueles y se insiste en instalarlos dentro de su realidad. Pese a ello, existe una consciencia política clara del espacio de oportunidad que crea ese dolor, en estados miserables donde las personas existen políticamente solo después de su muerte.

Las cantadoras de Pogue son esa imagen de lo que Vergara-Figueroa llama la política de la espiritualidad. Toda Colombia las recuerda vestidas de Blanco, en Cartagena, celebrando la firma de los acuerdos de paz en el 26 de septiembre de 2016. Pese a que el grupo de las cantadoras de Pogue cuenta con al menos dos integrantes masculinos, la imponente imagen de estas mujeres cantando alabados era femenina. Desde la masacre, la escritura de las canciones ha condensado procesos de creación colectiva que dialogan con el gobierno, con los grupos armados, con los otros y otras colombianos. Esos alabados piden que no se repitan las tragedias, piden paz, piden salud, piden educación. Y son cantos mortuorios que la comunidad usa en los ritos de despedida. Pese a ello esa aparición de esa política distinta, de esas reivindicaciones cantadas que muestran dolor, pero también dignidad, son voces resistentes que se re-inventan su manera de existir como sujetos públicos.

Algo parecido sucede en las tardes de bingo, cuando las mujeres se cuentan, de forma rigurosa, las acciones institucionales que se detonaron con ocasión de la masacre. Como Bellavista es un lugar que existe solo en razón de la muerte, y la muerte es recordada con ahínco, existe una saturación de presencias temporales de organizaciones que buscan desarrollar procesos de perdón y reparación. Las mujeres asisten a esos encuentros, cumplen las citas, tienen seguimiento de las reuniones y de personajes. Las charlas de los bingos dan cuenta de la centralidad de los vericuetos institucionales dentro de su cotidiano, donde emocionadas se cuentan audiencias, trámites o novedades frente a reparaciones tanto individuales como colectivas. Son estas mujeres las que construyen entonces lo que Dávila llama "las tramas tipo,"[20] que ya mencioné arriba. Ellas escuchan atentas las formas en las que se puede rasguñar lo público por medio del dolor y pedir derechos usando el sufrimiento como plataforma de reclamo. Los recuerdos, en este sentido, van haciéndose colectivos, tomando las formas de testimonios y protocolos. En esos lugares comunitarios las mujeres producen versiones colectivas y órdenes narrativos que se convierten en "verdades repetidas" por los funcionarios móviles de la Unidad de Atención y Reparación Integral a las Víctimas que baja por el Atrato, o las burocracias que con el mismo logo en la chaqueta los esperan en las oficinas de Quibdó. Son relatos estándar que construyen la memoria colectiva y crean realidades en escenarios públicos que dejan ver las posibilidades de existencia después de la masacre.

Contra-poderes: táctica, atajo y resistencia

En 1995 Pascal Bruckner escribió el libro "*La tentación de la inocencia*," sugiriendo que la popularización del estatus de víctima en nuestra modernidad tardía viene de una moralización particular del mundo político, que busca el sufrimiento como forma de purificación. La forma más sencilla de hacer eso es contar una trama personal (siempre individual) de opresor/oprimido y construir la inocencia propia sobre el estatus de víctima. *Sufro, por lo tanto valgo… El sufrimiento es análogo al bautismo, un título que nos introduce al orden de una humanidad más elevada, levantándonos por arriba de nuestros semejantes.*[21]

En el contexto nacional, Esteban Restrepo[22] muestra cómo esta misma lógica es introducida a nuestro contexto político por medio de la juridificación del sufrimiento. El modelo de la vulnerabilidad explotable, como lo denomina él, está presente en todas las narraciones contemporáneas de la subalternidad en Colombia, empezando por el desplazamiento en la sentencia T-025 de 1998, pasando por la creación de las víctimas como sujetos de derechos, así como sus variables diferenciales (mujeres, discapacitados/as, sujetos racializados/as, en condiciones socio-económicas precarias, entre otros). Este "extraño que sufre" como lo llama Juan Ricardo Aparicio,[23] al quien se le debe cuidado desde el punto de vista moral y más recientemente también legal, surgió como identidad social y luego como categoría legal a comienzos de los noventa, dentro de la red global de activistas de derechos humanos, algunos situados en el Sur Global y otros en centros de producción del derecho internacional como Ginebra y Nueva York, que buscaban etiquetas para enunciar sufrimientos que resultaran políticamente productivos. Activistas dedicados a contar a los muertos luego se volcaron a contar a los desplazados y hacerlos visibles políticamente.[24] En sus relatos, todos desgarradores, construían solidaridades con el despojo, incertidumbres frente a la migración y preocupaciones sobre el desarraigo. Sobre la marcha, estos relatos y activistas lograron convencer a las élites políticas de crear todo un nuevo cuerpo de normas jurídicas detallando los derechos de esta "nueva" población. Este humanitarismo contemporáneo[25] llegó a la legalidad en la ley 1448 de 2008 y nos ha acompañado desde entonces.

De los desplazados pasamos a las víctimas y de las víctimas, a la economía política del sufrimiento.[26] Las narrativas jurídicas que acompañan la promulgación de la ley de víctimas y su lánguido desarrollo en la institucionalidad que la sucede normaliza esta racionalidad: la víctima es un sujeto político que sufre. De alguna manera, la politización del dolor irrumpió en un mundo racional y masculino donde las emociones habían sido expulsadas de lo político, y se abrió entonces una grieta importante al modelo moderno y racional de la politización. Ahora sufrir tiene un estatus de lugar de reclamo. Y lo femenino, en sentido amplio, ha tenido más experiencia en enunciar, reconocer y tramitar el dolor como un elemento políticamente productivo.

Este texto nos ha hablado entonces de la centralidad de las víctimas como mujeres y de las mujeres como víctimas. Esa centralidad, sin embargo, es construida de forma distinta a las estrategias y acciones políticas tradicionales. Aquellas que se centran en el estado, el individuo y la razón para entender los planes. Beck[27] planteaba la subpolítica como una dinámica pública que había superado la centralidad del estado y sus instituciones. En estos escenarios, el estado ya no resultaba ser un actor nodal para articular las movilizaciones y acciones políticas y, por lo contrario, otros actores se encargaban de ensamblar y desensamblar las aspiraciones públicas, trascendiendo las instituciones del estado.

Scott[28] plantea la infrapolítica (o cultura popular), como una suerte de conspiración de los desposeídos frente a la dominación, que, tras resultar hegemónica, hace muy costosa la resistencia "pública." Los desposeídos resisten, entonces, "haciéndose los tontos," en un terreno subterráneo y subrepticio. Esto implica entonces que todos entendemos la dominación, pero como nos reconocemos dependientes y subordinados, escondemos las prácticas y tácticas de resistencia. Es una forma de resistir, colaborando con el poder.[29] Esto implica que la dominación, entonces, nunca es tan sólida como parece y la hegemonía, en consecuencia, siempre resulta incompleta.

Como en este impulso, el contra-poder de las mujeres se apuntala en dinámicas no ortodoxas para la dinámica pública: emociones, espiritualidad, hogar y familia. El ese sentido, la contra-política de las mujeres quiebra algunos de los supuestos de lo político liberal y juega con sus anversos: ya no es individual sino ferozmente colectiva; ya no es racional, sino emotiva; ya no es pública, sino íntima. La historia de los juegos, los espacios y las voces de las mujeres de Bellavista da cuenta entonces de cómo estos contra-poderes ocurren. Ocurren en los vértices del ocio con la economía de la distribución, ocurren en la producción de lo propio y de lo ajeno, ocurren en la consciencia del valor político del sufrimiento.

En este escrito también he dado cuenta de lógicas espacio temporales distintas: las mujeres no son estratégicas (no calculan sus acciones y las proyectan a futuro, viven en el presente recordando el pasado), no actúan de manera vertical (son tremendamente horizontales y solidarias en sus acciones, no tienen lideresas evidentes y se esfuerzan por mantener esa homogeneidad en el reconocimiento de manera constante) y oblicuas en sus espacialidades (dentro de lugares sin fronteras, con puertas abiertas de forma permanente, en escenarios construidos colectivamente como ajenos). Estas pistas son entonces formas emergentes de la acción colectiva que iluminar elementos que antes estaban en la sombra.[30]

Sin embrago, los escenarios que analicé arriba también dan cuenta del poder de las mujeres de Bellavista. Es un poder fundado en el contra-poder. Un poder encubierto, oculto, invisible que, sin embargo, determina los significados disponibles sobre ellas mismas, su territorio y su identidad como víctimas. En esa configuración del contra-poder, son evidentes varios elementos que estructuran la sociedad "desde abajo." La importancia de las emociones como determinantes de la existencia política y las posibilidades jurídicas de restauración y revancha (sufrimiento, rabia, rechazo, desarraigo), la apelación a recursos culturales y simbólicos como productores de significados importantes para particularizar sus reclamos (las prácticas de siembra y celebración en el territorio viejo, los ritos mortuorios, los contos como duelos) y la espontaneidad como la dinámica fundamental de la acción colectiva (en el sentido de hacer ferozmente político lo mundano: los bingos, las fiestas, las comidas, las cocinas).

Esta potencia de los contra-poderes se deriva de su carácter subterráneo. Mientras el acontecimiento de la masacre hace visible a su comunidad y centra la atención en ellos y ellas, como sujetos que sufren (pasivos, indefensos, inocentes) es necesario un poder de construcción desfigurado, disfrazado y oculto, que organice sus acciones colectivas y movilice sus deseos. Solo esa invisibilidad de la acción política les permite auto-gestionar su resistencia a través de uso de los recursos que el sistema les provee: las posiciones de reclamo como víctimas, como desplazadas, como mujeres "capaces de perdonar." Solo ese carácter subterráneo les permite operar la legalidad.

Estos juegos en la sombra no solo resultan potentes porque generan estas colaboraciones estratégicas con el poder. Resultan valiosos porque desarrollan formas de capital social que ayudan a la comunidad: canalizan la construcción de nuevas identidades políticas (i.e. las víctimas de Bojayá, las cantadoras de

Pogue) y les ayudan a cifrar acciones colectivas homogéneas (i.e. rechazar el territorio, administrar el perdón, peregrinar con el Cristo símbolo de la masacre).

Este trayecto cuenta entonces cómo los actores emergen de lo social hacia lo político, usando las etiquetas de reclamo que la jerga jurídica les permite. Cuenta también cómo estas acciones "discretas" de lo político se configuran en espacios de restitución de un daño, debido a que se trata de una instancia de reconocimiento colectivo de construcción de nuevas identidades, consensos y móviles. Esas luchas suplementarias, indirectas, alejadas de la política institucional, determinan los actores y las movidas de la democracia radical que planteaba.[31] Y estos escenarios son importantes dentro de historias de traumas colectivos que, entendidos como vacíos representacionales, generan simbólicamente nuevos significados la comunidad. Son experiencias micro e informales en las que se tejen lazos solidarios.

Los contra-poderes de las mujeres de Bojayá son eso. Son ejemplos de la política discreta, suplementaria, disfrazada. Son ejemplos de resistencias continuas, de tácticas de sobrevivencia y aprovechamiento, de lecturas agudas y ágiles de las realidades jurídicas y políticas en las que vivimos. Las mujeres se Bojayá son víctimas pero, además, supieron hacerse víctimas en lo jurídico. Supieron hacerse víctimas en lo político. Y este texto es un reconocimiento a ese hacer que, aunque invisible, les regresó la vida.

Notas

1. Juana Dávila Sáenz, "A Land of Lawyers, Experts and 'Men without Land': The Politics of Land Restitution and the Techno-Legal Production of 'Dispossessed People' in Colombia" (PhD. diss., Graduate School of Arts & Sciences, Harvard University, 2018).
2. Centro Nacional de Memoria Histórica, *Bojayá. La guerra sin límites. Informe del Centro Nacional de Memoria Histórica nacional de violencia sexual en el conflicto armado* (Bogotá: CNRR – Grupo de Memoria Histórica, Ediciones Semana, 2010), 77, http://www.centrodememoriahistorica.gov.co/informes/publicaciones-por-ano/2010/bojaya-la-guerra-sin-limites-2.
3. Aurora Vergara-Figueroa, *Afrodescendant Resistance to Deracination in Colombia Massacre at Bellavista-Bojayá-Chocó* (Switzerland: Palgrave MacMillan, 2018).
4. Diario de campo, Mayo de 2017.
5. Diario de campo, Mayo 2018.
6. Bela Henríquez, "'Recordando el pasado, sembrando el futuro.' Reconfiguración del territorio en Bellavista-Bojayá-Chocó," (Tesis Maestría en Estudios Sociales, Universidad Icesi, 2018). Este apartado parte de una visión crítica del espacio, que lo asume como construcción social antes que como un factor dado, fijo o innegociable. María Victoria Castro, "Derecho, espacio y poder. Una aproximación a la geografía legal desde el análisis distributivo del derecho," (Tesis de Doctorado en Derecho,

Universidad de los Andes, 2015). En este sentido, trato de mostrar cómo las mujeres de Bellavista construyen, mediante estrategias de distanciamiento y cercanía, la nueva cabecera municipal como un lugar "extraño" para ellas. La extrañeza está dada, sobre todo, por lo que ellas narran como factores geográficos: la distancia del Río y el silenciamiento de la selva.

7. David Delaney, *Territory: A Short Introduction* (Malden, MA: Blackwell, 2005).
8. Henríquez, "Recordando el pasado, sembrando el futuro."
9. Diana Ojeda, "Los paisajes del despojo: propuestas para un análisis desde las reconfiguraciones socioespaciales," *Revista Colombiana de Antropología* 52, no. 2. (2016): 19–43, http://www.redalyc.org/pdf/1050/105049120002.pdf.
10. Natalia Quiceno, *Vivir Sabroso. Luchas y movimientos afroatrateños, en Bojayá, Chocó, Colombia* (Bogotá: Editorial Universidad del Rosario, 2016).
11. Henríquez, "Recordando el pasado, sembrando el futuro."
12. Diario de campo, Mayo de 2018.
13. Helena Alviar García e Isabel Cristina Jaramillo Sierra, *Feminismo y crítica jurídica: el análisis distributivo como alternativa crítica al legalismo liberal* (Bogotá, Colombia: Siglo del Hombre y Universidad de los Andes, 2012).
14. Héctor Gallo, Ángela Jaramillo, y Mario Elkin Ramírez, "Sacrificio y negociación. Algunos obstáculos subjetivos a las conquistas feministas," *Revista Affectio Societatis* 9, no. 16 (2012), https://aprendeenlinea.udea.edu.co/revistas/index.php/affectiosocietatis/article/view/12055.
15. Gabriela Recalde, "'En lo que esté a mi alcance les ayudo.' Los funcionarios de base y las víctimas en el proceso de declaración para la inscripción en el Registro Único de Víctimas del conflicto armado," en: *Etnografías Burocráticas. Una nueva mirada a la construcción del Estado en Colombia*, comp. Isabel Cristina Jaramillo y Lina Buchely (Bogotá: Ediciones Uniandes, 2019).
16. Juan Pablo Vera, *The Humanitarian State* (New Jersey: Rutgers University, 2017).
17. Recalde, "'En lo que esté a mi alcance les ayudo.'"
18. Gallo, Jaramillo, y Ramírez, "Sacrificio y negociación."
19. Vergara-Figueroa, *Afrodescendant Resistance.*
20. Dávila, "A Land of Lawyers."
21. Pascal Bruckner, *The Temptation of Innocence. Living in the Age of Entitlement* (New York: Agora Publishing, 1995).
22. Esteban Restrepo Saldarriaga, "La constitución sentimental. Prostitución, trabajo sexual y trata de personas en Colombia," *Revista Isonomía*, no. 48 (2018): 37–67, http://www.scielo.org.mx/scielo.php?script=sci_abstract&pid=S1405-02182018000100037&lng=pt&nrm=iso.
23. Juan Ricardo Aparicio, *Rumores, residuos y estado en "la mejor esquina de Sudamérica": una cartografía de lo "humanitario" en Colombia* (Bogotá: Ediciones Uniandes, 2012).
24. Dávila, "A Land of Lawyers."
25. Vera, *The Humanitarian State.*
26. Castro, "Derecho, espacio y poder."
27. Ulrich Beck, *La invención de lo político* (Buenos Aires: FCE, 1999).
28. James Scott, *Los dominados y el arte de la resistencia* (México: Era, 2000).
29. Valeria Falleti, "Reflexión teórica sobre el proceso sociopolítico y la subpolítica. Un estudio de caso: el 'cacerolazo' y las asambleas barriales," *Revista Mexicana de*

Sociología 70, no. 2 (2008): 361–398, http://www.scielo.org.mx/pdf/rms/v70n2/v70n2a5.pdf.

30. Javier Auyero, *La zona gris. Violencia colectiva y política en la Argentina contemporánea* (Buenos Aires: Siglo XXI, 2007).
31. Ernesto Laclau, *La razón populista* (Buenos Aires: FCE, 2005).

Referencias

Alviar García, Helena, e Isabel Cristina Jaramillo Sierra. *Feminismo y crítica jurídica: el análisis distributivo como alternativa crítica al legalismo liberal.* Bogotá, Colombia: Siglo del Hombre y Universidad de los Andes, 2012.

Aparicio, Juan Ricardo. *Rumores, residuos y estado en "la mejor esquina de Sudamérica": una cartografía de lo "humanitario" en Colombia.* Bogotá: Ediciones Uniandes, 2012.

Auyero, Javier. *La zona gris. Violencia colectiva y política en la Argentina contemporánea.* Buenos Aires: Siglo XXI, 2007.

Beck, Ulrich. *La invención de lo político.* Buenos Aires: FCE, 1999.

Bruckner, Pascal. *The Temptation of Innocence. Living in the Age of Entitlement.* New York: Agora Publishing, 1995.

Castro, María Victoria. "Derecho, espacio y poder. Una aproximación a la geografía legal desde el análisis distributivo del derecho." Tesis de Doctorado en Derecho, Universidad de los Andes, 2015.

Centro Nacional de Memoria Histórica. *Bojayá. La guerra sin límites. Informe del Centro Nacional de Memoria Histórica nacional de violencia sexual en el conflicto armado.* Bogotá: CNRR – Grupo de Memoria Histórica, Ediciones Semana, 2010. http://www.centrodememoriahistorica.gov.co/informes/publicaciones-por-ano/2010/bojaya-la-guerra-sin-limites-2.

Dávila Sáenz, Juana. "A Land of Lawyers, Experts and 'Men without Land': The Politics of Land Restitution and the Techno-Legal Production of 'Dispossessed People' in Colombia." PhD. diss., Graduate School of Arts & Sciences, Harvard University, 2018.

Delaney, David. *Territory: A Short Introduction.* Malden, MA: Blackwell, 2005.

Diario de campo. Mayo de 2017.

Diario de campo. Mayo de 2018.

Falleti, Valeria. "Reflexión teórica sobre el proceso sociopolítico y la subpolítica. Un estudio de caso: el 'cacerolazo' y las asambleas barriales." *Revista Mexicana de Sociología* 70, no. 2 (2008): 361–398. http://www.scielo.org.mx/pdf/rms/v70n2/v70n2a5.pdf.

Gallo, Héctor, Ángela Jaramillo, y Mario Elkin Ramírez. "Sacrificio y negociación. Algunos obstáculos subjetivos a las conquistas feministas." *Revista Affectio Societatis* 9, no. 16 (2012). https://aprendeenlinea.udea.edu.co/revistas/index.php/affectiosocietatis/article/view/12055.

Henríquez, Bela. "'Recordando el pasado, sembrando el futuro.' Reconfiguración del territorio en Bellavista-Bojayá-Chocó." Tesis Maestría en Estudios Sociales, Universidad Icesi, 2018.

Laclau, Ernesto. *La razón populista*. Buenos Aires: FCE, 2005.

Ojeda, Diana. "Los paisajes del despojo: propuestas para un análisis desde las reconfiguraciones socioespaciales." *Revista Colombiana de Antropología* 52, no. 2. (2016): 19–43. http://www.redalyc.org/pdf/1050/105049120002.pdf.

Quiceno, Natalia. *Vivir Sabroso. Luchas y movimientos afroatrateños, en Bojayá, Chocó, Colombia*. Bogotá: Editorial Universidad del Rosario, 2016.

Recalde, Gabriela. "'En lo que esté a mi alcance les ayudo'. Los funcionarios de base y las víctimas en el proceso de declaración para la inscripción en el Registro Único de Víctimas del conflicto armado," en *Etnografías Burocráticas. Una nueva mirada a la construcción del Estado en Colombia*, compilado por Isabel Cristina Jaramillo y Lina Buchely. Bogotá: Ediciones Uniandes, 2019.

Restrepo Saldarriaga, Esteban. "La constitución sentimental. Prostitución, trabajo sexual y trata de personas en Colombia." *Revista Isonomía*, no. 48 (2018): 37–67. http://www.scielo.org.mx/scielo.php?script=sci_abstract&pid=S1405-02182018000100037&lng=pt&nrm=iso.

Scott, James. *Los dominados y el arte de la resistencia*. México: Era, 2000.

Vera, Juan Pablo. *The Humanitarian State*. New Jersey: Rutgers University, 2017.

Vergara-Figueroa, Aurora. *Afrodescendant Resistance to Deracination in Colombia Massacre at Bellavista-Bojayá-Chocó*. Switzerland: Palgrave MacMillan, 2018.

8. *El arte de alabar en contextos donde no es posible la vida: el caso de las alabadoras de Pogue-Bojayá, Chocó*

LINA MARCELA MOSQUERA LEMUS

Introducción

El presente documento incorpora los *alabaos* compuestos por las mujeres del grupo de alabadoras de Pogue-Bojayá, Chocó, como dispositivos para exigir por los derechos a la reparación, a la justicia y a la memoria de su comunidad debido a los hechos victimizantes ocurridos el 2 de mayo de 2002. Ese año en Bellavista, cabecera municipal de Bojayá, acabaron con la vida de más de 80 personas, entre ella 48 menores de edad, debido al impacto causado por un cilindro-bomba en la iglesia de la población, lugar donde se refugiaban del fuego cruzado entre paramilitares de las Autodefensas Campesinas de Córdoba y Urabá (ACCU) y guerrilleros de las Fuerzas Armadas Revolucionarias de Colombia-Ejército del Pueblo (FARC-EP).

Hechos como el 2 de mayo, son productos de la marginalización y la exclusión social a la que históricamente han sido sometidos los pueblos afrodescendientes e indígenas en Colombia. Dicha marginalización y exclusión continúa en las formas de reparación y aplicación de justicia implementadas por el estado para remediar las consecuencias del conflicto, pues la ejecución de dichas medidas se desarrolla en medio de la confrontación armada, no son entendidas como estrategias para solucionar antecedentes históricos que posibilitan el ataque de las comunidades por parte de actores armados legales e ilegales y tampoco satisfacen a las víctimas en términos de verdad, garantías de no repetición y memoria. Ya que las memorias que toman relevancia son las que están configuradas desde el estado y no desde las víctimas, al tener ellas poca participación en la escena pública "los mecanismos de justicia transicional tienden a construir una memoria y unas verdades oficiales. De esta manera se privilegian determinadas narraciones e interpretaciones sobre otras."[1]

Sin embargo, a través de algunas prácticas culturales, se articulan discursos de resistencia que presentan el pensamiento político afrocolombiano y lo sacan de la minimización e invisibilización. Para dar cuenta de esto, estudiaré la práctica de composición e interpretación del *alabao*, canto de tradición mortuoria afrodescendiente usado en algunos territorios del Pacífico Colombiano para honrar la memoria de los difuntos, expresar el duelo por la muerte de una persona adulta y acompañar en su pérdida a los familiares, como *suficiencias íntimas* desde la cuales las alabadoras de Pogue elaboran discursos políticos que promueven la implementación adecuada de sus derechos, exigen reparación, realizan ejercicios de memoria colectiva y resisten. En este sentido, utilizaré la dimensión de *suficiencias íntimas* del historiador afrocolombiano Santiago Arboleda como: "orientaciones mentales, claves epistémicas y prácticas sociales, no necesariamente reactivas, que despliega un grupo concretando y afirmando su existencia."[2] Es decir que, el alabao es una práctica social y tradicional que revela la forma en la que las mujeres cantadoras comprenden su realidad y la llevan a la escena pública con el fin de que se le restablezcan derechos y se les dignifique la vida.

El caso de Bojayá ha sido considerado emblemático y un crimen de guerra en el que "ambos actores armados, transgredieron todos los principios de los Derechos Humanos y del Derecho Internacional Humanitario (...). Se trata de una matanza masiva de civiles y de un crimen de lesa humanidad que revela la degradación de la guerra en Colombia."[3] Por su importancia, este caso ha sido analizado desde diferentes organizaciones nacionales e internacionales y desde diversos trabajos donde se analizan los contextos en los que se produce la masacre y las lógicas de terror y destierro a las que se somete a la población.[4]

Por su parte, trabajos como el de Bello, Martín, Millán, Pulido y Rojas[5] proponen la preocupación por las víctimas de Bojayá-Chocó, por los daños generados en sus vidas presentes y futuras e identifica los contextos sociopolíticos y económicos, que permiten la comprensión de los procesos socioculturales que dan sentido a las dinámicas y relaciones en el plano individual, familiar y colectivo. Además, estudian la continuidad de las tradiciones culturales manifiestas en los rituales y otras prácticas culturales en el sentido que, ayudan a la comunidad encontrar formas autónomas para expresar las emociones y recrear las situaciones de pérdida, dolor y miedo, causadas por el conflicto armado. Por otra parte, también, se ha analizado el papel del canto y de las alabadoras de Pogue como agentes principales en el trabajo de duelo de la comunidad y como dispositivos culturales que posibilitan denunciar los daños causados por la guerra, sanar las heridas y tramitar las pérdidas de acuerdo a los repertorios espirituales del mundo afrochocoano.[6] En el mismo sentido, se ha estudiado la práctica musical y ritual del alabao del departamento del Chocó y las afectaciones que le ha producido el conflicto armado colombiano.[7]

En su escrito, Buchely[8] reconstruye la experiencia de su trabajo en Bojayá y propone una lectura de las emociones y la política desde la antropología del estado. La autora recrea lo sucedido con el Cristo Negro de Bojayá como mecanismo de reparación simbólica ofrecido por las FARC-EP a la comunidad. Esta experiencia es analizada a partir del carácter emocional de las manifestaciones oficiales que se construyen en escenarios de conflicto; la ciudadanía precaria que configuran las víctimas de violencia política que se encuentran en procesos de construcción de memoria histórica, perdón, duelo y reparación; y la fragmentación que representan esos escenarios de discusión para el estado colombiano, en el proceso de posconflicto.

En lo referente a la reparación y a la justicia, son importantes los estudios acerca de la marginalidad, exclusión y conflicto en las que se encuentran inmersos las y los afrodescendientes actualmente, se deben resolver a través de las afroreparaciones, es decir que, "deben ser sustentadas en una política de memoria de la esclavización"[9] y deben responder en perspectiva de justicia social, reconocimiento de la igualdad de oportunidades y de los derechos políticos, sociales, económicos y culturales, además de, posibilitar el reconocimiento y valorización de su autonomía epistémica.[10] Esto último también hace referencia a lo que Sheila Walker denomina "conocimiento desde adentro," es decir, la necesidad y responsabilidad que tienen los pueblos afrodescendientes de contar su propia historia para servir a los intereses de su comunidad, visibilizarse, reforzar su sentido de identidad y pensamiento "afroepistemología."[11]

Para este trabajo resulta importante resaltar los activismos de las mujeres en su cotidianidad, elemento que ha sido prescindido de la historia "oficial," pero también de las historias "extraoficiales" (categoría a la cual se ha relegado el pensamiento afrodescendiente e indígena). Lo que significa que, las luchas y la producción cultural de las mujeres negras deben tomar lugar en los espacios de construcción de lo político. De este modo, hay trabajos que interrogan por el lugar que ocupa la mujer negra como creadora de múltiples discursos epistemológicos dentro de un territorio socio-cultural e institucional dominado por la visión hegemónica y patriarcal,[12] que cuestionan por la situación de la mujer negra en su transcurso histórico y contemporáneo en Colombia,[13] y que proponen el espacio íntimo y cotidiano de la mujer afrodescendiente, *the homeplace*,[14] como lugar donde se puede confrontar libremente la realidad y donde se puede resistir, reafirmar la identidad y el pensamiento.

Este artículo comprende un análisis de caso desde la sociología política, acerca de las suficiencias íntimas desde las cuales las mujeres alabadoras de Pogue-Bojayá apelan resistir y producir un contexto en donde la vida sea posible, cuando todo lo que está produciendo el entorno son condiciones de muerte. Las reflexiones que se consignan aquí, se elaboraron con base en una observación activa durante el periodo de 2016 a 2018 y que involucró el registro en diarios de campo, la realización de entrevistas, grupos focales y asistencia a eventos rituales, de celebración y conmemoración. Todo esto, vinculado al proyecto conjunto del Grupo de alabadoras de Pogue y el Centro de Estudios Afrodiaspóricos de la Universidad Icesi-CEAF Voces de Resistencia Volumen 1 (2017). Primero analizaré el arte de alabar en contextos de muerte que son normales para la comunidad afrodescendiente de Chocó y luego en relación a la muerte violenta causada por el conflicto armado. Luego presentaré 5 alabao compuestos por las alabadoras de Pogue entre el año 2000 y 2016, seguido por una lectura sobre las formas de reparación, verdad y justicia aplicadas por el estado colombiano para resarcir a las víctimas y la postura de estas frente a dichos mecanismos. Finalmente, estudiaré los alabaos como dispositivos de suficiencias íntimas de las alabadoras para constituir su pensamiento político y las formas de resistencia.

El arte de alabar

El alabao es un canto a capela que hace parte de los rituales mortuorios de las comunidades afrodescendientes del Pacífico colombiano, tiene como función guiar a los difuntos en su paso entre la vida y la muerte, ayuda a mitigar en los familiares el dolor de la pérdida del ser querido y facilita el viaje de encuentro con los ancestros. Es decir que, de acuerdo con Gilma Ayala (2014), el alabao "constituye una forma de acompañar, no sólo a los dolientes sino al difunto. Para nosotros, en nuestra cosmovisión, existe la idea, y es muy africana, de que hacia la otra vida hay un camino, un camino en el que el difunto necesita acompañamiento. Entonces una forma de acompañarlo son los rezos y cantos."[15] El canto del alabao tiene un papel fundamental en el velorio y en el último día de la novena, la cual hace parte del acompañamiento colectivo al tránsito del alma del fallecido, ya que, según la tradición, "el paso al más allá dura varios días, comenzando el día del fallecimiento, cuando el alma deja el cuerpo físico, y finalizando nueve días después, momento en el que el alma está preparada para dejar este mundo."[16]

El alabao presenta una estructura responsorial en la que la alabadora o alabador principal introduce una primera estrofa y el resto de alabadoras/es y asistentes al velorio responden con el coro. Por lo general el alabao es interpretado por mujeres, mientras que el papel de los hombres en el ritual fúnebre es el de rezanderos, pero estas funciones no se cumplen de manera estricta ya que también existen alabadores y mujeres rezanderas. Este canto y sus letras son trasmitidos de generación en generación por vía de la tradición oral como cuenta la alabadora Rufina Chaverra García:

> *Yo aprendí de la señora Nildes María, una cantadora de Pogue, que en ese tiempo tenía como 60 años, un alabado tradicional que dice: "la virgen se azara mucho cuando alguien va pa' allá, dice que ha llegado un alma sin Dios mandarla a llamar," este alabao siempre se lo escuchaba a ella y de tanto escucharlo y ponerle cuidado me lo aprendí.*[17]

De esta misma manera lo manifiesta la alabadora Ereiza Palomeque:

> *Yo soy alabadora desde muy pequeña, desde que tenía 12 años. Mi papá era alabador y rezandero y me emocionaba mucho oírlo cantar.*[18]

Por tanto, a través de la tradición oral, los alabaos y el *arte de alabar*, como lo denomina la alabadora Cira Pino, son heredados por el padre, la madre, los abuelos o alguien muy cercano a la familia. De acuerdo con Pinilla,[19] los alabadores mayores pueden identificar durante los rituales, el potencial de otras personas para interpretar el alabao y les hacen la invitación formal para comenzar un proceso de aprendizaje con ellos a manera de legado. En otras ocasiones el proceso de aprendizaje se da por los procesos de imitación durante los eventos rituales.

Por otra parte, los alabaos retoman nombres de santos y entidades de la religión católica para que estas intercedan por el alma del difunto ante Dios, atendiendo a lo planteado por la antropóloga Anne-Marie Losonczy, las palabras anunciadas mediante el alabao evocan el poder mediador de los santos, de Cristo y de la Virgen para ayudar al alma en su separación del mundo de los vivos y el largo viaje hacia la esfera de lo divino, para que allí sea juzgada por Dios y le sea asignada su última morada en el Purgatorio, el Reino de los Muertos. Estos santos o él ánima sola, esta última, figura que "(…) corresponde a una especie de alma colectiva, que incluye a los muertos que no tienen descendientes en el mundo de los vivos,"[20] también tienen la facultad de revelar nuevos alabaos, lo hacen por medio de los sueños como le sucedió a la señora Cira Pino cuando el ánima sola y la Virgen María le revelaron el alabao *Por el rostro y por la sangre*:

> *Ese sueño fue en el año 1995, yo estaba enferma. Allí fue que me lo revelaron y en la revelación fue que me lo aprendí. Me acordé de toda la letra, con ayuda de la memoria, a mí me han enseñado muchos alabaos en los sueños. En el sueño me encontré con una mujer que yo creo que era el ánima sola, la señora me cogió, fuimos a un*

> *alto piso y me sentó rodeada de las ánimas, a mí me dio pesadilla la primera vez que ella me lo relató y yo no podía responderle. Luego me volví a soñar y la segunda vez que me lo relató ella me preguntó "¿lo cogiste Cira?". Desde ahí fue que yo me quedé con el canto.*[21]

Por otro lado, para las comunidades afrodescendiente del Chocó, la muerte representa el encuentro con los espíritus de familiares fallecidos, está en la familia y en toda la comunidad el deber de acompañar al difunto en este paso, despedirlo bien implica varios procedimientos de la mortuoria: acompañar en la agonía, en la muerte, en el velorio, entierro, novena, última noche, levantamiento de tumba y en el cabo de año. Esto significa que en estas comunidades "la muerte no aparece sólo como un final, sino también como el comienzo de una serie de trabajos y procedimientos que ayudarán a mantener la armonía de los lugares, cuerpos y fuerzas entre los vivos y los muertos."[22] O sea, que el acompañamiento a un difunto se fundamenta en, mantener la armonía entre el mundo terrenal y el mundo espiritual. Posibilita, además, cohesión social, cooperación de los miembros de la comunidad y compartir el dolor. Todos se ponen en la función de acompañar, desde el momento de la agonía, donde todos se preparan para la muerte y realizan oraciones que contribuyan a un deceso tranquilo, a un *buen morir*; la muerte involucra su anunciamiento y la preparación del cuerpo (lavarlo, embalsamarlo, vestirlo, ubicarlo en el ataúd).

Siguiendo a Arocha et al.,[23] en la noche siguiente a la muerte se lleva a cabo el velorio, donde se pone el ataúd en una esquina de la sala de la casa con los pies hacia la puerta y se decoran las paredes con cortinas blancas, flores que por lo general son artificiales, una cruz y un vaso de agua por la creencia de que el ánima necesita beber para aliviar su sed. Entonces, es en este espacio del velorio, donde la fuerza de las alabadoras y su canto contribuyen a la partida definitiva del difunto del mundo terrenal y a su encuentro con los ancestros; es en el velorio cuando "el alabao sobre sale y acompaña al muerto y a sus dolientes. Es con la fuerza del canto que el alma del difunto emprende el viaje adecuado y descansa, debe ser cantado toda la noche con un ritmo específico, vinculado a los rezos y demás elementos del ritual."[24] La no ejecución de estos pasos de la mortuoria significa para la comunidad afrodescendiente del Chocó un sacrilegio. Omitir estas acciones es negar a los difuntos la transición a otra vida, por lo que quedan penando en el mundo de los vivos y no descansan en paz.

La llegada de la mala muerte

> *Parte de nuestra desgracia tiene que ver con no tener a nuestros ancestros en el cielo.*[25]

"La interpretación negro-colombiana reúne las categorías 'enfermedad' y 'mala suerte' o 'daño' en un mismo campo semántico, designado por el término 'lo malo' que incluye todos los hechos negativos o destructores de la existencia individual o colectiva."[26] De este modo, *morir mal*, representa para la población afrodescendiente del Chocó una muerte súbita, violenta, solitaria, sin aviso, lejos de la casa y que es atribuida generalmente a asesinatos. La mala muerte produce daños a nivel individual en tanto que, no permite que el muerto descanse en paz, ni trascienda la vida terrenal para encontrarse en otra vida con sus seres queridos fallecidos y en calidad de ancestros. En términos colectivos, esta muerte imposibilita la tranquilidad de los vivos (personas allegadas al muerto) debido a que, los muertos de la mala muerte no encuentran descanso y se quedan penando, asustando por los espacios cotidianos. Tampoco permite a familia y amigos del muerto elaborar el duelo y superar la pérdida.

La mala muerte arribó a las comunidades del Medio Atrato chocoano a mediados de los años 90, con la presencia de los grupos armados y el perpetuo abandono de un estado "débil sin capacidad ni voluntad de protegerlas."[27] El interés por el control del territorio de parte de grupos paramilitares y guerrilleros, trajo a la región escenarios de muerte, desaparición forzada, confinamiento, destierro y terror:

> *El dolor producido por la guerra y la violencia se instaló en el municipio de Bellavista con la llegada de los paramilitares en el año 1997. Un día de ese año, a las cuatro de la tarde llegaron por el río Atrato 20 embarcaciones. Los tripulantes dispararon indiscriminadamente y los pobladores corrimos para buscar protección. Los paramilitares, llegaron donde finalizaba el pueblo, desembarcaron y se fueron adueñando de todito, de nuestras frutas, nuestros animales y de todo lo que nos pertenecía.*[28]

Los paramilitares de los que habla la señora María, llegaban a las poblaciones infundiendo el terror bajo el lema de que ellos eran las Autodefensas Unidas de Colombia y que tenían como misión defender los pueblos del Atrato. A los hombres de la comunidad los retenían contra el suelo, los requisaban y los golpeaban brutalmente; a las mujeres les restringían los espacios públicos, las amenazaban y les asesinaban y/o desaparecían sus hijos o sus esposos. Anunciaban a la comunidad que eran ellos los encargados de hacer "limpieza" del territorio, lo cual significaba eliminar a los pobladores que, según ellos, tuvieran algún vínculo con la guerrilla. Esta, se encontraba acechando el territorio desde finales de los años 80, también bajo sus estrategias de amenaza, saqueos, asesinatos selectivos y demás formas de violencia. Muchas personas de la comunidad empezaron a abandonar sus viviendas y a desplazarse. Conforme a estas lógicas de terror impartidas por los grupos armados, la mala muerte empezó a rondar, empezaron a matar a la gente en Bojayá. Había personas a las que torturaban, asesinaban y luego arrojaban al río. Las familias de estos muertos no podían reclamar sus cuerpos, ni llorarlos, ni hacerles duelo porque la guerra no daba tiempo para ello, debían continuar en silencio como si nada ocurriera.

Por su parte, la presencia estatal se fundamentaba únicamente en el incremento de la fuerza pública. Figura que más tarde se vio reducida a la nada cuando, "el Estado colombiano renunció desde antes de la masacre a su deber constitucional de proteger a los ciudadanos y ciudadanas de Bojayá. Desde dos años antes (marzo de 2000), y luego de una cruenta toma simultánea de las FARC a las poblaciones de Vigía del Fuerte y Bojayá en represalia a la presencia paramilitar, fueron retirados los miembros de la Policía Nacional, únicos representantes de la Fuerza Pública en la zona."[29] Ante el agudizamiento de acciones violentas en el Medio Atrato, el Consejo Comunitario Mayor de la Asociación Campesina del Medio Atrato-COCOMACIA, la Diócesis de Quibdó y otros organismos emitieron varias alertas tempranas con el fin de que se protegiera a la población civil de las diferentes dinámicas de los actores armados que hacían presencia en la región. Alertas que el estado omitió y que más tarde posibilitó la masacre de Bellavista:

> *El día 21 de abril de 2002 los paramilitares se tomaron de nuevo Bellavista, para su llegada tuvieron que pasar por tres retenes del Ejército Nacional, pero la fuerza pública, ninguno de ellos reportó su llegada. La fuerza pública hizo caso omiso a lo que se presentaba en el territorio. El 30 de abril, líderes de la comunidad y el padre nos reunimos con el comandante del grupo paramilitar y le expusimos un reglamento que diseñamos, en el cual exponíamos nuestro rechazo a todos los grupos armados y sus dinámicas en nuestro territorio. Luego de eso, llegaron más paramilitares y el 1 de mayo empezaron los enfrentamientos con la guerrilla. Esa noche, la población estábamos totalmente desprotegidos, incomunicados, sin saber qué hacer ni para donde correr en busca de refugio. Los armados se subían a los techos de nuestras casas a disparar contra los enemigos. Por esta razón, muchas personas se fueron huyendo hacia la iglesia, una de las pocas construcciones en cemento. Pasamos toda la noche en medio de tiroteos, a las 10:15 de la mañana del 2 de mayo, escuchamos un sonido fuerte que ensordeció absolutamente todo, era una de las pipetas lanzadas por las FARC hacia los paramilitares que se escondían detrás de la iglesia. ¡Ay, eso acabaron fue con todo el mundo!, yo salí a ver qué había pasado, cuando venía un muchacho todo herido, llenito de sangre y dijo: ¡los mataron a todos, los mataron a todos! Y no pudo decir más, no podía hablar. En ese momento, los que quedamos vivos, corrimos a ayudar a los heridos. El fuego cruzado continuaba incesantemente, en la iglesia había gente herida que necesitaba de ayuda, pero nos tocó huir y dejarlos ahí tirados. Con ayuda del padre y las misioneras organizamos un bote (embarcación) para llevar a los heridos rumbo al pueblo vecino. Allí nos brindaron hospedaje, ropa y alimentación, mientras los enfrentamientos en nuestro pueblo no paraban.*[30]

Cuando la señora Elizabeth (2016) plantea que, la desgracia que enfrenta la comunidad de Bellavista se debe a no tener a sus ancestros en el cielo, se refiere a uno de los daños más significativos producidos el 2 de mayo: el no poder enterrar a sus muertos. Esto implica que familiares de las víctimas mortales no tuvieron tiempo para llorarles, darles humana sepultura, ni despedirles de acuerdo a los rituales que permiten el tránsito entre la vida y la muerte y que convierten a los muertos en ancestros de quienes quedan vivos. En medio de la confusión, la desesperación por atender a las personas heridas y el afán de salvarse del fuego cruzado, que continuaba a pesar del impacto de la pipeta que acabó con todo, los sobrevivientes tuvieron que huir al pueblo de Vigía del Fuerte para buscar ayuda y protección. Las personas con la valentía de quedarse para ayudar y los que regresaron después para ver qué les había quedado, enterraron el 6 de mayo los cuerpos descompuestos y sin identificar en una fosa común, para luego huir con el resto de la población en condición de desterrados a Quibdó y otras ciudades o pueblos.

Como desterrados en Quibdó, las y los bojayaseños fueron alojados en albergues, algunas personas se quedaron en casas de familiares y otros en corregimientos vecinos. Para recibir ayuda tenían que someterse a las interminables filas exigidas por la institucionalidad, y caminar de un lado a otro de la ciudad para asistir a reuniones. Debido a la exclusión y a la fatiga que enfrentaba diariamente en la capital, la comunidad tomó la decisión de regresar a su territorio. La Asociación Campesina Integral del Atrato-ACIA fue fundamental para ayudar en la organización de la comunidad y para establecer con el estado garantías mínimas como seguridad, entrega de los cuerpos de sus familiares, servicios públicos, restablecimiento de las casas y demás para llevar a cabo el retorno con dignidad:

> *En el mes de agosto empezamos a prepararnos para retornar a nuestras comunidades, pero haciéndole exigencias al gobierno. Retornaríamos si nos garantizaban seguridad, alimentación, energía y todo lo necesario. Queríamos un retorno digno. El día 1 de septiembre del mismo año, retornamos a nuestra comunidad. Esto se hizo en lanchas, botes y pangas, las comunidades del río Atrato nos recibieron con cantos, coplas, versos y chirimía para darnos una voz de aliento. Pero siendo las ocho de la noche, llegamos a Bellavista y nos recibieron con mechones porque el pueblo estaba sin energía. Esto fue muy triste para nosotros, fue como recordar el primer día. Las ayudas las recibimos por tres meses, a pesar de que estábamos en nuestras casas, estuvimos con mucho miedo.*[31]

Con el retorno el miedo invadía a la comunidad de Bellavista, la gente temía a nuevos enfrentamientos, saqueos, asesinatos y nuevos desplazamientos. El temor, también se incrementaba por la falta de electricidad a la que el gobierno había prometido dar fin antes que regresaran. Bajo esas oscuras condiciones, se agudizaba la tristeza, las crisis nerviosas y las pesadillas y sueños con los muertos:

> *En la iglesia murió mi mamá con el estallido de la pipeta y mi sobrino estaba muy grave, él quedó muy mal de los pulmones, los tenía destrozados con eso tan duro. Cuando él estaba con su enfermedad casi se nos va, mi mamá casi se lo lleva, se le presentó en sueños. Él dice que él estaba en un sitio y que ella llegó y le dijo "mijo usted está cansado de sufrir y yo estoy triste de verlo así, así no puedo descansar, camine conmigo," cuenta que ella le estaba pasando un pañuelo para que lo sujetara y se fuera con ella, allí él se despertó grave con mucha fiebre. Si ese muchacho le coge ese pañuelo ella se lo lleva, se habría muerto. Él después se recuperó porque tocó llevarlo a Medellín a que lo salvaran, él ya no vive aquí en el pueblo.*[32]

La mamá de la señora Victoria era un alma en pena que vagaba en el mundo de los vivos, un mundo donde sus vivos, sus familiares, no contaban con la atención médica pertinente y sufrían dolor en cuerpo y alma. Presentarse en los sueños del muchacho era una forma de manifestar su sufrimiento. Su presencia, según lo cuenta Victoria, representa también el peligro de hacerle caso a un muerto, ya que "ceder ante la fascinación de un muerto o una muerta lleva a la captura del soñador, que corre el riesgo de no volver a despertarse, es decir, de morir."[33] Cuando hay estas presencias de familiares en los sueños, se le deben hacer oraciones para que se vayan a descansar y dejen al enfermo tranquilo.

Victoria, su familia y la comunidad de Bellavista y en general de todo el municipio de Bojayá, tenían que padecer el hecho de no poder sepultar dignamente a sus seres queridos para que descansaran. Sumado a esto, ellos también tenían que lidiar con la desidia de la Fiscalía que después de muchos días no se hacía responsable del proceso de identificación e individualización de los cuerpos que estaban en una fosa cercana al río Bojayá.

Lo sucedido con los muertos, ha llevado a que la comunidad desarrolle iniciativas de duelo y sanación posteriores a la masacre y al retorno. Estas iniciativas comprenden actos de conmemoración a través de rituales tradicionales: alabaos, salves y versos que hacen memoria de los hechos y pronuncian el desprecio por la violencia en sus territorios. Como lo menciona la investigadora Martha Nubia Bello (2006), en los cuatro años posteriores a la masacre, han florecido los cantos y los alabaos, los rituales para purificar los espacios que fueron profanados, se han bordado los nombres de los fallecidos en un manto de colores ubicándoles un lugar a cada uno. Se han organizado dolorosas jornadas para recorrer los últimos pasos de sus familiares muertos, para visitar la fosa común y para marcar con nombre las tumbas de quienes han sido identificados. Estas prácticas, permiten tramitar el dolor, la reconciliación con sus muertos para que retomen el camino de ida y no deambulen en el mundo de los vivos reclamando su lugar.

La necesidad de reparar el alma

> *Todo lo que tuve que hacer para superar el miedo, el dolor y la muerte, que la tuve ahí cerquita.*[34]

Como iniciativa para aliviar el dolor producido por la guerra, las alabadoras de Pogue-Bojayá, al cual pertenecían 29 de las víctimas mortales de la iglesia, empezaron a componer alabaos que honran la memoria de sus muertos y enuncian la memoria del conflicto, el abandono estatal y las promesas incumplidas. Estos nuevos alabaos no se dirigen únicamente a entidades divinas como la Virgen, Jesús o Dios, sino que les hablan a las instituciones, a los presidentes de turno, a la prensa y al resto de la población en Colombia y el mundo.

Los nuevos alabaos hablan del dolor y de sus múltiples formas: del dolor individual y colectivo, del corporal y del alma, del dolor histórico del desarraigo y la exclusión. Hablan también del miedo pasado y del miedo presente de vivir en un territorio donde no les garantizan la vida, no porque en él no existan las condiciones necesarias para la existencia, sino porque en él, persisten las disputas de diferentes actores armados por los intereses económicos como el desarrollo de megaproyectos, el narcotráfico y la explotación de los recursos naturales, que hacen que la presencia de las poblaciones sea un obstáculo que hay que superar, ya sea por medio del destierro o el asesinato. Sin embargo, a pesar del dolor causado en el alma, los nuevos alabaos compuestos por las alabadoras de Pogue, hablan también de la resistencia del pueblo afrodescendiente.

La necesidad de las alabadoras para componer nuevos cantos inició en el año 2000 en el marco del aniversario de la muerte del padre Jorge Luis Mazo. El 18 de noviembre de 1999 en el río Atrato, cuando estaba llegando a la ciudad de Quibdó para buscar ayuda debido a las inundaciones que se presentaban por esos días en Bellavista y otras comunidades de Bojayá, una panga (embarcación) con paramilitares colisiona la panga de la Comisión humanitaria de la Diócesis de Quibdó donde viajaba el padre junto con el cooperante español Iñigo Egiluz; un joven que también trabajaba con la Diócesis y otras personas de comunidades cercanas entre ellos niños. En el accidente fallecieron el padre y el cooperante. La muerte de Mazo representó una herida muy grande en el corazón de la comunidad bojayaseña, "su pecado había sido denunciar los abusos de los grupos armados en el Atrato Medio y trabajar en la organización de las comunidades, algo que ninguno de los implicados en el conflicto consiente si no es él el que dirige la organización."[35] El padre Mazo fue enterrado en Carmen del Atrato, su lugar de nacimiento, pero en todas las comunidades del Medio Atrato le realizaron homenajes, novenas y la última noche.

Luego, al año siguiente de la fatídica muerte del padre Jorge Luis Mazo, las mujeres de la comunidad, las hermanas misionera y las alabadoras se organizaron para conmemorar el aniversario del suceso. Los preparativos incluyeron versos, cantos y un alabao. Tres de las alabadoras se integraron para componer un canto que recordara la importancia del padre en las comunidades de Bojayá. Acerca de este proceso de composición la alabadora Eugenia Palacios recuerda que:

> *La del padre Jorge Luis surge en el año 2000, estábamos en la comunidad y llegaron unas misioneras, y ellas nos dijeron que compusiéramos un canto respecto a la muerte del padre Jorge Luis, nos reunimos con Vicky y la promotora y nos pusimos a acompasar y acompasar, lo que no se podía pues se borraba y así acompasamos el canto. Yo ya me fui con mi copia a mi casa y empecé a cantarlo hasta que me lo aprendí. Yo planteé la primera estrofa y el resto lo escribimos entre las tres.*[36]

La del padre Jorge Luis
Él era humanitario en el río de Bojayá
Y con toda su paciencia
Y él nos iba a visitar (x2)
Que el padre Jorge Luis Mazo iba
Para Quibdó (x2)
Y llegando a las mercedes
Una panga lo mató (x2)
Y él era humanitario...
La panga que lo mató
Era de los paracos (x2)
Él recibió un fuerte golpe
Que lo tiró al río Atrato(x2)
Y él era humanitario...
Iba subiendo con Iñigo
A lo largo del Atrato
Iban en búsqueda de las tiendas
Para que compraran más barato (x2)
Y él era humanitario...
Adiós padre Jorge Luis
Te fuiste para no más (x2)
La comunidad de Pogue
Siempre te recordará (x2)
Y él era humanitario...

En los versos de este alabao las cantadoras resaltan la humanidad del padre y el trabajo que desarrollaba con las comunidades:

> *El padre Jorge Luis fue un sacerdote que fue muy servicial en la comunidad y basado en eso se le compuso un canto, porque por medio de él se nos facilitaban las cosas en el municipio, él colocó tiendas comunitarias porque en ese momento se presentaron inconvenientes con los paramilitares porque no nos dejaban entrar la comida, entonces ellos se organizaron y nos pusieron tienda comunitaria.*[37]

Siguiendo lo planteado por la cantadora Virginia Palacios, con la llegada de los paramilitares en 1997 se restringió la movilidad por el río Atrato por medio de retenes, de este modo se privó el tránsito de alimentos, desabasteciendo a la población. Los *paras* se quedaban con todo y controlaban todas las dinámicas del río impidiendo que la gente circulara libremente por el territorio. La presencia de este grupo armado significaba someter a la población a *procesos de des-territorialización*,[38] bajo los cuales la gente no podía moverse por los lugares acostumbrados. Ante esta situación, las iniciativas del padre Jorge Luis fueron de gran ayuda para la comunidad en vista de la pérdida de autonomía sobre su territorio:

> *Con las comunidades se hizo un trabajo con tiendas comunitarias, esto se logró con la ayuda del padre Jorge Luis y de los Consejos comunitarios, para que ellos pudieran abastecer hasta lo más mínimo de los alimentos. Porque hasta los alimentos eran restringidos por los paramilitares, ellos decían que era comida para los guerrilleros.*[39]

Otro alabao compuesto por la comunidad y que también hace referencia al agradecimiento de la comunidad con los párrocos por su acompañamiento en los momentos más agudos de la violencia en el territorio es el titulado *Gracias al padre Antún*. Este alabao fue compuesto para la primera conmemoración de la masacre, en el año 2003.

Gracias al padre Antún
Gracias al padre Antún
Fue que nos valió, nos sacó de aquí
Nos sacó de aquí, de aquí
Nos llevó a Quibdó
Nos sacó de aquí, de aquí
Nos llevó a Quibdó
Y ha llegado mayo
para recordar la grande masacre
masacre que hubo en Bojayá
La grande masacre,
masacre que hubo en Bojayá
Y este es el lugar,
Y este es el lugar,

Triste y afligido donde hemos perdido
Perdido, sus seres queridos
Donde hemos perdido
Perdido, sus seres queridos
Y ha llegado mayo
para recordar la grande masacre
Masacre que hubo en Bojayá
La grande masacre,
masacre que hubo en Bojayá
Y a los misioneros démosles su voz
por estar con nosotros
Con nosotros,
y en este dolor
Y estar con nosotros
Con nosotros,
y en este dolor
Y ha llegado mayo
para recordar la grande masacre
Masacre que hubo en Bojayá
La grande masacre,
masacre que hubo en Bojayá
La grande masacre,
masacre que hubo en Bojayá

Las alabadoras de Pogue establecen que compusieron este alabao para honrar las acciones del párroco que ayudó a huir a la comunidad para que se salvaran de las balas, él junto con las Agustinas misioneras y lideresas comunitarias refugiaron y alimentaron a más de trecientas personas en la iglesia. Además, el padre Ramos impidió que los paramilitares invadieran el interior de la iglesia, estos habían solicitado el ingreso cuando se encontraron acorralados por la guerrilla, pero el padre se los negó indicando que allí se refugiaba sólo la población civil y que no los expondría. Cuando lo peor pasó, cuando la muerte llegó y arrebató la vida de 79 personas, el padre ayudó con la organización de botes para escapar y pedir ayuda en Vigía del Fuerte. La figura del padre Antún quedó inmortalizada en la memoria del pueblo bojayaseño.

En su alabao las alabadoras recuerdan también la iglesia como lugar de protección, de muerte y conmemoración. Pues, la iglesia constituye el espacio de comunicación entre las personas y los santos, es un lugar silencioso y de respeto que fue profanado, destruido y convertido en un lugar de muerte. En este sentido, "las ruinas del pueblo viejo son acompañadas por dos símbolos fuertes de la masacre de Bojayá, la iglesia lugar de los hechos y la casa de las hermanas agustinas misioneras, dos espacios usados como refugio del pueblo de Bellavista en medio del enfrentamiento que dio finalmente lugar al trágico acontecimiento. Hoy estos espacios siguen siendo habitados, cuidados y frecuentados por este pueblo. La vida que hoy detentan estos escenarios en medio de la ruina del pueblo es el resultado de un arduo trabajo en contra de la muerte y el olvido."[40]

> ***Décimo aniversario***
> Décimo aniversario
> Y esto quedó pa' la historia (x2)
> Díganle a los de la prensa
> Que no borren la memoria (x2)
> Décimo aniversario…
> Y esto quedó pa' la historia
> Y nunca se olvidará (x2)
> Señores grupos armados
> No vuelvan más por acá (x2)
> Décimo aniversario…
> Y esto fue un golpe muy duro
> Que a todos temorizó (x2)
> Formaron esa pelea
> Y el campesino sufrió (x2)
> Décimo aniversario…
> Los niños son el futuro
> Y mucho niño murió (x2)
> Señores grupos armados
> No vuelvan más por acá (x2)
> Decimoquinto aniversario…
> Con esta nos despedimos
> Ya no les cantamos más (x2)
> Que se acabe la violencia
> En el río de Bojayá (x2)

Décimo aniversario es el alabao que compuso la alabadora Luz Marina Cañola en el marco de la décima conmemoración de los hechos del 2 de mayo:

> *Ese aniversario lo hicimos en el 2012, cuando nos mandaron la convocatoria para la conmemoración del 2 de mayo, me acosté y estuve pensando, y estuve pensando. Al otro día me puse a lavar, fui acompasando, acompasando y busqué mi cuaderno iba recordando cosas y escribía, iba acompasando y escribía. Después nos reunimos, convoqué a una reunión a las mujeres y les dije "mujeres, he sacado un canto, pongámoslo a consignación a ver cómo lo ven, si está malo lo arreglamos."*[41]

Ocurrida la masacre, cada año la comunidad se prepara para conmemorar a sus muertos, lo hace, por un lado, mediante dispositivos artísticos y culturales como el teatro, la poesía y el canto, que permitan tramitar el dolor e inscribir en la memoria colectiva los hechos. Por otro lado, las conmemoraciones funcionan para que la comunidad verifique las fases en las que van los procesos de reparación de los que tiene obligación el estado, y para recordar públicamente los daños ocasionados. En este sentido, se reúnen en la iglesia del Bellavista Viejo personas de las 52 comunidades afrodescendientes e indígenas que componen el municipio de Bojayá, organizaciones internacionales, instituciones del estado colombiano (Unidad de víctimas, Programa de Atención Psicosocial y Salud Integral a Víctimas (PAPSIVI), Secretaría de salud, Fiscalía y Fuerzas militares), universidades y medios de comunicación. A estos últimos, Luz Marina les solicita con especial insistencia que no olviden al pueblo bojayaseño, su tragedia y su dolor. La construcción de memoria colectiva busca recrear las experiencias del pueblo bojayaseño alrededor del conflicto armado.

El ejercicio de memoria implica el deber de recordar y resistirse al olvido. Los sobrevivientes a la masacre y a otros hechos violentos perpetrados en Bojayá se niegan a olvidar a sus muertos, es entonces que surgen los espacios de conmemoración, espacios donde se nombra a las víctimas, donde se les canta para poder realizar los procesos de duelo que han sido trucados y hacer justicia en su nombre. De esta manera "la memoria, esa lucha contra el olvido, permite mantener vivos y vigentes los derechos que una vez les fueron negados a las víctimas."[42] Además, esa memoria colectiva recuerda también al estado colombiano y a la sociedad la existencia de un pueblo históricamente olvidado, excluido y atropellado por el conflicto y la violencia.

La patrona de Bojayá
Virgen de la candelaria,
la patrona de Bojayá
Aquí vinimo' a cantar porque
Queremos la paz (x2)
Y humilde devoto Antonio
Enséñanos a perdonar (x2)
Lo que pasó en Bojayá
Eso ya estaba advertido
Le informaron al gobierno
Y no le prestó sentido (x2)
Solo porque somos negros
Nos tratan de esa manera
Ay, nos declaran la guerra
Pa' sacarnos de sus tierras
La guerra no es nada buena
Lo que trae es destrucción
Desarmen los corazones
Y no más repetición (x2)
Ya no queremos más guerra
No queremos más violencia
Colombia ya está cansada,
De ver su sangre derramada (x2)

La paz todos la queremos
Y especial los colombianos
Al presidente le pedimos
Cuidado con engañarnos (x2)
Debemos de perdonar
Como Cristo perdonó
Tanto daño que e hicieron
Y ese ejemplo nos dejó (x2)

La patrona de Bojayá es una composición de la alabadora Ereisa Palomeque Palacios, lo compuso el 10 de enero de 2014, en el marco del proceso de paz en Colombia y las negociaciones entre el gobierno del presidente Juan Manuel Santos y la guerrilla de las FARC. Lo escribió para cantarlo durante la conmemoración del 2 de mayo de ese año. Con él, se ruega a la figura de la Virgen y San Antonio de Padua para que intercedan por la paz y les permita perdonar. De acuerdo con el historiador chocoano Sergio Mosquera, este santo tiene muchas virtudes, entre ellas la humildad, el amor a Dios y al prójimo, la fortaleza y la sabiduría. Cualidades que las comunidades de Bojayá necesitaban para continuar la vida y tomar el valor para exigir la verdad y aceptación de responsabilidades de los hechos violentos, por parte de los diferentes perpetradores (guerrilla, paramilitares y el estado colombiano).[43]

La señora Ereisa puso (inició) su canto aquel 2 de mayo de 2014, a él respondieron al unísono el resto de cantadoras del grupo de alabaos, la comunidad y los acompañantes que llegaron de diversas latitudes. También le respondieron desde la Habana, donde se llevaban a cabo los diálogos con la guerrilla de las FARC, ya que en diciembre de ese mismo año representantes del Comité de víctimas por los derechos de Bojayá, hicieron la primera petición de perdón y de reconocimiento de responsabilidades. Lo que llevó a que el día 6 de diciembre de 2015 en Bellavista Viejo, se realizara el *Acto de reconocimiento de responsabilidad y petición de perdón de las FARC-EP a las víctimas de Bojayá*.

El acto se llevó a cabo con la presencia de personas de las 19 comunidades afrodescendientes y las 32 comunidades indígenas que integran el municipio. Esta vez no hubo medios de comunicación, se trataba de un acto privado, solemne en el que se recordó a las víctimas, la guerrilla aceptó sus responsabilidades y la comunidad solicitó el reconocimiento de las mismas por parte de los paramilitares, quienes durante años han estado atemorizando y acabando con la población, y que en la fecha de la masacre usaron a la población como escudo. Y el reconocimiento del estado, que no atendió las alertas tempranas emitidas en su momento para prevenir hechos atroces y por hacer de la fuerza pública su única presencia, así lo confirma la estrofa del alabao de la señora

Ereisa: "lo que pasó en Bojayá, eso ya estaba advertido, le informaron al gobierno y no le prestó sentido."

La alabadora se refiere a las alertas tempranas que fueron emitidas al gobierno por la Diócesis de Quibdó, consejos comunitarios, organizaciones no gubernamentales y otros organismos para que se controlara la presencia de grupos armados en el territorio pero las respuestas fueron nulas, solo hasta tiempo después que se envió fuerza pública: "desde octubre de 2001 la Procuraduría Delegada para los Derechos Humanos había emitido varios oficios sobre investigaciones por incursiones paramilitares en el Medio Atrato, advirtiendo la intención de este grupo armado de disputarle a la guerrilla el dominio territorial que tenía desde finales de 2000. En diciembre de 2001, el Procurador Regional de Chocó alertó a las autoridades civiles y militares sobre los riesgos de la población civil en la región. A partir del 21 de abril de 2002, cuando se hizo inminente la confrontación armada entre grupos armados ilegales en la zona, se sumaron las advertencias del 22 de abril emitida por la OACNUDH, y por la Defensoría del Pueblo el 26 del mismo mes, además de una comunicación que el 24 de abril le dirigió la Procuraduría General de la Nación a los Ministerios del Interior y de la Defensa, transmitiendo su preocupación por la situación de la región."[44]

Otra de las estrofas del canto denuncia que la violencia hacia la comunidad de Bojayá y en general del todo del departamento del Chocó, ocurre por el hecho de ser personas negras: "solo porque somos negros nos tratan de esa manera, nos declaran la guerra pa' sacarnos de sus tierras."

La compositora apela al racismo y a la discriminación estructural a las que han sido sometidas históricamente las comunidades afrodescendientes en Colombia:

> Esta línea que dice: "solo porque somos negros nos tratan de esa manera." Uno tiene la lectura, del estudio y todo eso, uno sabe que el negro siempre ha sido maltratado, marginado. Entonces uno dice ahora que la guerra la crean, no sabemos quién, pero repercute mucho ante nosotros, porque somos nosotros los que pagamos la guerra sin saber quién la creó.[45]

En este sentido, las situaciones actuales del conflicto armado en los pueblos afrodescendientes no se pueden desligar un pasado de esclavización que hoy día les deja como legado un presente marcado por las desigualdades socioeconómicas, la exclusión y discriminación por parte de la estructura estatal. De acuerdo con Claudia Mosquera, en la historia colombiana se racializó a las y los esclavizados negros, lo cual los excluiría de las esferas donde operaría el reparto de los bienes y privilegios.[46] Esto significa que, la categorización racial de un grupo social en un periodo histórico como la colonia, determinaría las condiciones actuales de sus descendientes, poniéndolos en desventajas respecto a otros grupos sociales.

Continuando con Mosquera, esa misma racialización que se construyó en relación a lo fenotípico en los esclavizados, racializó también los territorios donde habitan; excluyéndolos, empobreciéndolos y convirtiéndolos en lugares propios para la extracción y no para la inversión en términos de educación, salud, infraestructura y empleo.[47] Lo que facilita que estos territorios sean el escenario predilecto para la economía extractivista y para las dinámicas propias del conflicto armado colombiano. Pues los territorios se convirtieron por su posición geográfica y por las características de su población, en zonas estratégicas para el despliegue de grupos al margen de la ley y para el ejercicio del narcotráfico.

Virgen de la Candelaria
Virgen de la Candelaria
Y al mundo vamo' a cantar
Se llenen de condolencia y
Se construya la paz (x2)
Virgen de la Candelaria...
Como somos campesinos
No podemos avanzar
La pobreza y la zozobra
No nos deja trabajar
Para darle a nuestros hijos
La canasta familiar
Virgen de la Candelaria...
Aquellos que no sabían
Y votaron por el NO,
Dios bendiga su memoria
Que reflexionen mejor (x2)
Virgen de la Candelaria...
A santos y a Uribe Vélez
Que se sienten a replantear
Ese diálogo de paz
Se convierta en realidad (x2)
Virgen de la Candelaria...
Andamos de arriba abajo
Y de abajo para allá
Pa' ver si con nuestra lucha
Se puede lograr la paz
Virgen de la Candelaria...
A don Santos Calderón
Lo vamo' a felicitar
Por esa bonita paciencia
De trabajar por la paz (x2)

Virgen de la Candelaria…
Andamos de arriba abajo
Y de abajo para allá
Pa' ver si con nuestra lucha
Se puede lograr la paz
Virgen de la Candelaria…
A don Santos Calderón
Lo vamo' a felicitar
Por esa bonita paciencia
De trabajar por la paz (x2)
Virgen de la Candelaria…
Los señores de la ley que
Dentren a remediar
Que esa guerra silenciosa
También nos puede acabar (x2)
Virgen de la Candelaria…

Virgen de la Candelaria surgió en el 2016 cuando yo fui a Bogotá, cuando el Premio Nacional de Paz, yo compuse la canción después de escuchar en el noticiero lo del NO (el plebiscito), yo saqué esa estrofa que dice que "aquellos que no sufrieron y votaron por el No, Dios Bendiga su memoria para que reflexionen mejor" porque yo quería que todos fuéramos optimistas y botaran por el SÍ a la paz, y que fuera una paz verdadera y duradera. "Los señores de la ley que entren a remediar, que esa guerra silenciosa también los puede acabar," esa guerra silenciosa hace parte de que nosotros no estamos oyendo la bala, pero que uno corta un bananito, una ración de plátano y se va a venderlo a la ciudad de Quibdó y llega a usted a Quibdó y vendió las raciones de plátano y se metió los cinco mil al bolsillo de las raciones que pasó trabajo para vender en la calle queda por querer quitarle esos cinco mil pesos, para nosotros eso es una guerra silenciosa, es delincuencia, entonces esa también nos hace daño.[48]

Con su alabao y sus palabras Ana Oneida cuenta con impotencia lo que le generó que, la mayoría de los colombianos hubiesen votado por el No en el plebiscito a la pregunta: ¿Apoya usted el acuerdo final para terminar el conflicto y construir una paz estable y duradera? "en el acumulado nacional 49,78 porciento respondieron Sí y el 50,21 por ciento respondieron No. En Bojayá, el 95,78 por ciento de las y los votantes dijeron Sí, 4,21 por ciento dijeron No."[49] Ella tenía la esperanza de que con la firma del acuerdo de paz muchas cosas podrían mejorar y tener otras condiciones de vida. Sin embargo, esas promesas de paz se daban en un momento de justicia transicional donde sus elementos jurídicos se implementan en medio de la confrontación, de la continuidad de las desigualdades sociales y de la invisibilización de las memorias y las verdades de las víctimas. Lo que lleva a un desinterés, desconocimiento u olvido por parte de sectores sociales que no han sido víctimas directas del conflicto armado colombiano y que no tienen es sus memorias, las memorias de quienes sí han sido afectados. Por tanto, "esta situación dificulta los procesos memorialísticos y la garantía de los derechos de las víctimas, especialmente a la verdad y la no repetición."[50]

Oneida también rectifica en su alabao todas las luchas que, desde su oficio como alabadora, mujer negra y como parte de una colectividad víctima del conflicto armado ha desarrollado para la consecución de esa paz *verdadera y duradera* como ella lo señala. Cantar de un lado para otro es su apuesta y la del grupo de alabadoras para enunciar en los espacios políticos hegemónicos sus realidades, de recordar los acontecimientos violentos y sus muertos, y acceder a las instituciones estatales para exigir sus derechos a la memoria, verdad y justicia. Derechos que deben ser restablecidos en términos un enfoque diferencial, étnico-racial y de género. El primero debe atender a reparar los daños estructurales producto del abandono estatal de las personas y los territorios afrodescendiente, es decir, a tender a una reparación histórica del pueblo de acuerdo a los antecedentes históricos de la esclavización, que se reflejan en la falta de servicios públicos (agua, energía, comunicaciones), de vías de acceso, hospitales, colegios, universidades, en el poco acceso a la participación política y en el desconocimiento de sus formas de pensamiento y su autonomía. En cuanto al segundo enfoque, se trata de permitir el acceso de las mujeres a la justicia y a los espacios políticos, pues a ellas la violencia les afecta de manera distinta, distinción que no es tomada en cuenta al momento de reparar y que deslegitima sus verdades.

En Colombia, la Ley 1448 de 2011 establece que la justicia transicional, a través de mecanismo judiciales o extrajudiciales debe garantizar que los responsables de violaciones graves a los derechos humanos, rindan cuentas de sus acciones y se satisfagan los derechos de las víctimas a la justicia, la verdad y la reparación integral y la no repetición de los hechos victimizantes. Para el caso de la justicia y de acuerdo con Carlos Martín,[51] el cumplimiento de la justicia involucra la satisfacción moral de las víctimas, el restablecimiento de las relaciones sociales fundamentadas en el respeto a los derechos humanos, la sanción a los autores de los hechos victimizantes y la eliminación su poder. En términos de verdad, las víctimas y la sociedad deben tener información sobre los hechos. Por su parte, la reparación integral supone solucionar los daños causados y restituir a la víctima a su condición anterior a la vulneración de sus derechos. Por último, la garantía de no repetición comprende todas las medidas que se pueden adoptar, con el fin de prevenir futuros escenarios de violencia.

Acorde a lo anterior, la justicia, la verdad y la reparación integral y las garantías de no repetición para el caso de Bojayá, han sido precarias. En parte, porque se aplican cuando continúa la presencia de los diferentes grupos armados en el territorio, luego porque no se ha hecho el reconocimiento de responsabilidades por parte del estado, además, para las personas "(...) el crimen del 2 de mayo se inscribe en una historia que lo precede, y en un contexto que involucra a toda la región del Atrato. La verdad entonces, implica desentrañar las dinámicas de los actores armados en la región (...)."[52] La verdad también radica en la necesidad de identificar los cuerpos de las víctimas mortales de la explosión de la pipeta, pero también la identificación de quienes murieron en otras condiciones antes y después de la masacre y la ubicación de las y los desaparecidos. Por otro lado, la aplicación de justicia, verdad y reparación se cuestiona en el momento en las personas deben desplazarse 3 horas en panga (si se encuentran la cabecera municipal-Bellavista) por el río Atrato hasta Quibdó y después entre 8 y 12 horas en bus hacia a otras capitales como Medellín o Cali para acceder a un servicio adecuado de salud. Esa precariedad se evidencia también en los momentos en que las reuniones, los eventos religiosos, las conmemoraciones y en general la vida cotidiana, deben resolverse con la ayuda de plantas de energía o motobombas porque no cuentan con una central eléctrica ni un acueducto que abastezca a todas las comunidades del Medio Atrato. Y cuando los jóvenes de las comunidades deben navegar por diferentes ríos y llegar a la cabecera municipal, el único lugar donde pueden acceder al bachillerato, y la posterior migración a ciudades principales del país para poder acceder a estudios profesionales.

Además, la presencia más fuerte del estado se manifiesta por medio de los militares y policías, porque realmente no hay instituciones a las que la comunidad pueda acceder para verificar el estado de sus reparaciones ni para pronunciar situaciones de vulneración de derechos. Siguiendo a Buchely[53] en Bojayá no están manifiestas las "burocracias duras" del estado, es decir, las entidades que la autora reconoce como las que tienen competencias centrales en la asignación de presupuestos (presidencia, ministerios, departamentos administrativos). En el municipio las presencias estatales están mediadas por burocracias "blandas" que no tienen oficinas permanentes en el territorio y van a acompañar procesos relacionados con la construcción de memoria, elaboraciones de duelo y propuestas de perdón.

Durante la decimocuarta conmemoración del 2 de mayo, en 2016, el Comité de víctimas por los derechos de Bojayá estableció que después de 14 años, solo han sido reparadas de manera individual el 10 por ciento de las víctimas, sabiendo que, para ese momento, se esperaba que ya se hubiese reparado a un 70 por ciento. Expuso conjuntamente que 120 personas lesionadas en la masacre seguían sin ser atendidas en el servicio médico y que hasta la fecha se habían reportado 8 muertes de cáncer, las cuales la comunidad se las atribuye a las esquirlas y sustancias derivadas de la pipeta en los cuerpos de las y los sobrevivientes. De igual forma el Comité pronunció que: "un pueblo que no puede reconciliarse, no puede caminar a la paz porque no ha hecho su duelo," esto en vista de que pasados varios años aún no se ha hecho la identificación legal de sus muertos y no se les ha podido velar, alabar y enterrar conforme a su ritualidad. Además, que tampoco se les había reparado como sujetos colectivos ni se habían realizado ejercicios de reparación psicosocial óptimos a las personas, las cuales conviven con el miedo, tienen frecuentes pesadillas o insomnio.

En este sentido, la implementación de reparación por parte del estado, recae fundamentalmente en el ingrediente indemnizatorio o económico, a través del cual, "se materializa la responsabilidad del Estado y posee un fuerte componente simbólico y práctico para las víctimas y familiares."[54] Entonces, para el caso de Bojayá, se ha tratado de compensar con una suma monetaria el daño físico y mental, los daños materiales y las muertes. Esto, se traduce en la reubicación de Bellavista a un kilómetro del pueblo viejo, en el que las deficiencias de infraestructura siguen siendo notorias: no hay servicios básicos, hospitales ni centros educativos, culturales y recreativos. La totalidad de las muertes no han sido *pagadas* a sus familiares y a quienes ya se les *pagaron*, han invertido el dinero en remediar lo que el estado desatiende, pues algunas personas han mejorado sus casas, comprado plantas eléctricas o se han *comido* el dinero ante la falta de empleo. Las indemnizaciones no solucionan el dolor, el sufrimiento, la falta de oportunidades, las fracturas en el tejido social y cultural, ni el daño a la dignidad, a las formas de *vivir sabroso* en el territorio.

Vivir sabroso "no es una meta ni una finalidad, sino un proceso, un hacer, un existir día a día. Vivir sabroso es algo que se realiza, pero que se agota, y por tanto no deja de buscarse. En ese proceso están implicados varios agentes: los santos, los muertos, las plantas, los parientes, el monte y el río."[55] Esta idea de vivir sabroso supone el desarrollo de prácticas que posibilitan el equilibrio de la vida cotidiana de los bojayaseños con su territorio, implica la autonomía, el andar libre y el ejercicio de la ritualidad y el pensamiento.

> *Para nosotros en el buen vivir el trabajo es el elemento substancial, si no hay trabajo no se puede hablar de buen vivir, pero estamos hablando de un trabajo libre y digno, no el trabajo sometido. La historia del territorio siempre ha girado en torno a la tenencia y el uso del territorio, porque es en el territorio donde están los elementos que le permiten hacer todo lo demás. Sin el territorio usted no hace nada. Otro elemento del buen vivir es el respeto. Cuando nosotros hablamos de muerte, de desplazamiento y de inequidad, es porque están expresando el mayor irrespeto posible hacia nosotros, porque cuando yo respeto al otro, no puedo matarlo. Es imposible ganarme treinta millones de pesos yo y que usted se gane cien mil pesos, eso es inequidad. En el buen vivir la solidaridad es fundamental, la alegría, la dignidad, el estudio útil, es decir la etnoeducación, acá es importante que nos pensemos cómo implementamos en las*

tres instituciones educativas de Bojayá la etnoeducación como posibilidad de educar a los muchachos para una vida útil. Lo cierto es que, en ese marco, todos teníamos nuestras fincas y nos íbamos a trabajar por el río Bojayá, todos éramos familia, a toda persona mayor que uno, se le decía tío o tía y cualquier persona mayor podía regañar a un muchacho y los papás no salían a hacer reclamos. Había préstamos indefinidos, a mí me sorprende que tengamos que comprar plátano, porque cuando era muchacho, con seguridad nos íbamos donde cualquiera para que nos prestaran unos plátanos y cuando el que prestaba necesitaba iba de nuevo por su ración de plátano. Estaban los cuentos y ahora con la televisión esos cuentos ya no existen, las historias que nos contaban los viejos no existen, los juegos callejeros no existen, ya no existen ni los baños en el aguacero. Si vamos a hablar de buen vivir, es necesario hablar de la dignidad cultural, eso implica conectar nuestra historia y revisar la historia que les estamos enseñando a nuestros niños. Porque me parce importante contar la verdadera historia de Colombia.[56]

Conforme a la noción de vivir sabroso propuesta por Quiceno[57] y el líder comunitario de Bellavista, el estado colombiano debe garantizar los elementos que posibilitan vivir dignamente, debe establecer acciones para que los territorios dejen de ser lugares de muerte y para que la gente continúe con sus proyectos de vida. El estado debe conectar los procesos de reparación con las formas ancestrales de comprender e interpretar el mundo y con derechos que históricamente han sido negados a los pueblos afrodescendientes y que repercuten en la actualidad. Esto significa que las reparaciones estatales a pueblos afrodescendientes deben tener en cuenta lo que Agustín Lao-Montes señala como elementos claves enmarcados en una agenda política afrolatinoamericana:[58]

1. Instaurar una relación fundamental entre la equidad racial y la democracia sustantiva. Esta última implica la identificación de desigualdades sociales y sus raíces. Así será posible la elaboración de políticas públicas a favor de la equidad a partir de un orden político fundamentado en la libertad y la ciudadanía sustantiva, y el empoderamiento de los sujetos y sectores subalternos y excluidos.
2. Asumir la cultura como recurso para el desarrollo económico, al igual que como escenario de cambio para la redefinición del espacio nacional y para la democratización de la ciudadanía misma y de todas las instituciones.
3. Fortalecer la educación propia de las comunidades, sostenida por un vibrante movimiento social de etnoeducadores Afrodescendientes con sus aliados. Implica también la realización de esfuerzos para transformar el sistema educativo, así como para concebir e implementar reformas educativas que combatan el racismo a la vez que transformen los currículos y las

pedagogías, reconociendo los valores y contribuciones pasadas y presentes de África y su diáspora.
4. Reconocer los paradigmas de desarrollo. En las comunidades Afrodescendientes hay cosmovisiones y prácticas de vida que tienden a combinar producción de la vida material con elementos culturales. Éstas han sido conceptualizadas como paradigmas explícitos de etnodesarrollo autosostenible, ecológicamente armónico, y fundamentado en formas propias de convivencia, redistribución y autogobierno.
5. Combinar políticas universales de justicia y bienestar social, como el derecho a un salario justo y a la educación pública, con políticas étnico-raciales como las afroreparaciones y las acciones afirmativas.
6. Establecer una estrategia multifacética de empoderamiento colectivo, donde por un lado se promueva la organización y autonomía de los movimientos negros y las comunidades Afrodescendientes, y por otro lado se incrementen las influencias y las formas de representación en los Estados.

Atendiendo a estos elementos, la justicia reparativa a comunidades afrodescendientes está sustentada en una política de reconocer los daños del pasado y del presente, y propone resarcirlos a través del reconocimiento del racismo, de la validación de los conocimientos tradicionales o ancestrales, del desarrollo económico y cultural, y de los derechos ciudadanos. La aplicación plena de justicia reparativa a las comunidades afrodescendientes contribuye a la consolidación de sus proyectos y formas de vida.

Suficiencias íntimas

> "*Cuando me muera me rindo. Mientras tanto, yo los acompaño a seguir luchando.*"[59]

Ser alabadora requiere de un entendimiento específico sobre la vida y la muerte, de un don para acompañar y ayudar a sanar el dolor propio y de quienes han perdido a los seres queridos; de un repertorio de cantos, que sólo son transmitidos por generaciones, y de la facultad de interpretar las situaciones de la vida cotidiana, de escuchar, de ver e imitar. Además, requiere de la unión y la fuerza de las alabadoras, que juntas en un solo canto, en una sola voz, ayudan a trascender.

"Hacerse alabadora es un proceso que vincula a las mujeres. El alabao, en tanto canto colectivo, exige el encuentro, la relación entre mujeres de diversas generaciones y, en muchos casos, de diferentes procedencias. Pero implica fundamentalmente confianza y reconocimiento de la potencia personal."[60] En este sentido, ser alabadora implica construir conocimiento sobre el mundo y sus relaciones, poseer conocimiento de lo propio, de la capacidad de cada una para crear y para transformar. De desplegar en el alabao y en sus letras sus *suficiencias íntimas*: "cúmulos de experiencias y valores siempre emancipatorios; reservorio de construcciones mentales operativas, producto de las relaciones sociales establecidas por un grupo a través de su historia, que se concretan en elaboraciones y formas de gestión efectivas, verbalizadas condensadamente en ocasiones, siendo orientaciones de su sociabilidad y su vida."[61]

De acuerdo a la dimensión de suficiencias íntimas de Santiago Arboleda,[62] las mujeres alabadoras de Pogue, son portadoras de una tradición oral y ritual que las empodera para contar los dolores, memorias, carencias y olvidos sufridos por su comunidad históricamente y en el marco del conflicto armado colombiano. Esos dispositivos culturales y ancestrales de los cuales son poseedoras las alabadoras se acomodan de acuerdo al contexto político y social en el que se encuentran. O sea, son respuestas mentales a las dificultades de la vida cotidiana. De este modo, los alabaos son dispositivos de suficiencias íntimas con los cuales las alabadoras de Pogue visibilizan la realidad, acceden a espacios políticos negados por su condición de ser mujeres, negras y empobrecidas, y crean resistencia.

Tenemos que, la historia ha estado carente de los relatos de las mujeres, sobre todo, de los relatos de las mujeres negras. Esto es porque la misma historia se ha encargado de callarlos, de invisibilizarlos, de prescindir de ellos. Así, "el silenciamiento de las contribuciones de estas mujeres ha permitido la consolidación de poderes que pueden ser observables en la escritura de una historia que no posibilita la comprensión de la intersección de la raza, etnicidad, clase y género en los procesos de resistencia a la esclavitud en Colombia,"[63] ni en los procesos de resistencia a problemáticas actuales como el conflicto armado. Esto conduce a que, el pensamiento político de las mujeres se ha clandestinizado y relegado al espacio privado.

En eso privado, en el espacio doméstico dice Camacho, es donde "predomina la tradición oral y se forja la memoria a través de la repetición de las tareas cotidianas. De ahí que la escritura esté plasmada en el cuerpo, en el movimiento, en la familia, en la memoria, en la gestualidad, en los cantos, en los ritos y en los juegos."[64] Lo que significa que, es en los espacios cotidianos donde las mujeres negras construyen su pensamiento político a través del uso y el despliegue de conocimientos ancestrales que ayudan a su consolidación.

Seguidamente, el campo de lo ritual donde se ejecutan tradicionalmente los alabaos (el velorio y la última noche), se constituye como un espacio de cuidado, en el cual se procura que el muerto descanse y llegue a su camino; se cura el dolor de los presentes causado por los ausentes y se acompaña. Aquí, se perpetúa la imagen de la mujer negra como cuidadora. No obstante, esa imagen también comprende una dimensión política, con la que se resiste. Según bell hooks,[65] las mujeres afroamericanas resistieron, a través de la construcción de hogares donde todas las personas negras pudieran esforzarse por ser sujetos, no objetos; donde pudieran afirmarse en sus mentes y corazones a pesar de la pobreza, las dificultades y las privaciones, y donde lograran restaurar la dignidad que se les negó en el exterior, en el mundo público. A este espacio de resistencias desde la intimidad del hogar, la autora lo denomina *homeplace/hogar*. Desde allí, las mujeres alabadoras crean los discursos que demandan dignidad para la gente y el territorio del Chocó. Ellas se apropiaron de los discursos hegemónicos que enmarcan los conceptos de memoria, reparación, restitución y justicia con el objetivo de resignificarlos, de instaurar una la percepción propia de lo que significa ser reparar y aplicar justicia en territorios olvidados como el departamento del Chocó.

> *Antes utilizábamos el alabao para despedir a nuestros familiares a nuestros amigos cuando se morían, porque siempre ha sido costumbre tradicional de los ancestros, esa cultura la cogimos y la hemos realizado de generación en generación, pero ahora de acuerdo al abandono estatal, del estado con las comunidades, y de todos los atropellos violentos que hemos vivido en la comunidad, decidimos asentarnos mujeres víctimas de la violencia, sentarnos a componer letras para denunciar, para contarle al mundo el atropello que hemos tenido violentamente en nuestra comunidad.*[66]

Como cuenta Ereisa, los alabaos compuestos por las alabadoras de Pogue han servido para contar a la sociedad los atropellos que se han cometido y se siguen cometiendo contra ellas y sus comunidades. De este modo, esas resistencias construidas por las alabadoras trascienden las paredes que configuran el *homeplace/hogar* y, son llevadas a la escena pública, a lugares que nunca imaginaron estar. Para ellas el velorio dejó de ser el único lugar para alabar, pues también lo han hecho en el Museo Nacional en Bogotá, en Cartagena, en el marco de la firma del acuerdo de paz entre el estado y las FARC, en la Universidad Icesi en Cali durante el lanzamiento de su trabajo documental y discográfico Voces de Resistencia Volumen I (2017), en Villavicencio para el encuentro con el papa Francisco y en otros escenarios nacionales e internacionales.

En últimas, las suficiencias intimas desatan la potencia de las formas de pensar, hacer, nombrar en la vía de esculpir, labrar, y finalmente abrir caminos diferentes a la institucionalidad oficial; lo cual es válido para repensar el accionar de lideresas y líderes políticos afrodescendientes.[67] Por medio de sus suficiencias íntimas las alabadoras de Pogue presentan su postura como mujeres negras víctimas del conflicto armado y la exclusión estructural, y proponen elementos que posibilitan dignificar su humanidad. Actividades que desarrollan en medio de la confrontación de grupos armados ilegales y contextos de pobreza, desigualdad y destierro.

Apreciaciones finales

Las prácticas y dispositivos socio-culturales de las poblaciones afrocolombianas han sido exotizadas y folclorizadas, no se les ha percibido como un arte que da cuenta de procesos de resistencia, memoria, reivindicación y reafirmación de la existencia, la cual tiene un vínculo con sus ancestros y con unas *huellas de africanía*: "memorias, sentimientos, aromas, formas estéticas, texturas, colores, armonías y otros elementos icónicos, materia prima de la génesis de nuevos sistemas culturales afroamericanos."[68] Tampoco se les ha caracterizado como acciones que permitan la construcción de pensamiento político, pues este se encuentra estrictamente vinculado con lo académico e institucional. Sin embargo, mediante el canto, la poesía, la danza, las décimas y demás, los pueblos afrodescendientes encuentran también formas de contar la historia desde su propia perspectiva.

Siguiendo a Walker[69] los conocimientos y las prácticas socioculturales de los africanos y sus descendientes, fueron considerados por occidente como no-conocimiento. Sin embargo, ese supuesto no-conocimiento es el que proporciona la convivencia integral de las personas y la naturaleza. Además, esa subvaloración encuentra en el camino, formas de visibilización de los discursos y de las resistencias que promueve. Por tanto, mujeres como las alabadoras de Pogue-Bojayá, Chocó, constituyen el contra ejemplo al "no-conocimiento." Son ellas las matronas y poseedoras de los saberes ancestrales quienes han podido adaptar y reconfigurar los alabaos para solicitar al estado mecanismos de reparación y justicia que les posibilite una vida digna y sabrosa en sus territorios, a pesar de que estos se han convertido en espacios de terror y de muerte.

Este estudio de caso sobre las alabadoras de Pogue, resulta importante para los estudios de sociología política en el sentido que apoya los conocimientos políticos subalternizados y los integra en los análisis académicos sobre el conflicto, la reparación a víctimas racializadas, la memoria y las nociones de justicia. Elementos que siempre han sido pensados desde la perspectiva institucional y desde la comodidad de escritorios en las capitales.

Notas

1. Laura Rivera Revelo y Stefan Peters, "Desigualdades sociales, justicia transicional y posconflicto en Colombia," en *Violencia y desigualdad*, coord. Svenja Blanke y Sabine Kurtenbach (Buenos Aires, Argentina: ADLAF Congreso, 2016), 82.
2. Santiago Arboleda, "Le han florecido estrellas al cielo. Suficiencias íntimas y clandestinización del pensamiento afrocolombiano" (Tesis Doctoral, Universidad Andina Simón Bolívar, 2011), 11.

3. Centro Nacional de Memoria Histórica, *Bojayá. La guerra sin límites. Informe del Centro Nacional de Memoria Histórica nacional de violencia sexual en el conflicto armado* (Bogotá: CNRR – Grupo de Memoria Histórica, Ediciones Semana, 2010), 27, http://www.centrodememoriahistorica.gov.co/informes/publicaciones-por-ano/2010/bojaya-la-guerra-sin-limites-2.
4. Aurora Vergara-Figueroa, "Ripped from the Land, Shipped Away and Reborn: Unthinking the Conceptual and Socio-Geo-Historical Dimensions of the Massacre of Bellavista" (Tesis de Maestría, University of Massachusetts Amherst, 2011).
5. Martha Nubia Bello Albarracín, Elena Martín Cardinal, Constanza Millán Echeverría, Belky Pulido Hernández y Raquel Rojas Isaza, *Bojayá, memoria y río: violencia política, daño y reparación* (Bogotá: Universidad Nacional de Colombia. Facultad de Ciencias Humanas, 2005).
6. Natalia Quiceno Toro, María Ochoa Sierra y Adriana Marcela Villamizar, "La política del canto y el poder de las alabaoras de Pogue (Bojayá, Chocó)," *Estudios Políticos*, no. 51 (2017), 175–195, DOI: 10.17533/udea.espo.n51a09.
7. Andrea Marcela Pinilla Bahamón, "Alabaos y conflicto armado en el Chocó: noticias de supervivencia y reinvención," *Encuentros* 15, no. 3 (2017): 152–169, DOI: 10.15665/re.v15i3.1096.
8. Lina Buchely, "Estado empático y ciudadanía precaria: reflexiones en torno al caso emblemático de Bellavista (Bojayá – Colombia)," *Revista da Faculdade de Direito UFPR, Curitiba, PR, Brasil* 62, no. 1 (2017): 211–230, http://dx.doi.org/10.5380/rfdufpr.v62i1.50742.
9. Agustín Lao-Montes, "Sin Justicia étnico-racial no hay paz: las afro-reparaciones en perspectiva histórico-mundial," en *Afro-reparaciones: memorias de la esclavitud y justicia reparativa para negros, afrocolombianos y raizales*, eds. Claudia Mosquera Rosero-Labbé y Luiz Claudio Barcelos (Bogotá: Universidad Nacional de Colombia. Facultad de Ciencias Humanas. Centro de Estudios Sociales (CES), 2007).
10. Claudia Mosquera Rosero-Labbé, "Reparaciones para negros, afrocolombianos y raizales como rescatados de la Trata Negrera Transatlántica y desterrados de la guerra en Colombia," en *Afro-reparaciones: memorias de la esclavitud y justicia reparativa para negros, afrocolombianos y raizales*, eds. Claudia Mosquera Rosero-Labbé y Luiz Claudio Barcelos (Bogotá: Universidad Nacional de Colombia. Facultad de Ciencias Humanas. Centro de Estudios Sociales (CES), 2007); Libia Grueso Castelblanco, "La población afrodescendiente y su referencia como sujeto de Ley en el desarrollo normativo de Colombia. Punto de partida para definir niveles de Reconocimiento y Reparación," en *Afro-reparaciones: memorias de la esclavitud y justicia reparativa para negros, afrocolombianos y raizales*, eds. Claudia Mosquera Rosero-Labbé y Luiz Claudio Barcelos (Bogotá: Universidad Nacional de Colombia. Facultad de Ciencias Humanas. Centro de Estudios Sociales (CES), 2007); Agustín Lao-Montes, "Empoderamiento, descolonización y democracia sustantiva. Afinando principios ético-políticos para las diásporas Afroamericanas," *Revista CS*, no. 12 (2013): 53–84, https://doi.org/10.18046/recs.i12.1677.
11. Sheila S. Walker, *Conocimiento desde adentro: los afrosudamericanos hablan de sus pueblos y sus historias* (Cauca, Popayán: Universidad del Cauca, 2012).
12. M'bare N'gom, "Representaciones de la otredad: experiencia femenina e identidad en ¡Negras somos!," *Cuadernos de Literatura* 19, no. 38 (2015): 119–136, DOI: 10.11144/Javeriana.cl19-38.roef.

13. Nina S. de Friedemahn y Mónica Espinosa Arango, "Las mujeres negras en la historia de Colombia," en *Las mujeres en la historia de Colombia*, Tomo II, Mujer y Sociedad (Bogotá: Editorial Norma, 1995).
14. bell hooks, *Yearning: Race, Gender, and Cultural Politics* (Boston, MA: South End Press, 1991).
15. "Plan especial de salvaguardia de la manifestación gualíes, alabaos y levantamientos de tumba, ritos mortuorios de las comunidades Afro del municipio del Medio San Juan," *Ministerio de Cultura, Fundación Cultural de Andagoya (FCA)*, 2014, 34, http://patrimonio.mincultura.gov.co/SiteAssets/Paginas/Gual%C3%ADes,-alabaos-y-levantamientos-de-tumba,-ritos-mortuorios-de-las-comunidades-afro-del-Medio-San-Juan/17-Gual%C3%ADes,%20alabaos%20y%20levantamientos%20de%20tumba,%20ritos%20mortuorios%20de%20las%20comunidades%20afro%20del%20Medio%20San%20Juan%20-%20PES.pdf.
16. FCA, "Plan especial de salvaguardia."
17. Testimonio de Rufina Chaverra García, 2017.
18. Testimonio de Ereiza Palomeque, 2016.
19. Pinilla, "Alabaos y conflicto armado en el Chocó."
20. Anne-Marie Losonczy, *La trama interétnica: Ritual, sociedad y figuras de intercambio entre los grupos negros y Emberá del Chocó* (Bogotá: Instituto Colombiano de Antropología e Historia, 2006), 227.
21. Testimonio de Cira Pino, 2017.
22. Natalia Quiceno Toro, *Vivir sabroso: luchas y movimientos afroatrateños, en Bojayá Chocó, Colombi*a (Bogotá: Universidad del Rosario, 2016), 166.
23. Jaime Arocha Rodriguez, Alejandro Camargo, Cristina Lleras, Doris De La Hoz, Juliana Botero, Martha Luz Machado Caicedo, Lina del Mar Moreno Tovar, Patricia Enciso, Sofía González, Andrés Meza Ramírez, Mario Diego Romero, Zamira Diaz López, Alfonso Cassiani Herrera, Dilia Robinson y Oscar Almario, *Velorios y Santos Vivos. Comunidades Negras, Afrocolombianas, Raizales y Palenqueras* (Colombia: Museo Nacional de Colombia, 2008).
24. Quiceno et al., "La política del canto y el poder," 182.
25. Testimonio de Elizabeth Velásquez, 2016.
26. Losonczy, *La trama interétnica*, 241.
27. Ulrich Oslender, "Geografías de terror y desplazamiento forzado en el Pacífico colombiano: conceptualizando el problema y buscando respuestas," en *Conflicto e invisibilidad: retos en los estudios de la gente negra en Colombia*, eds. Eduardo Restrepo y Axel Rojas (Cauca, Popayán: Editorial de la Universidad del Cauca, 2004), 37.
28. Testimonio de María, lideresa de Bellavista, 2017.
29. CNMH, *Bojayá. La guerra sin límites*, 17.
30. Testimonio de María, lideresa de Bellavista, 2017.
31. Testimonio de María, lideresa de Bellavista, 2017.
32. Testimonio de Victoria, 2016.
33. Losonczy, *La trama interétnica*, 209.
34. Testimonio de Rosa Mosquera, 2016.
35. Paco Gómez Nadal, *Los muertos no hablan. Edición Bojayá, una década (2002–2012)* (Colombia: Diócesis de Quibdó, Fundación Universitaria Claretiana (FUCLA), Human Rights Everywhere (HREV), Otramérica, 2012), 53, https://www.traficantes.net/sites/default/files/pdfs/los-muertos-no-hablan.pdf.

36. Testimonio de Eugenia Palacios, 2017.
37. Testimonio de Virginia Palacios, Agosto de 2017.
38. Oslender, "Geografías de terror."
39. Testimonio de María Eugenia Velásquez, 2017.
40. Natalia Quiceno Toro, "Religiosidad y política: Bojayá una década después. Viñetas etnográficas de una conmemoración," *Revista Estudios del Pacífico Colombiano*, no. 1 (2013): 83–96, http://bibliotecadigital.udea.edu.co/dspace/bitstream/10495/7851/1/QuicenoNatalia_2013_ReligiosidadPoliticaBojaya.pdf.
41. Testimonio de Luz Marina Cañola, 2017.
42. María Lucrecia Rovaletti, *Cátedra II de 'Psicología, Ética y Derechas Humanas* (Buenos Aires: Universidad de Buenos Aires, Consejo Nacional de Investigaciones Científicas y Técnicas (CONICET), 2013), 414.
43. Sergio Antonio Mosquera, *Visiones de la espiritualidad afrocolombiana* (Colombia: Fundación El Libro Total, 2000), http://www.centroafrobogota.com/attachments/article/6/Visiones%20de%20la%20espiritualidad%20afrocolombiana,%20Sergio%20A%20Mosquera.pdf.
44. CNMH, *Bojayá. La guerra sin límites*, 44.
45. Testimonio de Ereisa Palomeque, 2017.
46. Mosquera, "Reparaciones para negros."
47. Mosquera, "Reparaciones para negros."
48. Testimonio de Ana Oneida Orejuela Barco, 2017.
49. Ana Aurora Vergara-Figueroa, ¿Cómo puede Bojayá perdonar? *La Silla Vacía*, 5 de octubre de 2016, https://lasillavacia.com/silla-llena/red-de-la-paz/historia/como-puede-bojaya-perdonar-58207.
50. Rivera y Peters, "Desigualdades sociales."
51. Carlos Martín Beristain, *Diálogos sobre la reparación. Qué reparar en los casos de violaciones de derechos humanos* (Ecuador y San José de Costa Rica: Ministerio de Justicia y Derechos Humanos y el Instituto Interamericano de Derechos Humanos, 2010), https://www.jep.gov.co/Sala-de-Prensa/Documents/Dialogos%20sobre%20reparaci%C3%B3n%20SIDH%20II.pdf.
52. CNMH, *Bojayá. La guerra sin límites*, 234.
53. Buchely, "Estado empático."
54. Martín, *Diálogos sobre la reparación*, 248.
55. Quiceno, *Vivir sabroso.*
56. Testimonio de un líder comunitario de Bellavista, en conmemoración del decimoquinto aniversario del 2 de mayo, 2017.
57. Quiceno, *Vivir sabroso.*
58. Lao-Montes, "Empoderamiento."
59. Testimonio de Doña Oliva, corregimiento de Piedra Candela-Bojayá, 2017.
60. Quiceno et al., "La política del canto," 181.
61. Arboleda, "Le han florecido estrellas al cielo," 11.
62. Arboleda, "Le han florecido estrellas al cielo."
63. Aurora Vergara Figueroa et al., "Retando la esclavitud: los casos de Catalina, Marta Ramírez, María Gertrudis de León, Andrea y Lucía Viana," *Revista de Historia Comparada* 8, no. 1 (2014): 276, https://revistas.ufrj.br/index.php/RevistaHistoriaComparada/article/view/1271/1191.

64. Juana Camacho, "Silencios elocuentes, voces emergentes: reseña bibliográfica de los estudios sobre la mujer afrocolombiana," en *Panorámica afrocolombiana. Estudios sociales en el Pacífico*, eds. Mauricio Rojas Pardo, Claudia Mosquera y María Clemencia Ramírez (Bogotá: Instituto Colombiano de Antropología e Historia-ICANH y Universidad Nacional de Colombia, 2004), 171.
65. hooks, *Yearning*.
66. Testimonio de Ereisa Palomeque Palacios, 2017.
67. Arboleda, "Le han florecido estrellas al cielo."
68. De Friedemann y Espinosa, "Las mujeres negras," 36.
69. Walker, *Conocimiento desde adentro.*

Referencias

Arboleda, Santiago. "Le han florecido estrellas al cielo. Suficiencias íntimas y clandestinización del pensamiento afrocolombiano." Tesis Doctoral, Universidad Andina Simón Bolívar, 2011.

Arocha Rodríguez, Jaime, Alejandro Camargo, Cristina Lleras, Doris De La Hoz, Juliana Botero, Martha Luz Machado Caicedo, Lina del Mar Moreno Tovar, Patricia Enciso, Sofía González, Andrés Meza Ramírez, Mario Diego Romero, Zamira Diaz López, Alfonso Cassiani Herrera, Dilia Robinson y Oscar Almario. *Velorios y Santos Vivos. Comunidades Negras, Afrocolombianas, Raizales y Palenqueras.* Colombia: Museo Nacional de Colombia, 2008.

Bello Albarracín, Martha Nubia, Elena Martín Cardinal, Constanza Millán Echeverría, Belky Pulido Hernández y Raquel Rojas Isaza. *Bojayá, memoria y río: violencia política, daño y reparación.* Bogotá: Universidad Nacional de Colombia. Facultad de Ciencias Humanas, 2005.

Buchely, Lina. "Estado empático y ciudadanía precaria: reflexiones en torno al caso emblemático de Bellavista (Bojayá – Colombia)." *Revista da Faculdade de Direito UFPR, Curitiba, PR, Brasil* 62, no. 1 (2017): 211–230, http://dx.doi.org/10.5380/rfdufpr.v62i1.50742.

Camacho, Juana. "Silencios elocuentes, voces emergentes: reseña bibliográfica de los estudios sobre la mujer afrocolombiana," en *Panorámica afrocolombiana. Estudios sociales en el Pacífico*, editado por Mauricio Rojas Pardo, Claudia Mosquera y María Clemencia Ramírez. Bogotá: Instituto Colombiano de Antropología e Historia-ICANH y Universidad Nacional de Colombia, 2004.

Centro Nacional de Memoria Histórica. *Bojayá. La guerra sin límites. Informe del Centro Nacional de Memoria Histórica nacional de violencia sexual en el conflicto armado.* Bogotá: CNRR – Grupo de Memoria Histórica, Ediciones Semana, 2010. http://www.centrodememoriahistorica.gov.co/informes/publicaciones-por-ano/2010/bojaya-la-guerra-sin-limites-2.

De Friedemahn, Nina S., y Mónica Espinosa Arango. "Las mujeres negras en la historia de Colombia," en *Las mujeres en la historia de Colombia*, Tomo II, Mujer y Sociedad. Bogotá: Editorial Norma, 1995.

Gómez Nadal, Paco. *Los muertos no hablan. Edición Bojayá, una década (2002–2012)*. Colombia: Diócesis de Quibdó, Fundación Universitaria Claretiana (FUCLA), Human Rights Everywhere (HREV), Otramérica, 2012, https://www.traficantes.net/sites/default/files/pdfs/los-muertos-no-hablan.pdf.

Grueso Castelblanco, Libia. "La población afrodescendiente y su referencia como sujeto de Ley en el desarrollo normativo de Colombia. Punto de partida para definir niveles de Reconocimiento y Reparación," en *Afro-reparaciones: memorias de la esclavitud y justicia reparativa para negros, afrocolombianos y raizales*, editado por Claudia Mosquera Rosero-Labbé y Luiz Claudio Barcelos. Bogotá: Universidad Nacional de Colombia. Facultad de Ciencias Humanas. Centro de Estudios Sociales (CES), 2007.

hooks, bell. *Yearning: Race, Gender, and Cultural Politics*. Boston, MA: South End Press, 1991.

Lao-Montes, Agustín. "Empoderamiento, descolonización y democracia sustantiva. Afinando principios ético-políticos para las diásporas Afroamericanas." *Revista CS*, no. 12 (2013): 53–84, https://doi.org/10.18046/recs.i12.1677.

Lao-Montes, Agustín. "Sin Justicia étnico-racial no hay paz: las afro-reparaciones en perspectiva histórico-mundial," en *Afro-reparaciones: memorias de la esclavitud y justicia reparativa para negros, afrocolombianos y raizales*, editado por Claudia Mosquera Rosero-Labbé y Luiz Claudio Barcelos. Bogotá: Universidad Nacional de Colombia. Facultad de Ciencias Humanas. Centro de Estudios Sociales (CES), 2007.

Losonczy, Anne-Marie. *La trama interétnica: Ritual, sociedad y figuras de intercambio entre los grupos negros y Emberá del Chocó*. Bogotá: Instituto Colombiano de Antropología e Historia, 2006.

Martín Beristain, Carlos. *Diálogos sobre la reparación. Qué reparar en los casos de violaciones de derechos humanos*. Ecuador y San José de Costa Rica: Ministerio de Justicia y Derechos Humanos y el Instituto Interamericano de Derechos Humanos, 2010. https://www.jep.gov.co/Sala-de-Prensa/Documents/Dialogos%20sobre%20reparaci%C3%B3n%20SIDH%20II.pdf.

Ministerio de Cultura, Fundación Cultural de Andagoya (FCA). "Plan especial de salvaguardia de la manifestación gualíes, alabaos y levantamientos de tumba, ritos mortuorios de las comunidades Afro del municipio del Medio San Juan." 2014. http://patrimonio.mincultura.gov.co/SiteAssets/Paginas/Gual%C3%ADes,-alabaos-y-levantamientos-de-tumba,-ritos-mortuorios-de-las-comunidades-afro-del-Medio-San-Juan/17-Gual%C3%ADes,%20alabaos%20y%20levantamientos%20de%20tumba,%20ritos%20mortuorios%20de%20las%20comunidades%20afro%20del%20Medio%20San%20Juan%20-%20PES.pdf.

Mosquera Rosero-Labbé, Claudia. "Reparaciones para negros, afrocolombianos y raizales como rescatados de la Trata Negrera Transatlántica y desterrados de la guerra en Colombia," en *Afro-reparaciones: memorias de la esclavitud y justicia reparativa para negros, afrocolombianos y raizales*, editado por Claudia Mosquera Rosero-Labbé y Luiz Claudio Barcelos. Bogotá: Universidad Nacional de Colombia. Facultad de Ciencias Humanas. Centro de Estudios Sociales (CES), 2007.

Mosquera, Sergio Antonio. *Visiones de la espiritualidad afrocolombiana.* Colombia: Fundación El Libro Total, 2000. http://www.centroafrobogota.com/attachments/article/6/Visiones%20de%20la%20espiritualidad%20afrocolombiana,%20Sergio%20A%20Mosquera.pdf.

N'gom, M'bare. "Representaciones de la otredad: experiencia femenina e identidad en ¡Negras somos!" *Cuadernos de Literatura* 19, no. 38 (2015): 119–136. DOI: 10.11144/Javeriana.cl19-38.roef.

Oslender, Ulrich. "Geografías de terror y desplazamiento forzado en el Pacífico colombiano: conceptualizando el problema y buscando respuestas," en *Conflicto e invisibilidad: retos en los estudios de la gente negra en Colombia*, editado por Eduardo Restrepo y Axel Rojas. Cauca, Popayán: Editorial de la Universidad del Cauca, 2004.

Pinilla Bahamón, Andrea Marcela. "Alabaos y conflicto armado en el Chocó: noticias de supervivencia y reinvención." *Encuentros* 15, no. 3 (2017): 152–169. DOI:10.15665/re.v15i3.1096.

Quiceno Toro, Natalia. "Religiosidad y política: Bojayá una década después. Viñetas etnográficas de una conmemoración." *Revista Estudios del Pacífico Colombiano*, no. 1 (2013): 83–96. http://bibliotecadigital.udea.edu.co/dspace/bitstream/10495/7851/1/QuicenoNatalia_2013_ReligiosidadPoliticaBojaya.pdf.

Quiceno Toro, Natalia. *Vivir sabroso: luchas y movimientos afroatrateños, en Bojayá Chocó, Colombi*a. Bogotá: Universidad del Rosario, 2016.

Quiceno Toro, Natalia, María Ochoa Sierra y Adriana Marcela Villamizar. "La política del canto y el poder de las alabaoras de Pogue (Bojayá, Chocó)." *Estudios Políticos*, no. 51 (2017): 175–195. DOI: 10.17533/udea.espo.n51a09.

Rivera Revelo, Laura, y Stefan Peters. "Desigualdades sociales, justicia transicional y posconflicto en Colombia," en *Violencia y desigualdad*, coordinado por Svenja Blanke y Sabine Kurtenbach. Buenos Aires, Argentina: ADLAF Congreso, 2016.

Rovaletti, María Lucrecia. *Cátedra II de Psicología, Ética y Derechas Humanas.* Buenos Aires: Universidad de Buenos Aires, Consejo Nacional de Investigaciones Científicas y Técnicas (CONICET), 2013.

Vergara-Figueroa, Ana Aurora. ¿Cómo puede Bojayá perdonar? *La Silla Vacía*, 5 de octubre de 2016. https://lasillavacia.com/silla-llena/red-de-la-paz/historia/como-puede-bojaya-perdonar-58207.

Vergara-Figueroa, Ana Aurora. "Ripped from the Land, Shipped Away and Reborn: Unthinking the Conceptual and Socio-Geo-Historical Dimensions of the Massacre of Bellavista." Tesis de Maestría, University of Massachusetts Amherst, 2011.

Vergara-Figueroa, Ana Aurora, Edna González Barona, Lina Marcela Mosquera Lemus y Katherine Arboleda Hurtado. "Retando la esclavitud: los casos de Catalina, Marta Ramírez, María Gertrudis de León, Andrea y Lucía Viana." *Revista de Historia Comparada* 8, no. 1 (2014): 275–292. https://revistas.ufrj.br/index.php/RevistaHistoriaComparada/article/view/1271/1191.

Walker, Sheila S. *Conocimiento desde adentro: los afrosudamericanos hablan de sus pueblos y sus historias.* Cauca, Popayán: Universidad del Cauca, 2012.

9. *Crítica feminista al análisis de contextos y patrones de macrocriminalidad: consideraciones distributivas frente al esclarecimiento de la verdad judicial en la justicia transicional colombiana*

SUAYÁN BARÓN MELGAREJO & LAURA ALEXANDRA CASTRO GONZÁLEZ

Introducción

En los contextos de transición a la construcción de paz, la materialización del derecho a la verdad como bien jurídico de los sujetos víctimas entra en disputa. En el proceso penal especial establecido por la Ley de Justicia y Paz (Ley 975 de 2005)[1] existen diferentes recursos que delimitan las posibilidades de los sujetos de posicionar sus narrativas como forma de satisfacer sus expectativas de verdad judicial. Entre los recursos más especializados se destacan los métodos de investigación judicial.

Siendo así, cambios sustanciales en los métodos empleados para la investigación, judicialización y sanción de los responsables resultan de especial interés y controversia. En efecto, la incorporación de un nuevo modelo de investigación basado en el develamiento de contextos y patrones de macrocriminalidad en el marco de Justicia y Paz trajo consigo nuevas tensiones tanto en el campo judicial como en el de aquellos dedicados a la incidencia y reflexión en estos temas. Especialmente al recordar que el análisis de contextos había sido impulsado por más de quince años como una metodología favorable a las exigencias de verdad y justicia para las víctimas de violencia sexual (en adelante, VS) por diferentes organizaciones no gubernamentales (ONG), organizaciones de mujeres y académicas.

Ahora que Colombia cuenta con una experiencia aplicada dentro de un proceso penal especial, es momento de revisar si tales adecuaciones técnicas y normativas se corresponden o no y en qué medida, con lo que otrora fue bandera de la movilización social dentro de la investigación jurídico penal. Siguiendo este interés, el objetivo del artículo es analizar la aplicación de la metodología de análisis de contextos y patrones de macrocriminalidad en el proceso penal de Justicia y Paz, la relación que puede tener con los fundamentos de los feminismos legales críticos y sus alcances y, las limitaciones en la construcción de verdad judicial para las mujeres víctimas en Colombia. En este esfuerzo se aplicará un estudio de caso en la Sentencia del Tribunal Superior de Bogotá contra Salvatore Mancuso,[2] donde se consideró la violencia basada en el género (VBG) como un patrón de macrocriminalidad.

El presente artículo pretende provocar una conversación inicial entre el activismo judicial y la academia legal feminista, a propósito del balance de doce años de implementación de la Ley 975/2005. Por ello, este trabajo se constituye como una modesta introducción al enriquecimiento del debate sobre un foco específico: la relación entre el abordaje del enfoque de género en los métodos de investigación jurídico penal de Justicia y Paz y sus impactos en la construcción de verdad judicial para las mujeres. A su vez, con ánimos de retomar herramientas del análisis distributivo feminista para el estudio de la experiencia colombiana en la aplicación del modelo estudiado, se soporta en los aportes colombianos de los feminismos legales y las contribuciones de la crítica distributiva situada[3] a los estudios críticos del derecho y la sociología jurídica.

El artículo se estructura en tres títulos, el primero se titula "Verdad judicial en disputa." En este se ubican las reflexiones sobre campo jurídico, contextos y patrones como recurso de poder. Aquí exaltamos cómo las organizaciones feministas que han hecho litigio estratégico inscriben su accionar en una interrelación con otros actores que, si bien les permite aprovechar su experiencia en la incidencia y su experticia legal, también las posiciona en una relación de desfavorabilidad al no lograr impactar integralmente durante las ventanas de oportunidades asociadas a la configuración del nuevo campo jurídico propio de la justicia transicional.

El segundo capítulo pone la verdad judicial bajo la lupa, partiendo de los debates entre análisis distributivo *vs* legalismo liberal feminista en la experiencia transicional colombiana, profundizará tanto en las nociones diferenciadas de enfoque de género entre los actores de la disputa por la configuración del campo jurídico, como en la retórica circular autorreferenciada que subyace en el ejercicio de reducir la VBG a la VS y en la falta de claridad técnica y jurídica en la verdad judicial que concierne a la reconstrucción de contextos y patrones. Este ejercicio analítico se deriva del balance de la implementación de la Ley de Justicia y Paz.

El tercer y último capítulo concentra el análisis en el caso contra Mancuso y el patrón de VBG. Se dialogará con la apuesta que tuvo la Corporación Humanas por adentrarse en el litigio estratégico feminista en el caso contra Salvatore Mancuso. Asimismo, se reflexionará sobre lo que está en juego frente a la verdad judicial de las mujeres, con la aplicación del nuevo modelo de persecución penal. Finalmente, se problematizará las narrativas de la decisión judicial reiterando que la retórica cíclica autorreferenciada del género en la justicia transicional, genera riesgos de convertir la metodología objeto de crítica en una trampa política y argumentativa.

La verdad judicial en disputa: justicia transicional como campo jurídico

La configuración de un nuevo campo jurídico para la justicia transicional

La aplicación de la justicia transicional es un escenario apropiado para analizar la forma como operan las relaciones de poder en torno al esclarecimiento de la verdad judicial tras la salida negociada de los conflictos armados. En Colombia, la metodología de contextos y patrones de macrocriminalidad recorrió largos caminos para lograr su incorporación dentro de las reglas de adjudicación y así, hacerse viable en términos jurídicos y procesales. Este tránsito lo hizo de la mano de una multiplicidad de actores, cuyos intereses hicieron sinergia en la coyuntura transicional de finales de los años 2000 y comienzos de esta década, facilitando el cambio de modelo de investigación y juzgamiento penal.

Se destaca la participación de tres actores en la consolidación del nuevo modelo de investigación penal especial: i) las organizaciones de mujeres, ONG y academia a través del litigio estratégico feminista; ii) la Fiscalía General de la Nación; y iii) la Magistratura de Justicia y Paz. No obstante, pese a la eventual sinergia, cada actor ha seguido adaptando para sí la funcionalidad de las nuevas reglas, hasta el punto en que, aún con la reglamentación y jurisprudencia necesaria, persisten diferencias interpretativas frente al alcance de su aplicación y los efectos en la garantía de los derechos. Llama la atención la disparidad de criterios entre Fiscalía y Magistratura en cuanto a la tarea del esclarecimiento de patrones.[4]

Como primer actor, el activismo judicial en este campo ha sido liderado por la Corporación Humanas – Colombia, la Corporación Sisma Mujer y la Alianza de Iniciativa de Mujeres por la Paz – IMP, entre otras. Sus contribuciones nutrieron desde diversos lugares la necesidad de redefinir la investigación jurídico penal en lógica de contextos, haciendo coincidir avances del derecho internacional de finales de la década de los 90´s con las exigencias de justicia y verdad asociadas a los impactos desproporcionados del conflicto armado en la vida de las mujeres. Cabe resaltar que esto se hizo en función de un único crimen de lesa humanidad: la violencia sexual (en adelante VS). Por lo anterior, entre el año 2000 y 2011 los feminismos legales adoptaron como método jurídico por excelencia el estudio de contextos y su incorporación en la investigación, judicialización y sanción de las violencias basadas en género (VBG) en el marco del conflicto armado.[5]

Más adelante, el reclamo de la Fiscalía y el respaldo jurisprudencial[6] ante el reconocimiento de su incapacidad para judicializar la masividad de los crímenes, conllevó a la expedición de la Ley 1592 de 2012.[7] Esta se consolidó como una respuesta a la necesidad de nueva regulación ante los balances negativos de la implementación de Justicia y Paz. De esta forma, el sistema judicial privilegió la necesidad de cambiar el enfoque del caso a caso por un método de investigación concentrado en los bloques de la estructura paramilitar que le apostara al esclarecimiento de la verdad colectiva.

Este viraje transformó radicalmente el modelo de judicialización colombiano dispuesto para la transición. En tanto, a partir de lo anterior, se expide la Directiva 001 de 2012,[8] el Decreto 3011 de 2013[9] —reglamentario de la Ley 1448/11— y otros desarrollos normativos que le permitieron al órgano investigador reglar su decisión de hacer tránsito hacia el sofisticado análisis de contextos y patrones como modelo de investigación penal. Los principales argumentos que este expuso en contra del paradigma tradicional de investigación fueron: i) la imposibilidad de hacer frente a los crímenes de sistema, la criminalidad organizada y la masividad de los delitos cometidos en el marco del conflicto armado; ii) la resolución centrada en el caso concreto; iii) las dificultades operativas derivadas de la dispersión y falta de disponibilidad de las investigaciones; y iv) los obstáculos para lograr que las actuaciones investigativas fuesen orientadas a la consecución de objetivos generales de política criminal.[10]

Al asumir el modelo, se buscaba reducir la impunidad característica en este tipo de casos y contribuir de manera más efectiva a satisfacer las expectativas de verdad y justicia de las víctimas. Lo anterior, en tanto el modelo supone mayor efectividad en la judicialización de máximos responsables y defiende la tesis que sostiene que la verdad colectiva develada a través de contextos y patrones aporta mayor integralidad a los fenómenos de violencia y criminalidad. Ambos factores aspiran al logro de una verdad judicial más completa basada en la sinergia entre la dimensión colectiva e individual del esclarecimiento, judicialización y sanción. No obstante, como veremos más adelante, surgirán algunos reparos sobre las implicaciones de transar verdad individual por verdad colectiva.

Posteriormente, el tercer actor en tensión lo componen articuladamente la Magistratura de Justicia y Paz y la Corte Suprema de Justicia como segunda instancia,[11] quienes contribuyeron a la construcción escalonada del modelo, a través de decisiones tomadas en sede judicial. Se sostiene así que la practica judicial en torno a la implementación del modelo ha sido reglada por tribunales y altas cortes y no ha estado ajena a disputas de interpretación. Ejemplo de ello son actuaciones como la de la Sala de Justicia y Paz de Medellín, que encontró insuficiencia en el contexto presentado por Fiscalía, en lo relacionado con la participación de sectores económicos, políticos y de agentes del Estado dentro de las lógicas y dinámicas de sistema.[12]

En el entramado de relaciones entre los actores durante los diferentes momentos de configuración del modelo aparecen algunas ventanas de oportunidad que facilitan a las organizaciones de mujeres expertas desplegar de manera efectiva y especializada su arsenal técnico-jurídico en la definición del modelo de reclamo judicial. En el devenir de esas relaciones, las organizaciones de mujeres posicionaron como parte de la justicia de género —desde la incidencia y reconocimiento como expertas legales— el método de análisis de contextos que sería apropiado y defendido por la Fiscalía como elemento de engranaje del nuevo modelo de investigación y judicialización. A su vez, su adopción y puesta en marcha fue objeto de controversia —siendo ratificado o puesto en tela de juicio— en los tribunales y altas cortes.

Pese a lo anterior, también constatamos la aparición de coyunturas donde las organizaciones de mujeres optaron por tejer alianzas —muchas veces desventajosas— con operadores judiciales para garantizar algunos mínimos deseados en las reformas legales agenciadas o, incluso, el establecimiento de relaciones de oposición y disputa con estos. En este sentido, sus formas de interacción con los actores del sistema han estado marcadas por las ventanas de oportunidad del contexto y por la distribución del poder propia de quienes detentan la llave de las prácticas e instituciones jurídicas responsables de impartir la verdad judicial.

Siendo así, producto de esta movilización estratégica acorde a la coyuntura y la distribución de poderes en el nuevo campo judicial, las organizaciones de mujeres lograron dos cambios incrementales. Por un lado, que los contextos coercitivos asociados al ordenamiento de género fueran incorporados a las técnicas de investigación penal de Justicia y Paz y, por otro, que la VBG y especialmente, la VS, fuese incorporada como uno de los cinco (5) patrones de macrocriminalidad que la Fiscalía General de la Nación (FGN) priorizó para la imputación de máximos responsables y el cierre del proceso de Justicia y Paz[13] —en adelante patrón de VBG—.[14]

Lo anterior estuvo acompañado por el establecimiento de algunas alianzas estratégicas. Una de ellas fue el fortalecimiento de la institucionalidad de género al interior del ente investigador, con la creación de un grupo de género dentro de la Unidad de Análisis de Contexto para acompañar el desarrollo técnico de la estrategia de priorización y la metodología de investigación desde este enfoque. La otra, pero no menos importante, fue la convergencia que tuvo la incidencia de algunas organizaciones con el interés y voluntad política de fiscales y magistrados para abrirle camino al tema.[15]

En aras de enriquecer la reflexión, consideramos que dicho acceso de los feminismos legales a la competencia jurídica requerida en Justicia y Paz se ha concentrado más en unos aspectos legales que en otros de igual importancia. Estos son: la adecuación típica de los delitos sexuales como crímenes de lesa humanidad, la incorporación del *continum* dentro de los contextos y la violencia sexual como patrón. Quizás con ello, las feministas legales tengan una deuda no sólo con la dimensión de la priorización y selección de casos, sino con el estudio crítico de la aplicación integral del modelo en su conjunto, en tanto estos son incorporados en el modelo en un momento en que no se conocía integralmente estos aspectos y no se había previsto que su aplicación pudiera ser contraria a las expectativas de verdad de las mujeres víctimas que representaban.

Por otra parte, con ánimos de extender la comprensión de este nuevo campo judicial, el presente trabajo considera que la metodología como recurso de poder es favorable a la Fiscalía en tanto satisface sus intereses de descongestión judicial, reconoce su experticia legal en el dominio de tales técnicas de investigación judicial penal y le atribuye funciones privilegiadas en develamiento de patrones y contextos. Como ejemplo de las ventajas que tiene el establecimiento del modelo actual para algunos actores, tales como la Fiscalía, Magistratura y representantes de los postulados, podemos reseñar: (i) la versión libre para los postulados y la limitación de sancionarlos sólo a ellos como máximos responsables; (ii) las facultades constitucionales que tiene la Fiscalía para diseñar las reglas de priorización de casos, los métodos para construir y definir los contextos y patrones y, la salvaguarda y preponderancia legal que tienen las narrativas presentadas en las diferentes etapas del proceso; y (iii) el poder de dirimir las controversias de interpretación que tiene la Sala de Casación Penal de la Corte Suprema de Justicia, quién ha validado la que, para muchos, es una visión restringida y peligrosa de priorizar, contextualizar y construir patrones por parte de la Fiscalía.

Contextos y patrones de macrocriminalidad como recursos de poder

Tras diez años de su entrada en vigencia, la Ley de Justicia y Paz y los subsiguientes desarrollos jurídicos del nuevo modelo, siguen siendo el principal antecedente para la investigación, judicialización y sanción de los crímenes internacionales cometidos en el marco del conflicto armado. Cabe resaltar que con esta normativa se introdujo una nueva aproximación epistemológica en el estudio de los delitos graves y representativos, caracterizada por la investigación de las organizaciones armadas a partir de lógicas y dinámicas de sistema y macrocriminalidad, más allá de las circunstancias exclusivas de tiempo, modo y lugar. La Fiscalía recurrió a esta doctrina del DPI para instaurar el análisis de contextos y adoptar la estrategia de selección y priorización de casos dentro del proceso penal especial.[16]

Al respecto, la doctrina vigente y amparada por revisión constitucional[17] establece que: "en contextos de transición de la guerra a la paz, los deberes estatales de investigación y sanción pueden satisfacerse mediante instrumentos judiciales y extrajudiciales, y recurriendo de manera protagónica al mecanismo de selección y priorización de casos."[18] Igualmente, estos instrumentos señalan que "dentro del procedimiento (…) los servidores públicos dispondrán lo necesario para que se asegure el esclarecimiento de la verdad sobre el patrón de macrocriminalidad del accionar de los grupos armados organizados al margen de la ley y se pueda develar los contextos, las causas y los motivos del mismo."[19]

A continuación, haremos una breve mención de los principales aspectos en torno a las reglas de juego en la aplicación del modelo de investigación en Justicia y Paz. El primer aspecto se relaciona con el alcance de la estrategia de priorización de casos, el segundo, la construcción de contextos útiles para el acervo probatorio y, el tercero, con el esclarecimiento de los patrones de macrocriminalidad. El segundo y el tercero son los dos productos investigativos que sustentan el modelo.

Estrategia de priorización de casos

Según las disposiciones de la Fiscalía contenidas en las Directivas 001 de 2012 y 002 de 2015 "la priorización cumple con los estándares internacionales de protección de derechos humanos y DIH (…) [y tiene por objetivos] i) determinar criterios (…) para el ejercicio transparente, racional y controlado de la acción penal; y ii) crear un sistema de investigación dirigido a desarticular organizaciones criminales. [Asimismo, exponen que] estos criterios serán de tres tipos, subjetivo, objetivo y complementario. (…) [El criterio subjetivo corresponde al análisis dual del sujeto pasivo (víctimas desde sus características y particularidades) y el sujeto activo (máximos responsables)]. (...) El objetivo, por su parte, estudia la conducta criminal perpetrada apuntando a determinar su (...) gravedad[20] y representatividad."[21]

Definición del análisis de contextos

En las directivas señaladas, el análisis de contextos es un marco de referencia que comprende elementos de orden geográfico, político, económico, histórico y social, en el cual se han perpetrado delitos por parte de grupos criminales. Adicionalmente, comprende la descripción de la organización delictiva, sus dinámicas regionales, aspectos logísticos esenciales, redes de comunicación y mantenimiento de redes de apoyo, entre otros.[22] Desde esta perspectiva, "el contexto deja de ser mera heurística de fenómenos de violencia, y entra a servir a la reconstrucción del funcionamiento de la organización criminal, mediante el esclarecimiento de planes y políticas, patrones delictivos, cadenas de mando y modus operandi."[23]

Con base en lo anterior, este artículo plantea que el análisis de contexto es un recurso de poder expresado en dos niveles, uno de carácter sociojurídico con fuertes exigencias históricas, y otro de orden probatorio y procesal. El primero, deberá atender al "análisis de interacciones entre actores, relaciones fluidas que conectan redes locales a redes nacionales, patrones basados en datos cuantitativos y, marcos interpretativos que utilizaban los actores para cometer los crímenes como en el caso de discursos que enmarcan y dan sentido a la acción."[24] El segundo, hace que los contextos deban establecer elementos de conexión lógica con el esclarecimiento de los máximos responsables y el *modus operandi* detrás de los crímenes internacionales.

Construcción de patrones de macrocriminalidad

El Decreto 3011 de 2017 define el patrón de macrocriminalidad como "el conjunto de actividades criminales, prácticas y modos de actuación criminal que se desarrollan de manera repetida en un determinado territorio y durante un periodo de tiempo determinado, de los cuales se puede deducir los elementos esenciales de las políticas y planes implementados por el grupo armado (...) responsable (...). [Su] identificación (...) permite concentrar los esfuerzos en los máximos responsables del desarrollo o realización de un plan criminal y contribuye a develar la estructura y modus operandi del grupo armado (...) así como las relaciones que hicieron posible su operación."

En este escenario judicial, una determinada práctica y modo de actuación criminal se convierte en patrón en tanto permita la imputación de responsabilidad penal. Por tanto, los operadores judiciales deben articular los diferentes espacios reconstructivos para que la verdad judicial sea pública y permita la participación de los sujetos procesales, incluyendo las víctimas.

Según el Séptimo Informe de CITpax "la verdad judicial comienza con la confesión del postulado, sigue con la actividad investigativa de la Fiscalía, y continúa en la audiencia de legalización de cargos donde las víctimas e, incluso la magistratura puede, complementar y/o cuestionar el contexto [o el patrón reconstruido y presentado por el ente investigador], evento en el cuál surgirá la necesidad del decreto probatorio a efectos de construir entre todos, la verdad que se incluirá en la sentencia."[25]

Como lo observamos en la descripción de estos elementos, la metodología expuesta juega un papel preponderante en la definición de la competencia jurídica del litigio en Justicia y Paz. Su control y manejo especializado representa un poder específico que permite la adaptación privilegiada al nuevo campo jurídico, al determinar, no solo qué conflictos merecen entrar en él, sino la *forma* específica que deben revestir estas prácticas y discursos para constituirse en debates propiamente jurídicos.[26]

Verdad judicial bajo la lupa: transición, feminismos y crítica distributiva

Lo anterior nos lleva a pensar que hasta ahora la literatura feminista está en deuda frente a un posicionamiento sobre la tensión que tienen Magistratura y Fiscalía sobre temas irresueltos del proceso. Ejemplo de ello es la falta de respuesta a los debates que impactan la verdad judicial como la adecuada priorización de casos, la incorporación de las relaciones entre el paramilitarismo y sectores políticos, económicos y/o estatales, o la conveniencia de que los patrones sean equiparados a los crímenes internacionales en una retórica cíclica contexto-patrón. Sin duda, además de su carácter metodológico y sociojurídico, se trata de debates que afectan las expectativas de verdad de las mujeres víctimas y el litigio feminista. En este sentido, desde el diálogo entre el legalismo liberal feminista y el análisis distributivo, plantearemos una crítica distributiva al modelo centradas en su retórica cíclica autorreferenciada asociada a los usos del enfoque de género.

Partir de los debates feministas para poner la verdad judicial bajo la lupa

Atendiendo el llamado del análisis distributivo, introducimos el trabajo de las profesoras Alviar y Jaramillo sobre feminismo y crítica jurídica como parte del laboratorio colombiano de la justicia de género. Sus desarrollos son pertinentes y provocadores si se trata de poner a la verdad judicial de la transición bajo la lupa. Por ello es útil traer a colación el planteamiento que sugiere que existe un repertorio crítico común entre los feminismos, no obstante, las divergencias presentes en el campo intelectual y político.[27] Hacen parte de este repertorio: i) la crítica a los binarios, ii) la desnaturalización de las categorías legales, iii) la politización de los espacios que se asumen como privados y no políticos y, iv) la revelación de la excepción como mecanismo para la marginalización de las mujeres.[28]

Contrario a los planteamientos de la perspectiva distributiva, reconocemos que la evolución del repertorio crítico común dentro de la doctrina de Justicia y Paz es, sin lugar a dudas, un logro en la *juridización*[29] de la lucha política feminista alrededor de los derechos de las víctimas. Ello se traduce en la reivindicación de la adjudicación constitucional como herramienta de redistribución de recursos para las mujeres; así como frente a las nociones de eficacia simbólica del derecho en tanto creador de realidad y significados sociales.[30] En este sentido, concordamos con la tesis que sostiene que la visibilización de la VS en los conflictos armados ha sido parte de una lucha histórica de los feminismos y, por tanto, su reconocimiento en la verdad judicial de la transición es un logro político estratégico.

Pese a lo anterior, nos suscribimos a la postura crítica de las profesoras Alviar y Jaramillo al afirmar que en la justicia transicional ha primado el legalismo liberal feminista a la colombiana.[31] Ellas proponen como alternativa, una movida crítica que: i) politice el feminismo y las posiciones que este asume frente al derecho; ii) se diferencie de la posición dominante que el derecho latinoamericano tiene frente a un feminismo sombrilla, caracterizado por el amparo de los derechos humanos como horizonte y herramienta de la justicia social; y iii) permita entender el derecho como un denso entramado de prácticas, instituciones y lenguaje y, por tanto, como un escenario de emancipaciones fugaces y cambios incrementales (…)[32]

Con esta adhesión, queremos darles cabida a los cuestionamientos distributivos para nutrir la disertación teórica situada en torno a los feminismos legales y la verdad judicial que la adjudicación transicional entrega a las víctimas. Asimismo, queremos acudir al llamado que sostiene: "La manera en la que operan los juicios y condenas en casos de crímenes como los de violencia sexual debe resultar objeto de atención empírica y crítica a fin de constatar quiénes están perdiendo y quiénes están ganando con la puesta en marcha de responsabilidad penal."[33]

Hacia la problematización distributiva de la retórica cíclica autorreferenciada asociada a los usos del enfoque de género en Justicia y Paz

En el contexto actual colombiano, las feministas legales de la mano de otros actores aliados han logrado mutaciones en la doctrina constitucional y la dogmática jurídico-penal del ordenamiento interno. Incluyeron en este exigencias frente a varios aspectos: i) al reconocimiento de la discriminación legal contra las mujeres, ii) la violencia basada en género, iii) la violencia sexual como crimen de lesa humanidad (en adelante VS), iv) las mujeres como "botín" de guerra, v) el *continum* de violencias y, vi) la necesidad de acciones afirmativas para atender los riesgos e impacto desproporcionado del conflicto armado sobre las vidas de las mujeres.[34] Amparadas en el derecho constitucional y la evolución del DIDH y el DIH,[35] hicieron que estas exigencias tomaran su curso hasta constituirse en líneas jurisprudenciales con vocación vinculante para nuestro sistema jurídico e instituciones políticas.[36]

Con marcados matices —tal como se verá más adelante— una porción significativa de fiscales y Salas de justicia y paz coincidieron con organizaciones defensoras de las mujeres en la inclusión de los énfasis analíticos y argumentales arriba mencionados, dentro de la construcción de contextos e introducción de patrones. Como ejemplo podríamos recurrir al reconocimiento de la VS como crimen internacional imputable a máximos responsables. En los contextos se suele acudir al *continum* para explicar las múltiples dimensiones en que opera la práctica de los delitos sexuales cometidos en mayor medida contra las mujeres, según muestran las estadísticas de victimización.

El logro, tanto para las organizaciones de mujeres como para Fiscalía y Magistratura, ha sido determinar anticipadamente que la VBG es un patrón macrocriminal y así obligar el reconocimiento de responsabilidad penal por parte de algunos comandantes paramilitares. Sin embargo, el efecto indeseado para los debates teóricos y el litigio estratégico feminista puede ser la equiparación que hacen los operadores judiciales entre VBG y VS como fenómeno macrocriminal. De este modo, consideramos que este modelo alberga una trampa argumentativa y política en el uso estratégico que se le dan a las narrativas de VS, y en efecto a la incorporación del enfoque de género, desde la verdad judicial.

Planteamos que, con la reducción de la VBG a la VS, en la verdad judicial se ha instaurado como regla interpretativa y de argumentación jurídica una especie de retórica circular autorreferenciada asociada a los usos del enfoque de género en la justicia transicional. Definimos esta retórica como una tendencia a asumir que se abarca integralmente el enfoque de género y la garantía de los derechos de las mujeres víctimas al abordar la VS desde el reconocimiento como parte de un *continum* de violencias que viven las mujeres y asimilarla como equivalente de VBG. Sostenemos que esto genera tres efectos frente a las reglas de juego del modelo, dos de carácter interno, vinculados i) a la confusión que genera la ausencia de claridad técnica y jurídica frente a la utilidad que tiene para la verdad judicial diferenciar entre contextos y patrones; y ii) la perdida de oportunidad para las organizaciones de mujeres y las mujeres frente al uso de esta metodología, si su interés fuese exigir el esclarecimiento de la VBG como macrocriminalidad más allá de la VS. Y un tercero, de carácter externo, relacionado con las tensiones y contradicciones al interior de los feminismos y la movilización legal. A continuación, abordaremos estos efectos desde una mirada acorde con la crítica distributiva del derecho y las tensiones con el legalismo liberal feminista.

En cuanto al primer efecto, se observa una constante en el uso del lenguaje y la argumentación jurídica frente al enfoque de género. Por ejemplo, en la sentencia de Mancuso la forma descriptiva del patrón de VBG es tan general y restrictivamente circunscrita a la VS, que bien podría aplicar para cualquier otro bloque y/o lugar del país. Por un lado, resultan indistintas las descripciones y tesis incluidas en el contexto y el patrón alrededor de la noción de orden y control social fundado bajo la idea de masculinidad y feminidad dominante. Por otro lado, el patrón excluye del lenguaje y la narrativa aspectos del análisis situado propio de las dinámicas de los territorios en los que tenían influencia los bloques. Es demasiado abstracto y general. Aquí se corre el riesgo de que, no solo haya un "copie y pegue" entre contexto y patrón, sino también entre unos territorios y otros, y unos bloques y otros.

En efecto, esta retórica impide que se esclarezca cómo el ordenamiento de género resultó funcional a los elementos esenciales de las políticas y planes de macrocriminalidad implementados por el grupo armado. Al respecto, Humanas plantea una lectura distinta a la de nuestra preocupación. Sostiene que esa retórica cíclica puede que pase en otros delitos constituidos en sí mismos en patrón, como el caso del desplazamiento cuyo patrón no esclarece el despojo, por ejemplo. Pero señala que, para el caso del patrón de VBG, sí se podrían abordar otros bienes jurídicos para comprender la macrocriminalidad, porque en estricto sentido no está circunscrito al delito de VS. Que hasta ahora los esfuerzos se hayan concentrado en ello, dice Humanas, no impide que el patrón como técnica introduzca más adelante, otras múltiples variables de la VBG en el marco del conflicto armado.[37]

Respecto al segundo efecto, acudimos al llamado de atención de la crítica distributiva sobre los riesgos de equiparar VBG y VS para el avance del conjunto de objetivos feministas legales en contextos de transición. Alviar y

Jaramillo platean que "exotizar la violencia sexual como daño de las mujeres, en primer lugar, deja de lado que algunas sufren perjuicios económicos y menoscabo de su ciudadanía política que no son consecuencia de la mencionada violencia (...) y, en segundo lugar, excluye a las mujeres de la posibilidad de negociar transformaciones más completas de su cotidianidad al insistir en que los daños padecidos se reducen a los accionados por la guerra y reducir los daños de la guerra a la violencia sexual."[38]

En ese sentido, el presente trabajo reitera que la formalización de la regla VBG igual VS como criterio de adjudicación de la verdad judicial, favoreció a Fiscalía y Magistratura, así como a algunas posiciones de los feminismos legales liberales. En especial, frente a aquellos que responden a un imperativo normativo del castigo, arrogado especialmente por muchos grupos defensores de derechos humanos, que se basa en la premisa de que "la paz ya no es aceptable a cualquier precio, ahora está entrañablemente atada a la noción de justicia."[39]

Imperativo que se ve en situación de crisis particular en contextos donde la efectiva aplicación del paradigma tradicional de investigación y judicialización son desafiados. Sin embargo, por otra parte, amplió la brecha de la competencia judicial para que otras perspectivas feministas utilicen los dispositivos jurídicos del modelo de contextos y patrones en función de sus propias agencias. Por ejemplo, hasta el momento, el método de investigación por macrocriminalidad guarda silencio sobre la relación entre ordenamiento de género y economías legales e ilegales propias de los fenómenos de criminalidad organizada. Al respecto, Humanas hace un llamado para diferenciar entre entender este delito como la agenda feminista en sí misma, o entenderlo como parte de ella. En esta línea consideramos que no se puede olvidar que, la visibilización de la violencia sexual dentro y fuera de los conflictos ha sido históricamente parte de la lucha feminista, así como muchas otras realidades de las mujeres. Lo particular aquí es que la incidencia judicial que dio lugar al logro de posicionar la VS como crimen de lesa humanidad, tuvo que desplegar esfuerzos para el desarrollo de técnicas de investigación y judicialización nutridas por la sociología jurídica y el DPI.

En últimas, Humanas responde a nuestra crítica sobre los riesgos de una trampa argumentativa y política con lo que llaman "una trampa del patriarcado." Plantean así, la necesidad de superar la disyuntiva que opone VS a la entrada de otras dimensiones del daño y el análisis de bienes jurídicos vulnerados. Al considerar la validez de este argumento, concluimos que para los feminismos legales, el posicionamiento de esos otros temas (tierras, medio ambiente, etc.) en el escenario judicial, no tiene por qué implicar bajarle el perfil a la judicialización de un crimen internacional que, no solo representa tanto en la forma como el ordenamiento de género se pone a disposición de la guerra y los poderes que ella entreteje, sino que también ha significado esfuerzos inconmensurables para las organizaciones feministas que le apostaron a entrar en la disputa judicial.

Finalmente, el tercer efecto se relaciona con las tensiones y contradicciones al interior de los feminismos y la movilización legal. Como se ha evidenciado, se han dado fuertes críticas al interior de la academia jurídica feminista acerca de la centralidad de la VS dentro de las narrativas transicionales. En suma, la instauración por parte de operadores judiciales del argumento, patrón de VBG como VS, ha contribuido a profundizar esas brechas teóricas y políticas latentes en la movilización legal feminista. Por lo anterior, conviene interpelar críticamente esa regla de adjudicación de la verdad judicial con enfoque de género en Justicia y Paz, y así comprender las ganancias o riesgos que ello implica frente a la verdad de las mujeres y los feminismos legales.

Consideramos que, más que los preceptos que la fundamentan, ha sido la aplicación de la triada priorización, contextos y patrones la que ha resultado insuficiente para responder a los propósitos distributivos de develar el binarismo de género, desnaturalizar las categorías androcéntricas de las narrativas legales sobre guerra y paz y de politizar las identidades asociadas al conflicto. Creemos que la incorporación de la crítica distributiva al análisis de la metodología de investigación jurídico-penal diseñada, podrán contribuir en la superación de la falta de atención que han tenido los efectos de su aplicación integral en la heurística y hermenéutica del liberalismo legal feminista. Asumir de forma automática que la aplicación llevada a cabo desde el 2012 es pro derechos de las mujeres gracias a la progresividad de los logros alcanzados en la persecución de la VS es, cuando menos, una conclusión parcial. A su vez, no detenerse a cuestionar la posibilidad "de que la 'perspectiva de género' se conviert[a], y se redu[zca] a una preocupación por encontrar mujeres [víctimas de violencia sexual] y exigir respuestas judiciales para los crímenes que padecieron"[40] puede representar una pérdida, tanto analítica como de estrategia política, para los diferentes esfuerzos feministas y de la movilización legal en el marco de la justicia transicional.

Igualmente, comprendemos que la ganancia no se da desconociendo los avances del litigio estratégico feminista alrededor de la judicialización de la VS. Por el contrario, reconocemos los desarrollos sociojurídicos, las técnicas dentro del procesal penal y la incidencia alcanzada en el seno de sus apuestas. Por tanto, consideramos que para lograr el amparo de otros bienes jurídicos vulnerados —con ocasión del conflicto armado y en relación con el ordenamiento de género— como problemas jurídicos relevantes en los foros de la justicia transicional, se deberán doblar esfuerzos para reducir la brecha de competencia judicial que deja Justicia y Paz. Más aún, cualquier esfuerzo deberá enfrentar el riesgo señalado por Abadía alrededor de que "desde el comienzo estas investigaciones penales estén condenadas al fracaso, dada la dificultad teórica de sustentar una responsabilidad penal bajo una vulneración a un bien jurídico penal que el propio feminismo no ha podido traspasar a la teoría penal."[41]

En conclusión, este artículo es una modesta introducción al enriquecimiento del debate sobre un foco específico: la relación entre el abordaje del enfoque de género en los métodos de investigación jurídico penal de Justicia y Paz y sus impactos en la verdad judicial. Esto, porque si bien en los últimos cinco años de experiencia aplicada de este modelo Fiscalía, Magistratura y organizaciones de mujeres han coincidido en algunos señalamientos sobre el modelo,[42] aún carecemos de un diálogo sostenido entre el activismo judicial y la academia legal feminista en su diversidad con miras a un balance teórico de los doce años de implementación de la Ley 975/2005.

Aunque si bien es prematuro evaluar su eficacia, efectividad o el impacto de esto en las transformaciones sociales, podemos iniciar el debate provocando las siguientes reflexiones teórico-políticas, que serán abordadas en el siguiente apartado:

- ¿Qué es lo que está en juego cuando los feminismos legales se ven abocados a transar entre verdad individual y verdad colectiva en la justicia transicional?
- ¿Qué deja de esclarecer la verdad judicial para las mujeres cuando el escenario judicial impone como regla la narrativa VBG igual VS?
- ¿Quiénes ganan y quienes pierden con la priorización de casos y la imputación de máximos responsables por autoría mediata?

El caso y el patrón de VBG: crítica distributiva a la práctica jurídica y la decisión judicial

Se ha corroborado que es parcialmente cierto el hecho de que el cambio de modelo de investigación es visto con buenos ojos por las organizaciones feministas.[43] Ejemplo de ello son las convergencias entre el activismo judicial y Fiscalía en relación con el método para la construcción de contextos y patrones, pero no frente a los criterios de selección o priorización y la transacción de verdad individual por verdad colectiva.[44] En este apartado recogeremos parte de esas contradicciones, exacerbadas en la aplicación del modelo sustentado en la triada selección/priorización, contextos, patrones.

En el periodo de 2013–2014, la FGN incluyó dentro del plan de priorización 522 hechos y 555 víctimas para la investigación y judicialización del patrón VBG. Con base en ello, se buscaba imputar responsabilidad por este patrón a 11 de los 14 comandantes de las AUC, en igual número de macro-procesos priorizados.[45] El caso de estudio[46] seleccionado para esta investigación corresponde a la Sentencia del Tribunal Superior de Bogotá (Mag. Léster M. Guzmán) contra Salvatore Mancuso y otros, del 20 de noviembre de 2014. Fue escogida por dos razones: (i) ser de las primeras decisiones judiciales que incorporan la metodología estudiada y el patrón señalado, y (ii) inaugurar el litigio estratégico feminista bajo las reglas de la selección y priorización de casos.

El objetivo de este título es evidenciar la pertinencia que tiene la utilización de las consideraciones distributivas en el análisis crítico de: (i) los aportes del caso en el esclarecimiento de la verdad judicial para las mujeres realizados por el litigio estratégico (en adelante LE), (ii) las narrativas que la decisión judicial instala como patrón de VBG al introducir la VS en las formas de entendimiento y atribución de responsabilidad de la macrocriminalidad de la guerra y (iii) la retórica cíclica autorreferenciada asociada a los usos del enfoque de género en la decisión judicial.

Apuesta por el litigio estratégico en caso contra Salvatore Mancuso

El camino recorrido hasta llegar al litigio

La Corporación Humanas – Colombia[47] llega a ser representante de tres mujeres víctimas de VS priorizadas en el caso contra Salvatore Mancuso y otros once comandantes.[48] Además de su reconocimiento y competencia jurídica en justicia de género en el marco del conflicto armado, también incidieron en la política pública con diálogos políticos con sector justicia (rama judicial y fiscalía). No obstante, el litigio viene para Humanas sumado a la necesidad de poner a prueba sus propias propuestas de judicialización e investigación y, con ello, reforzar la legitimidad de su especialización e incidencia como expertas en el tema. Llevaban años preparándose, haciendo estudios de jurisprudencia comparada sobre crímenes internacionales, estableciendo alianzas con cooperación, rama judicial, especialmente Fiscalía y, diseñando metodologías en lógica de lesa humanidad y lo penal internacional. En efecto, buscaban así demostrar que era posible litigar en Justicia y Paz con un enfoque feminista y poniendo el derecho, las críticas al derecho y la sociología jurídica al servicio de las mujeres.

Se resalta que ellas optaron por una visión de LE propia (cada caso se convierte en estratégico), apartándose del esquema de caso emblemático (tipo ideal) o del litigio en altas cortes.

> *Fue entonces una decisión política*[49] *[volver donde las mujeres cuyos casos habían documentado en las investigaciones sociojurídicas], probar que esas herramientas funcionaran en el litigio y demostrar que podían hacerlo.*

Al comienzo de la implementación de la Ley 975/2005, Humanas como centro de investigación se aparta de la posición mayoritaria del movimiento de DDHH y de mujeres y decide acercarse a Justicia y Paz desde el abordaje sociojurídico, documentado casos y estudiando cómo los desmovilizados debían responder por la VS como crimen internacional. En ese primer momento, Humanas e IMP fueron de las pocas que apostaron al tema y el principal reto era lograr la imputación a Hernán Giraldo. Les generaba indignación la forma como los medios y la misma Fiscalía narraban las prácticas criminales de Hernán Giraldo contra las niñas, adolescentes y mujeres, y que incluso se le considerara "buen papá" por reconocer la paternidad de los hijos derivados de los delitos sexuales que este cometió. De ahí que el equipo jurídico de Humanas decidiera entrar a representar a estas mujeres.[50]

En un segundo momento —entre 2011 y 2012—, la organización trabajó coordinadamente con tres actores clave de la cooperación internacional (Consejo Noruego, Embajada de Canadá, y PROFIS-GIZ).[51] A través de este acompañaron y asesoraron a la FGN, la Defensoría del pueblo y a los magistrados especializados en la aplicación de la Ley de Justicia y Paz. Su influencia fue determinante en el establecimiento de los marcos jurídicos y procesales del modelo. Estas alianzas le permitieron a Humanas, no solo presentar tres *Amicus Curiae*[52] (Bloque Catatumbo —Salvatore Mancuso—, Bloque Resistencia Tayrona —Hernán Giraldo—, y Bloque Norte —Rodrigo Tovar Pupo—), sino también capacitar de manera simultánea a fiscales y magistrados especializados de Justicia y Paz.[53]

Los espacios de capacitación —en los que ellas traían como aliados a reconocidos expertos en DPI— ambientaban fuertes disertaciones sobre: (i) si la VS era crimen internacional con carácter sistemático y generalizado, (ii) la posibilidad de que un instrumento de DPI entrara directamente a la legislación interna o si afectaba el principio de legalidad, (iii) el posicionamiento de la responsabilidad de mando sobre la concepción de la VS como delito de propia mano. Estas generaron que el universo de fiscales especializados se dividiera en 50/50, entre aquellos cuya opinión resultaba favorable al planteamiento del activismo legal (responsables de investigación en macro-casos

Catatumbo, Minero y otros) y los que no, sosteniendo que eran delitos de propia mano, no imputables por línea de mando.[54]

En vista de lo anterior, Humanas empieza a ser convocada como perita experta en el marco de las audiencias de contexto. En estas, la Fiscalía debía presentar a Magistratura aspectos vinculados con el surgimiento y accionar del Bloque, *modus operandi*, repertorios de género, incluyendo si había VS, entre otros. En ese rol, participaron en la elaboración del contexto de los Bloques Minero y Vencedores de Arauca.

Todo lo anterior hizo que Humanas pudiese contribuir al análisis de contexto en los respectivos bloques y ser llamada por el equipo responsable cuando se creó la Unidad de Análisis y Contextos de la Fiscalía. En esos encuentros compartió el acumulado aprendido y documentado, incluyendo la relevancia de la investigación sociojurídica e interdisciplinariedad en este proceso penal especial.[55] Finalmente, entre 2012 y 2013, viene el cuarto momento, cuando deciden asumir poderes para representar algunas víctimas en esos procesos.

Este posicionamiento gradual y estratégico representa ganancias parciales para los feminismos liberales que lograron conectar la triada del modelo en función de la VS. Sin embargo, la fuerza de la integralidad y, especialmente, la selección y priorización, hizo que tuviesen que renunciar al litigio de varios casos de VS documentados desde los inicios de su activismo, porque no correspondían con la matriz del patrón priorizada por Fiscalía. En el mismo sentido, esa lógica procesal especial impone barreras para el posicionamiento de otros litigios feministas más allá de la VS.

El problema jurídico planteado por el litigio y la decisión judicial

Según Humanas, "el caso de María planteaba un problema jurídico concreto: ¿cómo lograr la judicialización del caso, en términos de la tipificación correcta, en un escenario en el que la VS no estaba siendo visibilizada de manera eficaz?" Para lo anterior, la estrategia de litigio tuvo que abordar i) la superación de la baja visibilidad de estos delitos en el conflicto; ii) su reconocimiento como parte de un concurso heterogéneo que incluía esclavitud sexual; iii) la aplicación del principio de legalidad extendida, en lógica de verdad y garantía en los procesos transicionales; y iv) lograr imputaciones a máximos responsables bajo la modalidad de autor mediato, según la priorización de la Ley 1592/05.[56]

Paralelamente, Humanas logró la priorización del caso de María (y de otras tres mujeres más contra Mancuso), dentro de la matriz de priorización del Fiscal especializado responsable de la investigación del Bloque Catatumbo. Ya en la audiencia respectiva, y como pocas veces sucede en la priorización,

María pudo interpelar directamente a Mancuso, quien en un primer momento no sólo no quería reconocer la tipificación de esclavitud sexual, sino que dudó en reconocer a María como víctima. Finalmente, la sentencia la reconoció y, a través de ella, las litigantes alcanzaron importantes logros para la judicialización estos delitos dentro del fenómeno macrocriminal.[57]

En términos del derecho a la verdad, Humanas rescata tres aprendizajes. El primero es exigir que la investigación y judicialización de los hechos corresponda con la gravedad de lo ocurrido, en este caso, la esclavitud sexual. Ello contribuiría a reducir la distancia entre la verdad judicial y la verdad real de las violencias contra las mujeres. El segundo aprendizaje corresponde con el cumplimiento del principio de debida diligencia, pues aporta en la construcción de memoria, verdad y garantías de no repetición. Finalmente, el tercero es otorgarle carácter público a lo históricamente considerado como privado, reconociendo la VS como violación a los DDHH y crimen inaceptable. Humanas exalta, al igual que los feminismos legales liberales, la importancia que tienen los aprendizajes en la concepción del derecho a la verdad judicial, en términos del sentido simbólico y transformador de la justicia.[58]

En contraste con esta lectura, este artículo llama la atención sobre algunos aspectos de las narrativas adoptadas en la decisión judicial. En primer lugar, creemos que hay una distancia significativa entre las pretensiones del litigio y Fiscalía[59] frente a la tipicidad de la VS y lo que finalmente quedó como narrativa del patrón de VBG en la parte resolutiva. Contrario a la argumentación del concurso heterogéneo de delitos entre acceso carnal violento, tortura y violencia sexual, el patrón macrocriminal se intimida, y vuelve a bajarle el tono al tema, nombrándolo desde la generalidad. La descripción del patrón de VBG en la sentencia es superficial y no logra explicarle al lector desprevenido la forma como esta servía a los planes y políticas del aparato organizado de poder.[60] Esta falta de reconocimiento de la esclavitud sexual y la aplicación de la legalidad extendida para delitos sexuales en la parte resolutiva, también es considerada por Humanas como una falencia que le resta solidez jurídica al fallo y limita su constitución como precedente judicial.[61]

¿Qué está en juego frente a la verdad judicial de las mujeres?

Implicaciones de transar verdad individual por verdad colectiva

Como se señala en el título dos, el activismo judicial de las feministas en justicia y paz se distancia ampliamente del cambio de modelo jurídico-penal reglamentado por la Ley 1592 de 2012, en lo relacionado con la selección y priorización de casos. Así lo señala la Directora de Humanas cuando dice que "la priorización, [al implicar el agrupamiento de casos] en matrices, es una respuesta de eficiencia y eficacia por parte de los [operadores responsables, pero que] ha dejado en las víctimas mayor insatisfacción."[62]

Al respecto, la experiencia compartida por esta organización nos permite identificar obstáculos y avances del modelo frente al litigio estratégico aquí planteado. Alertan cuatro riesgos de terminar transando verdad individual por verdad colectiva en la lógica de priorización. El primero, es la imposibilidad de hacer seguimiento a los casos por víctima, afectando sus derechos a participar del proceso penal y a acceder a la información[63] conforme a los estándares aplicables.

El segundo riesgo, señala que estos criterios restringen el derecho a una pronta justicia, ya que sólo las víctimas priorizadas verán celeridad en la actuación judicial, en detrimento de aquellas que no corrieron con la misma suerte.[64] El tercero se asocia con la falta de claridad frente a cómo en la práctica son aplicados los criterios de priorización, pues genera dudas razonables respecto a la verdadera objetividad y proporcionalidad del ejercicio. A juicio de la Corporación, que la priorización sea, en la práctica judicial, un terreno incierto para las víctimas y sus representantes, genera riesgos en que los casos priorizados no sean propiamente, ni los más graves, ni los que permiten generar precedente porque a través de ellos se resuelvan las mayores dificultades en la investigación y judicialización de la violencia sexual.

Finalmente, el cuarto riesgo en juego es que la renuncia a la verdad individualizada impide garantizar los derechos de las víctimas, en términos de la verdad como satisfacción y reparación. Sostienen que puede ser una ganancia para el litigio estratégico en lógica de cambio de reglas de adjudicación y precedente, pero no necesariamente para la víctima, que quiere saber qué pasó, por qué pasó y que haya por ello un reproche judicialmente reconocido.[65]

Pese a lo anterior, el modelo trajo ventajas innegables. La directora de Humanas destacó que esta metodología es una posibilidad para hacer, de la verdad judicial, una verdad más cercana a la realidad de las múltiples configuraciones sociológicas, económicas y políticas de la VS contra las mujeres en la guerra. Igualmente, defiende que con ello se logró judicializar a los máximos responsables por delitos sexuales, aplicando el principio de legalidad extendida en estos casos. Por último, sostiene que esta experiencia propicia mayor circulación de las reglas de procedimiento y prueba, construidas para poner el derecho al servicio de las mujeres víctimas de estos delitos. Lo que la hace interesante en términos de la investigación sociojurídica en lo penal.

Respondiendo al llamado del análisis distributivo

El llamado del análisis distributivo a politizar los feminismos legales y sus posiciones, nos permite cuestionar logros que se dan por sentado dentro del activismo judicial feminista y el sistema judicial transicional a propósito de la adopción de criterios de género dentro de la priorización, construcción de contextos y develación del patrón de VBG=VS. Este nuevo modelo obscureció aún más la comprensión sobre las reglas de adjudicación de la verdad y la justicia en la transición colombiana, dejando sin resolver ¿qué puede esperar una mujer víctima —no sólo de violencia sexual— cuando su caso no sea priorizado? ¿cómo le explicamos que la verdad colectiva responde también a la garantía de su derecho al acceso a la justicia?

Así, asumimos como posición política dejar de poner la lupa en la violencia sexual sin pelearse con ella. Es decir, comprender y reconocer la investigación, judicialización y sanción de la VS como una ganancia en términos de verdad judicial. Se tiene más de una sentencia en firme y varias en proceso, introduciendo la VBG-VS como un patrón de macrocriminalidad y atribuyendo responsabilidad a catorce máximos responsables. Igual de importante es que, por la negativa de algunos postulados a reconocer las víctimas de VS, algunos hayan perdido los beneficios y fuesen excluidos del proceso penal especial, como es el caso de Marco Tulio Pérez Guzmán.[66]

Pese a lo anterior, reiteramos lo problemático que resulta la reducción del patrón de VBG a la violencia sexual en la decisión judicial y la necesidad de posicionar los problemas jurídicos asociados a bienes jurídicos vulnerados que, incluso —en términos de Abadía—, los feminismos no han podido traducir a la teoría penal. La pregunta es quién tiene la responsabilidad y posibilidad de ampliar ese espectro.

Sobre las implicaciones de la transacción entre verdad individual/verdad colectiva, así como sobre la selección y priorización frente a lo sustancial en la satisfacción del derecho a la verdad de las víctimas, existen convergencias entre las preocupaciones planteadas en este documento y lo observado por Humanas dentro del proceso. Como feministas reconocen grandes contradicciones entre lo que pueda ser una ganancia para el litigio estratégico y otra para las mujeres individualmente consideradas,[67] en tanto para las mujeres víctimas de VS es probable que la sanción a un máximo responsable no le represente mucho.

Para finalizar, ponemos sobre la mesa la invitación a alimentar las disertaciones teóricas, jurídicas y políticas sin que ello implique la profundización de la distancia entre activismo judicial y feminismo político. Urgen alianzas estratégicas de cara a la entrada en operación del nuevo momento de la justicia transicional en Colombia, la Jurisdicción Especial para la Paz (JEP). El devenir histórico nos lleva a pensar en lo inevitable que ha resultado escapar a la dialéctica entre coyuntura, reglas de adjudicación transicionales, tipicidad priorizada por la arquitectura transicional y movilización legal feminista. Quizás por eso, con cada coyuntura se amplía la agenda feminista de las transiciones.

Lo anterior se observa, en una rápida mirada retrospectiva de la justicia transicional en Colombia. Con la Sentencia T-025/04[68] hablamos de los riesgos y afectaciones diferenciales y desproporcionadas de las mujeres víctimas de desplazamiento forzado. Luego vino la Ley de Justicia y Paz y se logró posicionar la VS como crimen de guerra. En el 2011, con la Ley de víctimas llega la dimensión de la reparación, así como el despojo de tierras como nuevo ámbito del litigio estratégico. Ahora, la Ley 1592/12 nos puso a agenciar la VBG en lógica de macrocriminalidad, contextos y patrones. Más que el debate frente a si son excluyentes o suficientes, este trabajo invita a que es posible comprenderlas como ganancias parciales que vienen generando transformaciones incrementales. Bajo ese argumento, resaltamos la necesidad de seguir investigando nuevas herramientas para rescatar la utilidad de la metodología de contextos y patrones, diezmada por la preponderancia de la retórica cíclica autorreferenciada asociada a los usos del enfoque de género en su experiencia aplicada.

Notas

1. Ley 975 de 2005. 25 de julio de 2005. Por la cual se dictan disposiciones para la reincorporación de miembros de grupos armados organizados al margen de la ley, que contribuyan de manera efectiva a la consecución de la paz nacional y se dictan otras disposiciones para acuerdos humanitarios. *Diario Oficial 45980.*
2. Tribunal Superior de Bogotá, Sala de Justicia y Paz. Sentencia 110012252000201400027 del 20 de noviembre de 2014. M.P. Léster M. González R.
3. El fundamento teórico que sustenta esta aproximación distributiva es el robusto trabajo de las profesoras, Helena Alviar García e Isabel Cristina Jaramillo Sierra, *Feminismo y crítica jurídica. El análisis distributivo como alternativa crítica al legalismo liberal* (Bogotá: Siglo del Hombre Editores y Universidad de los Andes, 2012).
4. "Las críticas de los jueces van encaminadas a que los fiscales eleven su trabajo a las condiciones normativas del Decreto 3011 y procedan, (…) con sustento en métodos estadísticos y análisis de datos, (…) a descubrir a partir de matrices y por medio de asociaciones significativas de variables, las regularidades en el comportamiento criminal de una organización armada." Andrés López Morales y Daniel Castellanos Guarín, "Parte I: Área de Justicia: Aplicación de la estrategia de análisis de contextos en Justicia y Paz," en *Séptimo Informe. Observatorio Internacional DDR – Ley de Justicia y Paz* (Bogotá y Madrid: CITpax – Colombia), 48, https://static1.squarespace.com/static/5b601c480dbda307c42c4800/t/5bbb07901905f431b73a7e84/1538983845747/InformeCITpaxVII+2016+%281%29.pdf.

5. Lina M. Céspedes-Báez, Nina Chaparro González y Soraya Estefan Vargas, "Metodologías en el estudio de la violencia sexual en el marco del conflicto armado colombiano," *Colombia Internacional*, no. 80 (2014): 29, https://doi.org/10.7440/colombiaint80.2014.02.
6. Corte Suprema de Justicia de Colombia. Sentencia de la Sala de Casación Penal no. 31539 del 31 de julio de 2009. M.P. Augusto Ibáñez Guzmán.
7. Ley 1592 de 2012. 3 de diciembre de 2012. Por medio de la cual se introducen modificaciones a la Ley 975 de 2005 "por la cual se dictan disposiciones para la reincorporación de miembros de grupos armados organizados al margen de la ley, que contribuyan de manera efectiva a la consecución de la paz nacional y se dictan otras disposiciones para acuerdos humanitarios" y se dictan otras disposiciones. *Diario Oficial 48633*. Para efectos de la presente investigación véase los desarrollos de la ley frente a los siguientes temas:(i) Esclarecimiento de la verdad (Art. 10), (ii) Criterios de priorización de casos (Art. 16), (iii) Formulación de imputación (Art. 18) y, finalmente, (iv) incidente de identificación de las afectaciones causadas a las víctimas (Art. 23).
8. Directiva 001 de 2012. 4 de octubre de 2012. Por medio de la cual se adoptan unos criterios de priorización de situaciones y casos, y se crea un nuevo sistema de investigación penal y de gestión de aquellos en la Fiscalía General de la Nación. https://www.fiscalia.gov.co/colombia/wp-content/uploads/Directiva-N%C2%B0-0001-del-4-de-octubre-de-2012.pdf.
9. Decreto 3011 de 2013. 26 de diciembre de 2013. Por el cual se reglamentan las Leyes 975 de 2005, 1448 de 2011 y 1592 de 2012. *Diario Oficial 49016*. Para efectos de la presente investigación véase los desarrollos del decreto frente a los siguientes temas: (i) Participación de las víctimas (Art. 3), (ii) La investigación y el juzgamiento en el proceso penal especial de justicia y paz (Art. 4), (iii) Definición de patrón de macrocriminalidad (Art. 16), (iv) Elementos para la identificación del patrón de macrocriminalidad (Art. 17), (v) Versión libre y confesión (Art. 20), (vi) Actuaciones previas a la audiencia concentrada (Art. 23), (vii) Formulación y aceptación de cargos (Art. 24), (viii) Incidente de identificación de las afectaciones causadas (Art. 27), y ix) Lectura de sentencia (Art. 30).
10. David Martínez Osorio, *Manual de análisis contextual para la investigación penal en la Dirección Nacional de Análisis y Contextos (DINAC) de la Fiscalía General de la Nación* (Colombia: Centro Internacional para la Justicia Transicional – ICTJ, 2014), 4–5, https://www.ictj.org/sites/default/files/ICTJ-Manual-DINAC-2014.pdf.
11. La Magistratura está confirmada por cuatro (4) Salas de Justicia y Paz, ubicadas en los Tribunales de Bogotá, Medellín, Barranquilla y Bucaramanga.
12. Esto, en varias sentencias, entre ellas, la proferida en contra de Jesús Ignacio Roldán Pérez: Tribunal Superior de Medellín. Sentencia 110016000253-2006-82611 del 09 de diciembre de 2014. M.P. Rubén Darío Pinilla Cogollo.
13. Para mayor información véase: Castellanos y López, "Parte I: Área de Justicia," en lo relacionado con los Planes de Acción de la Dirección de Justicia Transicional y la priorización de los cinco (5) patrones de delito a investigar (desplazamiento forzado, desaparición forzada, violencia sexual basada en género, reclutamiento ilícito y casos de connotación).
14. Cabe reconocer la trayectoria y ajustes de las organizaciones de mujeres en la movilización legal. Para *Humanas*, esta trayectoria implicó pasar de la acción jurídico-política

como centro de estudios, documentando casos y generando lineamientos, a la incidencia legal, a través de alianzas con actores internacionales y envío de *amicus curiae*, para finalmente asumir el reto del litigio estratégico feminista. Asimismo, desde la lectura se constata que las ONG iniciaron el abordaje del fenómeno de la VBG como patrón de macrocriminalidad.

15. Esto se verá en mayor detalle en el tercer título, cuando se aborde la llegada de la Corporación Humanas al litigio dentro de la sentencia.
16. Castellanos y López, "Parte I: Área de Justicia," 18.
17. Para conocer las discusiones y desarrollos doctrinales suscitados en el marco de decisiones judiciales de la Magistratura de Justicia y Paz y de la Sala de Casación Penal de la Corte Suprema de Justicia frente a la metodología véase: Corte Suprema de Justicia, Sala de Casación Penal, (i) Sentencia del 31 de julio de 2009, radicado No. 31539, contra Wilson Carrascal, Alias "El Loro." M.P. Augusto Ibáñez Guzmán; (ii) Sentencia del 27 de abril de 2011, radicado No. 34547, contra Edward Cobos Téllez, Alias "Diego Vecino" y Uber Enrique Banquez Martínez, Alias "Juancho Dique." M.P. María del Rosario González de Lemos. Igualmente, el Acto legislativo 01 de 2012 "Marco jurídico para la paz."
18. Citado por Castellanos y López, "Parte I: Área de Justicia," 21.
19. Ley 1592 de 2012, artículo 10.
20. Castellanos y López, "Parte I: Área de Justicia," 29. "La *gravedad* de la conducta se valora considerando (...) el grado de afectación que en el disfrute de sus derechos fundamentales sufrió determinada víctima, una comunidad o un bien jurídicamente amparado (...) y la modalidad de la ejecución." Citado por Castellanos y López, "Parte I: Área de Justicia," 26. Cursivas fuera del texto original.
21. "La *representatividad* presupone el hecho de que el aparato judicial puede investigar, y con ello ilustrar, un abanico complejo de hechos y conductas, que den cuenta de dinámicas en la comisión de los crímenes." Citado por Castellanos y López, "Parte I: Área de Justicia," 26. [Contrario a ello, *la Directiva 002 de 2013 reemplazó el elemento de "representatividad" por el de "importancia"* conceptualizado en función de (i) efectos del proceso frente a alternativas de judicialización, (ii) efectos de la acción penal en la comunidad o territorio, (iii) efectos frente a la legitimidad pública, (iv) capacidad para ejemplificar *modus operandi*, prácticas y patrones criminales, entre otras.] Citado por Castellanos y López, "Parte I: Área de Justicia," 29. Cursivas fuera del texto original.
22. Directiva 001 de 2012.
23. Castellanos y López, "Parte I: Área de Justicia," 33.
24. María Emma Wills, "Metodologías para la construcción de contextos históricos," en *Seminario Internacional importancia de la construcción de contextos en las investigaciones judiciales* (Bogotá: Fiscalía General de la Nación, 2013), 49, https://www.fiscalia.gov.co/colombia/wp-content/uploads/Seminario-Internacional-Construcci%C3%B3n-de-Contextos.pdf.
25. López y Castellanos, "Parte I: Área de Justicia," 45.
26. Pierre Bourdieu, "Elementos para una sociología del campo jurídico," en *La fuerza del derecho* (Bogotá: Facultad de Derecho de la Universidad de los Andes, Siglo del Hombre Editores, Instituto Pensar, 2000), 192.
27. Como se ha documentado en sobrada producción académica, en los estudios de género y derecho las corrientes más destacadas son i) los feminismos de la igualdad

(liberales-clásicos, liberales sociales, socialistas y, radicales) y ii) el feminismo de la diferencia o cultural. Para mayores desarrollos sobre la relación entre el derecho y el género en el contexto estadounidense véase: Isabel Cristina Jaramillo Sierra, "La crítica feminista al derecho," en *El género en el derecho: Ensayos críticos*, compilado por Ramiro Ávila Santamaría, Judith Salgado y Lola Valladares. Quito, Ecuador: Ministerio de Justicia y Derechos Humanos, 2009.

28. Alviar y Jaramillo, *Feminismo y crítica jurídica*, 28.
29. Por juridización se entiende "la politización progresista del sistema jurídico y sobre todo del derecho constitucional (...) gracias a la utilización masiva del derecho como herramienta de acción política por parte de movimientos y grupos políticos." Mauricio García Villegas, "Derecho a falta de democracia: la juridización del régimen político colombiano," *Análisis Político* 27, no. 82 (2014): 176, http://dx.doi.org/10.15446/anpol.v27n82.49413.
30. Para mayor información véase: Mauricio García Villegas, *La eficacia simbólica del derecho: examen de situaciones colombianas* (Bogotá, Universidad de los Andes, 1993) sobre los tipos de eficacia simbólica (originaria y derivada), pp. 233, 247. A propósito de los planteamientos feministas frente al poder simbólico del derecho, los aportes de la reforma legal al feminismo y el derecho como creador de significados sociales véase: Julieta Lemaitre, *El derecho como conjuro: Fetichismo legal, violencia y movimientos sociales* (Bogotá: Siglo del Hombre y Universidad de los Andes, 2009), 199.
31. A manera de aclaración se precisa que, acorde a la visión del legalismo liberal, "el derecho tiene tres características fundamentales: está separado de la sociedad, responde a las necesidades sociales y su respuesta a los problemas y los cambios que genera en la sociedad tienen una relación causal directa." Lina Fernanda Buchely Ibarra, *Activismo Burocrático. La construcción cotidiana del principio de legalidad* (Bogotá: Universidad de los Andes, 2015), 98. Por su parte, el análisis distributivo considera que: "(i) no existe oposición entre derecho y sociedad, como tampoco entre economía y derecho; (ii) la relación entre norma y realidad, o entre derecho y sociedad, no está mediada por lógicas causales; (iii) la indeterminación y contingencia hacen que los resultados distributivos del derecho sean impredecibles." *Ibid.*
32. Alviar y Jaramillo, *Feminismo y crítica jurídica*, 43–45, 55–56.
33. Marcela Abadía Cubillos, *Feminismos y sistema penal. Retos contemporáneos para una legitimación del sistema penal* (Bogotá: Universidad de Los Andes, Facultad de Derecho, Ediciones Uniandes, 2018), 206.
34. Alviar y Jaramillo, *Feminismo y crítica jurídica*, 148–149. "Desde muy temprano en la articulación de la 'justicia transicional,' el movimiento de mujeres albergó iniciativas para plantear propuestas y hacer seguimiento a los procesos de desmovilización, reinserción y reparación a desplazadas y víctimas." Las autoras hacen una completa compilación de las principales producciones tanto académicas, como de las organizaciones defensoras de las mujeres y de cooperación internacional sobre el tema entre el 2001 y el 2012.
35. Producciones académicas como las de Mantilla y Uprimny adhieren esa tesis al señalar que las profundas transformaciones del ordenamiento jurídico colombiano lo hizo pasar de "una situación que admitía una discriminación de *iure* contra las mujeres y que legitimaba ciertas formas de violencia contra ellas, en especial —pero no exclusivamente— antes de la constitución de 1991, a la consolidación de una jurisprudencia

constitucional muy sensible a la discriminación y a la violencia contra las mujeres y que reconoce la existencia de deberes diferenciados hacia ellas para lograr un efectivo acceso a la justicia." Julissa Mantilla Falcón y Rodrigo Uprimny Yepes, "Violencia de género y justicia constitucional en Colombia," en *¿Justicia desigual? Género y derechos de las víctimas en Colombia* (Bogotá: UNIFEM, 2009), 138–139, https://www.dejusticia.org/wp-content/uploads/2017/04/fi_name_recurso_177.pdf.

36. Abadía, *Feminismos y sistema penal.*
37. Entrevista a la directora de la Corporación Humanas, 18 de abril de 2018.
38. Alviar y Jaramillo, *Feminismo y crítica jurídica*, 141.
39. Abadía, *Feminismos y sistema penal*, 203.
40. Alviar y Jaramillo, *Feminismo y crítica jurídica*, 163.
41. Abadía, *Feminismos y sistema penal*, 211.
42. A saber, durante estos años, diferentes actores han hablado de que el método y práctica jurídica del proceso penal especial, aplica con suficiencia los contextos y patrones con perspectiva de género. En el mismo sentido, el sistema judicial hizo adecuaciones institucionales al interior de órganos como la Fiscalía, para la incorporación de este enfoque especializado en los macro-casos priorizados. Por su parte, las organizaciones feministas incidieron legal y políticamente en las políticas de justicia transicional y, a su vez, entraron a la escena como litigantes.
43. Las más visibles por su participación e incidencia en la implementación de la Ley 975/05 son: Corporación Humanas Colombia (Humanas), Corporación SISMA Mujer (SISMA) y la Alianza de Iniciativas de Mujeres por la Paz (IMP).
44. Según lo señaló la directora de la Corporación Humanas, en la entrevista del 18 de abril de 2018.
45. Los hechos fueron atribuidos e incluidos en los macro-casos contra (i) Salvatore Mancuso, (ii) Bloque Central Bolívar, (iii) Hernán Giraldo Serna, (iv) Edwar Cobos Téllez, (v) Ramón Isaza, (vi) Arnubio Triana Mahecha, (vii) Miguel Mejía Múnera, (viii) Freddy Rendón Herrera, (ix) Hebert Veloza García, (x) Ramiro Vanoy y (xi) Olimpo Sánchez Caro. En los macro-casos contra Luis Eduardo Cifuentes, Elí Mejía Mendoza y Elda Neyis Mosquera no se priorizó la investigación del patrón macro-criminal de VBG. "Informe de Gestión 2013–2014," *Fiscalía General de la Nación*, 2014, 45, https://www.fiscalia.gov.co/colombia/wp-content/uploads/Informe-Fiscalia-2013-2014-web_final.pdf.
46. El estudio de caso consistió en la realización de una entrevista a la organización que litigió en el proceso, la revisión de documentos producidos por esa y otras organizaciones, el estudio de la sentencia, documentos publicados y demás material colgado en websites, la revisión de prensa, literatura secundaria y demás bibliografía disponible.
47. La Corporación nace como centro de investigación y producción académica entorno a la justicia de género, no con una intención de litigio. Es en el 2009, con la elaboración de la Guía para llevar casos de VS —Luz Piedad Caicedo Delgado, Natalia Buenahora Streithorst y Adriana Benjumea Rúa, *Guía para llevar casos de violencia sexual: Propuestas de argumentación para enjuiciar crímenes de violencia sexual cometidos en el marco del conflicto armado colombiano* (Bogotá: Corporación Humanas Colombia, 2009)— y el estudio sobre sistema penal acusatorio —Ley 904 de 2004 en justicia ordinaria—, consideran por primera vez el ejercicio de la representación judicial

de mujeres víctimas de VS. Entrevista a la directora de la Corporación Humanas, 18 de abril de 2018.

48. Los bloques incluidos en la sentencia fueron: Bloques Montes de María, Córdoba, Catatumbo y Norte.
49. Era un riesgo ser parte en la disputa judicial, porque depender de los recursos de cooperación y los tiempos de los proyectos trae desventajas para la representación judicial.
50. "Realmente, Mancuso y Jorge 40 resultan después, pero el primer reto para nosotras era Hernán Giraldo (…) y entrar a estudiar los Bloques Catatumbo y Resistencia Tayrona. Como no representábamos víctimas en ese momento, presentamos dos *Amicus*. Eso es lo primero que hacemos." Entrevista a la directora de la Corporación Humanas, 18 de abril de 2018.
51. Cabe resaltar que PROFIS es uno de los principales proyectos que la Cooperación Técnica Alemana en Colombia desplegó entre 2008 y junio de 2012, con el objetivo de apoyar el proceso de justicia transicional. La asesoría de PROFIS-GIZ incluía (i) capacitar a operadores judiciales y entidades relevantes en lo conceptual-jurídico para simplificar la vía legal; (ii) descentralizar las investigaciones y, elaborar estrategias de imputación para mayor eficiencia en el procesamiento del gran volumen de casos; (iii) promover el tratamiento jurídico de los grupos vulnerables aplicando el enfoque diferencial en todas las etapas del proceso; (iv) apoyar la participación de las víctimas en los procesos y; (v) poner en la práctica judicial dichos aspectos, acompañando dos casos emblemáticos, Salvatore Mancuso (Bloque Norte, Córdoba, Montes de María y Catatumbo) y Hernán Giraldo (Resistencia Tayrona). "Informe de evaluación," *La GIZ en Colombia. Cooperación Técnica Alemana. Colombia*, 2014, 21, http://star-www.giz.de/cgi-bin/getfile/53616c7465645f5f52e5b005a5971e587219a3f7d5c2001de6bfe713a393e3edb4faacfd41cda074ab947e46f947bb53d685a377c60efe2ee25bf11d7213f80e676b44d9a2e11325/giz2015-0083es-giz-colombia.pdf.
52. Para mayor información véase: Luz Piedad Caicedo Delgado y María Milena Méndez, *La violencia sexual. Una estrategia paramilitar en Colombia. Argumentos para imputarle responsabilidad penal a Salvatore Mancuso, Hernán Giraldo y Rodrigo Tovar* (Bogotá: Corporación Humanas Colombia, 2013).
53. Entrevista a la directora de la Corporación Humanas, 18 de abril de 2018.
54. Entrevista a la directora de la Corporación Humanas, 18 de abril de 2018.
55. Entrevista a la directora de la Corporación Humanas, 18 de abril de 2018.
56. Camila Alejandra Hoyos Pulido y María Adelaida Palacio Puerta, *Aportes de las sentencias de Justicia y Paz a los derechos de las mujeres. Estudio de Caso* (Bogotá: Humanas, 2015), 63, https://www.asfcanada.ca/uploads/publications/uploaded_aportessentencias-estudiodecaso-pdf-75.pdf.
57. Hoyos y palacio, *Aportes de las sentencias de Justicia y Paz*, 63.
58. Hoyos y palacio, *Aportes de las sentencias de Justicia y Paz*, 63.
59. En varios apartados que presenta la FGN de la matriz de macrocriminalidad para la construcción del patrón, este organismo "formuló cargos en contra de Salvatore Mancuso a título de autor mediato, por el concurso heterogéneo de delitos de acceso carnal violento en persona protegida, tortura en persona protegida y prostitución forzada o esclavitud sexual de que tratan los artículos 137, 138 y 141 de la Ley 599 de 2000, en circunstancias de mayor punibilidad del artículo 58-2-5 del Código Penal." Sentencia contra Salvatore Mancuso, TSB, M.P. Léster M. Guzmán, 494.

60. Véase: Sentencia contra Salvatore Mancuso, TSB, M.P. Léster M. Guzmán, 265–273.
61. Hoyos y palacio, *Aportes de las sentencias de Justicia y Paz*, 63.
62. Entrevista a la directora de la Corporación Humanas, 18 de abril de 2018.
63. "El radicado que a uno le dan para el seguimiento a cualquier proceso judicial, en este caso no funciona." Entrevista a la directora de la Corporación Humanas, 18 de abril de 2018.
64. Como ejemplo de ello, la directora cuenta que, en uno de los litigios dentro de las macro-sentencias, de los 50 casos presentados, sólo les recibieron 30 porque si los incluían todos se le caía la matriz de macrocriminalidad al Fiscal. Esto debido a que, las prácticas, modus operandi y otros aspectos constitutivos del patrón eran diferentes." Entrevista a la directora de la Corporación Humanas, 18 de abril de 2018.
65. Entrevista a la directora de la Corporación Humanas, 18 de abril de 2018.
66. Es el caso del postulado Marcos Tulio Pérez Guzmán, desmovilizado del Bloque Montes de María, quién fue excluido por no reconocer responsabilidad en hechos que le fueron atribuidos de violencia sexual contra mujeres habitantes del corregimiento de La Libertad, en el municipio de San Onofre (Sucre). En primera instancia: Tribunal Superior de Barranquilla. Sentencia de la Sala de Justicia y Paz del 9 de septiembre de 2014. M.P. Gustavo Aurelio Roa Avendaño; y, en segunda instancia: Corte Suprema de Justicia de Colombia. Sentencia de la Sala de Casación Penal del 4 de marzo de 2015. M.P. Luis Guillermo Salazar Otero.
67. "Ahí hay muchas discusiones jurídicas y de las abogadas feministas. Por supuesto en violencia sexual las víctimas quieren saber [y que la justicia les hable de su autor material]. Uno de los temas que es ganancia para las abogadas, incluyéndome, es la línea de mando, pero [quizás no es igual] para una mujer víctima de violencia sexual. Quizás ellas quieran que responda quién las violentó y no les diga nada la adjudicación exclusiva de un máximo responsable."
68. Corte Constitucional de Colombia. Sentencia T-025 del 22 de enero de 2004. M.P. Manuel José Cepeda Espinosa.

Referencias

Abadía Cubillos, Marcela. *Feminismos y sistema penal. Retos contemporáneos para una legitimación del sistema penal.* Bogotá: Universidad de Los Andes, Facultad de Derecho, Ediciones Uniandes, 2018.

Acto legislativo 01 de 2012. 31 de julio de 2012. Por medio del cual se establecen instrumentos jurídicos de justicia transicional en el marco del artículo 22 de la Constitución Política y se dictan otras disposiciones. *Diario Oficial 48508.*

Alviar García, Helena, e Isabel Cristina Jaramillo Sierra. *Feminismo y crítica jurídica. El análisis distributivo como alternativa crítica al legalismo liberal.* Bogotá: Siglo del Hombre Editores y Universidad de los Andes, 2012.

Bourdieu, Pierre. "Elementos para una sociología del campo jurídico," en *La fuerza del derecho.* Bogotá: Facultad de Derecho de la Universidad de los Andes, Siglo del Hombre Editores, Instituto Pensar, 2000.

Buchely Ibarra, Lina Fernanda. *Activismo Burocrático. La construcción cotidiana del principio de legalidad.* Bogotá: Universidad de los Andes, 2015.

Caicedo Delgado, Luz Piedad, Natalia Buenahora Streithorst, y Adriana Benjumea Rúa. *Guía para llevar casos de violencia sexual: Propuestas de argumentación para enjuiciar crímenes de violencia sexual cometidos en el marco del conflicto armado colombiano.* Bogotá: Corporación Humanas Colombia, 2009.

Caicedo Delgado, Luz Piedad, y María Milena Méndez. *La violencia sexual. Una estrategia paramilitar en Colombia. Argumentos para imputarle responsabilidad penal a Salvatore Mancuso, Hernán Giraldo y Rodrigo Tovar.* Bogotá: Corporación Humanas Colombia, 2013. http://bdigital.unal.edu.co/47381/1/9789585742628.pdf.

Céspedes-Báez, Lina M., Nina Chaparro González, y Soraya Estefan Vargas. "Metodologías en el estudio de la violencia sexual en el marco del conflicto armado colombiano." *Colombia Internacional*, no. 80 (2014). https://doi.org/10.7440/colombiaint80.2014.02.

Comité para la Eliminación de la Discriminación contra la Mujer. "Noveno informe periódico que Colombia debía presentar en 2017 en virtud del artículo 18 de la Convención." *CEDAW/C/COL/9.* 10 de noviembre de 2017. http://tbinternet.ohchr.org/Treaties/CEDAW/Shared%20Documents/COL/CEDAW_C_COL_9_7161_S.pdf.

Corte Constitucional de Colombia. Auto 092/08 del 14 de abril de 2008. M.P. Manuel José Cepeda Espinosa.

Corte Constitucional de Colombia. Auto 098/13 del 21 de mayo de 2013. M.P. Luis Ernesto Vargas Silva.

Corte Constitucional de Colombia. Auto 009/15 del 27 de enero de 2015. M.P. Luis Ernesto Vargas Silva.

Corte Constitucional de Colombia. Sentencia T-025 del 22 de enero de 2004. M.P. Manuel José Cepeda Espinosa.

Corte Suprema de Justicia de Colombia. Sentencia de la Sala de Casación Penal del 4 de marzo de 2015. M.P. Luis Guillermo Salazar Otero.

Corte Suprema de Justicia de Colombia. Sentencia de la Sala de Casación Penal no. 31539 del 31 de julio de 2009. M.P. Augusto Ibáñez Guzmán.

Corte Suprema de Justicia. Sentencia de la Sala de Casación Penal no. 31539 del 31 de julio de 2009. M.P. Augusto Ibáñez Guzmán.

Corte Suprema de Justicia. Sentencia de la Sala de Casación Penal no. 34547 del 27 de abril de 2011. M.P. María del Rosario González de Lemos.

Corte Suprema de Justicia. Sentencia de la Sala de Casación Penal no. 44692 del 4 de marzo de 2015. M.P. Luis Guillermo Salazar Otero.

Decreto 3011 de 2013. 26 de diciembre de 2013. Por el cual se reglamentan las Leyes 975 de 2005, 1448 de 2011 y 1592 de 2012. *Diario Oficial 49016.*

Directiva 001 de 2012. 4 de octubre de 2012. Por medio de la cual se adoptan unos criterios de priorización de situaciones y casos, y se crea un nuevo sistema de investigación penal y de gestión de aquellos en la Fiscalía General de la Nación. https://www.fiscalia.gov.co/colombia/wp-content/uploads/Directiva-N%C2%B0-0001-del-4-de-octubre-de-2012.pdf.

Fiscalía General de la Nación. *Seminario Internacional importancia de la construcción de contextos en las investigaciones judiciales.* Bogotá: Fiscalía General de la Nación, 2013. https://www.fiscalia.gov.co/colombia/wp-content/uploads/Seminario-Internacional-Construcci%C3%B3n-de-Contextos.pdf.

Fiscalía General de la Nación. "Informe de Gestión 2013–2014." 2014. https://www.fiscalia.gov.co/colombia/wp-content/uploads/Informe-Fiscalia-2013-2014-web_final.pdf.

García Villegas, Mauricio. "Derecho a falta de democracia: la juridización del régimen político colombiano." *Análisis Político* 27, no. 82 (2014). http://dx.doi.org/10.15446/anpol.v27n82.49413.

García Villegas, Mauricio. *La eficacia simbólica del derecho: examen de situaciones colombianas.* Bogotá: Universidad de los Andes, 1993.

Hoyos Pulido, Camila Alejandra, y María Adelaida Palacio Puerta. *Aportes de las sentencias de Justicia y Paz a los derechos de las mujeres. Estudio de Caso.* Bogotá: Humanas, 2015. https://www.asfcanada.ca/uploads/publications/uploaded_aportessentencias-estudiodecaso-pdf-75.pdf.

Jaramillo Sierra, Isabel Cristina. "La crítica feminista al derecho," en *El género en el derecho: Ensayos críticos*, compilado por Ramiro Ávila Santamaría, Judith Salgado y Lola Valladares. Quito, Ecuador: Ministerio de Justicia y Derechos Humanos, 2009.

La GIZ en Colombia. Cooperación Técnica Alemana. Colombia. "Informe de evaluación." 2014. http://star-www.giz.de/cgi-bin/getfile/53616c7465645f5f52e5b005a5971e587219a3f7d5c2001de6bfe713a393e3edb4faacfd41cda074ab947e46f947bb53d685a377c60efe2ee25bf11d7213f80e676b44d9a2e11325/giz2015-0083es-giz-colombia.pdfd.

Lemaitre, Julieta. *El derecho como conjuro: Fetichismo legal, violencia y movimientos sociales.* Bogotá: Siglo del Hombre y Universidad de los Andes, 2009.

Ley 975 de 2005. 25 de julio de 2005. Por la cual se dictan disposiciones para la reincorporación de miembros de grupos armados organizados al margen de la ley, que contribuyan de manera efectiva a la consecución de la paz nacional y se dictan otras disposiciones para acuerdos humanitarios. *Diario Oficial 45980.*

Ley 1448 de 2011. 10 de junio de 2011. Por la cual se dictan medidas de atención, asistencia y reparación integral a las víctimas del conflicto armado interno y se dictan otras disposiciones. *Diario Oficial 48096.*

Ley 1592 de 2012. 3 de diciembre de 2012. Por medio de la cual se introducen modificaciones a la Ley 975 de 2005 "por la cual se dictan disposiciones para la reincorporación de miembros de grupos armados organizados al margen de la ley, que contribuyan de manera efectiva a la consecución de la paz nacional y se dictan otras disposiciones para acuerdos humanitarios" y se dictan otras disposiciones. *Diario Oficial 48633.*

Ley 1719 de 2014. 18 de junio de 2014. Por la cual se modifican algunos artículos de las Leyes 599 de 2000, 906 de 2004 y se adoptan medidas para garantizar el acceso a la justicia de las víctimas de violencia sexual, en especial la violencia sexual con ocasión del conflicto armado, y se dictan otras disposiciones. *Diario Oficial 49186.*

López Morales, Andrés, y Daniel Castellanos Guarín. "Parte I: Área de Justicia: Aplicación de la estrategia de análisis de contextos en Justicia y Paz," en *Séptimo Informe. Observatorio Internacional DDR – Ley de Justicia y Paz.* Bogotá y Madrid: CITpax – Colombia. https://static1.squarespace.com/static/5b601c480dbda307c42c4800/t/5bbb07901905f431b73a7e84/1538983845747/InformeCITpaxVII+2016+%281%29.pdf.

Mantilla Falcón, Julissa, y Rodrigo Uprimny Yepes. "Violencia de género y justicia constitucional en Colombia," en *¿Justicia desigual? Género y derechos de las víctimas en Colombia.* Bogotá: UNIFEM, 2009. https://www.dejusticia.org/wp-content/uploads/2017/04/fi_name_recurso_177.pdf.

Martínez Osorio, David. "*Manual de análisis contextual para la investigación penal en la Dirección Nacional de Análisis y Contextos (DINAC) de la Fiscalía General de la Nación.*" Colombia: Centro Internacional para la Justicia Transicional – ICTJ, 2014. https://www.ictj.org/sites/default/files/ICTJ-Manual-DINAC-2014.pdf.

Resolución 1774 de 2016. 14 de junio de 2016. Por medio de la cual adopta el protocolo de investigación de violencia sexual y se establecen medidas para su implementación y evaluación. Fiscalía General de la Nación. https://www.fiscalia.gov.co/colombia/wp-content/uploads/Resoluci%C3%B3n-01774-003.pdf.

Tribunal Superior de Barranquilla. Sentencia de la Sala de Justicia y Paz del 9 de septiembre de 2014. M.P. Gustavo Aurelio Roa Avendaño.

Tribunal Superior de Bogotá, Sala de Justicia y Paz. Sentencia 110012252000201400027 del 20 de noviembre de 2014. M.P. Léster M. González R.

Tribunal Superior de Medellín. Sentencia 110016000253-2006-82611 del 09 de diciembre de 2014. M.P. Rubén Darío Pinilla Cogollo.

Wills, María Emma. "Metodologías para la construcción de contextos históricos," en *Seminario Internacional importancia de la construcción de contextos en las investigaciones judiciales* (Bogotá: Fiscalía General de la Nación, 2013). https://www.fiscalia.gov.co/colombia/wp-content/uploads/Seminario-Internacional-Construcci%C3%B3n-de-Contextos.pdf.

Sobre las autoras

Helena Alviar García. Abogada de la Universidad de los Andes, con título de maestría LL.M. y doctorado S.J.D. de Harvard Law School. Fue profesora y decana de la Facultad de Derecho de la Universidad de los Andes (2010–2016). Actualmente es profesora en SciencesPo, Paris, donde enseña derecho y desarrollo, teoría feminista y derecho de propiedad. Su trabajo aborda las intervenciones feministas en el debate del derecho y el desarrollo.

Suayán Barón Melgarejo. Politóloga de la Universidad Nacional de Colombia, con maestría en derecho de la Universidad de los Andes. Experta en derechos humanos, transversalización de género y construcción de paz, con trabajo específicamente en las áreas de acceso a la justicia y justiciar transicional para las mujeres. Actualmente trabaja como experta en género y construcción de paz para la MAPP/OEA.

Lina Fernanda Buchely Ibarra. Abogada y politóloga de la Universidad de los Andes, con maestría en derecho de la Universidad de los Andes y la Universidad de Wisconsin, doctora en derecho de la Universidad de los Andes. Actualmente es profesora en la Universidad ICESI y directora del observatorio de mujeres de la misma niversidad. Su trabajo se concentra en los efectos distributivos del derecho administrativo y las metodologías críticas.

Clara Carolina Cardozo Roa. Abogada de la Universidad del Rosario, con maestría en derecho de la Universidad del Rosario. Actualmente es candidata a doctorado en esta misma universidad. Su trabajo se enfoca en las decisiones judiciales sobre asunto civiles en el siglo XIX.

Laura Alexandra Castro González. Politóloga y experta en estudios culturales de la Universidad de los Andes. Su título de maestría en derecho es también de la Universidad de los Andes. Consultora en derechos sexuales y reproductivos. Su trabajo reciente se relaciona con las resistencias conservadoras a la liberalización del aborto.

Lina María Céspedes-Báez. Abogada de la Universidad del Rosario, con maestría en género de la Universidad Nacional y maestría en derecho de Yeshiva University, Cardozo School of Law. Su título de doctorado, con honores, lo obtuvo en Temple University. Fue vicedecana de la Facultad de Jurisprudencia de la Universidad del Rosario (2015–2019) y actualmente es profesora de tiempo completo en esta universidad. Su trabajo ha buscado resaltar las dimensiones económicas de los reclamos feministas en la guerra y en la paz.

Isabel Cristina Jaramillo Sierra. Abogada (1997) de la Universidad de los Andes y doctora S.J.D. (2007) de Harvard Law School. Es profesora titular en la Universidad de los Andes donde enseña derecho constitucional, teoría jurídica y derecho de familia. Ha publicado varios libros sobre la reforma legal feminista y los efectos distributivos del derecho de familia en América Latina.

Lina Marcela Mosquera Lemus. Socióloga de la Universidad Icesi, asistente de investigación del Centro de Estudios Afrodiaspóricos de la Facultad de Derecho y Ciencias Sociales de la misma universidad.

María Carolina Olarte Olarte. Abogada de la Universidad del Rosario con título de maestría en resolución de conflictos y derechos humanos de Birkbeck College, University of London. Doctora en derecho de Birkbeck College, University of London. Es profesora asociada de la Universidad de los Andes, donde enseña teoría y sociología jurídica. Su trabajo reflexiona sobre las dimensiones socio-económicas del diseño constitucional y la justicia transicional.

Olga Patricia Velásquez Ocampo. Abogada de la Universidad Eafit, con título de maestría en derecho de la Universidad de los Andes y de maestría en artes de Oxford University. Actualmente es candidata a doctorado en derecho de la Universidad de los Andes. Su trabajo se enfoca en el constitucionalismo feminista, particularmente, las contribuciones de las feministas al trabajo de desarrollo constitucional en contextos transicionales.

Carolina Vergel Tovar. Abogada de la Universidad Externado de Colombia, PhD summa cum laude en derecho de la Universidad Paris Ouest Nanterre y de l'École des Hautes Études en Sciences Sociales (Francia). Docente investigadora en temas de género y derecho, derecho constitucional y sociología jurídica en la Universidad Externado de Colombia. Tiene publicaciones en temas de mujeres y conflicto armado, mujeres y transiciones, teoría jurídica feminista y derecho constitucional colombiano.